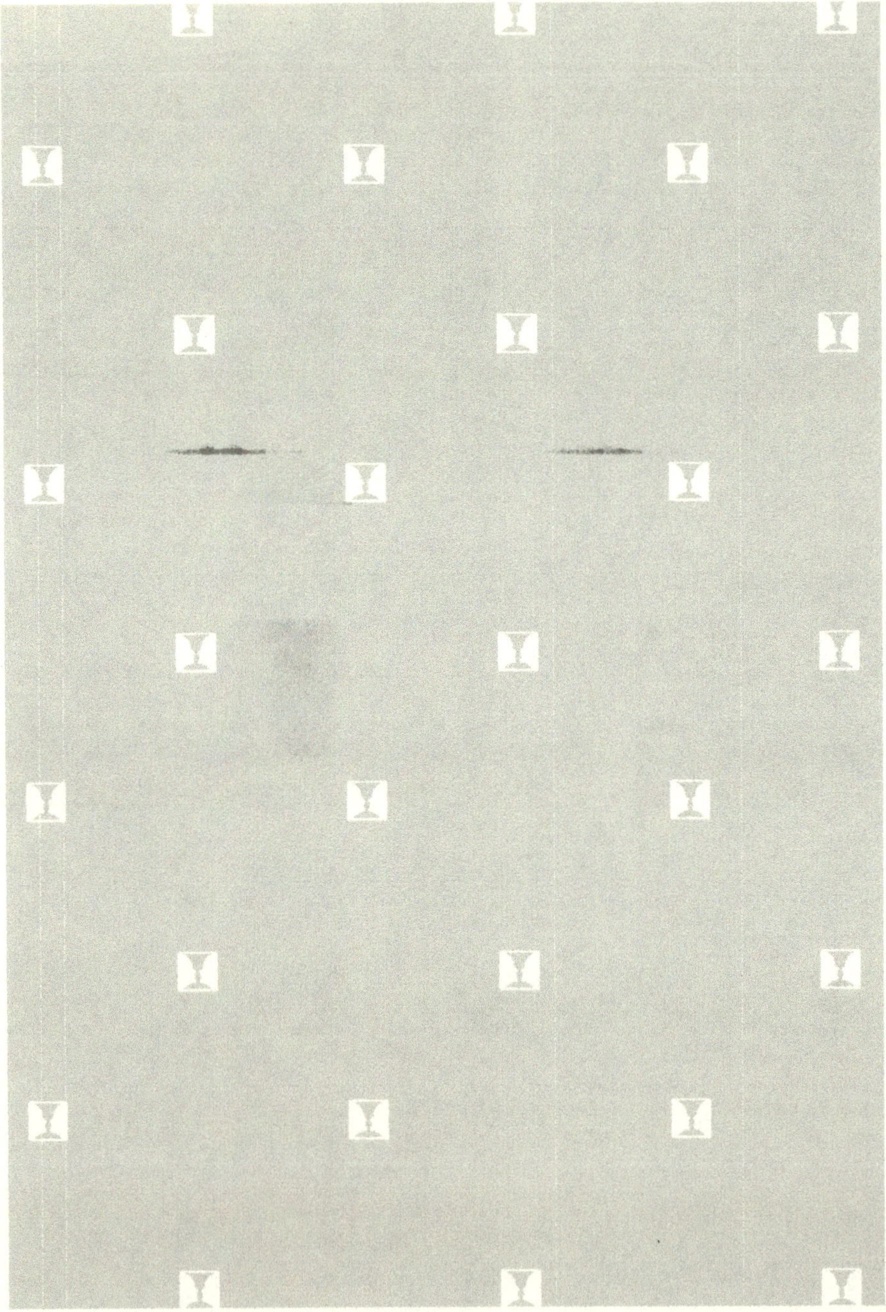

www.cuatrovientos.cl

Título original en francés
La Troisième Histoire
Patient-psychothérapeute:
Fonds et Formes du Processus Relationnel

Este libro es traducción de
La Troisième Histoire
Patient-psychothérapeute:
Fonds et Formes du Processus Relationnel

Encuentro con la Psicoterapia
Una Visión Antropológica de la Relación
y el Sentido de la Enfermedad en la Paradoja de la Vida

Registro de Propiedad Intelectual N° 173.784
ISBN: 978-956-242-110-2

2ª reimpresión, 2009
3ª reimpresión, 2014
4ª reimpresión, 2015

Traducción: Oscar Luis Molina
Dibujo de portada (a grafito): Adela Tobar
Diseño de portada: Aída Vásquez
Diagramación: Edmundo Rojas
Edición: Francisco Huneeus

Tipografías ocupadas:
Trebuchet MS (títulos, subtítulos y cabezales),
Adobe Garamond Pro (texto en sí) y Hoefler Text (números de página).

Editorial Cuatro Vientos
Maturana 19, CP 8340608, Santiago de Chile
Teléfonos: 22672 9226 – 22695 4477
editorial@cuatrovientos.cl
www.cuatrovientos.cl

Jean-Marie Delacroix

ENCUENTRO CON LA PSICOTERAPIA

Una visión antropológica de la relación y el sentido de la enfermedad en la paradoja de la vida

*

Prólogo
Adriana Schnake

*

Traducción
Óscar Luis Molina

CUATRO VIENTOS EDITORIAL
Maturana 19
Santiago de Chile

Contenidos

Agradezco:

a mis colaboradores del equipo del Instituto GREGOR: Fréderic Brissaud, Claude Bertrand, Christine Feldman, Agnès Pin-Delacroix y Brigitte Pinat;

a mis colegas: Françoise Buisson, Marie Petir, Jean-Yves Levental;

a mis colegas de Montreal: Janine Corbeil y Ernest Godin, que también fueron mis formadores, como Gil Delilsle, por las informaciones que me han comunicado sobre la historia;

y a Marie-France Muller, directora de la colección Psycho-Nova en Éditions Dangles, por su cálida compañía durante la redacción final.

Dedico esta obra:

a todos mis pacientes, a actuales, pero también a los del pasado y a los del futuro;

a todos los psicoterapeutas que he conocido y que a veces he seguido de cerca durante su proceso de formación-transformación, en el curso de supervisiones y de seminarios de profundización en Francia y otros lugares, especialmente en Quebec, Costa de Marfil y México;

a mis colegas psicoterapeutas y psicoanalistas conocidos y no conocidos, de distintas escuelas y distintos enfoques, pues creo que tenemos en común, por lo menos, el estar comprometidos en esta singular historia "atípica" que no se parece a ninguna: la historia de la relación terapéutica.

PRÓLOGO

NO CABE DUDA que el azar determina de un modo increíble nuestras vidas. Tengo entre mis manos este libro, originalmente escrito en francés por Jean-Marie Delacroix, a quien conocí en el último Congreso Internacional de Terapia Gestalt celebrado en Córdoba, Argentina, en 2007. Se trata de un libro verdaderamente gestáltico, fascinante por las historias que se cuentan. Profundo porque cala hondo en el tema que quiere compartir con los lectores que tienen la paciencia de seguir un camino en distintos medios de transporte: no es fácil pasar de una cómoda travesía en un globo aerostático a una lancha con motor fuera de borda que se desplaza rauda entre botes, veleros y transatlánticos, y continuar en un hermoso tren que se desliza por una silenciosa llanura, dentro del cual tenemos tiempo para darnos cuenta de que seguimos dentro de la misma estructura que teníamos cuando iniciamos la travesía: nuestro propio cuerpo. Los cambios de panorama han sido increíbles; los medios de transporte, posiblemente adecuados a los diferentes paisajes.

El largo recorrido que hace el autor para explicar cómo y dónde y con qué maestros se acercó a la Gestalt, me llevó a recordar mi propio recorrido y darme cuenta de cuántos elementos pueden estar presentes en el desarrollo y transmisión de un método, una teoría, una filosofía, y cuánta coincidencia puede haber en la búsqueda de caminos y modos de acceder a realidades diferentes. Y, curiosamente, son los caminos elegidos y por los que transitamos los que nos permiten encontrarnos.

De donde vengamos y hacia donde nos dirijamos no hace diferencia alguna.

Jean-Marie Delacroix excursionó por la Gestalt vivencial de Fritz Perls con gestaltistas de la Costa Oeste, se conectó con chamanes y conoció el efecto de los psicotrópicos, entendió y vivió la realidad diferente de las terapias de grupo de los amerindios y de grupos en México. Nos muestra una verdadera antropología gestáltica, profunda y seriamente desarrollada... Y, como buen francés, volvió al orden y la Teoría del *Self*, absolutamente alineado con la Escuela francesa de Gestalt, y como esta es una amplia y buena teoría con la que se puede explicar todo lo vivenciado, Jean-Marie hace un extenso recorrido describiendo los diferentes aspectos y pasos a seguir en esta psicoterapia, siempre referidos a la Teoría del *Self* y citando ampliamente el libro de Perls, Hefferline y Goodman, que en español ha sido publicado hace seis años, pese a que se publicó en 1951.

El esfuerzo de Jean-Marie es grande y sincero, y percibimos la dificultad desde el impactante momento, cuando absolutamente centrado en lo organísmico, se enfrenta a la increíble realidad de darse cuenta que estaba vivo gracias a que otro –que había muerto– le donó su hígado.

"Perder un órgano vital y continuar viviendo con el órgano de otro, gracias a que éste ha muerto, es un acontecimiento impresionante que trastoca toda la vida, toda la organización profesional, el sistema de valores, y que te hace volver a preguntarte por el sentido de la vida y la forma en que has manejado tu historia hasta el momento. Esta experiencia me ha llevado a vivir con intensidad y conmovedoramente, en lo real, y no de manera metafórica, la relación con el uno mismo, con el otro, con el extranjero".

Y, como es absolutamente obvio, lo lleva a lo más medular de la Gestalt: lo organísmico.

Inmerso en la Teoría del *Self*, pareciera que primero se pregunta por la relación organismo-entorno y desde ahí da una gran vuelta tratando de dar una comprensión de la enfermedad de acuerdo a esta teoría. Incluso cita el enfoque que yo misma he propuesto como ejemplo, y suponiendo la base de este enfoque en el psicodrama y el juego de roles, no como lo hemos mostrado innumerables veces: partiendo de lo organísmico y lo autoestructurante en Terapia Gestalt, como fue puesto en primer plano por Perls desde su primer libro: *Yo, hambre y agresión*.

Es obvio, para mí, que la experiencia de trasplante de hígado que sufrió Jean-Marie Delacroix lo conectó fuertemente con su propio organismo, y como él mismo recuerda una cita de Freud: "El Yo es, en primer lugar y antes que nada, un Yo físico". En esas circunstancias, la relación que se establece es tan compleja que se comprende qué es lo que llevó a este autor a ampliar el campo de conciencia en la Terapia Gestalt, no sólo mostrando lo complejo de la relación terapéutica que describe como la "tercera historia", sino agregando nuevos elementos en el trabajo gestáltico con los sueños, y dándose cuenta cómo una enfermedad o síntomas pueden ser "una tentativa de autorregulación organísmica".

Después de la verdadera magia que es esto del trasplante de un órgano, cómo no relacionar la terapia con los trances chamánicos, a los que él asistió, a las sesiones de grupo, a las experiencias con psicotrópicos, a un mundo que no cabe en teoría alguna y que nos abre la mente y nos hace darnos cuenta de lo ínfimo y limitado de nuestros conocimientos, y tal vez por eso se nos hace tan necesario aferrarnos a las pocas certezas que nos habitan.

Una de estas certezas que persisten en mí, es aquello de que nuestro cuerpo es absolutamente sabio y nos guía magistralmente, si sabemos escucharlo. Jean-Marie quería hablar conmigo cuando nos encontramos en Córdoba. Mucha gente, mucho ruido, poco espacio; apenas nos contactamos, lo suficiente para sentir su calidez y la de su esposa. Nada para permitirme conectar con la tremenda experiencia que entraña un trasplante, más aún de un órgano como el hígado, al que por tantos años se lo creía incapaz de aceptar que se le sacara ni un pedazo, incapaz de regenerarse, y que después nos ha mostrado su extrema generosidad y su capacidad de crecer y transformarse en un órgano completo. Y ahora, con este libro en mis manos, me doy cuenta del posible mensaje del hígado de Jean-Marie. Haciendo una analogía con el hígado, se me ocurre pensar en lo variado e importante de las experiencias vividas por Jean-Marie, la buena asimilación de todas ellas, y sin el suficiente tiempo para ordenarse y separarse unas de otras, manteniendo su especificidad y su noción de totalidad.

Es que el hígado es un aventurero, un creador, un artífice. En todo pone algo de sí, y no por ello deja de ser el más grande empresario que habita nuestro cuerpo; es por eso que él puede ser extremista: fabrica lo amargo y lo dulce. Y ese magistral orden requiere tiempo y espacio. Y el nuevo hígado de Jean-Marie se ha tomado el tiempo para ordenar la casa. Esto es un regalo para todos.

El nuevo hígado de Jean-Marie le marcó el territorio y le permitió poner cada una de sus experiencias en un contexto, en un espacio. Conciliando, abriendo espacios de tolerancia y hasta de perdón. El hígado anterior recorrió todos los caminos; el actual sabe que todos esos caminos existen y vive en armonía con todos. Siempre supo que era extremista, que podía fabricar lo amargo (la bilis) y lo dulce (la glucosa). Que sabe nutrir y desintoxicar. Todo en orden y cuando corresponde. Así es el libro que tienen entre las manos: nos alimenta y nos nutre y nos permite dejar –sin necesidad de entender– lo que no podemos asimilar con facilidad.

El nombre original de este libro es "La Tercera Historia" y se refiere a la compleja relación que se produce entre el terapeuta y el paciente. La tercera historia es la relación misma, que no se comprende en toda su complejidad hablando de transferencia y contratransferencia, al estilo que yo misma lo hice en uno de mis primeros aportes a la Terapia Gestalt[1] y cuando cuidaba a la Gestalt de la descalificación por parte de los psicoanalistas.

La riqueza y profundidad con que Jean-Marie muestra lo que es este proceso es incomparable, y además hace comprensible la extrema necesidad de tener grupos de supervisión permanentes. Como él dice:

1 Adriana Schnake Silva, "Transferencia y Contratransferencia en Terapia Gestalt", Rev. de Psiquiatría y Psicología Amer. Lat., Vol. XXVII 1981.

"Estamos en el paradigma de la subjetividad, de la intersubjetividad, de la búsqueda en conjunto, del co-pensamiento, de la co-creación; esto nos hace comprometernos en la relación y estar dispuestos a acoger lo que viene sin que se lo haya premeditado o previsto, para dejarse sorprender, despistar, aceptar perderse algunas veces, y a no comprender nada, estar en la divagación, para ir mejor hacia, mejor al encuentro de...".

Tener lo que nosotros llamamos una actitud, un modo absolutamente fenomenológico de estar, y que conseguirlo es el mayor desafío para nuestros alumnos de Gestalt recién salidos de las universidades y con una mirada y un método todavía causalistas.

Jean-Marie nos aporta relatos, entrevistas, experiencias personales, con una honestidad y simpleza conmovedora que nos hace darnos cuenta de su real maestría. Leemos:

> "Quiero relatar ahora un momento particular de mi búsqueda interior por el chamanismo en la Amazonía. Siempre he mantenido mucha discreción sobre este momento, porque es muy íntimo. Durante un ritual de cura en el que los presentes están en un estado de conciencia ampliada, uno de los chamanes se me acerca para cantar un 'izaros', canto de sanación cuyas vibraciones sonoras cree que serán buenas para mí en ese momento. Estamos sentados uno frente al otro, en tierra, en la penumbra. Dejo que la melodía me conmueva, penetre mi piel, entre en mi cuerpo. Me invade completamente y experimento un intenso bienestar físico y psíquico. Adivino su cuerpo cantando ante mí. Y tengo la sensación de que mi cuerpo se difumina, desaparece, y me siento muy bien así. Después se difumina y desaparece el cuerpo de él y yo 'veo', sólo veo esta relación, y es como un momento de gracia. Y me acontece una especie de mantra en la cabeza. La relación es Dios.
>
> "Dios, el Creador, como dicen los amerindios; el uno mismo, como dicen los orientales; lo Numinoso, por retomar la expresión de K.G. Dürckheim; la Inteligencia de la Natura-

leza, como dicen otros. Poco importa el nombre que se le dé según las culturas y las épocas. En todo caso, se trata de algo que no se puede nombrar y que remite a esa energía primordial que nos supera y de la cual sólo se puede hacer la experiencia una que otra vez en la vida.

"He 'visto' la desaparición de nuestros dos cuerpos como la disolución del ego en el sentido budista del término. Cuando el ego desaparece, se muestra lo esencial: sólo subsiste la relación más allá de los cuerpos físicos, de las apariencias, de las representaciones. La relación en estado puro, la que no se puede nombrar, y que en la tradición judía remite a aquel que no se puede nombrar, a eso que no tiene nombre y que está más allá de la relación de materia a materia y de afecto a afecto.

"La relación es Dios. He recibido esta enseñanza. Corresponde que ahora haga algo".

Al ser traducido este libro al castellano y publicado por Editorial Cuatro Vientos (que editó los libros de Perls aparecidos cuando éste, más allá de ser un gran terapeuta era un verdadero chamán), editado en el presente ejemplar, digo, me deja la sensación que Jean-Marie Delacroix se ha acercado al maestro y ha hecho más que algo: ha entregado un mensaje de reconciliación y apertura a la gran familia gestáltica, y no sólo a ésta.

Adriana Schnake Silva
Manao, Chiloé
Junio 2008

INTRODUCCIÓN

Conviértete en quien eres y sé quien estás por ser

Notas

Conocí la terapia de la Gestalt en 1974, en Montreal, Canadá. Fue en noviembre de 1974, en el Centro de Crecimiento y Humanismo Aplicado de Janine Corbeil. Desde ese momento han pasado más de treinta años hasta la etapa actual de mi vida, cuando doy forma a este libro.

En aquella época, la Gestalt empezaba a llegar al Québec francófono desde dos institutos estadounidenses –los de Cleveland y de Los Ángeles–, y a través de dos psicoterapeutas de Québec: Janine Corbeil, que se había formado en Cleveland y acababa de crear el Centro de Crecimiento y Humanismo Aplicado en Montreal, y Ernest Godin, formado en Los Ángeles y que acababa de crear el Centro de Gestalt de Québec.

Hoy ingreso con alguna emoción a la plena conciencia de esta larga secuencia de vida.

Son treinta y dos años de una vida consagrada al descubrimiento de la terapia gestáltica, a su práctica grupal y en situación dual en contextos culturales e institucionales muy variados, a la profundización de sus conceptos, a su transmisión y a la investigación de su concepción implícita del ser humano y del sentido que puede tener para su evolución.

Son treinta y dos años consagrados activamente a la historia de la terapia gestáltica en Francia y en algunos otros países. En 1974 decidimos, Agnès, mi mujer, y yo, dejar nuestros cargos –ella de ergoterapeuta y yo de psicólogo clínico– para irnos a vivir y trabajar a Montreal, a Canadá. Deseaba conocer ese país y qué se hacía en Norteamérica en el campo de la psicología y de las psicoterapias.

Deseaba conocer algo diferente de la cultura psicoanalítica que me rodeaba hacía diez años. Fuimos formados en terapia gestáltica, en terapias corporales y, también en aquella época y en ese contexto, me abrí a lo transpersonal. Más tarde, en 1981, regresamos a Francia, después de haber seguido cada uno un curso completo de formación en la Gestalt y de haberla practicado.

Formamos parte de los pioneros que han introducido este planteamiento en Francia. Y tenemos la originalidad y la suerte de ser una pareja que se formó durante siete años en Norteamérica en un contexto cultural que constituía la interfase entre Estados Unidos y Europa.

En aquella época se hablaba muy poco de la terapia gestáltica. Cuando se hablaba de las "nuevas terapias", se la mencionaba con mucho entusiasmo como si se tratara de la gran revolución en el dominio de la psicología o bien, sencillamente, se hablaba muy mal de ella.

La teoría paradójica del cambio

Al comenzar mi carrera, como muchos otros terapeutas gestálticos, me influyó mucho un artículo de Arnold Beisser, terapeuta gestáltico estadounidense, titulado "La teoría paradójica del cambio", que se tradujo en 1983. Este artículo señala los comienzos de la Gestalt en Francia y sigue siendo un punto de referencia. Su autor desarrolla la siguiente idea: "El cambio se manifiesta cuando un sujeto se convierte en quien es, no cuando intenta convertirse en quien no es... Podrá manifestarse si el sujeto se da el trabajo de ser quien es, de comprometerse por entero en la posición que ocupa habitualmente". Y completamos su proposición del modo siguiente: nuestras experiencias de vida y la asimilación que de ellas hacemos o no hacemos y la conciencia que de ellas tenemos nos revelan lo que somos, lo que creemos ser y lo que no somos, y lo que estamos por ser.

Darme el tiempo para contemplar y reconocer lo que soy, darme el tiempo para ser lo que soy como ser humano y como terapeuta gestáltico, darme el tiempo para mirar aquello en que me he convertido durante estos treinta años y aquello en que me estoy convirtiendo hoy: éste es, sin duda, uno de los objetivos de este libro, al mismo tiempo que el deseo de transmitir una experiencia.

Durante estos treinta años he hablado y escrito acerca de la terapia gestáltica, he participado en su historia y en su elaboración y hoy me pregunto qué puedo decir al respecto. Y aún más: me pregunto por lo que estoy por ser gracias a mi historia con ella, con el oficio de psicoterapeuta y con todos los otros sectores de mi vida. Somos un entrelazamiento de historias y nos corresponde mirar cómo se unifican.

Tengo sesenta y un años al terminar esta obra y en este momento de mi vida mido hasta qué punto el "sé quien eres" es la resultante de mi historia, de mi trayectoria de vida, de mis experiencias de vida y de las influencias que me han marcado. Y mi comprensión de la Gestalt, mi manera de practicarla, pensarla y transmitirla son la resultante de todas mis experiencias de vida y de las novedades que he encontrado en mi vida y han dejado huellas en mi manera de estar en el mundo.

Al escribir este libro me he ocupado de ser coherente con los principios mismos de la Gestalt. Su antropología, es decir su concepción del ser humano, es una antropología del hombre en interacción y en relación con el otro y con el mundo. Se apoya en el concepto de "campo organismo-entorno". El organismo que somos está en continua interacción con el entorno. La Gestalt estudia lo que ocurre y cómo ocurre en la frontera entre el uno y el otro, cómo influye el uno en el otro y viceversa. Somos constantemente seres en devenir, en continua transformación por el incesante sistema de interacciones que ligan el uno con el otro y por el tipo de relación que de ello se desprende.

El "quién soy" está en perpetuo movimiento, aunque se pueda reconocer una o dos dominantes en cada uno de nosotros. "Aquello que soy" está en constante recreación debido a nuestras experiencias de vida, a la asimilación que efectuamos de ellas y debido a las huellas que dejan en nosotros, sean asimiladas o no. Las consecuencias de la asimilación que no se efectúa o que se efectúa parcialmente serán el objeto de estudio de lo que llamamos psicopatología.

• Conócete a ti mismo, sé quien eres y sé quien estás por ser

El "sé quien eres" es una invitación dinámica a ser en el movimiento de elaboración y de transformación identitaria que ocurre en la relación con el otro. La corriente de psicología humanista que se ha desarrollado sobre todo desde la década de 1970 nos ha enseñado que no sólo somos individuos determinados por nuestra historia precoz y familiar. También nos ha dejado el mensaje de que nuestra historia nos entrega un potencial importante que nos corresponde desarrollar en el curso de nuestra existencia, incluso con nuestras heridas.

Nuestras experiencias de vida, incluso si han sido dolorosas y traumáticas, nos dan la oportunidad de plantearnos preguntas y constituyen una invitación para proseguir nuestro proceso identitario buscando su significado y lo positivo.

Nos implican personalmente en nuestro vínculo con el entorno, con los otros. Allí está lo esencial. Desde el punto de vista de la teoría del sí mismo que subyace en la terapia gestáltica, definimos la experiencia como lo que ocurre en la frontera entre nosotros y el otro, entre nosotros y los entornos en que estamos implicados. A partir del momento en que tenemos conciencia de esta experiencia de frontera, podemos tratar de establecer con el otro un vínculo fundado en lo nuevo, en lo diferente, en lo creador, en lugar de seguir repitiendo nuestros viejos esquemas, en lugar de permanecer en lo que Freud llamaba compulsión a la repetición.

Esta teoría del sí mismo también plantea la cuestión del "sé quien eres" a partir de lo que tomamos del entorno, por opción o porque *eso* nos acontece para mejor o para peor sin que lo hayamos buscado ni querido. Invita a los seres humanos que somos a preguntarnos lo siguiente: ¿qué hacemos con lo que nos acontece para mantenernos en nuestro proceso de crecimiento, de desarrollo afectivo, psicológico, de expansión social, profesional, de búsqueda en un camino de espiritualización? ¿Cómo podríamos ser o volver a ser creadores a partir de nuestras interacciones con el otro y en nuestro vínculo con el mundo? ¿Cómo podríamos abrir así la vía de la conciencia y del cambio para nuestro entorno?

- **Influencia y co-creación**

Esto plantea la cuestión de la influencia y de la co-creación. El "sé quien eres", entendido desde la antropología de la terapia gestáltica, no se puede disociar entonces de nuestro vínculo con el otro ni de las marcas que nuestras experiencias de vida, tampoco disociables de nuestros entornos, dejan en nosotros.

Los otros, por su forma de ser y de hacer, nos influyen. La vida, con sus sucesos inesperados, nos sorprende y deja marcas en nosotros. Estamos apresados en un sistema de influencias, de co-influencia, de influencias mutuas con los otros y con la vida. François Roustang nos lo recuerda de manera magistral en *Influence*. Estamos constantemente influidos y siempre tratamos de influir. Influir significa, etimológicamente, fluir en, insinuarse en. Y Tobie Nathan, etno-psicoterapeuta que intenta comprender el lugar de la influencia en los sistemas terapéuticos, en los nuestros y en los que provienen de otras culturas, sugiere incluso que podríamos crear una ciencia que se llamara "influenciología" para definir qué es verdaderamente la psicoterapia.

Nos corresponde lograr que este sistema de co-influencia o de influencias mutuas se convierta en un sistema de co-laboración para la búsqueda de un ajuste creador y de co-creación del "quien estoy por ser" en y por la relación con el otro. Co-crear es algo muy comprometedor, que nos exige pensar el "yo" en términos colectivos, como lo que el antropólogo S. Todorov llama "la vida común", y pensar lo colectivo en relación con el individuo.

Esto implica ser en la conciencia.
En la conciencia de sí y del otro,
viviendo una experiencia particular
el uno por el otro, el uno con el otro,
y fundadora de un proceso identitario en movimiento,
proceso identitario del uno y del otro.
Así se crea una historia,
la historia de la relación.

Estamos en un paradigma que piensa la globalidad del hombre: el hombre sólo se puede concebir en su vínculo con el entorno; forma parte, por definición, de un campo, y su crecimiento se apoya en la conciencia que tiene de su experiencia de ser humano comprometido con la vida en una cierta cantidad de interacciones y se apoya también en la conciencia que desarrolla de su relación con los diferentes elementos del campo del que forma parte.

Se trata de una gestión comprometedora, que hace de nosotros unos "seres de campo", de ese "campo organismo-entorno" que está en el centro de la teoría del sí mismo y que es mucho más que el cara a cara y que el encuentro entre dos personas, el paciente y el terapeuta en la situación terapéutica, el uno y el otro en la vida cotidiana, los unos y los otros en la vida social. En tanto seres de campo, estamos comprometidos en un sistema de co-responsabilidad: compartimos la responsabilidad del crecimiento o de la neurosis del campo.

De este modo, todos esos pretextos que empujan a nuestros pacientes hasta la intimidad de nuestra consulta se pueden convertir en el punto de partida de un despertar de la conciencia y de un proceso de comprensión y de transformación. Llamo pre-texto a lo que antecede, prepara y anuncia el ingreso a terapia: la depresión, una separación, la muerte de alguien cercano, la sensación de ya no saber quién es uno o lo que se quiere, la delincuencia o la toxicomanía de un niño, la ansiedad reiterada por la noche antes de dormir, las perturbaciones obsesivo-compulsivas, las dificultades sexuales, la enfermedad, todo tipo de accidentes, el miedo al futuro, la angustia existencial... Después, en la intimidad, se desarrollará el encuentro de dos, el texto: la escritura y el tejido de la relación terapeuta-paciente y con ello la reescritura de una historia de vida, de otros escenarios posibles.

Y podríamos enunciar la proposición siguiente: el ser humano es quien es y es quien está por ser a partir de las diferentes influencias que ha recibido de sus entornos y a partir de qué ha hecho con esas diferentes influencias; es la resultante de este encuentro entre él y el mundo exterior.

• Ser psicoterapeuta

Nuestra historia se ha construido y deconstruido, se ha formado y deformado en el curso de encuentros e interacciones con nuestros diferentes entornos de vida. Lo mismo vale para nuestra historia profesional y para nuestra comprensión de una teoría, de la metodología que de ella se desprende y de su puesta en práctica en el campo psicoterapéutico.

Mi comprensión, mi "visión" de la terapia gestáltica –mi antropología– se apoya hoy, por supuesto, en los fundamentos que establecieron en 1951 F. Perls, R. Hefferline y P. Goodman en *Terapia Gestalt* y que posteriormente han sido retomados y desarrollados por diversos terapeutas gestálticos en el mundo, entre los cuales me cuento. Se apoya en mis siete años de formación y de práctica en Canadá, en los escritos y reflexiones de diversos colegas de todo el mundo y en mis treinta años de práctica.

Pero es mucho más que eso. Es la resultante de numerosas influencias y encuentros. Y me parece honesto presentar este libro nombrando estas influencias. Lo cual es una manera de nombrar la filiación y de reconocer la genealogía en la cual me inscribo y en la cual inscribo también a los terapeutas que se han formado desde hace veinticinco años bajo mi co-responsabilidad en el marco del Instituto Francés de Terapia Gestáltica hasta 2002 y después en el marco del Instituto GREFOR (Gestalt, Investigación, Formación) desde el otoño de 2002.

Ella se ha hecho, se ha construido, modificado, desarrollado y afinado a partir de mis distintos aprendizajes, encuentros, experiencias de vida y huellas que mi historia ha dejado en mí y que me han estructurado la vida y mi vínculo con el mundo. Nuestra comprensión de una teoría, la elaboración que de ella hacemos y el desarrollo y expansión que le damos no sólo se apoya en el intelecto y el pensamiento. También se apoya, y quizá mucho, en el afecto, en nuestra historia personal, en nuestros orígenes y en el tejido que se produce entre nuestra historia personal y nuestro descubrimiento de esta teoría y de su práctica.

• La Gestalt: un ejemplo de ajuste creador o de sincretismo

La terapia gestáltica ilustra muy bien lo que acabo de exponer. Ella misma es producto de diferentes influencias. Es un buen ejemplo de ajuste creador, de mestizaje, de sincretismo exitoso. Tal es el caso cuando los distintos elementos que se reúnen y provienen de sistemas diferentes, incluso aparentemente opuestos, dan nacimiento a una creación nueva, unificada, estética: trascendencia de unos elementos que se reunieron en un comienzo y que han dado lugar a una forma nueva.

De este modo se ha creado lo que hoy llamamos terapia gestáltica. Históricamente, nació del encuentro de cinco corrientes de pensamientos: el psicoanálisis, la teoría de la Gestalt, la fenomenología, el análisis reichiano del carácter y algunas ideas provenientes de tradiciones orientales. Los creadores de esta forma de psicoterapia han sabido conjugar diversas influencias, pasando por su historia propia, empezando por los orígenes judíos de F. Perls, a quien se considera "el padre de la Gestalt"; pero también la han creado a partir de lo que se desprendía de sus encuentros y de sus relaciones. Esto ha producido una especie de apasionante sincretismo que hoy tiene su propia identidad.

Este libro no es, entonces, únicamente un manual de enseñanza destinado a lectores interesados en la terapia gestáltica. Es la comprensión de un terapeuta gestáltico influido por varias corrientes de pensamiento, por múltiples y variados encuentros y por elementos de su historia personal. Es la transmisión de una experiencia, de una práctica y de una reflexión cuyo objetivo será aportar un estímulo al lector en el nivel del pensamiento, de la práctica, del conocimiento de sí, de la apertura, de la curiosidad y de la receptividad a todo lo que no es él mismo.

Sueño este libro como un instrumento de reconciliación, de apertura, de tolerancia, de aceptación, incluso de apertura al perdón. Como toda corriente de pensamiento, la terapia gestáltica tiene una historia. Esta historia sabe también, desde su mismo origen, de desacuerdos, de tensiones y de puntos de inflexión. Y también somos sus herederos en este aspecto de nuestra historia común, la que agrupa a todos aquellos que sienten que pertenecen a esta corriente y a esta historia. Y deseo que constituya un llamado a la apología de la diferencia. ¿Acaso no es ésta una de las condiciones necesarias para que se realice ese deseo de todo terapeuta gestáltico, el ajuste creador?

Estoy consciente de que esta introducción se anticipa al capítulo siguiente, en el cual trataré de exponer la antropología de la terapia gestáltica. Hago esto para mantenerme en la coherencia. Y para mantenerme en esta coherencia, comenzaré esta obra nombrando cierta cantidad de influencias que me han marcado la existencia y hecho que haya comprendido, practicado, desarrollado, escrito y transmitido la terapia gestáltica tal como lo he hecho. Me encuentro en una etapa de mi existencia en cuyo transcurso se echa un vistazo hacia atrás, en que se puede contemplar con algo más de distancia el recorrido y poner de manifiesto lo que hasta ahora no lo estaba. Hablo de los sucesos que han dado un color, un sabor y una originalidad a nuestra historia y del significado que entonces tenían, un significado que aún no teníamos la posibilidad de descubrir porque estábamos demasiado cerca del suceso. Y esa mirada retrospectiva permite descubrir una lógica de vida, de sentido, y casi una premonición del porvenir.

Me refiero así a la salida a la luz del fondo histórico sobre el cual ha arraigado mi descubrimiento de la Gestalt, de lo que estaba allí y ha recibido, acogido y transformado mi proceso de evolución personal mediante el método que voy a exponer como asimismo a mi proceso de aprendizaje de este método.

Hoy advierto que ya había toda una experiencia que fue como el terreno que recibía una novedad y que este terreno ha dado a esta novedad una coloración particular. Recibir la novedad y asimilarla es ingresar en un proceso de transformación al cabo del cual los dos elementos son diferentes.

Este libro es el reflejo del entrelazamiento de varias historias: una historia personal, una historia profesional con la terapia gestáltica, una historia con otros planteamientos y corrientes de pensamiento. Y a esto se agregan fragmentos de varias historias terapéuticas en las cuales he sido el terapeuta.

Todos estamos apresados por un entrelazamiento de historias, para mejor o para peor.

La Gestalt de la primera hora y las primeras influencias

- ¿Quién era Fritz Perls?

Fritz Perls, considerado "el padre de la Gestalt" –así le llama M. Shepard, su biógrafo–, nació en 1894, en Alemania, y murió en 1970 en Columbia Británica, Canadá. Fue médico, psiquiatra, se hizo psicoanalizar y él mismo fue después psicoanalista. Era judío y no se sintió seguro en Alemania. Decidió dejar su país, se marchó a Holanda en 1933, pero allí tampoco se sintió muy seguro.

Entonces el psicoanalista E. Jones, que hacía lo posible por ayudar a los refugiados, le propuso ir a Sudáfrica. Junto a Laura, su mujer, y sus dos hijos se instaló en Johannesburgo, donde en 1935 creó el Instituto Sudafricano de Psicoanálisis. En 1946 emigró a Estados Unidos. Su familia se reunió con él poco después. Y allí se constituyó "el grupo de los siete", entre los que destacaba Paul Goodman, escritor y pensador de ideas bastante anarquistas. Lo que llamaron Gestalt nació de las reflexiones de esas siete personas. Dicen que Paul Goodman se convirtió en el escritor de Perls y que contribuyó mucho en la escritura de *Terapia Gestalt*, libro publicado en Nueva York en 1951, y que consideramos la obra fundamental[1].

Laura, su mujer, era psicóloga, tenía un doctorado en psicología gestáltica y también era psicoanalista. Su influencia también fue importante en la elaboración de este nuevo planteamiento y hasta el punto que se conservó el nombre Gestalt para nombrarlo.

A fines de los años cincuenta se marchó a California, donde dirigió numerosos seminarios en Esalen, que durante muchos años fue el crisol

1 Los gestálticos mencionan casi siempre por sus iniciales, PHG (Perls, Hefferline y Goodman), a los tres autores de *Terapia Gestalt*, considerada la obra de referencia de la terapia gestáltica. En este libro se encontrarán a menudo con estas iniciales.

de las nuevas terapias y de las nuevas tendencias en materia de desarrollo personal. Vivió allí varios años.

Y viajó bastante por el mundo. En Japón descubrió la meditación zen y se puede pensar que fue muy influido por esta disposición que consiste en centrarse en uno mismo, en estar consciente de la experiencia inmediata y permanecer en el *continuum* de esta experiencia. Allí se encuentran los fundamentos del concepto de *awareness*, que definimos como "conciencia inmediata del campo" y que otros van a llamar "conciencia primaria".

Más adelante, a finales de 1968, después de experimentar algunas dificultades con los dirigentes de Esalen, compró un viejo motel en Columbia Británica y fundó allí una especie de kibbutz gestáltico que se llamó Instituto de Terapia Gestáltica de Canadá. Y allí murió en 1970.

• Québec: eslabón entre California y Francia

La Gestalt empezó a llegar a Québec a comienzos de la década de 1970, por intermedio de varios psicólogos de Québec que habían oído hablar de Esalen y que se relacionaron con los primeros discípulos de F. Perls.

Cuando conocí la terapia gestáltica ya tenía todo un bagaje de psicología clínica, de psicoanálisis, de psicodrama psicoanalítico y de dinámica de grupos y asimismo una experiencia profesional en psiquiatría infantil, de adolescentes y de adultos. Mi experiencia en psicoterapia de grupo con psicóticos me impulsaba a buscar más lejos. Y este "más lejos" fue la terapia gestáltica y, paralelamente, la bio-energía.

Me han influido, marcado y formado las dos grandes corrientes que existían en Estados Unidos en la década de 1970: la del Instituto de Cleveland y la del Instituto de Gestalt de Los Ángeles. Las presento rápidamente, sobre todo porque Agnès, mi mujer, también terapeuta gestáltica, fue co-creadora en 1981, conmigo, del Instituto de Gestalt de Grenoble y se formó en la corriente de Cleveland, en el Centro de Crecimiento y Humanismo Aplicado de Janine Corbeil. El Instituto de Gestalt de Grenoble, que co-creamos en 1981, se inscribe en esta filiación doble.

Es el segundo de Francia. El primero, el de Burdeos, se había creado en 1980. Nuestros dos institutos se asociaron en 1982 para inaugurar, en conjunto, la primera formación francesa en Gestalt. Después, en 1985, crearon juntos el Instituto Francés de Terapia Gestáltica, estructura cuyo objetivo era instaurar un tercer ciclo de formación. Nuestros dos institutos, por repercusión, han influido y marcado a los numerosos terapeutas gestálticos que hemos formado desde 1982 y que continuamos formando; nuestra última promoción común debiera de terminar en 2006.

Llegamos a Montreal en septiembre de 1974. Pocas semanas después de nuestra llegada, recibí un documento de la Corporación de Psicólogos de Québec donde se me informaba que un organismo de Montreal, el Centro de Crecimiento y de Humanismo Aplicado, creado por Janine Corbeil, daría una formación en Gestalt a partir del siguiente mes de noviembre.

Yo no sabía qué era la Gestalt y nunca había oído hablar de ella.

Pero como había decidido marcharme de Francia para ampliar mis horizontes y descubrir algo distinto al psicoanálisis, la curiosidad fue más fuerte y decidí inscribirme. Era una iniciación que duraba un año y comprendía cierta cantidad de fines de semanas y reuniones nocturnas. El compromiso era por el año completo y había que pagar todo al comienzo, pequeño detalle que tiene su importancia.

• Primer contacto: el choque con Janine Corbeil

Primer fin de semana, en noviembre de 1974, dos meses después de nuestra llegada a Montreal. Cita el sábado, a las diez de la mañana, en la calle Nelson. No encontraba la calle. ¡Había tres en el plano de Montreal! Nerviosismo, ansiedad... Llegué, finalmente, retrasado, a una casa particular y caí en medio de un grupo de unos quince canadienses. Fui una aparición que se hizo notar por su atraso y por su marcado acento francés... Observé a esas personas, sentadas en el suelo o en cojines, reparé en las latas de cerveza aquí y allá... No me sentía muy cómodo. Me pidieron que me presentara. Comencé a hacerlo hasta que un grandote me dijo: "Vaya que eres hablador". Esto me clausuró la boca, me acomodé en el cojín, permanecí en silencio y me dediqué a observar lo que ocurría y cómo ocurría, preguntándome qué hacía en ese lugar. Recuerdo a una mujer gorda que empezó a llorar, que cayó en una especie de crisis emocional que me aterró. Estaba en completo desacuerdo con la manera de actuar de la terapeuta, que retomó en primera persona una frase de la paciente y le pidió que repitiera esa misma frase después de ella. ¿Cómo se podía hacer terapia de ese modo? Estaba indignado.

Continuaba refugiado en mi cojín, tratando de empequeñecerme para que nadie me notara. Pero la terapeuta se dirigió a mí y se manifestó asombrada por mi silencio... Fue el colmo. ¿Acaso no comprendía que uno desaparece si se encoge?

Yo provenía de un diván parisino, era muy crítico, calificaba de bárbara esa terapia y seguí sin encontrarle sentido cada vez que había un cambio. Sólo terminé al año porque lo había pagado por adelantado. Así acabó mi primera experiencia gestáltica, pero continué mi formación en análisis bio-energético, que había comenzado al mismo tiempo y en la cual me sentía bien. Además me apasionaba el descubrimiento de una terapia muy corporal.

Había empezado grupos en el Instituto Philippe Pinel de Montreal, en los cuales utilizaba elementos de trabajo corporal provenientes de la bio-energía y el psicodrama. Y un día descubrí que mi trabajo también estaba influido por lo que había hecho en el curso de ese año de Gestalt... Por otra parte, tenía la impresión que lo que había retenido de esa primera iniciación funcionaba muy bien en este contexto tan particular y difícil. El Instituto Philippe Pinel, que aún existe, era lo que en esa época se llamaba "hospital psiquiátrico de máxima seguridad". Recibía a los detenidos de las diferentes prisiones de la provincia de Québec que presentaban trastornos psiquiátricos.

Un día recibí un nuevo documento de la Corporación de psicólogos de Québec. Anunciaba una nueva formación en Gestalt, ahora en el Centro de Gestalt de Québec creado por Ernest Godin y Louise

Noiseux. El curso comenzaba con un seminario intensivo de diez días y después uno se podía comprometer a una larga formación. Me inscribí en la primera promoción de este organismo, donde viví una inmersión intensa, profunda, en el método californiano más loco de 24 horas durante diez días, que desembocó enseguida en un curso que duró tres años. Volví a encontrarme con Janine Corbeil, que dirigía unos seminarios puntuales de formación. Creo que gracias a ella comprendí verdaderamente el concepto de *awareness* y el acompañamiento terapéutico a partir de la noción de *continuum* de la experiencia.

• El compromiso en una formación prolongada

El Centro de Gestalt de Québec (CGQ) había sido creado por Ernest Godin y Louise Noiseux, formados en el Instituto de Gestalt de Los Ángeles, que los acreditó. Bob Resnik, cuyos primeros formadores fueron F. Perls y Jim Simkin, había creado este Instituto. Su equipo estaba compuesto en esa época por Gary Yontef, Stella Resnik, Alen Darbone, Violet Oklander, Bob Martens y Steve Toben. En el curso de mi formación tuve oportunidad de trabajar con los tres últimos de esta lista. En aquella época hablábamos de la Costa Este y de la Costa Oeste.

La corriente de la Costa Este, sobre todo en el Instituto de Gestalt de Nueva York y en el de Cleveland, tenía fama de seria, rigurosa, estructurada; en cambio la gente de California tenía fama de fantasiosa, creativa, experimentadora, aficionada a romper límites. Se trabajaba en seminarios intensivos de diez días o más. E. Godin me dijo esto el 30 de octubre de 2004: "La Costa Oeste se afincaba mucho en la experiencia, se fundaba en el *awareness*, en la experimentación y en la confrontación directa con los otros. Se practicaba la exploración por el movimiento físico, corporal, no se establecían límites, se vivía la experiencia, se descomponía la situación vivida y después se efectuaban sugerencias: ¿y qué podrías hacer ahora? A partir de eso se sugería al paciente que hiciera tal o cual cosa en su vida cotidiana. Era un requerimiento audaz y vivo de prácticas en el grupo, pero también en el exterior. Estaba muy lejos del psicoanálisis. Tenía limitaciones pero también virtudes. Cuando te embarcabas en ello accedías rápidamente a nuevas informaciones sobre tus sistemas y tus maneras de entrar en contacto o de no entrar en contacto, y si contaban con una capacidad bastante grande de integración de la experiencia podías sacar provecho. Pero a menudo sucedía que las personas aún no habían adquirido esta capacidad de integración y se iba más allá de sus límites".

E. Godin era psicólogo y psicólogo social. Se formó en dinámica de grupos en Bethel, Maine, feudo de Kurt Lewin, que introdujo el concepto de campo en el centro de nuestra teoría. Descubrió allí el "*sensory awareness*", trabajo de toma de conciencia corporal puesto a punto por Charlotte Silver, con quien F. Perls tuvo varias sesiones individuales. Comenzó su camino por la Gestalt con J. Zinker en 1970, participando en un seminario en Montreal, al que también asistía Janine Corbeil. "Guardo un muy buen recuerdo de ella y su manera de trabajar me ha habitado mucho tiempo".

Más tarde continuó en el Instituto de Gestalt de Los Ángeles, al mismo tiempo que Louise Noiseux. Los dos crearon en 1976 el Centro de Gestalt de Québec y allí iniciaron su primera promoción. Seguí este curso durante tres años. Entre mis camaradas de promoción y amigos puedo citar a André Jacques, psicólogo y psicólogo social, profesor en la Universidad de Québec en Montreal y autor de un libro publicado en 1999 en Exprimerie, *Le soi. Fond et figures de la Gestalt-thérapie*. Dictó diversos seminarios en el Instituto de Gestalt de Grenoble y en otros institutos europeos.

E. Godin conoció más tarde, a comienzos de la década de 1980, a I. From, que formaba parte de lo que llamamos el "grupo de los siete", que permitió que los gestaltistas hallaran las bases teóricas de la teoría del sí mismo, contenidas en la que consideramos la obra fundamental, *Terapia Gestalt*, publicada en 1951. Trabajó continuamente con él durante dos años, en Montreal y después en Nueva York. "Aportaba rigor y precisión. Era una especie de láser, de suma presencia en la entrevista. Poseía el arte de identificar la interfase en la frontera del contacto. No trabajaba absolutamente nada con lo intra-psíquico. Era un observador admirable, agudo, creaba el desequilibrio, se mantenía en la línea de la experiencia innovadora y además se refería constantemente al modelo conceptual desarrollado por Perls y Goodman".

Hice un segundo segmento de formación con E. Godin, de 1982 a 1985, en Francia. Había organizado una especie de tercer ciclo apoyado en un conjunto de seminarios de cinco días, cinco por año durante dos años. En este ciclo descubrí la influencia de I. From sobre la terapia gestáltica y sobre su conceptuación.

Y los dos, André Jacques y Ernest Godin, fueron parte durante varios años del equipo de formadores del IGG (Instituto de Gestalt de Grenoble), aportando el aliento de Québec y el viento de América del Norte.

E. Godin fue formador en Montreal, en el Institut de Formation par le Groupe. El objetivo de este instituto era el grupo, sus funcionamientos, la intervención en proyectos y en desarrollo personal y la investigación en psicología social. Denis Royer, formador de este organismo y uno de mis formadores en bio-energía, tenía contactos con Francia y Bélgica. Por intermedio de él, E. Godin comenzó a presentar en 1976, la Gestalt en Bélgica y en Francia. Y también por su intermedio, el Centro de Gestalt de Québec organizó en 1977 su primer grupo de formación en Francia, un grupo en el cual intervine en 1978.

Así pues, varios franceses se formaron en la Gestalt con el equipo del CQG, en el mismo ambiente que yo, en Bélgica primero y después en Francia. Después, en 1979, se creó el Centro Internacional de Gestalt para continuar esta formación en Francia. Se interrumpió en 1986. Soy parte del equipo de formadores que intervinieron en Francia. Lo hice por primera vez en 1978. En este grupo conocí a una psicóloga que trabajaba en el hospital psiquiátrico de Grenoble. Yo acababa de publicar en *Information Psychiatrique* un artículo titulado "La psicoterapia de grupo con pacientes difíciles en un medio psiquiátrico y carcelario". Por este artículo me concedieron en 1977 el premio Pinel, que el comité científico de la institución entrega cada año a un profesional que se considera ha publicado la mejor conferencia del año durante las reuniones semanales que teníamos en el marco de la investigación. Esta psicóloga se interesó por la posibilidad de utilizar la Gestalt con psicóticos. Me invitó a dirigir varios seminarios y conferencias sobre este tema en Grenoble. Por este motivo nos resultó muy natural instalarnos en Grenoble cuando decidimos regresar a Francia.

Creo que Québec ocupa un lugar importante en la historia de la Gestalt en Francia. En efecto, llegó a Francia principalmente por intermedio de Janine Corbeil y Ernest Godin a partir de 1975. Algunos años después, Gil Delisle, también de Québec, creador del centro Le Reflet de Montreal, influyó en varios psicoterapeutas gestálticos en Francia y enriqueció la terapia gestáltica a partir de algunos conceptos provenientes del psicoanálisis de relaciones objetales.

Conviene recordar también que J.M. Robine, que creó en 1980 el Instituto de Gestalt de Burdeos, y N. De Schrevel, que creó en 1982 el Instituto Belga de Gestalt, fueron formados por J. Corbeil y por formadores del Instituto de Gestalt de Cleveland. Y el Instituto de Gestalt de Nantes también fue creado por un grupo de psicoterapeutas gestálticos que J. Corbeil formó en Nantes.

Por otra parte, algunos otros franceses habían conocido la terapia gestáltica en Estados Unidos. Podemos citar a Anne y Serge Ginger, que crearon la École Parisienne de Gestalt en 1982.

• La terapia gestáltica: una apología de la diferencia

Siempre me ha preocupado la coherencia, la apertura y la conjunción estética y original de diferentes elementos que un día se pueden reunir y cruzarse. El encuentro de diferencias que en lugar de combatirse o despreciarse se alían para crear algo nuevo y bello. Cruzarse, es decir, interpenetrarse y dar nacimiento a algo diferente que se origina en lo uno, en lo otro y en el proceso que se pone en marcha en ese encuentro.

Esta preocupación está allí, muy presente, en el momento en que doy forma a algunos de mis distintos textos ya existentes.

Lo que me ha gustado en la terapia gestáltica es, precisamente, que sea una creación por completo original y la ilustración misma de la teoría que propone: es un ajuste creador que proviene del encuentro de varias corrientes de pensamiento, de varias personas que representaban estas corrientes de pensamiento y de la relación que se crea entre ellas a medida que se desarrollan sus reflexiones.

Se suele decir que la Gestalt ha nacido de:

√ el encuentro de cinco corrientes de pensamiento: el psicoanálisis, la teoría de la Gestalt, la fenomenología y sus prolongaciones existencialistas, las ideas de W. Reich y algunas ideas provenientes de filosofías y prácticas orientales como consecuencia del encuentro de F. Perls con la meditación zen durante su viaje a Japón;

√ la constitución del "grupo de los siete" y sus reflexiones;

√ esto sobre un fondo de pensamiento anarquista y en un contexto donde se desarrollaba lo que en Estados Unidos se ha llamado la tercera fuerza: la corriente humanista; las otras dos fuerzas son las corrientes psicoanalistas y conductistas;

√ y yo agregaría la aparición en 1951 de *Terapia Gestalt*, que nos llegó en francés a Québec en 1977 publicada por Éditions Stanké.

Creo que la terapia gestáltica es un caso de sincretismo exitoso, una conjunción creadora de diferencias de pensamiento, prácticas y diferencias culturales: los Perls, judíos alemanes, inmigrados a EEUU, enfrentados a otra cultura, otra lengua. Es un ejemplo de ajuste creativo.

Me ha seducido este aspecto de la Gestalt sobre todo porque nos ofrece un modelo que propone que los particulares momentos en que más crece el individuo son aquellos en que enfrenta la novedad. Define la neurosis como la repetición de nuestros viejos esquemas y la pérdida de nuestra capacidad de crear. Nos propone, entonces, desenmascarar nuestros esquemas repetitivos y enfrentar conscientemente la novedad para salir de ella y volver a poner en marcha nuestro crecimiento personal y al mismo tiempo el de quienes nos rodean, porque formamos parte de un campo que co-creamos y que nos crea.

Nos invita entonces a contemplar cuál es nuestra relación con la novedad, lo desconocido, el no-sí mismo, el otro y lo extranjero. Este término, extranjero, es muy conveniente, porque se nos invita a ir a ver lo que ocurre en la frontera entre el sí mismo y el otro, entre el entorno y nosotros. Si hay frontera, de un lado hay el otro, el extranjero y su territorio, y del otro lado hay yo y mi territorio. Y el extranjero es en primer lugar el extranjero en nosotros, lo no-consciente, lo que llamo el "ya allí y aún no concienciado", la sombra, lo desconocido que dormita en nosotros. Es también el otro, el que está frente a nosotros, exterior a nosotros y que a veces nos incomoda porque nos enfrenta a la diferencia.

Cuando descubrí la Gestalt, esta perspectiva me resultó nueva y me interesó mucho. Este modelo se fundaba en la interacción entre el sí mismo y el otro, el terapeuta y el paciente; pero también, desde la constitución misma del modelo, daba una apertura para situar la Gestalt y otros planteamientos u otras corrientes de pensamiento y ver como se podían enriquecer mutuamente.

Me considero curioso. El ser humano me parece lo bastante complejo e importante como para considerar su cuestionamiento, su angustia y su sufrimiento, para que uno se dé el trabajo de estudiar distintos modelos que enriquezcan nuestra conceptuación y formas de practicar.

La terapia gestáltica me aportaba una apertura en relación con los conocimientos, experiencias y competencias que ya había adquirido. Me decía que si era coherente con su propia naturaleza y su propia teoría, presentaba un modelo abierto al otro, a la diferencia, y permitía investigar el ajuste creador y no tanto el rechazo de la diferencia. He trabajado en este sentido durante toda mi carrera. He experimentado algunas desilusiones, he topado a veces con un dogmatismo que desprecia la diferencia y lo extranjero.

De esta ampliación de mis horizontes en los planos humanos, profesionales y de aprendizajes de la novedad en el campo de la psicoterapia, nació el Instituto de Gestalt de Grenoble, que Agnès y yo co-creamos en 1981 y después el Instituto Francés de Terapia Gestáltica que fue creado en 1986 por los dos institutos de Grenoble y Burdeos.

• El Instituto de Grenoble y el Instituto Francés

Quiero también referirme a toda la etapa de vida y de investigación que se me organizó a partir de la creación en 1981 del Instituto de Gestalt de Grenoble. El Instituto tenía la finalidad de promover la Gestalt en Francia, desarrollarla, proponer terapias individuales y de grupo y también la de formar terapeutas gestálticos. Después propusimos diversos seminarios ligados con la reflexión sobre el ser humano. Habíamos decidido correr el riesgo, importante en aquella época, de situarnos con la Gestalt en un contexto que sólo se jugaba por el psicoanálisis. Y tuvimos éxito. Paralelamente creamos el Centro de Psicología Humanista Rhône Alpes, la estructura en la cual podíamos organizar otros seminarios: tantra, viajes al desierto, seminarios chamánicos en México y en Perú, seminarios con Guy Corneau sobre lo masculino y sobre la relación de pareja.

Desde 1980 había empezado a colaborar con un colega, Jean-Marie Robine, que en 1980 había creado el Instituto de Gestalt de Burdeos. Nos habíamos conocido en 1979, durante un congreso de "Psicodrama y Teatro", en Burdeos, y me invitó a co-animar con él un seminario de verano en julio de 1980 y después en julio de 1981. Programamos en conjunto la primera formación de terapeutas gestálticos en Francia, que empezó a comienzos de 1982. Más tarde cada uno organizó sus propias formaciones en Grenoble y en Burdeos, con un programa común y un equipo común de formadores. En aquella época la formación se prolongaba tres años. Más tarde nos pareció necesario agregar un cuarto año; estructuramos el total en tres ciclos. Los dos primeros se daban localmente y entonces decidimos crear el Instituto Francés de Terapia Gestáltica, para dar allí el tercer ciclo de formación con los estudiantes provenientes de nuestras respectivas instituciones. Creamos juntos en 1986 el Instituto Francés de Terapia Gestáltica, construimos allí su filosofía y sus programas, lo desarrollamos y lo dimos a conocer en Francia y en el mundo y lo dirigimos hasta el año 2002. Interrumpí esta colaboración en los meses posteriores a un trasplante hepático que tuve la suerte de recibir y que me ha trastocado la vida.

Toda esta época ha estado marcada por la opción que habíamos hecho por desarrollar la teoría del sí mismo, contenida en la obra fundadora y por proponer una formación que hallaba su coherencia en esta teoría y también en la metodología y en la práctica que de ella se desprenden. De esa época me queda la noción de estructura: estructurar dos institutos, estructurar un pensamiento y una práctica y participar en la estructuración de redes gestálticas en Francia y en otros lugares.

Me parecía que los conceptos de "campo organismo-entorno", de investigación del ajuste creador, de relación con la novedad y de crecimiento por la integración y la asimilación de la novedad permitían dar un marco a mis investigaciones e intereses en los dominios de la etnología, la psicología social y el proceso de espiritualización del ser humano. Esto suscitó diversas reacciones que a veces me sorprendieron, me despistaron y que debí asumir. Pero me permitió comprender que las diferencias provienen de lo que somos en lo más profundo, de nuestros fundamentos identitarios y de nuestra concepción explícita e implícita del ser humano y de nosotros como seres humanos. Comprendemos una teoría y la aplicamos a partir de lo que somos, de las influencias que nos han marcado, a partir de nuestra historia, de lo que hacemos con nuestra historia, pero también a partir de lo que la historia hace de nosotros. Rechazar al otro debido a sus diferencias es rechazar su historia y su identidad. Y eso hiere.

Opto ahora por exponer rápidamente algunas influencias que han marcado mi recorrido, que le dan sentido y que ilustran cómo nuestro modo de comprender una teoría y de ponerla en práctica está influido por lo que somos y por lo que estamos por ser considerando el *continuum* de nuestra propia historia.

Trayectoria vital como fondo para la comprensión y práctica

• Infancia campesina: "la cultura del campo"

Nací en 1944, en un pueblo pequeño de campesinos, en el Doubs alto, a treinta kilómetros de la frontera suiza, en esa región especialmente fría que a veces llaman la Siberia de Europa. Mi padre y mi madre conocieron las dos guerras y mi padre participó en la del 14-18. Mis hermanos y hermanas nacieron antes de la guerra.

La intuición de lo que llamamos "campo organismo-entorno" me ha sido dada por mi infancia en una granja situada en una aldea pequeña de doscientos habitantes y por el estilo y las exigencias de vida que se desprenden de ese contexto. En esta lógica, el organismo era la familia y la granja, que por lo demás en esa época constituían una entidad inseparable y marcada por el hecho de que todo estaba reunido en una misma casa y bajo un mismo techo: las personas, los animales y todo lo que concernía a los animales y a la cultura del campo. En este contexto, podríamos considerar que lo que llamamos organismo era ese colectivo, el cual se encontraba en estrecha relación e interdependencia con un entorno cuyos distintos componentes también estaban muy vinculados: la familia extensa (dos tíos y una tía por el lado paterno y un tío y una tía por el lado materno habitaban en la misma aldea), la aldea, la escuela, la iglesia con sus prácticas, los campos que cultivábamos, las estaciones, el ritmo de las estaciones, los animales, la lluvia, la nieve, el frío, el sol, las tormentas, la intemperie... No contábamos con coche ni con teléfono ni con televisión y muy pocas veces salíamos de la aldea.

Toda la vida se organizaba en este vínculo organismo-entorno, porque de ello dependía nuestra subsistencia. Aprendí muy pronto, tanto por mi padre como por mi madre, a decodificar el lenguaje de señales proveniente de los animales, del sol, de la luna, del color del cielo, de las plantas, de la atmósfera, de la luminosidad, de los olores.

Nuestra vida se organizaba en función del ritmo de las estaciones y después según la observación y decodificación de esas señales. Estábamos en estrecha comunicación con el entorno natural. Esto era también nuestra cultura, la que nuestros abuelos y tatarabuelos nos habían transmitido. Por lo demás, cuando "extranjeros" nos preguntaban qué hacíamos, mi padre solía responder "estamos en la cultura"[2].

---

2 También "estamos en el cultivo": "culture", en francés, puede significar cultivo o cultura. (N. del T.)

Estaba inmerso en la cultura, en la cultura del campo, el que cultivábamos, insertado íntimamente en lo que los gestaltistas llamamos el campo organismo-entorno; en una cultura que nos enseñaba a considerar el entorno en su realidad y en su forma más inmediata, la más material, la más realista, hasta en aspectos del entorno más distante, de otro orden, más invisible, religioso, místico.

Allí están los orígenes de mi interés por la etnología y después por el chamanismo. Mi padre, mi madre, mis tíos, mis tías y los vecinos fueron mis primeros iniciadores en el chamanismo.

Más tarde descubriría que ciertas fiestas religiosas católicas, tal como se desarrollaban en la aldea, eran portadoras de la misma "mística" que descubriría más tarde al estudiar la cultura amerindia.

Mientras escribo esto, pienso en la visión amerindia del mundo que descansa en la noción de las cuatro energías o cuatro puntos cardinales o cuatro direcciones. Cuando era niño, salíamos en procesión cuatro mañanas seguidas, con el cura, hacia una de las cuatro cruces plantadas en las cuatro entradas de la aldea, al este, al oeste, al sur y al norte.

He vivido en un contexto natural en que teníamos la visión de la globalidad, y, desde luego, los aspectos religiosos y "místicos" formaban parte de esa globalidad. Si se supone que los ambientes, las experiencias y los conocimientos del mundo de la infancia dejan una huella muy fuerte, no sorprende entonces que posteriormente me haya volcado a la etnología y después al estudio del chamanismo con interrogantes acerca de lo que sea la espiritualidad.

• Estudios secundarios clásicos en un contexto religioso

Creo que mis estudios secundarios, que realicé en un seminario aislado, situado en plena naturaleza, me han conducido a la psicología y al deseo de reunir psicología, terapia y etnología.

Entre las influencias que me han marcado estuvieron mis estudios secundarios, clásicos, helenistas, en lo que se llamaba entonces un "seminario menor", desde el sexto curso hasta el bachillerato. El deseo indudable de mi madre y de mi familia era que fuera sacerdote:

a los once años me encontraba en un internado perdido al fondo de un valle, en medio de un bosque inmenso de pinos, distante cinco kilómetros de la primera aldea. Literatura, latín, griego, música, estudios religiosos, prácticas religiosas, trabajos en la granja y en los bosques del seminario... Seis años de vida austera, en un monasterio del siglo XVI convertido en institución de estudios secundarios para los hijos de los campesinos de las aldeas del departamento que se destinaba al sacerdocio sin que se les hubiera preguntado su opinión. Así conocí una forma de vida monacal, su estructura, disciplina, sus exigencias, su rigor y austeridad, con momentos de estudio, de oración, de silencio, de recreación, de paseos por la naturaleza, de jaleo, de transgresiones; y la vida en comunidad durante las veinticuatro horas a lo largo de seis años.

Me quedan huellas de estructura de vida, de pensamiento y una determinada cultura: religiosa pero también clásica humanista, con el aprendizaje de lo que entonces se llamaba "bellas letras" y retórica, el arte de escribir bien y de hablar bien. Allí aprendí a buscar la etimología de las palabras y sus antiguas raíces griegas y latinas. También eso me ha permitido buscar lo que hay de inconsciente colectivo en la evolución del sentido de las palabras. Todavía hoy, cuando escribo, lo hago con mis dos diccionarios de latín y griego de esa época y aún experimento cierto placer al seguir la evolución del sentido de las palabras desde la raíz hasta el significado actual.

En el seminario comenzó también mi interés por lo intercultural y por la etnología, gracias a diversos misioneros que pasaban regularmente con películas para mostrarnos sus misiones y los países y contextos culturales en los que ejercían su ministerio. Esperaban suscitar de este modo vocaciones misioneras. Y tuvieron éxito conmigo: quise ser misionero en África. ¡Y esto se ha transformado en psicólogo-psicoterapeuta-antropólogo y en "portador de la buena palabra gestáltica" en África, después en México y hasta en la Amazonía peruana! Lo cual me lleva a decir hoy, sonriendo, que uno no puede escapar a su destino...

• Universidad: psicología clínica y social más etnología

Estudié psicología clínica primero en la Universidad de París VII, hasta la licenciatura con las opciones "clínica social" y etnología, después preparé el diploma de psicopatología en el Instituto de Psicología de París y continué más tarde con el doctorado en la Universidad de Montreal.

Tres puntos, que posteriormente intenté conciliar en mi vida profesional, me apasionaron en estos estudios: la psicología social y la psicoterapia de grupo, la psicopatología y la etnología. En el marco de mi licenciatura en París VII, comencé a descubrir la psicoterapia de grupo y el psicodrama. La enseñanza se efectuaba en la práctica. Participé durante dos años, en el marco de la universidad, en un verdadero grupo de psicodrama, después en otro de psicoterapia de grupo de inspiración psicoanalítica. Paralelamente a mis estudios universitarios, estaba en psicoanálisis y descubrí la psicoterapia de grupo y el psicodrama desde 1969, en la licenciatura de psicología con Ophélia Avron, con quien sigo en contacto.

Mi carrera estaba trazada: quería ser psicoterapeuta-antropólogo, si era posible trabajar en psiquiatría, en África, y conciliar psicología, psicoterapia y etnología. En esa época me apasionaban los trabajos del hospital psiquiátrico de Dakar bajo la dirección del doctor Collomb y su equipo. Me fascinaba que aceptara trabajar con los terapeutas locales tradicionales. Me entusiasmaban las películas de Jean Rouch, etnocineasta, fallecido en 2003, que ha dejado documentos asombrosos y apasionados sobre ciertos ritos terapéuticos; también me había asombrado la lectura del *Edipo africano*, publicado por la pareja Ortigues, psiquiatras que formaban parte del equipo del doctor Collomb.

• Primer y rápido contacto con África

El ministerio de cooperación me contrató en 1969, al terminar mis estudios; se trataba de un puesto de psicólogo en Douala, Camerún. Estaba feliz. Iba a realizar mi sueño. Desgraciadamente, contraje una hepatitis viral que me obligó a repatriarme seis meses después y significó el término de mi contrato. Mi buen sueño se esfumaba. Me entristeció tener que dejar África tan pronto. Y no podía imaginar entonces que esa hepatitis preparaba insidiosamente otro gran cambio, que se manifestó en 2001 en una descompensación hepática que concluyó en 2002 con un trasplante de hígado y una gran desorganización física, energética y profesional.

Regresé entonces a París, a mi psicoanálisis y al psicodrama y a la práctica de la psicología clínica y de la psicoterapia de grupo en distintas instituciones psiquiátricas para niños, adolescentes y adultos. Dispuse así de una visión completa del desarrollo y patologías del ser humano.

Regresé también a la universidad, donde en aquella época se dictaba un ciclo de profundización en psicología clínica destinado a psicólogos jóvenes.

• Ser psicoterapeuta en psiquiatría

La psiquiatría ha influido mucho en mi recorrido. Trabajé durante quince años como psicólogo clínico y psicoterapeuta en psiquiatría: ocho años de tiempo completo y siete de tiempo parcial. Desde 1971 comencé a organizar grupos de psicodrama para niños en el contexto de un Centro médico-psicopedagógico y de un Instituto médico-educativo especializado en niños psicóticos, y después con adultos en 1973, en una clínica psiquiátrica de la Mutual General de la Educación Nacional (MGEN) de la región parisiense. Era el primer psicólogo en esta institución, que acababa de inaugurarse. A pedido del médico jefe, con quien tenía una relación muy buena, organicé y animé grupos de psicoterapia para los docentes con dificultades que esta institución acogía. De este modo comenzó una tradición que continúa hasta ahora en esta institución con mi colega y amigo Jean-Yves Levental, que se hizo cargo de mi puesto cuando me marché.

Y después hubo un cambio asombroso: pasé de los docentes de la educación nacional francesa a los presos del Instituto Philippe Pinel de Montreal, "hospital psiquiátrico de máxima seguridad" que recibía a los detenidos de las prisiones de la provincia de Québec que necesitaban de atención psiquiátrica. Esta institución era y todavía es un centro de investigación internacional en el campo de la criminología. Allí aprendí verdaderamente lo que es el ser humano que sufre y allí me consolidé como psicoterapeuta de grupo.

Poco después de mi llegada, en febrero de 1975, inauguré un primer grupo de psicodrama. Esta primera experiencia se consideró interesante y prosiguió con diversos grupos durante los cinco años que pasé en esa institución. Integraba progresivamente al psicodrama elementos de Gestalt y de bio-energía, ya que además de trabajar me formaba en una y otra. Puedo decir que allí aprendí verdaderamente mi oficio de psicólogo y de psicoterapeuta, en contacto con esos hombres "de lo último", como se decía entonces para indicar que no había otra institución que se hiciera cargo de ellos. También se decía que venían de la parte baja de la ciudad, para indicar que en general provenían de un contexto sociocultural desfavorecido. Conocí allí criminales, estafadores, delincuentes, traficantes, sádicos, psicópatas, asesinos... Pero sobre todo, por su intermedio, hombres hipersensibles, muy frágiles, de corazón lastimado, desesperados y en busca de algo más allá de su dolor físico, moral y psíquico. Muy pronto me centré en los adultos jóvenes de entre 18 y 30 años que habían experimentado a menudo uno o varios episodios psicóticos con extremos de delirio. Me parecía que esta forma de psicoterapia de grupo podía detener el proceso y evitar que eso se tornara crónico. Y organicé la terapia de grupo. Se estableció entre nosotros una especie de complicidad que favoreció un clima de confianza.

Más tarde, de regreso en Francia a fines de 1981, continué animando este tipo de grupos en dos instituciones: el Servicio Médico Psicológico Universitario y la Clínica Universitaria Georges Dumas. El SMPU recibía en consulta ambulatoria a estudiantes con dificultades psicológicas y me pidieron que me encargara especialmente y mediante grupos de quienes tenían dificultades de continuidad y de vínculos. Trabajé, co-animando con un colega formado en psicodrama, una clientela de jóvenes que presentaban trastornos a veces graves de narcisismo. Y utilicé el mismo enfoque que integraba elementos de psicodrama, de Gestalt y de bio-energía.

La clínica Georges Dumas internaba, de noche o de día, a estudiantes con una estructura psicótica en estado límite. Co-animaba estos grupos con la psicóloga del establecimiento, también formada en Gestalt por el equipo del Centro de Gestalt de Québec.

Esta época de mi carrera, consagrada esencialmente al trabajo terapéutico en psiquiatría, dio lugar a diversos artículos publicados en la revista *L'Information Psychiatrique* y a varios textos agrupados en una recopilación titulada *Ces dieux qui pleurent ou l'apport de la Gestalt à la thérapie des psychotiques.*

• Etnología-antropología

Como ya he dicho, la etnología siempre me ha fascinado bastante. Y me parecía que los otros, del otro extremo del mundo, tenían algo que enseñarme también en el dominio de la terapia. África volvió entonces a mi historia, "casualmente".

• La experiencia en Costa de Marfil

En 1983 me invitaron a dar un primer seminario en Abidjan. Este primer contacto desembocó en el establecimiento de una estructura regular de tres estancias por año durante las cuales animé fines de semana de terapia, di conferencias en la universidad y en otros contextos psicológicos o sociales e intervine con ejecutivos de empresas en programas de formación en relaciones humanas.

De este modo se constituyó en 1985 un grupo regular que nos permitió establecer en 1988 un programa de primer y segundo ciclo de formación en Gestalt, inspirado en el modelo que habíamos establecido en Francia en el Instituto de Gestalt de Grenoble y en otros institutos. Era un grupo de catorce personas, siete hombres de Costa de Marfil, médicos, psiquiatras, psicólogos y ejecutivos de empresas y siete mujeres blancas expatriadas que trabajaban en campos como la relación de ayuda y la comunicación.

Estaba feliz. Podía reunir mis distintos centros de interés: la psicología clínica, la psicoterapia de grupo, la terapia gestáltica y la etnología, y todo esto en un contexto pluricultural. Acompañar a africanos en un proceso terapéutico y de formación en la concepción gestáltica me concedía un lugar privilegiado de observación para conocer mejor al hombre y la mujer africanos de Costa de Marfil, que experimentaban un conflicto interno por estar situados entre la cultura de la "aldea" y la cultura moderna y europea. Por otra parte, la composición de los grupos de terapia y la estructura del grupo de formación me permitieron apreciar cómo podían funcionar juntos africanos del oeste, del Magreb, europeos y también musulmanes, animistas, católicos, protestantes, judíos... y también las relaciones entre blancos y negros, entre hombres negros y mujeres blancas.

Durante toda esta época estuve en contacto regular con dos mujeres negras: una se llamaba Marie-Thérèse Trazo y la otra Thérèse. Marie-Thérèse era de Costa de Marfil, de la etnia senufo del norte del país, psicóloga clínica formada en Francia y psicoanalista formada en Estados Unidos. Me entregaba su punto de vista de mujer, de psicóloga clínica y psicoanalista africana senufo acerca de todo lo que le planteaba.

Thérèse era una curandera originaria de Burkina Faso. Ejercía en un suburbio de Abidján, leía las conchas y muy pronto se me convirtió en una persona de referencia, pues me entregaba numerosas informaciones sobre su cultura y su "trabajo" de curandera. En mi libro *Gestalt-thérapie, culture africaine, changement*, relato que me desequilibró cuando la conocí y le pedí que me enseñara su arte. "Quieres conocer los 'poderes'", me dijo y sonrió ligeramente. "Espera un minuto". Se marchó y regresó con un frasco pequeño lleno de un agua turbia, que me agitó en la cara. "Mira con atención y verás que en este frasquito hay un trozo de madera. ¿Lo ves? Mira bien, es el tronco de un árbol... Tengo el poder de introducir troncos de árboles en botellas pequeñas como ésta… Si quieres, te puedo enseñar…". Y me dejó con el enigma del tronco en la botella. Se me ha convertido en una especie de acertijo al que regreso una y otra vez desde ese primer encuentro en 1985.

Conocí también a otra persona que me impresionó mucho: el profeta Hatcho, poco antes de su muerte. Era un curandero que había creado una comunidad terapéutica en la que recibía a personas con trastornos mentales. Ese hombre poseía un enorme carisma. Curaba recurriendo a una forma de sincretismo que mezclaba elementos de la religión católica, del animismo, de rituales provenientes de terapias ancestrales de su cultura, del uso de plantas, del grupo de confesión como forma de terapia de grupo y de su colaboración con los psiquiatras del hospital psiquiátrico de Bingerville, creado por europeos.

Hice muchos descubrimientos durante mi período africano y nombraré uno: Occidente, desde la creación del psicoanálisis, sería el único lugar del mundo en que el acto terapéutico es un acto profano con pretensiones científicas. En todas las otras partes del mundo, el acto terapéutico es un acto sagrado que está inscrito en una "mística" y cuyo objeto sería religar lo humano con lo divino cuando ha habido ruptura del vínculo. Esto es lo mismo que verifiqué más tarde cuando conocí a terapeutas tradicionales en México y en la Amazonía peruana. Durante ese período africano comencé a pensar en una etno-Gestalt y en una terapia gestáltica transpersonal.

Esta época de mi vida dio lugar a una obra titulada *Gestalt-thérapie, culture africaine, changement. Du père ancêtre au fils créateur*, publicada en Éditions l'Harmattan (1994). Mas mi trabajo e investigación en Costa de Marfil se interrumpieron por razones financieras y políticas.

• Las tradiciones terapéuticas mexicanas

Agnès y yo tuvimos la oportunidad de dirigir seminarios desde 1992 en diversos institutos de formación de Gestalt en México. Y las "tres veces por año de Costa de Marfil" se transformaron en las "dos o tres veces por año en México". Nuestra colaboración con esos institutos mexicanos no ha cesado desde entonces. Conocía ese país, pues habíamos viajado allí varias veces en invierno cuando vivíamos en Montreal. México me fascinaba por la riqueza de sus culturas, por su pasado, su arqueología y por lo que ofrecía como posibles investigaciones en los dominios que me interesaban. De este modo comenzó mi búsqueda de chamanes, guiado por mi amigo Chérif, psicoterapeuta franco-egipcio instalado hacía mucho en México. Era un discípulo de Claudio Naranjo, autor de numerosas obras, varias de las cuales están traducidas al francés y que ha influido en toda América Latina con su aporte de terapia gestáltica. Supo adaptar la Gestalt al contexto cultural de América Latina, integrando en ella la dimensión sagrada del acto terapéutico y ciertas prácticas provenientes de sistemas terapéuticos prehispánicos. Y ésta es una de las razones porque, con excepción de algunos españoles, nunca ha sido considerado con seriedad por los gestaltistas europeos... Lo había conocido en 1982 en Francia, durante un curso universitario de verano sobre el tema del "sí mismo creador". Seguí todos sus seminarios y me pareció muy valioso.

Comencé entonces una iniciación con curanderos amerindios de dos grupos étnicos distintos: los huicholes, que viven en las montañas, sobre todo en el estado de Nayarit, al norte de México, y los mazatecas, que viven en el estado de Oaxaca, al sur de México. Visitaba con regularidad a Inés y Teófilo en el estado de Oaxaca. Me enseñaron que la conciencia, concepto que estaba en el centro de mis preocupaciones de psicoterapeuta y de terapeuta gestáltico, no sólo era un concepto: era un estado interior que se cultivaba, que había diferentes estados y niveles de conciencia y que la "sanación", la cura, se conseguía ampliando el campo de la conciencia ordinaria.

Estos descubrimientos me fascinaban incluso más porque los creadores de la Gestalt nos invitan en su libro fundador a "ampliar las zonas de la conciencia corporal".

Después de haber descubierto en África que el acto terapéutico era un acto sagrado, de vinculación entre el mundo de los humanos y el de los antepasados, descubrí en México otras dimensiones de lo que en Gestalt llamamos "*awareness*" y "*consciousness*". Comenzaba a descubrir también que la palabra que cura es una palabra "cantante", una vibración sonora.

En estas culturas, el terapeuta no cura haciendo interpretaciones, sino acompañando y cantando y en un contexto en que los dos participantes, terapeuta y paciente, están en estado de conciencia ampliada. Descubrí el poder de la vibración sonora emitida durante el acto terapéutico concebido como un ritual.

Continúo reuniéndome hasta hoy con Inés y suelo visitarla con grupos pequeños de terapeutas interesados por la etno-terapia.

• *Awareness** y estados de conciencia modificada en Amazonía

Después empezaron mis peregrinaciones a la selva amazónica, desde comienzos de 1997 hasta 2001. No fue algo premeditado ni preparado. "Por casualidad" mi compañera me pasó un día la revista *Terre du Ciel*, que estaba leyendo, y me mostró un pequeño recuadro; me dijo: "Esto es para ti". Allí decía: "Seminario de desarrollo personal en la Alta Amazonía con las plantas sagradas". Y había un número de teléfono. Nunca había oído hablar de las "plantas sagradas", pero sentí un escalofrío al leer algunas palabras: no había duda, era para mí. De este modo se me dio la oportunidad de participar en un seminario de tres semanas que dio en la Amazonía peruana un médico francés que utilizaba los planteamientos chamánicos en la institución que había creado para el tratamiento de toxicómanos. Hasta entonces nunca había oído hablar de esos curanderos del fin del mundo y de los extremos de la selva que utilizan plantas en sus rituales de curación y que aíslan a sus pacientes en la selva y les hacen ayunar. Y durante cinco años pasé mucho tiempo iniciándome en esta forma de terapia basada en la depuración física y psíquica del organismo, en el estado de trance y en un contacto íntimo con una naturaleza muy generosa, espesa y misteriosa hasta el punto de resultar angustiosa.

* *Awareness*: del inglés; ha sido traducido al español como "darse cuenta", "toma de conciencia" y "percatación", entre otras. (N. del E.)

Esto también me permitió proponer ocasionalmente mis servicios en la institución que dirigía ese médico. Pude así continuar mi iniciación, practicar la psicoterapia de grupo con los pacientes y observar los efectos del acoplamiento de una terapia tradicional y la terapia gestáltica en grupo. Una vez más estaba en un contexto que me permitía plantear la cuestión de la pertinencia de una etno-Gestalt y de una terapia transcultural y transpersonal.

Esta iniciación dio lugar a la redacción de un libro en el cual informé de mi experiencia, de mis reacciones de psicoterapeuta francés formado en la universidad y de las dudas personales e intelectuales en que me sumergió esta aventura fuera de los límites habituales. Este libro se titula *Ainsi parle l'esprit de la plante* y su subtítulo es *Un psychothérapeute français à l'épreuve des thérapies ancestrales d'Amazonie*, publicado en 2000 en la editorial Jouvence y reeditado en 2004.

Esta experiencia me permitió ir mucho más lejos en lo que ya había comenzado a descubrir en Costa de Marfil y en México. Era la continuidad de lo que ya había descubierto en los diversos planteamientos que había utilizado para mi propia psicoterapia y en los cuales me había formado: psicoanálisis, psicodrama, Gestalt, bio-energía, meditación budista, tantra. Quiero destacar aquí la continuidad de mi experiencia personal y de mis descubrimientos a través de esos diferentes planteamientos, cada uno de los cuales preparaba y anunciaba el siguiente.

Había comenzado a descubrir en Québec qué es el *awareness* y se me había concedido ir mucho más lejos en el "hacer la experiencia" del *awareness*, en ese estar-allí completamente experimentado en el cuerpo y por la conciencia corporal. Ya podía comenzar a comprender la definición que habíamos dado del *awareness* en el marco del Instituto Francés de Terapia Gestáltica: "conciencia inmediata implícita del campo"; estar por la experiencia corporal y emocional en esta conciencia inmediata del campo tornaba explícito lo que había de implícito, ese ya-allí no verdaderamente concienciado, no descubierto y por lo tanto aún no nombrado, no puesto en palabras. Y hete aquí que tornar explícita esta conciencia inmediata implícita del campo daba una formidable apertura al campo. Se podía incluso percibir allí una estructuración con distintos niveles de realidad y de conciencia, desde el estrato inmediato que en Gestalt entrega el concepto "campo organismo-entorno" hasta estratos más lejanos que nos muestran hasta qué punto el tiempo y el espacio de la historia pasada e incluso muy distante están inscritos en nuestras células y dejan una impronta considerable, a veces hasta una influencia, sobre el aquí y ahora de nuestro actual espacio de vida.

Allí descubrí, por la experiencia vivida, que la conciencia es una y que todos los que han desarrollado teorías al respecto hablan de lo mismo pero desde distintas puertas de entrada: Freud con su teoría del inconsciente y de la represión, Jung con su teoría del inconsciente colectivo y su referencia a los arquetipos, los terapeutas gestálticos con la conciencia vista a través de un proceso que vincularía el *awareness* con la *consciousness*; después todos los que han trabajado a partir del estado de trance (comenzando por el Freud que practicaba la hipnosis), por ejemplo Stanislav Grof, que utilizaba psicofármacos, después la respiración holotrópica y algunos chamanes en todo el mundo.

Había comprobado a menudo que enfocarse sobre el *awareness* provocaba una leve ampliación del campo de conciencia. Descubrí entonces que hacer un trabajo sobre la conciencia ampliada tal como se me había propuesto era realizar un trabajo sobre el inconsciente en sus distintos sentidos y que hacer este tipo de trabajo era también hacerlo sobre las memorias organísmicas.

Muy lejos de aislarnos, esto nos devolvía constantemente a nuestra relación con el otro, con los otros, con el entorno cercano y después más distante y todavía más distante. Estábamos por completo en los conceptos fundamentales de la Gestalt: el campo organismo-entorno y el desarrollo de la conciencia como medio para experimentar y saber y como instrumento o estado de ser para el crecimiento, el nuestro, el del otro y el del campo. Pude vivir que somos una parte del todo, que estamos en constante interacción e interdependencia con los diferentes elementos y niveles de ese todo.

Y nosotros, seres humanos, somos a la vez el campo y el elemento del campo constantemente en interacción, en inter-influencia, en inter-co-creación con el resto del campo, pero también en "inter-fabricación-de-neurosis".

Somos seres de campo y podríamos concebir la psicoterapia ya no como la psicoterapia del individuo, sino como la de la relación entre el individuo y el otro, o como la psicoterapia del campo a partir de los acontecimientos que allí ocurren.

• Las influencias orientales: dónde se encuentra el *awareness*

La Gestalt me llevó a interesarme por el budismo. Cuando me formé en Québec se hablaba mucho más que actualmente acerca de las raíces orientales de la Gestalt. P. Weiss, que formaba parte del grupo creador de la Gestalt, se interesaba en el budismo. F. Perls descubrió la meditación zen en Japón y P. Goodman tenía una visión muy taoísta de la vida y del mundo. Creo que en Francia, desgraciadamente, en el curso de los últimos años hemos propendido a dejar de lado esta raíz de nuestro planteamiento. Pero tuve la satisfacción de escuchar recientemente a J. Latner durante un congreso internacional de Gestalt en México. J. Latner ha influido en numerosos terapeutas gestálticos en Francia y en el mundo con su obra *Fundamentos de la Gestalt*, traducida al castellano en 1994 por Editorial Cuatro Vientos Nos recordó que muchos terapeutas gestálticos habían olvidado los orígenes orientales de la Gestalt y que ya era hora de recuperarlos.

Varios terapeutas gestálticos descubrieron cierta semejanza entre el trabajo propuesto a partir del *awareness*, y a partir de lo que F. Perls llamaba terapia de la concentración, y la meditación budista, especialmente el zen. En efecto: para hacernos trabajar sobre el *awareness* se nos proponía concentrarnos en nosotros mismos, solos o ante el otro, a partir de una consigna: enfoca tu atención en ti, siente lo que ocurre en tu cuerpo, en tu respiración, en tu emoción ante el otro. Después se nos pedía que pusiéramos palabras a esa experiencia. Eso era conforme a la enseñanza que nos entrega F. Perls en su obra *Yo, hambre y agresión*, sobre todo en la tercera parte de la obra sobre la Gestalt como terapia de la concentración y en la de P.H.G., en el volumen I de *Terapia Gestalt*. Mi propia formación, especialmente con los terapeutas de la corriente de la Costa Oeste, ha estado marcada por esos momentos de "meditación", solo o ante un otro. De este modo la Gestalt me abrió horizontes en los cuales no había pensado y me condujo paulatinamente a plantearme la pregunta por lo espiritual y por las relaciones posibles entre lo psicológico y lo espiritual. Después de mi regreso a Francia, frecuenté durante algunos años los dos monasterios benedictinos que hay cerca de Grenoble: Karma Ling y Montchardon. Hubo un período en el cual incluía en nuestro proceso de formación un seminario de "Gestalt y espiritualidad", que se realizaba en Karma Ling con la colaboración de un profesor del monasterio que nos explicaba cómo se concibe el *awareness* en la tradición budista.

Después, en 1989, y en esta misma línea, Agnès y yo tuvimos oportunidad de conocer y practicar algunos aspectos del tantra. Lo hicimos con Margo Anand, psicóloga de origen francés que vivía en California y que había seguido un curso importante junto a un maestro en un ashram en la India. Me apasionó este enfoque, aunque era muy exigente. Me inició en el conocimiento de las filosofías tantra de la India y del Tíbet. Era un trabajo centrado por completo en la conciencia, en la toma de conciencia corporal, en la conciencia corporal en la relación con el otro, en la relación como fenómeno de energía. Y esta relación con el otro derivaba a una especie de meditación. Este planteamiento, tal como nos fue enseñado, nos invitaba a explorar nuestra historia sexual, el lugar de la sexualidad en nuestra vida, la relación hombre-mujer, y la sexualidad como fenómeno de energía al servicio del crecimiento y del proceso de espiritualización. Me pareció una aplicación muy hermosa de la teoría del sí mismo y me aportó elementos de respuesta en relación con lo que me parecía una laguna de la terapia gestáltica: el tema de la sexualidad. A menudo me preguntaba por qué se abordaba tan poco este tema tanto entre los pacientes como entre los terapeutas en proceso de formación. Agnès y yo comprobábamos que nuestros pacientes hablaban espontáneamente de su sexualidad cada vez que volvíamos de un seminario de tantra. Nuestro interés por este enfoque dio lugar a un librito que escribimos Agnès y yo, titulado *Tantra*, que fue publicado en 1995 en las ediciones Bernet-Danino.

He continuado este tipo de investigación, ahora siguiendo la enseñanza de Arnaud Desjardins, cuyo maestro fue Swami Prajnanpad, que también nos invita a cultivar la conciencia y a situarnos así en el camino de la apertura a lo espiritual.

• Trasplante hepático: el otro en uno

Quiero referirme ahora a un acontecimiento médico que señala un antes y un después en mi vida y que ha trastornado lo que soy y quien soy. Se trata de un trasplante de hígado del que tuve la suerte de beneficiarme en febrero de 2002. Fue la consecuencia de aquella hepatitis viral que contraje en 1969 en África, en Camerún, donde me habían dado un puesto de psicólogo en el marco del ministerio de cooperación. Me obligó a repatriarme en febrero de 1970. La hepatitis evolucionó lentamente, en silencio, sin afectarme mucho, hasta que me ocurrió una descompensación hepática grave que me condujo a ese trasplante. Perder un órgano vital y continuar viviendo con el órgano de otro gracias a que éste ha muerto, es un acontecimiento impresionante que trastoca toda la vida, toda la organización profesional, el sistema de valores y que te hace volver a preguntarte por el sentido de la vida y el modo como has manejado tu historia hasta el momento. Esta experiencia me ha llevado a vivir con intensidad y conmovedoramente, en lo real y no de manera metafórica, la relación con el no-uno mismo, con el otro, con el extranjero. El hecho de contar con un trozo de cuerpo de otro ser humano en el interior del cuerpo propio para continuar viviendo y creciendo, me ha hecho volver a preguntarme por la relación organismo-entorno, por los fenómenos de rechazo, de atracción y de aceptación. Y sugerí a los médicos, por cierto, que reemplazaran la noción de "tratamiento antirechazo" por la de "tratamiento de aceptación".

Este acontecimiento ha suscitado, por lo demás, la escritura de varios de los textos que se encuentran en esta obra: "Un rayo de sol para morir", "Maravillarse", "Comprender la enfermedad desde la terapia gestáltica" y "Violencia y duelo en la de-construcción de las formas neuróticas".

* * *

Soy psicoterapeuta, comprendo la terapia gestáltica, la practico y la transmito a través, entonces, de diversas experiencias e influencias.

* * *

Hoy lo puedo decir con claridad: veo la terapia gestáltica como una terapia de la relación. De la relación entre uno mismo y el otro, entre uno mismo y nuestros entornos. Y esta relación también es lo que se teje en el curso de las sesiones y del tiempo que pasa entre el paciente y el terapeuta. Y es lo que quisiera trasmitir a ustedes, mis lectores, a través de los catorce capítulos que siguen. Quiero contarles la historia de la tercera historia, la que se co-escribe entre el paciente y el terapeuta contra el fondo de otras dos: la del uno y la del otro.

Les invito ahora a efectuar una especie de viaje por el vaivén entre elementos teóricos, viñetas clínicas, reflexiones y asociaciones de ideas que se me ocurren espontáneamente durante el proceso de escritura. Lo que informo en este libro sólo refleja mis pensamientos momentáneos y no hay en esto ninguna verdad, ninguna certeza; sólo se trata de la instantánea de algo que pasa.

CAPÍTULO I

Antropología de la terapia gestáltica

Notas

"SOIS PSICOTERAPEUTAS... MUY *bien... ¿Cuál es vuestra antropología?"...* Prolongado silencio. De ese modo se dirigió el profesor Hellenberger, en julio de 1976, a seiscientos psicoterapeutas, entre los cuales estaba yo, reunidos en París durante un congreso internacional de psicoterapia de grupo. Dictaba la conferencia de clausura. Me sorprendió y conmovió la pregunta. Y me pregunté qué querría decir.

Cinco años antes había comenzado mi carrera de psicoterapeuta individual y de grupo. En la víspera había presentado una comunicación, destacada en el mismo congreso, sobre la psicoterapia de grupo con pacientes difíciles en hospitales psiquiátricos carcelarios. Era la primera vez que escuchaba enunciar esta asociación entre antropología y psicoterapia. He continuado esta reflexión durante años y todavía la prosigo. En aquella época no pude captar lo que quería decir ese hombre sencillo y brillante, de origen suizo, que vivía también en Montreal y era psiquiatra especializado en criminología, psicoanálisis y antropología.

Su pregunta me tocaba de lleno, pues había estudiado etnología –que hoy se llama antropología– junto con psicología. Como psicoterapeuta advertía la importancia de este tema; sin embargo, en esa época no podía explicarlo.

Y cuando empezamos a elaborar en 1985 nuestros primeros programas de tercer ciclo de formación de terapeutas gestálticos en el marco del Instituto Francés de Terapia Gestáltica, propuse que ofreciéramos un seminario sobre el tema desde el comienzo del ciclo, de tal suerte que esta preocupación acompañara a los aprendices de terapeuta a lo largo de los dos años del ciclo.

Una teoría es indispensable para dar una estructura de pensamiento, una columna vertebral conceptual y coherencia. También permite hallar los puntos de referencia metodológicos que darán sentido a la práctica. Confiere, en fin, la sensación de pertenencia a un grupo que se refiere a un mismo sistema. Pero una teoría solamente es una teoría, una ficción para dar cuenta de algunos fenómenos, un sistema explicativo a propósito de. Podemos ser muy buenos teóricos, virtuosos de una teoría, pero ¿es esto lo esencial cuando nos situamos como seres humanos en una relación con otro ser humano que se cuestiona, duda y sufre? La misma teoría puede dar lugar a diversas prácticas, y fenómenos muy diferentes en diversos sectores pueden dar lugar a un análisis a partir de un mismo sistema teórico. A mí me resulta fácil y por completo pertinente comprender y decodificar algunas prácticas chamánicas a partir de la teoría del sí mismo, como veremos más adelante en el Capítulo XI de este libro, hasta el punto que me digo que el modo de concebir el mundo y el acto terapéutico de nuestros colegas del fin del mundo es un ejemplo magnífico de la filosofía y de la antropología gestáltica. Y cuando escucho a científicos comprometidos, como H. Reeves o J.M. Pelt, que hablan constantemente, a su modo, de la interacción entre el hombre y el planeta, escucho la teoría del sí mismo de la terapia gestáltica con su concepción de "campo organismo-entorno".

Me parece que podemos apoyar nuestro ser-ahí de terapeutas en cuatro pilares:

1. Nuestra historia personal y familiar, con lo que ella ha hecho de nosotros y con lo que nosotros hacemos con ella. De ella nos viene nuestra concepción implícita del ser humano, nuestras creencias y sistemas de valores, elementos que se infiltran siempre en el proceso terapéutico si no estamos alerta e incluso cuando lo estamos. Por esto nos encontramos constantemente en estado de supervisión y es posible que de vez en cuando retomemos un pasaje de terapia para

explorar lo que de nuestra historia, al mezclarse con la historia del paciente, participa en el tejido de lo que llamo la tercera historia: la de la relación terapeuta-paciente. Es lo que llamo nuestra antropología personal.

2. Nuestras referencias teóricas y metodológicas y nuestros conocimientos en el dominio de la psicología, de la psicopatología y de algunas ciencias anexas.
3. La concepción del ser humano contenida explícita e implícitamente en el enfoque o en los enfoques teóricos a los cuales hacemos referencia.
4. La confrontación entre nuestra antropología personal y la que está contenida en los enfoques a que nos referimos.

* * *

En este capítulo me propongo explorar los siguientes puntos:

√ Primero veremos los sentidos posibles de la palabra antropología.

√ Evocaremos diferentes puntos de la vida de F. Perls, que nos pueden permitir comprender algunos conceptos.

√ Presentaré los que me parecen los nueve supuestos de la concepción del ser humano que contiene la teoría del sí mismo.

√ Nos detendremos en el concepto de contacto y de ciclo de contacto y veremos lo que implica en la concepción del tiempo y de la sensación de existencia.

√ Y situaremos al ser humano como elemento de un vasto proceso en la cadena de la evolución.

¿Qué significa antropología?

Viene del griego "anthropos" y "logos". Anthropos se traduce como "hombre, ser humano". El primer significado que se da habitualmente a logos es "palabra". Pero el término logos ha tenido varios significados, incluso en la antigüedad griega. Por ejemplo, "relato", que ha dado "fábula", después "relato de historia" y después "relatos históricos". También hallamos el significado de "tratado de filosofía, de moral, de medicina". Otro significado, que se encuentra especialmente en Platón, Esquilo y Herodoto, es "tema de conversación, de estudio o de discusión".

Hay, en fin, otro significado posible: el logos divino, la razón divina.

La antropología se podría definir entonces en primer lugar como estudio del ser humano, o lo que se dice acerca del ser humano, o la palabra que da cuenta del ser humano y de su historia o la palabra en lo que tiene de divino sobre el ser humano o la palabra fuerte que trasciende al ser humano.

El *Dictionnaire historique de la langue française* la define de este modo: "Ciencia que estudia al hombre, alma (psicología) y cuerpo (anatomía). El significado moderno aparece en alemán (1795, Blumenbach) y apunta al estudio científico de los caracteres biológicos de los humanos; con este significado pasa al francés a comienzos del siglo XIX. Esta ciencia, desarrollada por Broca, hoy se llama antropología física o biológica, pues la palabra ha cambiado de significado en inglés (*anthropology*), en Estados Unidos, entre los años 1920 y 1930 (Boas, Malinowski). Cubre ahora todo el campo humano, como en el siglo XVI, pero en un contexto intelectual completamente diferente, sobre todo en el campo sociocultural. Difundida por el estructuralismo (como antropología estructural, por Levi-Strauss), este empleo ha tornado caduco el uso anterior: en lugar de la sola etnología, se refiere en general a etnología, sociología, lingüística, folclore, arqueología y semiótica".

La cuestión de la antropología plantea entonces la cuestión fundamental del hombre, de su relación con el mundo, del hombre en el universo y de la concepción que tenemos al respecto.

PHG[1] nos recuerdan en el Capítulo VI del Volumen II de *Terapia Gestalt*, "Antropología de la neurosis", la importancia de la pregunta "qué es el hombre?" que plantea la antropología.

Me parece que esta pregunta es el preámbulo esencial para toda práctica que concierna al ser humano y su psicología. Nuestra con-

1 Perls, Hefferline, Goodman; ver nota en página 32.

cepción del ser humano, sobre todo la que se nos ha instalado sin que lo sepamos a través de los sucesos fundamentales de nuestra historia, que por lo tanto es implícita, se infiltra sin que lo advirtamos en el proceso terapéutico. Esto nos conduce a la cuestión de la contratransferencia y de rebote a la cuestión de nuestra propia historia como lugar donde se forman nuestras concepciones implícitas e inconscientes del hombre. Esta cuestión interpela igualmente el "quién soy y cómo soy como terapeuta" y el "¿cuál es mi estilo?". Interroga, finalmente, nuestra identidad profunda y, a partir de allí, nuestra comprensión personal e íntima de una teoría y después la aplicación única y original que de ella podemos hacer en vista de lo que somos y no es el otro.

Mathieu Ricard, filósofo y monje budista, comienza de este modo la obra que co-produjo con el científico Trinh Xuan Thuan, astrofísico de origen vietnamita, y que se titula *El Universo en la palma de la mano*: "¿Cómo conducir mi existencia? ¿Cómo vivir en sociedad? ¿Qué puedo conocer? Estas son sin duda las tres preguntas que manifiestan nuestras preocupaciones principales. La conducción de nuestra existencia debiera llevarnos, idealmente, a una sensación de plenitud que inspire cada instante y nos deje sin pesadumbre a la hora de la muerte; vivir en sociedad con los otros debiera engendrar un sentido de responsabilidad universal; el conocimiento debiera revelarnos la naturaleza del mundo que nos rodea y de nuestro espíritu".

Entrego esta cita porque interpela al terapeuta gestáltico que soy. El "cómo vivir en sociedad" ¿no es acaso la pregunta fundamental que plantea el concepto de "campo organismo-entorno"? En terapia gestáltica solemos plantear actualmente la cuestión del campo, que incluye la noción de interdependencia, de la influencia que tenemos en este campo y del influjo que él tiene a su vez en nosotros. M. Ricard se apoya en una antropología occidental, pero él se ha convertido a la filosofía budista para explorar las preguntas que plantea; su coautor se apoya en una antropología que se desprende de su pertenencia a dos culturas: la budista de su infancia y la científica de América del Norte.

¿Y cuál es nuestra concepción, la de gestaltianos, del ser humano y de su relación con el mundo y el universo? ¿Cuál es el paradigma que da sentido a nuestra escucha, a nuestro estar-ahí, a nuestra intervención? Creo que A. Lamy, autor de *L'un et l'autre* lo ha dicho muy bien: "El tercer milenio se abre con el agotamiento de todas las formas de dualidad. Se ofrece entonces una tercera visión de la existencia, el paso de la dualidad a la interacción y, como lo mostraremos, la apertura a un más allá. Una de las características destacadas de la terapia gestáltica es la de no centrar la cuestión del hombre en el plano del individuo sino en el campo y la interacción, salir desde una visión psicocentrista e individualista hacia una visión interactiva. Se efectúa la subversión del solipsismo en beneficio de la dinámica del campo, de la interacción organismo-entorno. Esta visión singular no consiste en otro modo de centrarse en el individuo por el rodeo de la interacción, sino que apunta a la subversión de la idea misma de individuo. Se trata de un punto esencial de la antropología de la terapia gestáltica". Estamos globalmente en una antropología de la co-creación, del campo, del uno y el otro co-creadores del campo y co-creados por el campo.

Antropología de la Gestalt y vida de F. Perls

Se suele decir, clásicamente, que toda forma de psicoanálisis y de psicoterapia es tanto el reflejo del genio como de la neurosis o de la psicosis de su creador. Nuestra concepción del ser humano y de su relación con el mundo no sólo proviene de nuestra adhesión a ciertas ideas sociales, culturales, religiosas, políticas, filosóficas, ideológicas o espirituales. Cuando pregunto a terapeutas que se están formando sobre su concepción del ser humano, siempre me sorprende su dificultad para encontrar respuestas, como si esta pregunta los desconcertara y nunca se la hubieran planteado explícitamente. En realidad, esto no me sorprende tanto: me recuerda mi propia reacción ante la pregunta del profesor Hellenberger. Y me sorprende todavía menos, pues lo esencial de esta pregunta está en lo implícito y el origen de nuestras representaciones del ser humano no se encuentra solamente en los sistemas de pensamiento, sino en las huellas que ha dejado en nosotros nuestra historia personal y familiar, la cual además está incluida en un contexto social, religioso, cultural y político. Allí se han formado nuestras representaciones y creencias acerca del hombre y del universo, y nuestros ulteriores rechazos y opciones de adhesión a sistemas de pensamiento suelen ser la continuación lógica de lo que podríamos llamar nuestros determinismos históricos. Por lo tanto, tenemos que buscar en lo implícito nuestras verdaderas raíces antropológicas; en lo implícito, es decir, en la puesta de manifiesto de las marcas de nuestra historia en nuestra representación de nosotros mismos y del mundo, en la identificación de nuestras gestalts inacabadas y en la parte de nosotros que permanece en lo no consciente a la espera de la revelación.

Hace algunos años encontré en un colegio mexicano una revista argentina de Gestalt que contenía un artículo muy interesante, titulado "F. Perls y el judaísmo, la odisea espiritual de un trasgresor". Su autora, Marta Slemenson, muy bien documentada sobre la vida de Perls, muestra que, si bien siempre se definió como ateo, era profundamente judío, pero no podía reconocerlo. El hecho que debiera dejar Alemania en 1933 y que jamás regresara, le convirtió en un judío alemán. Algunas personas de su entorno lo percibían como típicamente judío. Tal es el caso de Ida Rolf (que ha elaborado un método de masaje profundo, llamado "rolfing" y que en algunas ocasiones se lo aplicó), que informa: "Fritz era judío y nada más que judío. Pero en realidad él no podía contemplar el hecho ni darse cuenta. No podía comprender ni percibir que era judío alemán. Su tipo de intuición era judío. No puedo imaginar a un no judío que se sentara en un sillón y dijera lo que él decía... con su manera de ver la realidad, el modo como lo hacía... típico de un judío alemán: lleno de bondad, paternalista, irascible".

Laura, su mujer, informa que "Fritz comprendió, con Hitler, que no podía renunciar a ser judío, tal como no se puede renunciar a ser blanco o negro".

Otros, como Stanley Keleman, Anna Halrin y Michael Murphy, abundan en el mismo sentido. Este último agrega: "Dick Price y yo lo llamábamos el budista judío, el Rashi del judaísmo zen".

Su vida, como la de muchos judíos, está marcada efectivamente por numerosas fracturas, está llena de rupturas. Entre 1922 y 1933 oscilaba entre Francfort, Viena y Berlín. Después, en 1933, abandonó Alemania y nunca regresó. Más tarde fue el turno de Holanda, Sudáfrica, Nueva York, la Costa Oeste con Esalen, su viaje alrededor del mundo, su intento de crear un kibbutz gestáltico en Columbia Británica, Canadá. Ruptura con una lengua, con amigos, con lugares conocidos. Ruptura también con Freud y el psicoanálisis, con Reich, que durante un tiempo fue su psicoanalista y que no le prestó el apoyo necesario durante el congreso de psicoanálisis de Marienbad en que participó en 1936.

Informa su hermana Grete: "Se retiraba cada vez que las cosas se tornaban difíciles". Y la autora del artículo se pregunta si su salida de Alemania se debe considerar una fuga o bien otra rebelión en su vida de trasgresor. Dice: "Ante el peligro se puede ir a la confrontación, huir, tratar de pasar desapercibido o actuar por mimetismo. Mentir es una forma de actuar por mimetismo, transgredir es una forma de confrontar y las fugas pueden ser retiradas eficaces hasta que suceda otra cosa. Está claro que Perls siempre ha valorado su sensibilidad para presentir el peligro y su capacidad para abandonarlo todo tantas veces como fuera necesario: se marchó a Ámsterdam cuando se volvió peligroso que permaneciera en Alemania como hombre de izquierda y judío; más tarde se marchó de Johannesburgo, en 1946, cuando aumentaba el autoritarismo, y finalmente se alejó de los Estados Unidos cuando advirtió que el ascenso del fascismo aumentaba la influencia del gobierno de Nixon".

Estos datos biográficos nos llevan a reflexionar sobre la actitud de Perls ante el peligro y el conflicto. Se puede pensar, sin demasiado riesgo de error, que un hombre que constantemente se marcha cuando hay peligro y posible confrontación está habitado por un gran temor y mucha inseguridad. Por otra parte, el hecho de abandonarlo todo lo ha llevado sin duda a desarrollar grandes facultades de adaptación. Durante su historia se exilió varias veces. Y cabe preguntarnos cómo ha repercutido la psicología del exiliado en su concepción del ser humano, en su relación con el mundo y en sus creaciones, sean cuales sean los dominios en que ha creado.

¿Esos aspectos de su historia y de su carácter nos permiten comprender mejor algunos aspectos de la teoría del sí mismo? Me parece que sí. Pienso enseguida en temas como las interrupciones en los ciclos de contacto, las "pérdidas" de la función ego, la pacificación prematura del conflicto, la adaptación creadora, el ajuste creador.

Me parece que la antropología de Perls está muy influida por la idea de pérdida, de ruptura, de interrupción. A imagen de su historia. Desde el comienzo del Capítulo VI, ya citado, P.H.G. nos recuerdan la importancia de la pérdida en la historia del individuo: "En el capítulo anterior hemos estudiado la importancia del redescubrimiento de los poderes 'perdidos' de la infancia, es decir, los que están inhibidos en el individuo maduro. Ampliemos ahora esta perspectiva y hablemos un poco de lo que se ha 'perdido' en nuestra cultura de gente grande y en el empleo actual de los poderes del hombre".

Supuestos antropológicos de la teoría del self

Hoy me parece importante situar en primer plano la concepción del ser humano que contiene el enfoque terapéutico que utilizamos, la teoría del sí mismo que la sostiene y la metodología que de ella se desprende. Y ahora intentaré esbozar algunos de los supuestos antropológicos fundamentales que contiene esta teoría. Estos supuestos hacen que seamos mucho más que meros técnicos o virtuosos de una teoría; agregados a la persona única que somos le dan un alma, una elocuencia, una sensibilidad y una vibración. Estos supuestos elevan al terapeuta y al paciente hasta lo que podríamos llamar una estética de la relación, de esa relación muy particular que funda lo que llamo la tercera historia.

El ser humano es un ser de campo

Los creadores de la terapia gestáltica fundan su enfoque en el concepto de "campo organismo/entorno", lo cual, situado en el contexto de la psicoterapia, concierne al campo constituido por el encuentro terapeuta/paciente. El concepto de campo estaría entonces primero. Y, en esta perspectiva, ya no es el individuo solo quien nos interesa con su dolor, su angustia, sus dificultades para ser y su organización intrapsíquica. Nos interesa el individuo en su relación con el mundo, el mundo en su relación con el individuo, lo que hay entre los dos y lo que se crea a partir de este entre-dos, que es mucho más que la suma de los dos.

El campo organismo/entorno...

Podríamos percibir este campo en primer lugar como la globalidad que incluye a la vez el inter, es decir lo que ocurre en la frontera entre uno y otro, lo intrapsíquico que influye lo que ocurre entre, y lo que llamo el alrededor. El alrededor incluye a un tiempo el contexto medioambiental que influye en lo que ocurre entre, pero también en lo que se desprende de lo que ocurre entre y que lo envuelve sutilmente.

Lo que hay entre los dos es el ínter: inter-accional, inter-relacional, inter-subjetivo, inter-psíquico. La atención prestada a este ínter, el descubrimiento y el análisis de lo que contiene, nos interesa y funda una parte de nuestra antropología. Y consideramos que este ínter está constituido por dos sujetos y no por un sujeto y un objeto. Por dos sujetos cuya presencia y enfrentamiento crean algo que a un tiempo los contiene y los supera.

Habría mucho que decir acerca de este alrededor particular que se desprende de lo que ocurre entre y que es mucho más que la suma de los dos y mucho más difícil de definir. A menudo se trata del ambiente, de la atmósfera, de aquello que se da a conocer por sensaciones con frecuencia difusas, por manifestaciones fisiológicas, por esa impresión de "cosas flotantes" que no se pueden asir ni nombrar y que se sienten circular en la atmósfera. El alrededor es eso informe hecho de in-formaciones difusas y no conscientes, emitidas por unos y por otros, en el campo, sin que ellos las controlen: lo informe contiene el germen de formas futuras que aparecerán en el entre, en la frontera-contacto, en el sistema de interacciones. Entonces ocurre el fenómeno de la ampliación del "campo de conciencia".

El ser humano es un ser de campo. Forma parte de los elementos que constituyen el campo y al mismo tiempo está constituido por el campo. Fabrica el campo por lo que allí envía explícita e implícitamente y está fabricado por este campo que le influye de modo permanente. Los creadores de la terapia gestáltica también han sido influidos por Kurt Lewin, que se ha inspirado en el modelo de la física de campos magnéticos. Lo que llamamos el campo es lo que está constituido a partir de fenómenos de atracción y repulsión y sin duda por muchos otros de los cuales somos receptores y actores.

En el contexto terapéutico, los cuestionamientos, síntomas, patología y sufrimientos del paciente serán comprendidos como manifestaciones del campo. Y el proceso terapéutico apunta también a ese campo particular que es el campo terapeuta-paciente.

El animal humano en crecimiento

La antropología de la Gestalt se constituye sobre datos muy básicos. Pertenecemos a la categoría de los seres vivos, en esta categoría somos animales, mamíferos; nos hemos diferenciado de los otros animales porque en la escala de la evolución pasamos de la posición en cuatro patas a la verticalidad, lo que nos ha permitido desarrollar ciertas adquisiciones y descubrir otras. De este modo hemos desarrollado capacidades para ser en la conciencia, en el conocimiento, en la emoción, en la comunicación por el lenguaje y el pensamiento y en la instauración de lo social con sus diferentes maneras de organización.

Mantenemos del animal un funcionamiento fisiológico básico, que se efectúa solo, sin que lo advirtamos. La función ello funciona completamente sola: las diferentes funciones del organismo son la parte animal del ser humano. Cuando hay un trastorno, una carencia, un desequilibrio, el sistema de regulación del organismo, al que se llama homeostasis, entra en acción automáticamente y se nos informa mediante diferentes manifestaciones fisiológicas que nos dan sensaciones que sentimos gracias a la conciencia y que orientarán nuestra acción para hacer lo que sea preciso para recuperar el equilibrio.

Una de las finalidades del ser humano es crecer. El crecimiento es el proceso natural de todo lo viviente. Una de las condiciones básicas para que se efectúe es que se satisfagan las necesidades del organismo. Lo cual implica tener conciencia de las necesidades y poder discernir lo que conviene para favorecerlo.

Planteamos una visión holista. Y el "holismo", en coherencia con el concepto de campo, es el conjunto del hombre considerado en la globalidad de lo que es: organismo, o unidad psicosomática, con sus componentes corporales, emocionales, mentales, espirituales y sin duda muchos otros, en su relación con el otro, los otros, sus entornos y contextos de vida. Y cuando hablamos de crecimiento, se trata de crecimiento en todos los niveles: fisiológicos, psicológicos, afectivos, sociales, profesionales, espirituales. Se trata del crecimiento del uno y del otro en interacción, del crecimiento del campo.

Dicho de otro modo, si alguien viene a terapia, lo hace para volver a poner en marcha un proceso de crecimiento que está detenido y perturbado, el suyo, pero también el del campo que constituye y que lo constituye; de allí el interés de las terapias de pareja y de familia y el de las intervenciones psicosociales terapéuticas o que apuntan a la regulación en los grupos humanos: por ejemplo, en equipos de trabajo, en grupos de jóvenes de los suburbios...

Una de las finalidades del ser humano es desarrollarse, crecer en relación con el otro. Sufre, la función ello sufre en él cuando se perturba el proceso de crecimiento. Y se podría considerar que este dolor es una crisis de crecimiento que le concierne, pero que también concierne a la globalidad del campo en que está implicado.

Desde esta óptica, se podría considerar que la terapia gestáltica es una psicología social clínica.

Un ser que se constituye por la experiencia

La experiencia es lo que ocurre entre.
Para que haya un entre es necesario que haya algo enfrente, un otro. Pasamos de lo fisiológico animal a la psicología cuando nos vemos enfrentados a la vez a la necesidad, al deseo y al otro. La psicología es el estudio del ser humano en su contacto con el entorno, el estudio de lo que ocurre en él en los niveles fisiológico, emocional y mental cuando se enfrenta con algo que necesita de un ir hacia lo otro y el estudio de lo que ocurre en el otro cuando se lo interpela del mismo modo y el estudio de lo que ocurre entre ambos. Vista de esta manera, la psicología es una psicología social, psicología de la existencia y de la sensación de existencia en lo social.

La experiencia es lo que ocurre en la frontera entre él y el otro, entre él y el entorno, entre él y el terapeuta. "La experiencia se sitúa en la frontera entre el organismo y su entorno, principalmente en el nivel de la epidermis y de los órganos sensoriales y motores. La experiencia es la función de esta frontera y lo que es real en un nivel psicobiológico son las configuraciones 'globales' de este funcionamiento, la realización de un sentido, el cumplimiento de una acción" (PHG). El *Dictionnaire historique de la langue française* da esta definición de la palabra experiencia: "La palabra designa en primer lugar el hecho de experimentar algo que se considera un enriquecimiento del conocimiento y después el conjunto de adquisiciones del espíritu en contacto con la realidad". Podríamos entender la palabra realidad como lo otro, el entorno.

La experiencia es lo que nuestra relación con lo otro, con el acontecimiento, nos hace vivir y lo que nos es dado experimentar con los sentidos y con la emoción. El "yo experimento" es la expresión con palabras de la experiencia que nos es dado vivir en nuestra relación con lo otro. Esto implica varias cosas para definir nuestra concepción del ser humano: si tiene la capacidad de experimentar y de traducir en palabras sus experiencias, la capacidad de simbolizarlas, esto supone que esté en la conciencia de.

Un ser de conciencia compartida e intermediada por el lenguaje

El ser humano mantiene y prosigue su proceso de crecimiento si está en la conciencia de lo que ocurre en la frontera entre él y los otros. Sólo podemos hablar de conciencia porque ante nosotros hay otro, otro humano o no humano, un otro que nos pone en tensión chocándonos de una u otra forma hasta el punto de hacernos sentir y experimentar. Y este sentir y este experimentar se nos ofrecen por intermedio de nuestro cuerpo portador de cinco sentidos y de nuestra fisiología que el otro, humano o no humano, pone en movimiento y cuya reacción fisiológica transforma en emoción, en *ex movere*, movimiento de sentidos hacia, emoción que deriva a sentimiento. Este concepto de conciencia es fundamental para una gestión justa de nuestra vida, fundamental en el proceso terapéutico.

Por otra parte, sería más adecuado hablar de proceso de concienciación.

Hay una conciencia primaria, básica, que en Gestalt se llama "*awareness*" y que se define así: conciencia inmediata implícita del campo. La atención que apunta a nosotros mismos, la vigilancia, que nos permite tornar explícito este implícito –lo que llamo el "ya-allí-no-consciente" o "todavía-no-concienciado"–, después reconocerlo, después volcarlo en palabras y al hacer esto situarlo en relación con lo otro. De este modo pasamos del "*awareness*" a la "*consciousness*", la conciencia reflexiva, la que nos permite pensar, reflexionar, comprender, conceptuar.

La antropología de la Gestalt insiste en esta visión del ser humano como ser capaz de definirse por este proceso de concientización y hasta el punto de convertir el *awareness* en una "herramienta clínica" que forma parte de la metodología de trabajo del terapeuta gestáltico. El Volumen I de la obra de PHG está consagrado en parte a este tema. Estamos en una antropología de la conciencia y de lo que escapa a la conciencia, que llamamos lo no consciente. Nos proponen "ampliar las zonas de la conciencia corporal" y "aguzar el sentido del cuerpo" mediante prácticas corporales y respiratorias para crear palabras, lenguaje, diálogo verbal, sentido; para estar mejor en el vínculo con lo otro, en la relación y en la co-creación de esta relación.

La conciencia se torna un instrumento de comunicación, de crecimiento, de conocimiento de uno mismo y del otro y de conocimiento más allá de uno mismo y del otro.

El ser humano es un ser de temporalidad

Al apuntar la atención a lo que hay aquí y ahora, al instante presente que ya no es instante presente, el ser humano se inscribe en el tiempo y en la historia: su historia, que se co-crea según el principio de interdependencia que se desprende del concepto de campo en el vínculo y la interacción. El crecimiento se concibe como un proceso, es decir, como un movimiento, como algo que se construye, se revela y se descubre a medida que se avanza. Cada paso es la creación del instante presente y la sucesión de instantes presentes constituye el tiempo con sus tres dimensiones: pasado, presente y futuro. El presente es la efímera unión entre las dos otras.

Estamos inscritos en una cronología. Y hay un plus: la conciencia apuntada a uno mismo en su relación con lo otro nos hace pasar a veces del "cronos" al "kairós". El kairós es lo que los helenistas llaman oportunidad, tiempo oportuno. Es esa dimensión muy especial del tiempo en que la toma de conciencia inmediata ocurre simultáneamente con la intuición, la sorpresa, la revelación. Se trata de ese tiempo particularísimo que tiene valor de eternidad sin dejar de ser efímero y que a veces nos permite decir que hay un antes y un después.

El ser humano, por el proceso de concienciación, es alguien que tiene la capacidad de estar a la vez en la dimensión de cronos y en ese tiempo efímero que actúa en las profundidades gracias a la relación con lo otro, con la naturaleza, con una obra de arte, con un suceso especial. Ese tiempo paradójico, inscrito por completo en el suceso presente y que sin embargo por su intensidad está fuera del tiempo, es una salida del tiempo lineal y repetitivo. Hay una trascendencia en el tiempo y a veces nos sucedería capturarla y ser habitado, maravillado y transformado por ella.

El proceso de crecimiento se desarrolla según ciclos, secuencias en las cuales cada una prepara la siguiente según una lógica, la lógica de la autorregulación organísmica hacia el crecimiento en y por el campo organismo-entorno. La teoría del sí mismo nos presenta el concepto de contacto y de ciclo de contacto. Algunos también lo llaman ciclo de la experiencia, concepto al que nos hemos referido poco antes. Sucede que hay disfunciones en estos ciclos, disfunciones que son patología y que hacen que "el tiempo se enferme", según la expresión que un día me confió un terapeuta tradicional de la Amazonía.

Estaríamos entonces, en psicoterapia, en una antropología del tiempo y del "tiempo enfermo" y seríamos co-creadores de estas patologías del tiempo que son nuestras propias patologías. El "tiempo enfermo" sería ese cronos que ya no se podría ofrecer como kairós a los humanos ni cumplir entonces su misión de agente de transformación y de trascendencia. "Lo que tenemos que hacer", me decía ese chamán, "es cuidar y sanar el tiempo".

Hallar la sensación de existencia en la co-creación

Según el concepto de campo y de experiencia experimentada y reconocida gracias a la conciencia apuntada a uno mismo y al otro, el ser humano es el ser del otro, enfrente de otro, gracias a otro, por otro, para otro, con, contra. E incluso el contra es un con. Así, halla su sensación de existencia y está allí para permitir que el otro halle su sensación de existencia.

El crecimiento se concibe como movimiento hacia y con, hacia lo que PHG llaman ajuste creador. El crecimiento es movimiento hacia la creación, la creatividad, la toma de riesgo hacia lo nuevo, hacia lo desconocido, lo inesperado, lo extranjero, lo extraño, lo no-uno mismo. Lo trágico de la existencia hallaría una respuesta entonces en esta búsqueda de otro orden, de otro nivel, de otra forma de ajuste, distinta al ajuste conservador que se hace en la repetición. Es una antropología optimista. El ser humano tendría la capacidad de superar sus ajustes neuróticos, de despegarse de ellos, de suavizarlos para ingresar con el otro y el entorno a una relación de creación, de co-creación. Podría entonces despegarse de su ego, en el sentido budista del término, para movilizar lo que en Gestalt llamamos su función ego hacia la co-creación de un campo de crecimiento y de expansión. El Volumen I de *Terapia Gestalt* lleva en la traducción francesa el subtítulo "Técnica de expansión personal". Sí, expansión. Personal, no. Para sí y para el otro y para el campo, en la relación con el otro en el campo.

Responsabilidad en la cooperación, colaboración y co-creación

El ajuste creador se construye de a dos o de a varios. La creación, la re-creación de uno mismo, del otro y del mundo es un asunto colectivo, social, que exige la responsabilidad de cada uno para el bien-estar de cada uno y para la evolución del planeta. Podríamos decir que estamos en una antropología de la responsabilidad, pues nos apoyamos en la referencia al modelo evolucionista entregado en el Capítulo VI del Volumen II citado, en la referencia a posiciones existencialistas y humanistas de la Gestalt, en los conceptos de campo, co-construcción, crecimiento y co-creación.

Se trata de la responsabilidad del bien-estar del campo en una ecología de la relación y de los sistemas que rigen de manera general la evolución del campo organismo-entorno. Un individuo no acude a psicoterapia solamente por él. Acude por su entorno inmediato, por los que tienen su mismo dolor; es un agente de concienciación y de cambio para el entorno. Su iniciativa es social y política. Al tomarla, asume la responsabilidad de la evolución de los otros. Y el síntoma que le conduce a la terapia es una de las señales de ese tiempo enfermo que mencionábamos poco antes. El síntoma individual es una manifestación tanto del individuo herido como del tiempo herido. Hoy podríamos decirlo incluso del planeta Tierra herido, lo que no cesan de repetir las culturas indígenas del mundo entero y también algunos científicos, filósofos y ecologistas: por ejemplo, Hubert Reeves, Jean-Marie Pelt y Edgard Morin.

Ser de trans-formación

Acabamos de verlo. El ajuste creador es una superación, un distanciamiento. Comienza por un desajuste, una de-construcción, una des-estructuración. En primer lugar, es un desajuste, etapa indispensable para la búsqueda de otra forma, para transformar en creación las formas neuróticas fijas.

El ser humano es un ser habitado por una energía, una fuerza, un impulso vital. La energía está hecha para producir algo, para orientarse hacia una realización. Puede ser la creación de cualquier forma de neurosis y de todos sus síntomas tanto en los niveles individual y social como en el de los movimientos del planeta Tierra (catástrofes que llamamos naturales, por ejemplo), o puede ser la co-creación del crecimiento. Es la misma energía, que se orienta en direcciones opuestas y crea formas diferentes. ¿Y si esas catástrofes que llamamos naturales fueran fenómenos de campo, una co-construcción de lo social para su propia destrucción?

El ajuste creador contiene la idea de superación y trascendencia; permite pensar que el humano es también un ser que busca expansión, cumplimiento, trascendencia, espiritualidad. El animal en busca de lo humano, el humano en busca del bien, de belleza, poesía, estética, elegancia, elevación del alma. F. Perls decía que el ajuste creador es una especie de "mini satori". En las tradiciones orientales, el satori es el despertar de la iluminación. ¿Y por qué no decir el animal humano en busca de Dios?

¿Y si la depresión de nuestro paciente, la crisis de pareja por la que atraviesa, su desesperación ante el hijo que se droga o su angustia ante el cáncer que evoluciona fueran otras tantas manifestaciones que trataran de mostrar que esa necesidad de trascendencia ha perdido el norte, que la energía que normalmente debiera de orientarse a su realización está impedida y continuara a pesar de todo creadora pero a la inversa, contra él mismo? Y entonces un gran grito de alarma...

Ser en el mundo y el mundo en el ser

Los creadores de la terapia gestáltica tenían una ideología anarquista. Nos ponían en guardia contra los efectos nocivos de las instituciones en el individuo. Y nos invitaban a establecer una interacción creadora e innovadora con el entorno en lugar de padecer sus efectos neurotizadores.

A lo largo de toda su obra fundadora, la propuesta reiterada de los creadores de la terapia gestáltica es el campo organismo-entorno. Podrían haber utilizado expresiones como la relación del individuo con el otro o haber recurrido al sistema de interacciones entre el sujeto y el otro o haberse situado más explícitamente junto al "yo/tú" de M. Buber. La expresión organismo-entorno es muy amplia y en ella se advierte hasta qué punto su preocupación es el hombre en lo social con los contextos, la cultura y los trasfondos, pero también lo social en el hombre, pues éste puede perder en ello su libertad de ser y pensar. A menos que se responsabilice y entre en esa lógica de la co-creación con y de la ecología.

En efecto: los conceptos de campo organismo-entorno, de crecimiento y de ajuste creador plantean la cuestión de la ecología, es decir, de la consideración del medio ambiente y de los lazos de interdependencia entre el individuo y ese medio ambiente, lo que incluye lo social, la comunidad de los humanos y de lo viviente, la naturaleza y el entorno planeta Tierra. La antropología de la teoría del sí mismo es una invitación explícita a ingresar en un proceso de concienciación, en una ampliación del campo de la conciencia mediante la atención a nosotros, comprometidos en nuestra existencia y en redes sociales, con el fin de que nos tornemos activos y asumamos nuestro bienestar y no sólo el de los humanos sino también el de todo lo viviente. Activos para suscitar una especie de reencantamiento del mundo.

¿Es ésa la preocupación del proceso terapéutico ante un paciente por completo deprimido? ¿Ante los fenómenos de violencia y ante pacientes provocadores y/o víctimas de la violencia? La filosofía de la terapia gestáltica podría llevarnos a considerar el acto terapéutico como un acto político; el cambio en uno provoca reacciones en otro y así sucesivamente. El principio de interdependencia está presente en todas partes y el batir de alas de una mariposa en Tokio puede repercutir en el otro extremo del planeta. Estamos en esta filosofía que dice que las mismas leyes gobiernan el microcosmos y el macrocosmos y que lo que toca a uno toca al otro.

Esto plantea la cuestión de la intencionalidad que ejercemos en el acto terapéutico, la de nuestra apertura de pensamiento y de corazón, la de nuestro deseo de participar en la evolución del mundo. Lo cual abre a valores de respeto, de participación, de generosidad, de solidaridad, de asunción de responsabilidad. Cuidar el entorno no humano es cuidar de uno mismo y del otro. Y, en esta lógica, comprometerse activamente para salvar de la destrucción al planeta Tierra es un acto terapéutico y político.

Ser psicoterapeuta también es ocuparse de la ciudad y de su bienestar: esto puede comenzar por la instalación de esa relación particular que es la terapéutica, que introduce cambios en el macrocosmos.

De la "fisura" a la restauración del vínculo

• El ciclo de contacto

Estos supuestos antropológicos, rápidamente expuestos, merecen una reflexión para comprender bien la concepción del hombre que da significado y orientación a nuestra teoría, a la metodología que de ella se desprende y al estilo personal que cada terapeuta dará a su manera de practicar y de estar allí en la relación. Para completar lo anterior, presento ahora rápidamente los conceptos de contacto y de ciclo de contacto y los vinculo con el hecho de que F. Perls era judío para capturar una parte de la concepción implícita del ser humano contenida en la teoría del sí mismo que funda la terapia gestáltica.

Podría resumir así el concepto: lo que llamamos contacto es el proceso que se establece entre un organismo y un entorno a partir del momento en que el organismo es consciente de una necesidad, de un desequilibrio, de un afán, de un deseo, y hasta el momento en que se lo satisface. La palabra contacto designa todo este proceso y sus diferentes secuencias, que PHG nos presentan de este modo:

√ El pre-contacto, momento en que el organismo ingresa en la conciencia de una necesidad y se pregunta cómo podría hacer para satisfacerla.

√ La puesta en contacto, la secuencia en la cual comienza a "contactar" el entorno, va hacia, observa, elige, elimina otras posibilidades.

√ El contacto pleno, la secuencia en el curso de la cual ha optado y se encuentra ante el entorno, ante otros, y hace lo necesario para satisfacer su necesidad, habla, negocia, enfrenta, topa con las reacciones del otro y se encamina progresiva e idealmente hacia un ajuste creador, es decir, hacia una creación a partir de su necesidad y de la realidad del otro, creación que debiera permitir que el uno y el otro crecieran y participaran así en el crecimiento de los entornos en que están implicados.

√ El post-contacto, la secuencia de salida, de asimilación, de integración de la experiencia, que deja al organismo en disponibilidad para entrar en la conciencia del surgimiento de otro ciclo.

Este concepto de contacto intenta definir la naturaleza del trazo de unión que habitualmente se sitúa entre organismo y entorno y precisar las secuencias del despliegue del sí mismo comprometido en el proceso de ajuste creador. Invita al paciente y al terapeuta a vivir la experiencia de frontera en que uno y otro están implicados, a analizarla y a utilizar la toma de conciencia de estos sucesos de frontera, y de lo emocional que pueden provocar, como punto de partida para la búsqueda de la novedad y del cambio. Estamos en un nuevo paradigma en relación con aquel del psicoanálisis, que revoluciona la historia de la psicología occidental introduciendo la idea de que ya no se concibe el cambio a partir de una reorganización del aparato psíquico en el nivel individual, sino a partir del concepto de campo organismo-entorno y de este concepto de contacto que intenta dar cuenta de la naturaleza del proceso de ajuste creador que se establece en el entre dos y está al servicio del crecimiento del uno, del otro y del campo. La terapia gestáltica se sitúa en una perspectiva fenomenológica y existencialista. Y nuestra responsabilidad ya no es sólo individual sino que colectiva.

Esta visión de las cosas nos conduciría a considerar que cada ser humano tiene una misión que cumplir en la vida. Los gestaltistas no suelen utilizar el término misión, y sin embargo se trata exactamente de eso en la lógica de la teoría del sí mismo: para salir de esas gestalts inacabadas y de su neurosis de repetición, el ser humano no tendría otra opción que comprometerse en más conciencia y en la búsqueda de un ajuste creador que lo sitúa directamente en escena en su relación con el mundo y ante su responsabilidad respecto del campo. Podríamos decir que, por una parte, no tiene opción. Pero también podríamos decir que en su recorrido hay un momento en que sus experiencias de vida le conducirán a plantearse preguntas, quizás a sufrir, y entonces podrá vivir esa especie de oscilación que le permitirá cambiar de nivel y encontrar un espacio de libertad para retomar su destino.

Hacerse con el destino propio es hacer la opción de contemplarse a la cara en la relación con el mundo, acercarse y encontrar al otro, pero también aceptar conocerse en esta iniciativa hacia el otro. Esto exige humildad, desligarse de nuestras fijaciones neuróticas y pasar del orgullo a la humildad y a la aceptación de lo que es.

La antropología contenida en estas nociones de contacto y de ajuste creador nos entrega la imagen de un ser humano a un tiempo guerrero y humilde y que acepta. Guerrero, porque moviliza su "agresividad" –etimológicamente, de *ad gressere*, que significa "ir hacia"– para ir hacia y optar, enfrentar y, si cabe, ir al conflicto. Humilde, porque tiene en cuenta al otro y porque acepta abandonar sus posiciones neuróticas –abandonar el ego, diría la filosofía budista– y revisar sus posiciones no a su costa sino en beneficio de uno y otro y de la comunidad.

• El hombre entrecortado en busca del ajuste creativo

La terapia gestáltica se ha elaborado también a partir del concepto de Gestalt inacabada –o situación inacabada- y de Gestalt fija, ligada con los sucesos traumáticos de nuestra historia. Los mecanismos que hemos establecido para sobrevivir en el momento en que los sucesos se produjeron se repiten en nuestra historia en momentos, lugares y situaciones en que no correspondería reproducirlos. Esto provoca los trastornos de contacto, pero también nuestras maneras de comunicar, percibir e interpretar los hechos de la vida cotidiana.

El proceso de contacto va a ser perturbado por algunas interrupciones que son creaciones de nuestras gestalts inacabadas y fijas. Clásicamente se distinguen cinco: la confluencia, la introyección, la proyección, la retroflexión y el egotismo. Estas rupturas, sobre las cuales se elaboran nuestros sistemas neuróticos, nos entregan la imagen de un ser humano entrecortado, dividido y encerrado en su división. El humano es un ser que tiene truncados su desarrollo y su capacidad para experimentar, para establecer vínculos, para amar. La teoría del sí mismo se funda en esta idea de la interrupción, de la ruptura, de la pérdida, de la repetición, del encierro en un estado de ser que nos priva del conocimiento de lo que llevamos oculto en nosotros tras los residuos de lo inacabado pero que también nos impide el encuentro con el otro.

El concepto de ajuste creador es "restaurar la capacidad de ajuste creador de la persona", como nos recuerda Frédéric Brissaud en su artículo "Objeto y proyecto de la terapia gestáltica".

Es fundamental. Es una invitación a ir hacia pero también más allá, más allá de las repeticiones neuróticas y de los miedos ante el cambio. Es también una tentativa por escapar de lo trágico de la existencia de un ser humano condenado a vivir como un "judío errante", es decir, como alguien que vive siempre bajo el yugo de la ruptura y fuera de sí, fuera de su centro, de su país interior. El ajuste creador sería el momento de la reunificación, ya que este momento fundamental, que brilla en el apogeo del contacto pleno, es también fusión, una fusión-reunificación que sólo puede existir cuando se han encarado las intemperies de la soledad, del espanto de la aniquilación por el mantenimiento en un estado de pre-contacto o incluso de pre-pre-contacto que sería el envés de la encarnación. Esta fusión sólo puede existir después de atravesar dificultades ligadas al reconocimiento de que el otro existe y de que lo necesitamos para pasar de un nacimiento biológico a un nacimiento social, psicológico y, más que eso, ontológico.

¿El ajuste creador no será a un tiempo ese momento particular y ese estado de ser por completo indecible que F. Perls llamaba "mini satori" y que tiene valor de nacimiento? Nacer, por intermedio del roce con el otro, a lo que llevamos en nosotros y que aún no se ha revelado. Nacer, gracias al otro, a lo que somos profundamente, que no sabemos, que no sospechamos, que no esperamos y que a veces nos sorprende sorprendiendo al otro.

¿Acaso no es éste el sentido profundo de ese "sé lo que eres" que describe Beisser? Es nacer al cambio. Vista de este modo, esta antropología es, a pesar de todo, una antropología de la esperanza. A menos que sólo sea utopía y creación del espíritu para sobrevivir ante lo insoportable de lo inacabado, de la muerte lenta por deslizamiento en el atolladero de las repeticiones y por fijación más y más inmóvil de lo que fue y que se plantea como prefiguración de lo que es y de lo que será.

Si se acepta la hipótesis de Marta Slemenson, a saber, que a pesar de sus reiteradas afirmaciones de ateísmo, F. Perls siguió siendo toda la vida profundamente judío y estuvo marcado por esta tradición, no se puede menos que pensar en la llegada a la fase de contacto pleno y a la creación del ajuste creador como si se tratara de la llegada de los judíos a la tierra prometida. Esa tierra prometida finalmente jamás alcanzada, ¿acaso no fue buscada una vez más mediante la creación de su kibbutz gestáltico hacia el final de su vida?

La idea de ciclo de contacto también está llena de sentido en relación con su vida. Ante su historia, cabe preguntarse si F. Perls llevaba una Gestalt a término o si interrumpía un proceso antes de atravesar verdaderamente la fase de conflicto y de confrontación que podía dar origen a los momentos de ajuste creador.

Podemos proponer diversas hipótesis acerca de las creencias implícitas que habría abandonado: el ser humano es alguien que está condenado a repetir los mismos comportamientos ya que de ello depende su supervivencia, es profundamente conservador y sus intentos por tratar de salir están destinados al fracaso.

El ser humano es como Sísifo.

Atraído inevitablemente por la novedad para asegurar su supervivencia, tendrá que desarrollar sus capacidades de adaptación. ¿Pero se encuentra en una adaptación de supervivencia donde tiene la posibilidad de movilizarse para producir una creación original que le entregue un nuevo modelo útil para su necesidad de adaptación? ¿Se trata de una adaptación de supervivencia, de conveniencia, diplomática, de apariencias, de rechazo del conflicto, o, en el pleno sentido de la palabra, de la creación al servicio de una adaptación de crecimiento del individuo y del colectivo en que está inserto?

• Vínculo con el tiempo - Curar el tiempo

El ciclo del contacto es mucho más que el ciclo de contacto. Cuando lo explicamos a los terapeutas en formación, lo presentamos a menudo y en primer lugar como un modelo que nos permite efectuar una especie de evaluación o incluso un diagnóstico para captar mejor dónde está un individuo en su proceso de contacto con el entorno y para identificar en qué momento del despliegue de esta dinámica hay interrupción y cuál es la naturaleza de la interrupción.

Esta explicación básica nos reenvía a la pregunta por el tiempo, a la que ya nos hemos referido y sobre la cual volveremos. Ahora veremos que cada una de las rupturas descentra al ser humano de su centro, lo exilia de sí mismo y lo mantiene en un otra parte mortífero porque es a un tiempo negación de sí mismo y del otro.

El ciclo de contacto se presenta habitualmente como un ciclo temporal con un comienzo, un desarrollo y un fin. Algunos ciclos pueden ser muy rápidos y otros, por el contrario, muy prolongados. No hay una regla general. Cada interrupción del ciclo provoca un desorden en el desarrollo de un tiempo fluido, y en consecuencia, caos en el desarrollo del proceso de identificación. Abordé esta cuestión en 1994, en mi libro *Gestalt-thérapie, culture africaine, changement*, que escribí a partir de mis observaciones y reflexiones durante diez años de práctica y de trabajo de Gestalt en grupo en Costa de Marfil con una promoción de africanos formados en terapia gestáltica. Escribí entonces:

> "Es típico decir que el africano tiene una concepción del tiempo completamente diferente de las del europeo. El tiempo no se cuenta en África, no se contabiliza. La introyección masiva tiene el poder de aniquilar el tiempo, de abolir las nociones de pasado, presente y futuro. La introyección actual es tal como fue en el pasado: la de los padres y los antepasados. La introyección actual es tal como será en el futuro: la de los hijos según la ley de la repetición y la inmutabilidad... El ciclo de contacto implica dos nociones fundamentales: el tiempo y la novedad... Las distintas etapas del ciclo de contacto y las operaciones que les son propias tejen la trama del tiempo. La digestión y la asimilación disuelven los objetos introyectados y los transforman en el organismo mismo. Resulta evidente que la introyección masiva, al aniquilar la noción del tiempo, destruye toda ca-

pacidad de asimilación y supone un proceso perjudicial para el crecimiento de los individuos y del país: o bien el rechazo de toda novedad o bien la absorción masiva de la novedad sin posibilidad de adaptación creadora". (Cfr. PHG).

El ciclo de contacto es análogo al de las estaciones. Es un ciclo natural necesario para el desarrollo sano de los individuos en su medio natural, pero necesario también para el mantenimiento y la salud de todo lo viviente del planeta Tierra. Toda interrupción de este ciclo, sea cual sea su naturaleza y el momento en las fases del ciclo, es una herida tanto para el que interrumpe y al mismo tiempo es interrumpido como para el que recibe la interrupción. También ofende al tiempo, cuyo despliegue y capacidad de acompañar la vida y la muerte de cada uno se ven perturbados. "Lo que tenemos que hacer es sanar el tiempo", me decía aquel terapeuta tradicional de la Amazonía.

¿Se enfermará el tiempo? Se enferma por nuestra intolerancia ante las diferencias, por nuestra compulsión a la repetición, por la reproducción de nuestros mecanismos de supervivencia, que se convierten en nuestra segunda naturaleza y amputan al tiempo su capacidad de hacer en nosotros su trabajo de digestión y asimilación; se enferma por la confusión entre el tiempo presente y el tiempo pasado, no siendo el presente con frecuencia otra cosa que el mantenimiento del tiempo pasado.

Podemos ver la confluencia como un mecanismo de abolición del tiempo y de fusión-confusión en un estado indiferenciado de no-contacto y de ausencia de límites. Sería el "tiempo" anterior al Big Bang, el "tiempo" de la no-vida.

La retroflexión es el tiempo posible pero truncado, el tiempo del ir hacia vuelto sobre uno mismo, contra uno mismo, la chispa de un tiempo en marcha y reenviado al limbo de la confluencia y convirtiéndose en tiempo que mata.

La introyección es, como he dicho, el tiempo detenido, fijo, el tiempo del antepasado que invade el tiempo presente, lo que se muestra muy bien en esta frase reciente de un paciente: "Mi vida actual aún está gobernada por la conminación maternal y, si continúo así, dentro de diez años seguiré haciendo lo mismo".

La proyección es el chorro, en el tiempo presente, de residuos de ese tiempo pasado e inmovilizado en la introyección. El surgimiento de algo que nos confunde acerca de la originalidad del tiempo presente. Invadimos al otro con nuestra propia confusión hasta el punto de creerlo nosotros mismos y sin saberlo.

La deflexión es la evitación del tiempo presente por superposición de otro lugar y del tiempo que lo caracteriza.

El egotismo, en fin, sería la apoteosis de un tiempo individual y personal convertido en ley para la gestión de la vida propia sin considerar que es absurdo hablar de "mi tiempo", que el tiempo se teje sobre la trama del reconocimiento de que existe otro, que estamos incluidos en el mismo tiempo del cual tejemos juntos la cronología.

El ser humano, pues, es alguien que por su historicidad está en una relación muy perturbada con el tiempo y por lo mismo resulta muy perturbador para el otro. Este trastorno del tiempo proviene de la ruptura, de la "fisura". Y cuando trabajamos en las interrupciones del ciclo no sólo debemos cuidar el mecanismo perturbador sino también la herida organísmica y colectiva que implica el mecanismo.

- El exilio

La terapia gestáltica se ha construido sobre el exilio y la pérdida porque F. Perls es judío.

El descubrimiento del libro *Tsimtsoum* de Marc-Alain Ouaknin, sumado a las reflexiones de M. Slemenson, me ha hecho comprender algunos aspectos de la terapia gestáltica ligados a la historia de F. Perls y al hecho de que él sea judío. M.A. Ouaknin es rabino y filósofo y explica en esa obra las bases de la tradición hasídica, una de las ramas de la tradición judía que se ha desarrollado sobre todo desde la expulsión de los judíos de España en 1492; desde el exilio entonces. Martin Buber, que ha influido en la Gestalt especialmente por su obra *Yo y tú* y que ha inspirado lo que llamamos terapia dialogal, también estaba muy influido por esa tradición.

M.A. Ouaknin nos explica el mito de la creación tal como se lo concibe en esa tradición, con sus tres etapas: la retirada, el quiebre, la reparación. El primer acto del Creador fue la retirada. Se retiró en sí mismo, dejó así un espacio para el vacío, un vacío primordial, un espacio "para el mundo por venir". Después de la retirada, o Tsimtsoum, y gracias a ella, vino la luz de la cual emanaron las luces que fueron contenidas en vasos sólidos y habitadas por un principio de separación. El impacto de estas luces se tornó demasiado fuerte y los vasos estallaron. Una parte de esta luz retornó a sus orígenes, pero algunas "chispas" permanecieron adheridas a los fragmentos de los vasos. Y estos fragmentos, con sus chispas "divinas", cayeron al espacio vacío. Esto dio nacimiento a la "corteza" o la "cáscara" y permitió ir al "Otro Lado". Después viene la tercera fase, llamada reparación, restauración o re-integración, la de elaboración de un orden nuevo. Un orden nuevo que se hará en y por la elaboración del "yo" y del "tú".

Entre los elementos que han fundado la tradición judía y que la alimentan está el hecho, como destaca por ejemplo M.A. Ouaknin, que es una tradición marcada por el exilio y por el "quiebre". Se refiere a la metáfora de los "vasos quebrados". Escribe:

> "El quiebre de los vasos introduce un desplazamiento en la creación. Antes del quiebre, cada elemento del mundo ocupaba un lugar adecuado y reservado para él; con el quiebre todo se desarticula. Todo es entonces imperfecto y deficiente, en cierto sentido está 'quebrado' o 'caído'. Todas las cosas están 'en otra parte', apartadas de su lugar propio, exiliadas...".
> Y precisa que la cábala da una explicación muy original del exilio: "[La cábala] no considera que el exilio sea únicamente una prueba para la fe o un castigo por las faltas, sino antes que nada una misión".

La metáfora del quiebre de los vasos nos permitirá comprender mejor el significado profundo de las interrupciones en el ciclo de contacto y del exilio de nuestra tierra interior en que nos vemos situados cada vez que hay quiebre. Y volvemos a apreciar la importancia de la palabra de Ouaknin: "...Todo es entonces imperfecto y deficiente, en cierto sentido está 'quebrado' o 'caído'. Todas las cosas están en otra parte, apartadas de su lugar propio, exiliadas...".

Esta palabra, exilio, nos interesa, aunque no forme parte de nuestras referencias habituales. El *Dictionnaire historique de la langue française* da la siguiente definición: el latín *exsilium,* "expulsión", "lugar de exilio", deriva de *exsilere,* "saltar fuera de", formado por *ex,* "fuera de", y *salire,* "saltar, brincar".

Las interrupciones en el ciclo son un salto fuera de nosotros mismos y del contacto, fuera de nuestro centro y, si creemos en la etimología, nos expulsamos a nosotros mismos con este salto al mismo tiempo que expulsamos al otro. Son un descentramiento, nos sitúan fuera de nosotros mismos, fuera del tiempo, fuera de esta conciencia-*awareness* que es iniciativa hacia lo interior, revelación de lo que es en el momento en que eso es. El cuerpo es entonces un soporte fundamental de experiencia, de re-centralización y de centralización. Y la tradición hasídica había elaborado una forma de práctica corporal a partir de las vibraciones sonoras que contienen las letras del alfabeto hebraico. Es posible que F. Perls, por sus orígenes y su cultura, haya comprendido muy bien que era necesario construir una forma nueva de terapia en el "ir hacia" y la concentración, tal como explica en *Yo, hambre y agresión.* La concentración es la atención que apunta a uno mismo mientras se está en la experiencia, la vuelta sobre uno mismo, el proceso de búsqueda del centro propio perdido. La terapia de la concentración ponía el acento en la conciencia de la experiencia vivida en la frontera entre uno mismo y el otro; sería entonces lo contrario del exilio.

Pero al mismo tiempo este quiebre, esta de-construcción, es salvadora, contiene las "chispas" a partir de las cuales se elaborará la reconstrucción, el orden nuevo, el ajuste nuevo. Nos vuelve a enviar al concepto de gestalts inacabadas y fijas y nos invita a salir de un mito y de los supuestos que contiene, con el cual han trabajado y trabajan todavía muchos terapeutas: el mito es el del fin de estas gestalts inacabadas y la idea de que podríamos acabarlas real o simbólicamente. Es el mito de un mundo sin caos, sin dolor, en que reinaría la perfección, donde el hombre sólo tendría que dejarse discurrir en una fluidez que se desprendería del acabamiento de eso inacabado. Estamos allí en el dominio de la ilusión, casi en el campo de la impostura... ¿Por quién nos tomamos creyendo que podemos encaminarnos hacia lo acabado? A lo Acabado, lo que no se puede nombrar, la Perfección. La restauración es la restauración de la sensación de existencia, del reconocimiento de uno mismo, del otro y del vínculo. No es la restauración de esa luz inicial que era lo no creado o la gran confluencia. La restauración o reintegración ocurre a partir de la salida de confluencia, del caos que de ello resulta y de la encarnación en la relación.

Este quiebre nos devuelve a nuestra dimensión humana, a nuestra dimensión de ser en camino, nunca acabado y en ruta hacia la gran báscula de la muerte. Ouaknin nos recuerda que la perfección del hombre no existe, sino que reside en su perfectibilidad y en el reconocimiento de esta perfectibilidad.

• La novedad es vivir en la frontera

Una de las características del organismo es ser a la vez conservador y progresista. A partir de una base sólida y conocida, hecha de lo conocido y de funcionamientos automáticos (toda su parte llamada animal), podrá encaminarse hacia lo que no es él y tratar de conocer al otro. El ser humano se singulariza porque sólo puede crecer a partir del momento en que va a la novedad y a partir del momento en que acepta situar concretamente en su vida algo que aún no forma parte de él o de sus comportamientos y actitudes. El ciclo del contacto no sólo es sinónimo de interrupciones, sino también un proceso de encuentro con la novedad y de búsqueda de ajuste creador.

¿Cómo concebir la novedad?

Creo que la hemos asimilado con excesiva frecuencia a cambio de comportamientos o actitudes. Sí, es eso, pero no sólo en el nivel del comportamiento superficial, sino en el de la transformación de la energía puesta en la creación de formas neuróticas en otra creación, la de la relación. Tenemos que salir de expresiones genéricas "campo organismo-entorno" y comprender que se trata del individuo ante el otro, de uno ante el otro. Lo que nos sitúa en la dimensión de la relación, pero también de la identidad y de la diferencia. Las referencias a M. Buber, a la obra citada y a la terapia dialogal, nos recuerdan esta dimensión de uno y otro, del Yo, del Tú y del Nosotros. Recordemos esta frase de G. Bachelard en el prefacio que escribió para la obra de M. Buber: "...El yo y el tú no son dos polos separables... En el vínculo del yo-tú, en el eje del yo-tú, se descubren los verdaderos caracteres del hombre. Hay allí una especie de ontologismo recíproco que trasciende el substancialismo del yo, que hace del tú en cierto modo el atributo más cercano, más fundamental del yo... Soy una persona si me vinculo a una persona. Me aniquilo al desapegarme de mi hermano...".

La gran novedad es ir hacia... ir hacia el otro, ir hacia la frontera como nos sugiere L. Perls en *Viviendo en los límites*. La frontera, un lugar de tantas tensiones, conflictos, guerras. Ir a la frontera de una manera nueva, original, a partir de una creación que se elabora a medida que se crea. Es el reconocimiento de que el otro es precisamente él y que utilizarlo como pantalla para nuestras proyecciones es una manera de aniquilarlo y al mismo tiempo aniquilarnos.

Esto supone que volvamos a situar al tiempo en su lugar y que uno mismo se vuelva a situar en un tiempo en que se recupere su capacidad para construirnos. Es salir de la confluencia y entregarse al camino de la diferenciación. Percibirnos con nuestras diferencias, aceptarnos o rechazarnos con nuestras diferencias, avergonzarnos de ellas o amarlas, mostrarlas o esconderlas, pero ahora con la conciencia de que así estamos hechos de momento y que eso también somos nosotros. Estoy nombrando ese proceso fundamental y a veces doloroso que ocurre con y bajo la mirada del otro, un proceso de aceptación con todas las fluctuaciones emocionales que eso conlleva.

Pero percibir también al otro con sus diferencias y reconocernos con nuestras reacciones íntimas y a veces secretas ante alguien tan diferente, inesperado y sorprendente por su diferencia hasta el punto que nos resulta un extranjero y su presencia provoca en nosotros reacciones cercanas al racismo y la xenofobia.

> Cito una vez más a Ouaknin, cuyas palabras nos son tan cercanas: "El hasidismo ve en el Otro, en su diferencia esencial, lo que excita, estimula y sacude. El Extranjero es el milagro de la novedad que puede hacer salir de su hundimiento, por su emergencia, a un individuo, a una sociedad entera... Para el hasidismo, el Otro es aquel que hace posible el 'acontecimiento'. El Extranjero es también el extraño, la extrañeza, lo desconocido que hará nacer el cuestionamiento. Abrirse al Extranjero es darse la oportunidad de ponerse en cuestión, darse la oportunidad del Tiempo mismo".

La novedad, entonces, ya no es situar al otro en nosotros por medio de una introyección patológica, sino situarlo enfrente para hacerlo existir, para hacernos existir y para buscar lo que tenemos que hacer juntos para continuar nuestro camino de crecimiento y participar así en la evolución de nuestro entorno y, sin duda y sin que lo sepamos, participar en la evolución de un entorno más lejano.

A estas alturas de nuestra reflexión podríamos decir que el proceso puesto en marcha en el ciclo de contacto es a la vez múltiple y uno, a imagen del ser humano. Múltiple, porque opera sobre el contacto, sobre la relación y sobre los incesantes movimientos de identificación que constituyen nuestro ser; sobre nuestra identidad, que es compleja porque elabora a partir de múltiples adhesiones, aunque seamos de la misma cultura, raza, religión y nacionalidad que el vecino que tenemos enfrente.

El novelista libanés Amin Malouf ha publicado un librito titulado *Las identidades asesinas.* Define la identidad de una manera muy sencilla: "Mi identidad es lo que hace que yo no sea idéntico a ningún otro". Y muestra muy bien hasta qué punto nuestra identidad sólo se puede construir sobre el reconocimiento de nuestras diferencias; cuando éstas son demasiado flagrantes, pueden marginar a su portador, lo que puede conducir a los fenómenos de violencia de que hoy somos testigos en nuestro entorno próximo o distante. Hace referencia a esas personas que tienen múltiples adhesiones que hoy se enfrentan a veces con violencia. Y escribe al respecto:

> "...son todos seres limítrofes en cierto modo, atravesados por líneas de fractura étnica, religiosa o de otra índole. Debido a esta situación misma, que no me atrevo a llamar 'privilegiada', tienen un papel que jugar para tejer lazos, deshacer malentendidos, razonar unos, tranquilizar otros, suavizar, reacomodar... Su vocación es la de ser elementos de unión, pasarelas, mediadores entre las distintas comunidades, las distintas culturas...".

Sí, todos somos seres limítrofes, y ésta es también una de las definiciones implícitas en la antropología de la Gestalt. Es lo que Laura Perls nos había indicado hace tiempo en *Viviendo en los límites.*

Ese texto de A. Malouf nos conduce a lo social y a la realidad de nuestro entorno actual. La concepción del ser humano contenida en la teoría del sí mismo nos concierne en nuestra relación con un entorno inmediato y restringido, pero también con un entorno más amplio y lejano, tanto en la geografía como en la cultura y las ideas. Quien dice crecimiento dice evolución y esta teoría nos interroga también sobre la consideración de la evolución del ser humano en el sentido darviniano de la expresión.

CAPÍTULO II

Evolución y Gestalt

Notas

El ser humano en la cadena de la evolución

Es POSIBLE QUE no hagamos ninguna de las consideraciones que siguen ante la señora X, quien en este momento pasa por una profunda depresión y desea morir, ni ante el señor Y, que ya no sabe dónde está después de separarse. Es posible. Pero formulo la hipótesis de que estas consideraciones acerca del ser humano y su evolución, integradas en mi "quién soy" y en mi "ser-allí" de terapeuta, harán su trabajo si es necesario en lo invisible, en ese invisible que forma parte de la relación terapéutica y de la historia particular y específica que se teje entre este paciente y yo, en este momento de mi historia, de su historia, de nuestra historia común.

En el Capítulo VI del Volumen II de *Terapia Gestalt*, titulado "Antropología de la neurosis", PHG se refieren a una de las etapas de la historia de la evolución: el paso a la verticalidad, es decir, ese momento en que el animal, progresivamente, se yergue y accede a su humanidad convirtiéndose en bípedo, modificando su fisiología y desarrollando su cerebro, su inteligencia y su capacidad para ingresar en la conciencia. Este capítulo se introduce haciendo referencia a los "poderes perdidos" de la infancia y los autores expresan de este modo su proyecto: "Deseamos ampliar ahora nuestro propósito y hablar de lo que se ha 'perdido' en nuestra cultura de adultos, en el empleo de los poderes del hombre". Y lo que se ha perdido, según ellos, son las funciones animales, es decir, la capacidad de experimentar.

El capítulo es curioso. PHG, en efecto, jamás nombran a Darwin ni a los científicos que se sitúan en la tradición evolucionista y ni siquiera a la evolución. Uno se pregunta cómo ha llegado ese tema a esa obra. Cabe preguntarse, también, si la neurosis tiene una antropología... ¿No sería más adecuado hablar de la antropología del "neurótico"? PHG definirán al neurótico como aquel que habría perdido sus capacidades animales a medida que crecía en la escala de la evolución, perdida entre otras su capacidad para experimentar y movilizar todos sus sentidos en beneficio de la abstracción y de la mentalización. Es quien habría perdido su capacidad de ser en la experiencia inmediata, en el *awareness*, y asimismo su capacidad para orientarse de manera adecuada a partir de los indicios que le envía la conciencia.

Mi intención no es discutir la exactitud o inexactitud de esas afirmaciones. Es, más bien, reaccionar al descubrir que PHG fundan la antropología de la Gestalt, entre otros conceptos, en el de evolución que propuso Darwin en la década de 1850. Al leer ese capítulo advertimos que apoyan en esa etapa de la evolución su concepción del animal-humano y de la neurosis; ésta sería "la pérdida de los poderes perdidos de la infancia", es decir, la pérdida de la capacidad de experimentar y de orientarse adecuadamente según lo experimentado.

Pero, ya que este concepto darwiniano forma parte de la antropología de la Gestalt, ¿por qué limitarlo a ese único momento de la evolución? ¿Por qué no considerar también el proceso evolutivo global del ser humano desde el Big Bang del que nos hablan los científicos y en una visión claramente holística? El ser humano es animal, por cierto, pero también vegetal y mineral. También es materia, una de las formas que adopta la materia inicial en estado bruto en ese momento de la historia de la evolución. El organismo humano es materia en transformación, en evolución, que está marcada por las distintas etapas evolutivas, lleva sus huellas. Quizás sería interesante considerar el punto en un proceso psicoterapéutico, sobre todo cuando se apoya en la noción de no-consciente.

Mi intención tampoco es retomar las ideas que Darwin formuló en la década de 1850 en *El origen de las especies por medio de la selección natural o la lucha por la existencia en la naturaleza*. Es, más bien, referirme a algunos científicos contemporáneos que se inscriben en la corriente darviniana y que nos llevan a repensar o a redefinir algunos conceptos de la Gestalt. A esto nos autorizan PHG, ya que ellos mismos indican que la referencia al concepto de evolución forma parte de la antropología de la Gestalt.

El punto de vista de algunos científicos

PHG nos recuerdan que ésta es la pregunta fundamental que plantea la antropología: ¿qué es el hombre? Es también la de la evolución, que la plantea a partir de los orígenes: ¿de dónde venimos? Y después agrega: ¿quiénes somos? ¿Dónde vamos? La terapia gestáltica podría agregar: ¿cómo he llegado a ser el que soy en vista de mis orígenes próximos y distantes? Algunos científicos plantean la pregunta del mismo modo que nosotros: en términos de proceso y no de por qué.

Astrofísicos como H. Reeves consideran que somos "polvo de estrellas" y no sólo en sentido metafórico. El biólogo J.M. Pelt retoma la idea y la formula de esta manera:

> "Las estrellas son literalmente el horno incandescente, el crisol donde se elaboran los átomos de los cuerpos simples, 92 en total: los mismos que nos enseña la química. Cada átomo está formado por partículas: electrones, protones, neutrones, que combinándose de manera más y más elevada producen la vasta gama de estos 92 átomos o elementos, cada uno de los cuales posee características y propiedades particulares... Estos átomos formados en las estrellas conforman los mundos inanimados que en nuestro planeta constituyen el mundo de la vida hasta en nuestro propio cuerpo. Estamos compuestos, entonces, de polvo de estrellas".

Y esto nos enseña la ciencia:

> "Una misma aventura prosigue desde hace quince mil millones de años y une el universo, la vida y el hombre como capítulos de una prolongada epopeya. Una misma evolución, del Big Bang a la inteligencia, empuja en el sentido de una creciente complejidad: las primeras partículas, los átomos, las moléculas, las estrellas, las células, los organismos, los seres vivos, hasta estos curiosos animales que somos nosotros... Todos se suceden en una misma cadena, todos están arrastrados por un mismo movimiento. Descendemos de los monos y de las bacterias, pero también de los astros y de las galaxias. Los elementos que componen nuestro cuerpo son los que antaño fundaron el universo. Somos verdaderamente los hijos de las estrellas".

Así lo expresa D. Simonet en el prefacio de *La historia más bella del mundo*, escrita por tres grandes científicos contemporáneos: el astrofísico H. Reeves, el biólogo J. De Rosnay y el paleontólogo Y. Coppens. Y en *Del universo al ser*, J.M. Pelt muestra la coherencia fundamental de este vasto sistema:

> "En este breve ensayo me contentaré con llamar la atención sobre la coherencia fundamental de un proceso creador que va desde los orígenes del Universo (macrocosmo) hasta el hombre (microcosmo)... Vamos a recorrer la prodigiosa trayectoria que del Universo al hombre y del hombre a Dios (o por lo menos a la idea que de él se ha hecho) engloba en una sola línea la materia, la vida y el espíritu".

Estos autores amplían el esquema darwiniano. Piensan la continuidad de la historia en tres actos. El primero es el comienzo, el Big Bang, hace unos catorce mil millones de años, "el famoso Big Bang, esta oscura luz que se anticipa a las estrellas" (D. Simonet). La materia se pone en movimiento y aparecen las estrellas, las galaxias, el sol, los planetas, la tierra.

Después viene el segundo acto, hace unos cuatro mil quinientos millones de años. La materia continúa su obra de transformación y ensamblaje; aparecen las primeras moléculas en la superficie de la Tierra, tras las primeras células que se agruparán en organismos y desatarán la evolución animal. Surge entonces lo viviente, la vida y la fuerza de la vida.

Más tarde el organismo animal se va a complicar hasta tornarse mono. La paleontología ha puesto de manifiesto que en nuestro árbol genealógico contamos con algunos hermosos ejemplares de monos. Nuestros antepasados conocidos más antiguos tendrían tres millones quinientos mil años: es lo que ha mostrado la hermosa Lucy, descubierta en África por Yves Coppens y su equipo. Nos obligan a ampliar nuestra concepción del ser humano, como destaca J. Arnold en *La teología después de Darwin*: "Como Copérnico y Galileo, Darwin obliga a pasar de una visión cerrada y ordenada de lo viviente a una visión, si no infinita, por lo menos marcada por la pluralidad, el desorden y a veces incluso por el absurdo... Se trata probablemente de una de las mayores dificultades que lo viviente plantea al observador humano: esta mezcla de orden y desorden, de inmovilidad y transformación, de inmutabilidad y espontaneidad".

El cuarto acto de esta epopeya ocurre con nosotros y se caracteriza por el ascenso a una complejidad siempre mayor y a un nivel de conciencia más importante. Pero si hemos de creer a PHG, esta etapa se caracteriza también por la pérdida de las huellas de las etapas anteriores, lo que conduce a la dificultad para experimentar y a la constitución de la neurosis.

¿En qué sentido interesa todo esto al psicoterapeuta y al terapeuta gestáltico? Éste trabaja sobre el aquí y ahora y nada tiene que hacer con el esqueleto de Lucy ni con el Big Bang.

Por supuesto, trabaja con el aquí y el ahora, ¿pero qué es el aquí y el ahora? ¿De qué se compone? ¿Cómo comprender el aquí y ahora en la antropología de una forma de psicoterapia que nos habla del animal humano –y que se refiere entonces a la idea de la evolución– y se basa en la idea de la conciencia, siendo ésta una de las consecuencias de todo este movimiento evolutivo? Los científicos nos dicen que toda nuestra historia está inscrita en nosotros, en nuestro cuerpo, en nuestras células, en el ADN. Y no sólo seríamos portadores de toda esta historia, sino de todo el potencial de conocimiento contenido en el universo. ¡Seríamos entonces un conjunto de memorias! Nuestra fisiología contiene el Tiempo, su desarrollo y el proceso evolutivo de la materia en transformación. El organismo que somos es una creación del entorno cercano, lo social, y del distante, un proceso evolutivo que ha comenzado hace quince mil millones de años...

Entonces, de inmediato, aquí y ahora, soy polvo de estrellas, soy esas primeras moléculas que han aparecido en la historia del universo, soy las primeras formas animales que han habitado el planeta Tierra, soy un australopiteco, soy un ser humano, un hombre, una mujer. Soy todo eso aquí y ahora, soy la historia desconocida, soy una de las formas que adopta la materia en este momento de la evolución y esta forma contiene el todo. ¿Por qué no considerar entonces todo esto en una forma de psicoterapia que se apoya en el concepto de "campo organismo-entorno"? Ya que PHG hacen referencia a la evolución, nos vemos obligados a redefinir tanto el organismo como el entorno.

El organismo como lugar de recuerdos

La cuestión de las memorias no es nueva y la han desarrollado varios especialistas y/o científicos:

- Según W. Reich, tenemos inscrita en el cuerpo toda nuestra historia. Más tarde ha resultado evidente que no sólo se trata de la historia inmediata, sino de la genealogía y que se puede retroceder muy lejos en el tiempo. La historia del Antepasado está inscrita en nuestro cuerpo y en nuestro funcionamiento fisiológico.

- Según el astrofísico Hubert Reeves, como ya hemos mencionado, somos polvo de estrellas, y no sólo en sentido metafórico. Llevamos en nosotros el polvo de meteoritos y esta materia lleva en sí la historia de la materia.

• Los biólogos muestran que el proceso de gestación pasa por todas las grandes fases de la evolución:

√ un embrión humano de seis días es semejante, punto por punto, a un protozoo;
√ un embrión de doce días se parece a un pez;
√ a los treinta días parece un lagarto;
√ a las nueve semanas parece un retoño de musaraña;
√ a las dieciocho semanas no presenta ninguna diferencia con un mono bebé.

Cada ser humano recapitula de esta manera, antes de nacer, todos los episodios anteriores de la historia de la vida y de su desarrollo.

Algunas investigaciones recientes, como las del antropólogo Jérémy Narby a partir de su iniciación en el chamanismo amazónico, muestran que el ADN contiene la memoria de la humanidad y del cosmos.

Y en los hechos es efectivamente posible revivir (como me ha ocurrido) en determinadas condiciones conocidas por ejemplo por los chamanes, que son los sanadores más antiguos del mundo, la transformación de la materia en estado bruto hasta su ascenso a la forma corporal, después al ser humano y después al espíritu y en una vivencia unitaria en que materia-cuerpo-ser humano-espíritu constituyen una globalidad en interdependencia con otras globalidades; todas éstas forman un todo, el Todo, el Tao, el Holismo.

Si nos apoyamos en estas investigaciones y reflexiones que provienen de distintas disciplinas, podemos considerar que somos un conjunto de memorias que tenemos insertas en nuestro organismo, en nuestra fisiología, en lo que Francisco Varela llama "el sí mismo corporal".

Y una vez más podemos plantearnos la pregunta: ¿en qué concierne todo esto al terapeuta gestáltico? Creo que el cuerpo, la conciencia corporal y la ampliación de la conciencia corporal podrían ser el elemento fundamental que nos permita vincular la terapia gestáltica con estas distintas disciplinas.

El cuerpo: "fondo dado" y evolución

PHG nos presentan el cuerpo como el fondo del cual emergerá la forma: "En la fase de precontacto, el cuerpo es el fondo; el apetito o el estímulo del entorno es la figura. Es lo 'dado' o el ello de la situación que se disuelve en posibilidades". Definen el ello de este modo: "El ello es el fondo dado que se disuelve en posibilidades, cuyas excitaciones orgánicas, situaciones pasadas inacabadas que emergen en la conciencia, entorno percibido confusamente y sentimientos rudimentarios ligan organismo y entorno". El cuerpo y la fisiología están extremadamente presentes en esta fase de precontacto en el curso de la cual se supone que aparecen las necesidades; nos podemos hacer las siguientes preguntas:

- √ ¿De qué hablamos cuando hablamos del cuerpo y hasta qué punto estamos dispuestos a concebir el cuerpo?
- √ ¿Qué es el fondo? ¿No será toda esa historia inscrita en nuestra materia corporal?
- √ ¿Qué partes del fondo emergen por intermedio de un rostro dado? ¿Qué emerge de la historia?
- √ De la historia próxima, lejana y muy lejana, ¿qué necesita experimentar y evacuar el organismo para recuperar su homeostasis?

En *Terapia Gestalt*, PHG indican claramente y en varias ocasiones que cuerpo, fondo, función ello, pre-contacto y pasado (bajo la forma de recuerdos o bien de repeticiones conductuales) están ligados íntimamente. Nos podemos referir a las siguientes frases: "El ello se manifiesta [en la relajación] como pasivo, fragmentado y emocional; su contenido es alucinatorio y el cuerpo ocupa el primer plano... El ello es esencialmente inconsciente... El cuerpo ocupa el primer lugar...".

Estamos ante asuntos que necesitan de un cotejo: el cuerpo ocupa el primer lugar, es el fondo dado... ¿Cómo concebirlo en terapia gestáltica? Si realmente nos situamos en una perspectiva holística, si la Gestalt es coherente con las ideas que vehicula, tiene que considerarlo entonces en su complejidad y como un lugar de inscripciones y de memorias de las cuales algunos elementos aparecerán en primer plano por la movilización de la función ello. Podemos pensar este "fondo dado" en términos de evolución. Sería las huellas y memorias de la evolución en nuestro interior. Y ciertas necesidades actuales del organismo se pueden ligar a elementos de desequilibrio vividos en uno u otro momento de nuestra evolución en el proceso evolutivo del universo.

¿De dónde vienen las reacciones corporales y fisiológicas que el organismo emite en un momento dado, de dónde vienen los movimientos espontáneos? ¿Esos puños que se aprietan, esas mandíbulas que se crispan, esa contracción del cuerpo tenso como un arco pronto a disparar la flecha? El escenario clásico es éste: el terapeuta gestáltico observa esas manifestaciones en su paciente y mantiene la experiencia para que pueda llegar a término. ¿Pero hasta dónde? Este comienzo de configuración emergente se suele percibir como una manifestación de agresividad hasta entonces contenida y que podría comenzar a expresarse. Se decodifica la configuración –por no decir que se interpreta- ya no en función del fondo que la genera y que quizás no se conoce, sino en función de esquemas: el paciente ha retroflexionado la agresividad experimentada contra papá-mamá o contra alguien cercano; el trabajo consiste entonces en conducirlo a deshacer esa retroflexión.

Esta configuración emergente sólo tiene sentido en relación con aquello en que se origina y que proviene de ese fondo/segundo plano, y no tiene sentido en relación con un esquema que funcione en la cabeza del terapeuta y en una visión restrictiva de la terapia gestáltica.

Ahora va un ejemplo clínico que comienza por las reacciones corporales que acabo de nombrar. La fisiología de P. se pone en movimiento: puños apretados, crispación de las mandíbulas, puños que se abren y se tornan como garras; empieza a emitir sonidos, a gruñir, y es habitado progresivamente por el animal, por el lobo. Es un lobo, resopla como un lobo, aúlla como él, muerde y rompe con sus fauces como él. No juega, es el lobo y se planta, para protegerla, delante de una mujer del grupo que le parece amenazada por entidades negativas. Es un humano completamente habitado por el animal. Ya no hay disociación entre ambos. Más tarde podrá poner palabras a su experiencia y decir cuán liberadora le resultó. Y lo que le resultó liberador y sanador fue justamente poder ir más allá de la clásica cólera manifestada contra papá-mamá. Para evitar toda confusión con la noción de fondo propia de la teoría de la Gestalt, sería más adecuado hablar de segundo plano.

Estar aquí y ahora, completamente, con esa memoria abierta de la historia pasada de organismo viviente inscrito en la gran evolución y dejar que se manifieste esa memoria. La actitud del terapeuta es muy importante entonces: es fundamental que esté allí, con su presencia, pero sin intervenir de ningún modo.

Me parece que ese ejemplo ilustra muy bien estas reflexiones de PHG acerca del compromiso en la situación:

> "Cuando decimos 'comprometido en la situación', entendemos que no existe un sentimiento de sí ni otros objetos aparte de la experiencia propia de la situación. El sentimiento es inmediato, concreto, presente, e implica integralmente la percepción, el sistema muscular y la excitación...".

Todo esto nos lleva a la antropología del terapeuta gestáltico, a sus experiencias terapéuticas, a sus inmersiones personales en lo desconocido y en los misterios del *continuum* de la experiencia.

Quizás convenga decir aquí un par de palabras acerca del *continuum* de la experiencia. Sin duda es uno de los aspectos de la Gestalt que más me marcó e impresionó cuando me formaba. Estar meramente en la conciencia de lo inmediato, abandonarse a lo que venga, seguir la experiencia interior en curso, en silencio... hundirse y hundirse en los espacios desconocidos de ese misterioso "fondo dado" que podríamos asimilar a lo no-consciente. El terapeuta gestáltico está allí para acompañar con su presencia y su silencio, propone una fuerte presencia sin hablar, de suerte que el paciente pueda sumergirse en su experiencia sin ser interrumpido y en un contexto tranquilizador. De este modo se efectúa sin duda el verdadero rastrillaje del fondo. El *continuum* de la experiencia permite ampliar la conciencia ordinaria, trascender las fronteras habituales. Ceder pone al paciente, pero también al terapeuta, en una especie de trance gracias al cual aparecerán elementos del no consciente. Se está muy cerca entonces de ciertos aspectos y momentos del planteo chamánico en que el paciente, guiado por el chamán, cambia de nivel de realidad y de nivel de conciencia y donde la cura llega porque se ha tocado y liberado algo más profundo gracias a la conciencia ampliada. Cuando alguien se torna lobo, jaguar o serpiente en el trance chamánico, es completamente animal. Está completamente habitado por un ello alimentado por las improntas de un pasado muy distante; el humano que es entonces es completamente animal.

Y ya podemos volver a una frase de PHG: "El cuerpo ocupa el primer plano, porque sentidos y movimientos están en suspenso y las propiocepciones usurpan el campo. Éstas se encontraban deliberadamente reprimidas. Ahora liberadas, emergen en la conciencia y terminan por dormirse si no proveen de un centro urgente de concentración".

Estamos de lleno en el proceso de pre-contacto. Y en este nivel es terapéutica la sola emergencia y expresión de una necesidad o de un estado muy antiguo, sepultado bajo los estratos de la evolución.

Se podría decir que una Gestalt completa se despliega en esta fase de pre-contacto. Falta ahora la integración de esto en la vida cotidiana de aquí y ahora para que el cambio sea duradero. El trabajo terapéutico proseguirá en este nivel.

Conclusión

La consideración del ser humano en el proceso evolutivo del universo nos lleva a ver y contemplar más allá que el extremo de la nariz. A alzar la frente para mirar las estrellas y decirnos que somos polvo de estrellas. A mirar por microscopio lo infinitamente pequeño y decirnos que somos ese hormigueo de moléculas. A contemplar la historia mirando las pinturas rupestres de Lascaut o de Tassili. A meditar sobre la vida y la muerte ante el esqueleto de un antropoide. Son momentos y acontecimientos de la vida que pueden religarnos con lo que somos verdaderamente y con la gran historia.

Esos acontecimientos nos traen hacia lo no-consciente. "El ello es esencialmente inconsciente". Había citado antes esta frase de PHG, criticándola interiormente. Si la Gestalt quiere ser coherente consigo misma, sería más exacto decir: el ello es esencialmente no-consciente. La noción de inconsciente está demasiado marcada por el psicoanálisis freudiano. De todos modos, y en la perspectiva enunciada antes –la evolución y el ser humano portador de memorias–, no me parece exacto hablar de inconsciente, ni siquiera de represión.

La terapia gestáltica no se apoya en una teoría de la pulsión. Todo está allí, en nosotros, y por cierto en el campo de la memoria inmediata; pero lo que no está inmediatamente en el campo de la conciencia no está forzosamente reprimido. ¿Entonces dónde está? Sin duda en los sistemas de memorias que contiene nuestro organismo. Y se podría decir que están la mayor parte del tiempo en estado de latencia, en lo no-consciente, pero que son susceptibles de abrirse y de revelar fragmentos de sí mismos en determinadas condiciones. Lo no-consciente está allí, en el fondo. Forma parte del fondo. ¿Es quizás el fondo? Y este no-consciente al que apela la terapia gestáltica, que nos es revelado en parte por la fisiología y por la conciencia apuntada al cuerpo, contiene la historia de la materia en movimiento.

Y no veo por qué la terapia gestáltica, con el soporte teórico que la sostiene, tenga que detenerse ante esta dimensión *fundamental*...

CAPÍTULO III

Maravillarse

Notas

La irrupción de lo inesperado

"¿QUIÉN HA MUERTO?".

Me escucho hacerle esa pregunta y soy el primer sorprendido. Las palabras me han cogido por sorpresa y me pregunto de dónde vienen. De mi boca, por cierto, ¿pero de qué o de quién son el mensajero? Sobreviene lo inesperado y, con ello, la fractura en un sistema cerrado y que encierra. Se desencadena entonces un largo proceso durante el cual las sorpresas se suceden unas a otras.

Durante los minutos que precedieron o que quizás desataron aquella frase, este hombre habla de sus fobias, de su temor a los ascensores, de su miedo constante a ser atropellado por un coche en la calle. Habla delante de mí, en este grupo, con la mirada perdida. Me pregunto cómo vamos a salir de sus fobias. Es un africano y estamos en un seminario de Gestalt en Abidján (Costa de Marfil) con un grupo pluricultural compuesto por personas de distintos orígenes, nacionalidades y religiones.

Parece el único que no se ha sorprendido por esa pregunta. Se incorpora, me mira e inmediatamente empieza a relatar un suceso que le había ocurrido a los doce años: un día hace la cimarra y poco después muere un chico de su curso. Las familias de estos dos chicos no se llevan bien. Lo acusan de haber ido a visitar al brujo para que maldiga al otro. Desde entonces ha vivido temiendo la brujería, específicamente la muerte por brujería.

Apenas pronuncié aquellas palabras sentí en el cuerpo una especie de movimiento interior, un estremecimiento que me recorrió la espalda y me subió hasta los ojos.

Todo se altera en el grupo y la *función ello* ocurre sola, sin que yo deba hacer nada. Ocurre espontáneamente, con esa espontaneidad creadora de la que hablan PHG. El grupo, que empezaba a aburrirse, se moviliza. B. *nos* cuenta su historia y nos dice que es la primera vez que se atreve a relatarla. Los ojos se me humedecen, respiro profundamente, me siento aliviado, lleno de admiración por lo que ocurre y por esa espontaneidad creadora que se desarrolla sola y de la cual soy mero testigo. Contemplación, admiración, maravilla.

Él termina su relato. Todos estamos emocionados no sólo por el contenido, sino sobre todo por el "es la primera vez que me atrevo a relatarlo" y porque en África occidental nunca es neutral la evocación de la muerte.

Con toda naturalidad me dirijo particularmente a los africanos negros del grupo: "¿Cómo se trata esto entre vosotros, en la aldea?". Y, con toda naturalidad, uno de ellos se pone de pie y nos explica: "Entre nosotros, en la aldea, hay que hacer un ritual con ofrendas a los espíritus para tranquilizarlos. Y durante el ritual es necesario que B. se encuentre con el espíritu del muerto para decirle que él no es el culpable y para que hagan las paces".

Y yo le digo: "Hagamos entonces ese ritual, que lo organicen los africanos del grupo. Haremos como si estuviéramos en la aldea".

El hombre que había hablado se convierte ahora en el maestro de ceremonias. Ante la otra parte del grupo se desarrolla una especie de psicodrama ritual con B. como protagonista, en el sentido que lo entiende M.J. Hourantié cuando se refiere al teatro ritual de África.

Estoy maravillado. Todo se hace solo, exactamente, intensamente. Según la tradición cultural del lugar, pero en un envoltorio grupal en que cada uno se siente concernido, emocionado y actor, sean cuales sean la posición que ocupa, sus orígenes y sus creencias.

Admiro y contemplo esa sucesión de formas que se hacen y deshacen, esa urdimbre de relaciones, afectiva, energética y cultural en torno del dolor de uno de los miembros del grupo, y esta coreografía natural que obra como ritual de apertura y de sanación para los participantes.

Durante el seminario siguiente, tres meses después, B. nos dijo que ya no tenía fobias.

Maravillarse...

Es difícil hablar de esto. En efecto, este término podría entenderse a partir de varios parámetros, por ejemplo:

√ cierto tipo de estado interior que nos habita en circunstancias especiales;
√ lo que es "maravilloso": el objeto o la situación que nos maravilla;
√ lo inesperado del proceso por el cual se desencadena;
√ la relación entre lo que provoca maravilla y el maravillado.

Trataré de poner en palabras este proceso a partir del análisis que intentaré efectuar refiriéndome a algunas de mis experiencias profesionales y personales.

Del cuerpo sobresaltado a la ruptura intuitiva

Es posible que alguno de ustedes haya experimentado durante una sesión de terapia esas manifestaciones físicas que se podrían llamar sobresalto. Por ejemplo, ese temblor interior, ese algo que se mueve en ustedes, en su cuerpo, una sensación física apenas experimentada y difícil de describir en un comienzo. Pero lo seguro es que allí está.

Se propaga incluso en todo el cuerpo y se torna estremecimiento que sube por la columna vertebral, o bien es una especie de ondulación discreta que alienta en ustedes hasta las lágrimas. Y simultáneamente su estado interior cambia y el temblor se torna emocionalidad o anuncio del nacimiento de una emoción quizás a punto de nacer o casi naciente y sin control, a pesar de ustedes, incluso como anterior a ustedes; como si los precediera.

El elemento desencadenante de esta movilización a un tiempo intensa y fina de lo que en terapia gestáltica se llama *función ello* puede ser una palabra dirigida a otro, un gesto hacia, quizás una mera palabra que ha llegado allí como al azar, sin premeditación, sin preparación, imprevista, llegada casi por sorpresa, como si también ella fuera anterior a ustedes. Y han sabido instantáneamente que era la palabra exacta, el gesto exacto, lo que había que decir, lo que había que hacer, lo que afecta al paciente en el instante en que estaba listo para ser afectado por esa palabra o ese gesto. La palabra exacta ha surgido en el momento adecuado con la entonación adecuada y esa presencia ni demasiado próxima ni demasiado lejana que hace que el vínculo entre él, el paciente, y usted esté allí, inscrito en lo invisible. Esa palabra o ese gesto son un desencadenante muy particular. Se trata de un ir hacia que no se apoya en nada aparente, en nada que sea directamente observable en el instante presente. Y en un primer momento es claro que no conocemos su origen.

Cabe preguntarse por la naturaleza de este "ir hacia". Esta palabra-sorpresa ha escapado de un pre-contacto cuyo despliegue empuja hacia una tentativa de puesta en contacto. ¿Pero qué del pre-contacto habría escapado a nuestra conciencia inmediata y por ello habría sido capturado en otro nivel de conciencia y restituido así por sorpresa?

Se podría creer que la necesidad del paciente, oculta bajo un contenido que trata de poner en palabras una sintomatología, ha sido captada involuntariamente por el terapeuta. Lo que está allí, en el campo, invisible, oculto y no consciente, es como una onda que flota en la atmósfera y que encuentra en la persona del terapeuta un receptor que emite instantáneamente y sin ninguna reflexión lo que ha captado. La *función ello* adviene sola. Cuando se encuentra con la del terapeuta, la función ello hace contacto. Quizás eso sea la intuición. El espacio de palabras para hablar de las fobias y vivir el tedio (por lo menos en el terapeuta) ha servido de pre-contacto y, durante este precontacto en que se encuentran dos sensibilidades, lo que llamo el "ya allí no-consciente" se cruza en el entre-dos hasta la creación de esa palabra que se puede considerar entonces el espacio intermediario entre el pre-contacto y la puesta en contacto.

Entonces te arden los ojos, se te humedecen, acuden las lágrimas y eso se mueve, sube, maravilla en el otro que tienes enfrente. Emoción intensa, sea discreta o más evidente. Palabra exacta. "¡Ah, sí!".

En el espacio de un instante están, usted y él, unidos por esta impresión común, por esta onda, este temblor, este sobresalto. Este sobresalto que se torna emoción, complicidad, unión, palabra, sentido. El tiempo se ha detenido. Durante una fracción de segundo has sentido temblar en ti la eternidad. La eternidad compartida.

La ruptura intuitiva

Esta impresión común resulta de la fractura que aporta el ello de la situación que irrumpe súbitamente en el campo y que el terapeuta pone también de súbito en palabras.

Fractura, ruptura.

Sí, de esto se trata.

Ha habido ruptura intuitiva.

Ya que esta palabra, este gesto, es la sorpresa de la intuición que se expresa de pronto en el campo entre usted y el otro. La intuición, esta forma de "conocimiento inmediato sin la ayuda del razonamiento", es algo que aparece sin que se lo haya convocado.

Ha habido ruptura intuitiva sobre una ruptura del ciclo de contacto. Ruptura ya consumada o ruptura ya avanzada, entre el pre-contacto y la puesta en contacto. Así pues, una ruptura neutraliza otra ruptura, al punto que asistimos espontáneamente a este vuelco, a esta conversión: la función *ello* se mira, se habla, se excita mutuamente hasta que la historia cambia. La historia, la que se juega en ese momento entre el paciente y el terapeuta, y a través de ella la historia pasada que estaba anudada hasta el punto de crear una patología.

Es también una salida de la confluencia. Salida de la confluencia con el secreto, lo no dicho, lo innombrable, pero sobre otra forma de confluencia: la de dos funciones ello que se reúnen hasta el punto de crear la chispa que hará contacto. Hasta allí había indiferenciación fondo-forma, una forma trataba de aniquilarse en el fondo hasta crear lo intolerable. Es una salida de confluencia que abre y libera y permite pasar de la retención a la expresión, del miedo que se transforma en fobias a la participación en lo colectivo. Se está en una forma de ruptura de confluencia que crea apertura, asombro y maravilla y no vergüenza, como suele ocurrir en el caso de ruptura de confluencia. Esta fractura-impresión común genera un proceso creativo, una dramaturgia que permite pasar del síntoma al símbolo, de lo fijo a la coreografía, del aislamiento doloroso a la participación festiva, de la pérdida de valores ancestrales a su restitución en un contexto moderno que los puede honrar e integrar.

Después es diferente. La función *ello* no ocurre como antes ni para usted ni para él. Después es tiempo, tiempo que pasa, que adquiere sentido, que forma sentido. Un sentido que nace de ese sobresalto común, brotado de súbito de vuestro espacio común, de ese espacio común que es mucho más vasto que la suma de vuestros dos espacios privados y que se llama campo. De este sobresalto común surgido del fondo de una historia común, tejida progresivamente a partir de dos historias individuales, brota ese algo que maravilla.

Ese sobresalto compartido que modifica la historia es una creación del campo y funda esa confluencia sana que abre el despliegue del sí mismo. Y esto maravilla profundamente.

Después sucede el despliegue del sí mismo en toda su espontaneidad creadora, esa espontaneidad creadora lanzada por la fractura intuitiva de la función ello. Es la ilustración misma de esta descripción que hacen PHG de las propiedades del sí mismo: "El Sí mismo es espontáneo, de modalidad media (como base de la acción y de la pasión) y comprometido en su situación (como Yo, Tú, Ello)... La espontaneidad es la sensación de vivir, de actuar, y el organismo-entorno presente no es ni su artesano ni su obra, sino quien crece con y en él. [La espontaneidad] no es ni directiva ni autodirectiva, tampoco indiferente, si bien esencialmente no comprometida; es un hallazgo-invención en el curso de situaciones en las cuales se está comprometido y a las cuales se ha aceptado". (PHG)

Posteriormente, tengo para mí que viene algo más: primero un estado interior que no tiene nombre, pero que es antes de que se lo nombre. Primero lo conocen los sentidos y después existirá por intermedio de lo "nombrado", gracias al nombre que resulta de la conciencia asociada al estado que a su vez está asociado a la capacidad del organismo para captar lo que ocurre. Siento que las lágrimas acuden a mis ojos, el estado anterior se amplía y me habita por completo hasta que capte que lo que veo se llama maravillarse.

Sí, estoy maravillado por lo que es.

Pero también estoy maravillado por la vista panorámica que se me ha dado para ver de pronto la génesis de lo que es.

Maravillado por esta persona que tengo enfrente y por lo que le ocurre y que es ese punto culminante que hace que las cosas no vuelvan a ser como antes.

Maravillado por esta creación común de que somos los artesanos y que se nos manifiesta a medida que se teje.

Maravilla, encantamiento de los sentidos y del alma. Plenitud, gratitud, reconocimiento. Como una plegaria que se nos hubiera satisfecho.

Maravillarse del maravillarse

Quizás aquello sea el ajuste creador.

Sólo puede haber ajuste creador sobre un desajuste, sobre un desequilibrio. Entonces cabe preguntarse si no es más adecuado hablar de "desequilibrio creador", ya que el llamado ajuste creador sólo es la fase final en el proceso de reconstrucción.

El maravillarnos nos sería dado por un ajuste que se hace en lo sutil, en el encuentro de seres que están afectados el uno por el otro, puestos en movimiento desde el interior el uno por el otro y cuya puesta en movimiento precede y anuncia los cambios del organismo en su relación con el mundo. Aquel hombre pudo verbalizar su angustia de muerte y después ya no tuvo fobias. Y esto crea lo maravilloso.

Pero maravilla también el proceso por el cual se crea la maravilla, la naturalidad con la cual se desarrolla, la gracia de esa espontaneidad creadora y su estética, la belleza de ese "hallazgo-invención" y *el estado muy especial en que eso nos pone.*

En esos momentos el paciente y nosotros estamos envueltos en un ambiente muy particular, pues nos liga lo sublime de una fascinación común. Hay un ambiente de la situación. Quizás podemos decir que vivimos lo que Perls llamaba un *mini satori*, lo que podríamos llamar un estado de éxtasis. Esta palabra me parece muy exacta si la consideramos en su sentido etimológico y se la separa de la connotación mística que se le suele adherir: viene de la palabra latina *extasis*, que significa "poner fuera de sí", que a su vez viene del griego *ekstasys*, "desplazamiento, extravío del espíritu, encantamiento".

Lo que conmueve hasta la maravilla es la posibilidad de contemplar todo el proceso: la palabra del terapeuta es una puesta fuera de, fuera de lo invisible, fuera de lo que escapa, fuera de lo no-concienciado. Es una fractura que se agrega a lo que hay de flotante en el campo y hasta allí no manifiesto. Esta palabra se ve propulsada fuera del terapeuta, de su unidad psicosomática por una función ello a la vez exacta, impulsiva, provocadora, sabia e intuitiva, y no por su función yo consciente y consentidora. Por su misma naturaleza provoca en el paciente y en el terapeuta una puesta fuera de ellos mismos, un arrojarse fuera de sí mismos, fuera de una retención mortífera para el paciente pero también quizás para el terapeuta.

¿Pero qué es lo que el paciente ha insuflado al terapeuta, qué es eso que había que decir en ese momento y con esas palabras? Y también admiro aquello, ese fenómeno o ese misterio que hace que la función ello del terapeuta haya captado algo de la función ello del paciente y que la función ello del paciente se las haya arreglado para que un aspecto de sí misma sea captado por la del terapeuta. Terapeuta y paciente forman una sola entidad, un campo único donde la función ello comunica del uno al otro y del otro al uno, y la función ello comunica información sobre el uno, sobre el otro y sobre las características del campo que forman en conjunto.

Entonces están completamente inmersos, juntos y en el mismo momento, en un estado particular en que ambos están reunidos en un "fuera de": fuera del sí mismo individual, fuera del ser individual y sin embargo completamente en sí y completamente con el otro, en ese estado llamado de éxtasis. Un estado que sólo se puede concebir como un estado de gracia, un momento de unión mística, un fuera de sí, donde el sí mismo está fusionado por completo con un más allá de sí. Allí, en este sobrecogimiento, se comprende que "el Sí mismo es el camino que conduce al sí mismo", como ya lo escribía en 1985, en *Ces dieux qui pleurent*.

La palabra confluencia que utilizamos habitualmente en Gestalt, también para designar la sana confluencia del contacto pleno, no es suficiente para designar la naturaleza del estado creado y experimentado en ese momento. En efecto, es una palabra que envía a la meta-psicología de la Gestalt y ese estado no se puede definir por lo psicológico, ya que pertenece a otro nivel lógico; envía a lo ontológico, al ser y a sus momentos particulares donde es uno con lo que algunos llamarían la inteligencia de la naturaleza, y otros, quizás, lo divino. De allí que se pueda entender que algunos busquen en otros sistemas y así intenten dar cuenta de lo que ocurre y que no cabe, o sólo parcialmente, en las redes de una teoría. Se trata de esas situaciones en que se podría decir que estamos por completo al interior de nosotros mismos pero también en una dimensión más allá de lo que es posible traducir en palabras. Y precisamente porque estamos por completo al interior de nosotros mismos nos podemos conectar al mismo tiempo con un más allá de nosotros mismos.

Esa palabra súbita es una transgresión, un ir más allá. Un ir más allá hasta el contacto pleno, ese momento particular en que nos conectamos mutuamente y que nos empuja a un estado paradójico de unión intensa con el otro sin pérdida de nuestra identidad y de lo cual resulta el encuentro con el Otro.

Ajuste que es la creación misma de una vía media; se hace solo, sin esfuerzo, sin voluntad, y, sobre todo, se hace en una relación con el otro donde ya no hay poder, búsqueda de dominio, nada de "sí, pero", nada ya de ego que lucha por conservar su poder.

La *función ello* se ajusta sola, simultáneamente, en el ínter y en el intra. Y este ajuste, con esta calidad, que se juega en esta historia, aquella que llamo "la tercera historia", precede y anuncia los ajustes y novedades por venir en lo cotidiano.

Después es el silencio. Silencio ante lo que es. Silencio y contemplación.

Decirse a sí mismo este maravillarse y revelarlo

Lo maravilloso también existe en la terapia.

Estoy maravillado por este proceso, asombrado, lleno de admiración y de reconocimiento, porque se desarrolla en mi presencia, pero también por mi presencia comprometida y por la presencia comprometida del otro. En lo maravilloso hay algo de la historia hermosa, del cuento de hadas o del milagro. Se han superado las pruebas, la bruja y los malos han sido eliminados y comienza una era de prosperidad. Y se cuentan estas hermosas historias por la tarde a los niños.

Se cuentan estas hermosas historias...

A lo largo de mi carrera he experimentado ese temblor en la espalda seguido de una sensación de calor en los ojos y lágrimas que me confunden la mirada; lágrimas que tantas veces he contenido, pues "un terapeuta no debe llorar delante de su paciente". Desde la primera vez noté que esas manifestaciones aparecen cuando intervengo en el momento adecuado, con la fórmula exacta, el tono apropiado de voz y con esa forma de presencia que puede captar un fragmento de lo invisible del aquí y ahora. Las interpretaba como una demostración sensorial y corporal de que la intervención era exactamente la que convenía en ese momento.

Este temblor interior iba siempre acompañado por esa experiencia interior hecha de admiración por lo que ocurría, de curiosidad por lo inesperado que estaba por emerger y que iba a surgir, de sobrecogimiento por eso inesperado y maravilloso. Me decía interiormente, por lo tanto a mí mismo y en una suerte de diálogo interior, cuán maravillado estaba por todo este proceso que se estaba desarrollando en mi presencia y con mi complicidad implícita.

Me decía a mí mismo este maravillarse.

Tal como frenaba mis lágrimas, y a veces con mucho trabajo, también me prohibía revelar al paciente esta sensación de maravilla. ¿Por qué? Quizás sencillamente porque la palabra maravillarse no forma parte del vocabulario de la terapia gestáltica. Imaginaba que no resultaría creíble en terapia gestáltica.

Hasta el día en que caí en la cuenta de la importancia del maravillarse en mi vida y de compartir este deslumbramiento. Me refiero al maravillarse que he conocido y que sigo conociendo después de haber aprovechado el trasplante hepático que mencioné al comienzo de este libro, al que conocen los que han escapado de la muerte y cuya continuidad en vida tiene algo de milagro. Al maravillarse ligado a numerosos sucesos que jalonan la vida médica de los trasplantados: ha habido un donante en el momento adecuado, es decir, mientras la situación médica lo permitía, la generosidad de un desconocido y/o de su familia nos ha salvado la vida y eso es mucho y dura.

Y también al maravillarse ante la generosidad del organismo, ante su inteligencia y su sabiduría. Maravillarse ante lo que en Gestalt llamamos la autorregulación organísmica. Maravillarse hasta el estupor cuando eso te llega: tres meses después de la intervención, después de un control, descubren que mi arteria hepática está tapada. Desconcierto de los médicos, pues eso puede obligar a una nueva intervención importante e incluso a un nuevo trasplante urgente. Milagro de la autorregulación organísmica: un examen más acucioso muestra que el sistema sanguíneo lateral ha tomado el relevo y que la irrigación del hígado se efectúa normalmente por vías anexas.

No sé cuántas veces he compartido esta sensación de maravilla o, más exactamente, esta serie de deslumbramientos, con mis conocidos, mis amigos, mis terapeutas o con desconocidos. Y he podido medir hasta qué punto este compartir ha sido importante para mi curación física, psíquica y energética (lamento no poder hallar el término único y exacto para nombrar este proceso de cura que toca la globalidad del ser. Por lo demás, no debiera ser necesario pasar por esta paráfrasis "la globalidad del ser", pues por definición el ser es el todo).

Más tarde hubo esa paciente que me ofreció una gran ayuda, hace unos meses, para hablar de la maravilla en el contexto terapéutico. Ella me ha permitido superar el "me decía a mí mismo esta maravilla" y comprender que manifestarme con eso era poner palabras a una vivencia fundamental –es decir, fundadora– que nos pertenecía a uno y a otro y que habíamos tejido juntos sin saberlo.

El proceso terapéutico pasa por ese reconocimiento y esta puesta en palabras de lo maravilloso y de lo deslumbrante. Este planteo da testimonio de una gran novedad: "la tercera historia", aquella que se teje instante tras instante entre el paciente y el terapeuta; se trata de otra historia, de una que hace tambalear a la historia anterior.

Esos momentos son fundamentales para la transformación del vínculo terapéutico y del ser.

El paciente y el terapeuta están ligados entonces en el mismo momento por un lazo que establece esa conciencia-sensación común: algo está profundamente tocado y es bueno. Uno y el otro se encuentran entonces en un estado de conciencia incrementada.

La terapia ha sido interrumpida durante nueve meses debido a mi estado de salud. Ella ha preferido esperar ese lapso en lugar de que la atendiera otro terapeuta. Se trataba de una persona muy dependiente, presa de gran dolor narcisista y yo me preguntaba cómo podría vivir esa prolongada interrupción, sobre todo porque yo no podía prever ni el momento en que comenzaría ni su duración. Temía que cayera en un estado depresivo y se perdieran todos los beneficios del trabajo que habíamos comenzado hacía dos años. Un martes por la mañana mi secretaria le avisó que su sesión de las 12:30 horas se había anulado y que su terapia quedaba suspendida por un plazo indeterminado. Elegí ponerla al corriente de mi situación médica y de la suspensión de la terapia... No me parecía justo desaparecer por un tiempo indefinido –quizás para siempre– sin darle un mínimo de explicaciones.

Retomamos las sesiones diez meses más tarde. Comienza preguntándome las novedades y después me dice rápidamente, con una gran sonrisa, que va muy bien y que ha pasado un buen verano.

T: Es muy interesante lo que me dice. Entonces ya puede prescindir de mí y de la terapia.
P: No sé... tengo que contarle el sueño que tuve la noche anterior a su hospitalización... Por lo demás, después del sueño, supe que volvería rápidamente al hospital y que todo me resultaría muy bien durante su ausencia.

Experimenté entonces esas manifestaciones sensoriales y corporales que ya he descrito y con aquella excitación que se convertía en onda placentera.

Ella relata su sueño: se encuentra con un hombre con quien por varios años ha tenido relaciones amorosas difíciles y dolorosas. Está sentada en un asiento alto y el hombre está más abajo. Después llego yo, por atrás. No me ve, mas sabe que soy yo. Le pongo las manos en los hombros, lo que le da una sensación agradable que corre por su cuerpo.

Y agrega:

P: Después de este sueño, sabía que lo iban a llamar muy pronto al hospital y que todo me resultaría bien, porque era como si usted estuviera en mí.
T: Es bastante sorprendente lo que sucede: retomas la terapia donde la dejaste en febrero y, tal como lo has hecho con frecuencia, me

cuentas el sueño posterior a la última sesión y lo haces como sueles, justo antes de empezar la sesión siguiente.

Al escuchar su sueño, experimento lo que he descrito antes, con esa sensación de lágrimas en los ojos. Y el sobresalto que me ha habitado durante este comienzo de sesión se transforma en deslumbramiento.

Estoy maravillado por la potencia de autorregulación del organismo en contacto por intermedio de la relación terapéutica.

Su inconsciente le ha indicado que su organismo había conseguido integrar mis acercamientos a ella y que ella había conseguido dejar entrar en ella e interiorizar "el entorno suficientemente bueno" que yo representaba para ella, hasta el punto de poder salir de la dependencia terapéutica en ese lapso.

T: Estoy maravillado por ese sueño y sobre todo porque tu inconsciente te ha enviado ese sueño en ese momento. Significa que has captado muy bien que mi presencia discreta estaba allí incluso durante mi ausencia y que eso bastaba. Ese sueño significaba también que podías estar tranquila durante todo ese tiempo y yo también. Es posible que hayas sentido que necesitaba tranquilizarme y que te podía dejar sola.

Hemos vuelto varias veces sobre ese sueño y sobre el deslumbramiento común a que nos ha llevado. Hemos vivido, ella y yo, una especie de estupor durante esta sesión de reinicio. ¿Estupor o éxtasis? Retomemos un momento la etimología. De su etimología latina, griega e indoeuropea, la palabra "estupor" contiene ideas como embotamiento, golpe y choque, y el *Dictionnaire historique de la langue française* anota que desde el siglo XIV "se suele emplear para referirse a un asombro profundo que suspende toda reacción".

Es lo que nos sucedió: un shock. Shock porque eso haya ocurrido, que ese sueño haya brotado de "nuestro inconsciente común". Unos quince días antes de la operación yo había soñado que era el momento de "preparar la cavidad, enérgicamente", y por lo tanto "sabía" que eso iba a llegar pronto aunque estaba hacía poco en la lista de espera.

Shock también por el maravillarnos. Pero en aquel momento ni uno ni el otro podíamos nombrar lo maravilloso y concienciar el estado de deslumbramiento porque estábamos en estado de shock. Y sólo pudimos hablar de él bastante después.

Relato este episodio para señalar hasta qué punto el compartir ese maravillarse con ella y nuestra emoción común en torno a este hecho han sido importantes y lo son todavía; en efecto, varios meses después le ha ocurrido recordarlo. Se trata de un fenómeno de campo que hemos creado juntos y que nos ha envuelto y hecho vivir algo que pertenece al orden de la transgresión. La transgresión es un *ir más allá de*. Y todo ajuste creador es un ir más allá de, una superación, y el maravillarnos es el envés del dolor, es un encantamiento que nos llena de gratitud.

Magia natural y suave fulgor

Ahora me parece que esto forma parte del proceso terapéutico, que pone lo maravilloso en la terapia para "cuidar el ser" y la relación. Y poner lo maravilloso es sencillamente reconocerlo y nombrarlo cuando llega "por añadidura".

Reconocer esta "magia natural", como dice la enseñanza del maestro tibetano Chogyan Trungpa, y aceptarla. Sacralizar el instante presente al reconocer "aquello" que es. Reconocer ese algo que se introduce en el entre-dos sin que lo queramos y lo transforma en un *entre-nosotros*. Este entre-nosotros que se introduce en el intersticio del asombro allí donde ha habido división, ruptura en el ciclo de la homeostasis, de la unidad, de la relación. Algo sucede gracias al ajuste creador, algo que es fusión, interpenetración de ese estado interior hecho de maravillarse en el terapeuta y de movimiento energético en el otro. Un movimiento energético que liga a uno y otro creando apertura, comprensión y transformación.

Poner maravilla es sencillamente reconocer lo que está allí: ese estado interior muy particular, esa emoción compartida, ondulante, que liga a uno y otro en un movimiento donde hay ese sobresalto que abre a lo que hasta entonces estaba clausurado en lo no-experimentado, en lo no-concienciado, en lo no-comprendido, en lo no-compartido. También es reconocer ese sobresalto que se torna impulso creador y regenerador, ese impulso que crea una alianza en nuestra mirada, sensibilidad, corazón e inteligencia.

Poner maravilla es confiar en el proceso y dejar que llegue lo que tiene que llegar teniendo *fe* en la capacidad de autorregulación del organismo, porque la función ello adviene sola en la terapia, es decir, en ese *"entre-nosotros" fruto de la fractura creadora de una función ello en alerta que orienta su energía hacia la homeostasis e irrumpe de pronto en el entre-dos del campo terapéutico.* Dejar que advenga esa maravilla, que se desarrolle y nos habite incluso si aún no sabemos de qué se trata, y después compartirla con el paciente.

Incluir la maravilla me parece un acto terapéutico fundamental y me atrevo a decir que contracultural. Cierta cultura terapéutica nos tiene acostumbrados a poner el acento en un determinado registro emocional: el que gira en torno de la cólera y la agresividad, la tristeza, la depresión y la desesperación más que en torno del que evoca y convoca la dulzura, la ternura, la generosidad, lo bello y lo maravilloso. ¿Por qué dejar de lado, en terapia, estos componentes del ser humano que forman parte de las necesidades fundamentales de cada uno de nosotros?

El maravillarse nos obliga a ir más lejos. No sé si cabe en la categoría que solemos llamar habitualmente "emociones". No es común hallar ese término bajo la rúbrica "emociones". Pero yo sé que este estado interior cabe muy bien en la categoría de los *ex movere.* Pero, sin duda, se trata de un *ex movere* muy particular, porque transporta al organismo y al entorno a un estado común que implica el *movere* hasta zonas poco conocidas y que a menudo se perciben como poco creíbles. Es un estado de trance, es decir, de conciencia ampliada, cuya especificidad es sumergirnos en lo maravilloso. Es contracultural, pues la Gestalt se apoya en una antropología muy judeocristiana de la interrupción, la ruptura y la carencia: las interrupciones del ciclo de contacto, las pérdidas de la función yo, el tema del mundo de la infancia perdida y como telón de fondo las numerosas rupturas e interrupciones en la vida de F. Perls. Esto evoca temas como la pérdida del paraíso terrestre, la caída, la falta y la salvación por reconquistar (¿el ajuste creador?). Esta tentativa de reconquista se efectúa por la búsqueda a cualquier precio del acabamiento de las gestalts inacabadas. Por lo menos esta era la ilusión de la Gestalt de la primera hora.

Reconocer lo maravilloso cuando llega, hablarlo, apreciarlo, honrarlo, es una manera de aportar novedad en el campo y de volver a conectar con un aspecto del mundo de la infancia. Y de este modo marcamos esta etapa de la tercera historia con un sello que permitirá consolidar una nueva alianza entre lo que hay de maravilloso en el organismo y en su relación con el mundo y la parte que hasta entonces ha permanecido en nosotros bajo el dominio de la herida. Si el organismo permanece bajo el dominio de la herida y quizás hasta el punto de gozar secretamente con ella, no puede conocer la alegría del maravillarse.

El tema del desencanto y del reencantamiento ha estado muy presente durante los últimos años especialmente en la corriente posmoderna. Por cierto, el hecho que se recaiga siempre en las mismas situaciones inacabadas, en el mismo mito de Sísifo de un modo personal, con un trasfondo de los mismos esquemas neuróticos judeocristianos, explica que se cree desencanto más que maravilla.

Creo que la cuestión del maravillarse nos lleva a cambiar de paradigma, pues supone cierta concepción del hombre que dice que puede experimentar y crear maravillas y que tiene la capacidad de entrar en un despertar que contiene lo maravilloso o que por lo menos puede suscitarlo. Quizás sea algo como esto lo que intenta decirnos la metáfora del reino que se encuentra en los cuentos, las leyendas, los mitos y los relatos religiosos.

El maravillarse sería el desencanto al revés e incluso más, la melancolía al revés. Ésta me evoca una especie de agujero negro y una caída interminable en el infinito de ese agujero negro, matizada en su curso por monstruos horribles y absorbentes y con el único futuro de la continuidad de la caída con monstruos más y más espantosos y la disolución progresiva en la nada.

El maravillarse sería la caída al revés. Y lo contrario de la caída sería el ascenso, la subida hacia lo alto y hacia el encantamiento gracias a un contacto por completo particular con lo otro, sea este otro una persona o una parte del entorno.

Incluir lo maravilloso en la terapia o, más exactamente, reconocerlo cuando llega "por añadidura", y nombrarlo, es un acto profundamente terapéutico. Dejarlo ser, dejarlo actuar como esa "magia natural" de que habla Chogyan Trungpa y que transforma. Y aceptarlo. Sacralizar el instante presente reconociendo "eso" que es. Reconocer ese algo que se sitúa en el entre-dos sin que lo busquemos y que lo transforma, lo sacraliza y lo transforma en un entre-nosotros.

Algo ocurre gracias al ajuste creador, algo que es fusión, interpenetración por ese estado interior hecho de maravilla en el terapeuta y de movimiento energético en el otro, de desbloqueo, de apertura, de comprensión y de transformación.

El deslumbramiento es un "suave fulgor" que actúa por el encantamiento del ser en su relación con el mundo en un instante dado. Transforma reunificando al ser en su relación con el mundo y quizás incluso en su relación con el cosmos.

Reconocer que uno es coautor de este proceso que conduce a maravillarse y compartir esta experiencia con el paciente es significarle que él también es coautor de esto inesperado que es el surgir de lo maravilloso. De este modo se le está devolviendo a la dignidad de ser humano capaz de co-crear belleza y bondad en la relación. Y se produce algo admirable después de la humillación y la vergüenza ligadas a la mirada del otro que enjuicia o desaprueba. Algo que lo restaura ante la mirada del otro y de sí mismo.

Entre pasado y futuro, entre próximo y lejano, el deslumbramiento hace transición y trastoca. Se torna penetración por la brecha, circulación.

Es una penetración formada por una onda que parte del cuerpo del uno, se desplaza, toca el cuerpo del otro y los enlaza a los dos cubriendo a ambos con un estado de asombro admirativo que quizás sea la premisa de la beatitud. Hay que tornarse muy simple para soltarse y confiar. "Bienaventurados los simples de espíritu... porque verán el reino de los cielos".

Estamos más allá de la lógica, del intelecto, del entendimiento humano, estamos en lo que no se analiza y no se comprende. El paciente y el terapeuta viven y se dejan vivir un estado a la vez singular y único, ambos en el mismo momento y sabiéndolo. Es como el encuentro de dos almas que se rozan un momento y viven una especie de orgasmo.

Este fulgor dulce del deslumbramiento que transforma abre otros espacios, pues sus efectos prosiguen y expanden el espíritu. R. Sheldrake habla del "espíritu ampliado": nuestro espíritu se extiende más allá de nuestro cerebro tal como las ondas telefónicas más allá de nuestro teléfono. Nuestro espíritu se amplía también en el espacio y en el tiempo. El espíritu ampliado sería aquel que no se deja detener por nuestra lógica habitual, sino el que acepta abandonar los límites que aporta una teorización, que está disponible para captar la información que está allí, en el campo.

El maravillarse abre el espíritu y el corazón, y el espíritu ampliado es el que está pronto para dejarse fecundar por la conciencia del estado de conciencia ampliada que es el maravillarse.

Conclusión: el maravillarse, "creatividad gratuita"

El maravillarse sería eso extra que viene, que acompaña y envuelve el contacto final, sumerge el pos-contacto en su fragancia y marca al sí mismo con ese algo que hace la diferencia. El contacto final puede adoptar múltiples formas, poner al organismo y al entorno en estados emocionales muy variados y de muy distintas intensidades, puede aportar satisfacción, alivio, placer, miedo, ser una explosión emocional en la que el yo y el tú se crucen y creen esa otra forma que es el nosotros.

El maravillarse viene además, sólo puede existir porque hay lo que maravilla y el maravillado, y se experimenta de modo diferente según la sensibilidad del paciente y del terapeuta.

No sé si es una emoción, pero diría más bien que es un estado acerca de la emoción, es el estado del campo que se propaga hasta el fondo de nosotros y que crea el ambiente que nos envuelve y del cual somos co-creadores con el campo. Ese algo extra es la estética o algo que podría evocarla. Es ese sobresalto que viene cuando estamos en la posición muy particular de ser a un tiempo espectadores y actores de una forma bella que se está desplegando y nos está habitando por los efluvios de su belleza, primero en gestación y realizada después.

¿Se tratará de esa "creatividad gratuita" de que hablan PHG?

Creo que esta etapa intermediaria entre el contacto final y el pos-contacto puede ser un lugar y un tiempo privilegiados en que la función ello, siempre activa, se orienta ahora hacia esa otra forma que es el maravillarse. Recordemos lo que dicen PHG sobre el contacto final:

> "El objetivo vital se destaca como figura y es contactado contra un fondo que incluye el entorno y el cuerpo. Se relaja toda intención deliberada y hay una acción unitaria y espontánea de percepción. De movimiento, de sentimiento. La toma de conciencia alcanza su mayor claridad en la figura del tú".

Y sobre el pos-contacto: "Hay interacción flotante entre el organismo y el entorno que no es una figura-fondo; el sí mismo pierde su agudeza".

Cuando estamos deslumbrados efectivamente se relaja toda intención deliberada, pues la *función ello* nos llega sin que la hayamos buscado. Y el estado de maravilla es a la vez el unificador y el unificado. Sólo somos uno con lo que nos pone en ese estado y en esa unificación. Y entonces estamos en una flotación con el entorno con el cual *aquello* ocurre.

El maravillarse adviene cuando un inacabado encuentra un desenlace al punto que de ese contacto entre el paciente y el terapeuta brota, en la situación y de la situación, ese sobrecogimiento que nace de una espontaneidad creadora. Volvamos una vez más a PHG: "En todo contacto hay unidad de funciones perceptivas, motrices y afectivas. No hay gracia, vigor ni destreza en el movimiento sin orientación e interés... Pero quizás sólo en el contacto final, donde la espontaneidad y la absorción están en su colmo, esas funciones estén todas en primer plano y formen la figura. Uno es consciente de la unidad. Es decir, que el sí mismo (que es contacto) consigue sentirse él mismo. Y lo que siente es la interacción organismo-entorno".

Cuando el sí mismo ha desempeñado su papel, cuando llega a esta fase de integrador y de unificador, se produce la cura y este "acompañante por añadidura", que es el maravillarse, afirma aún más el proceso de cura.

Es el aura del campo en este instante particular de deslumbramiento que es momento de cura y de transformación, cura que es transformación.

También se podría decir que es el momento en que hay crecimiento; el maravillarse sería una de las creaciones del crecimiento. Recordemos otra vez a PHG:

> "El crecimiento lleva distintos nombres según el tipo de novedad a que uno se ha dirigido y que ha transformado: aumento de talla, restauración, procreación, rejuvenecimiento, diversión, asimilación, aprendizaje, memoria, hábito, imitación, identificación. Todo eso es resultado del ajuste creador".

Yo agregaré el maravillarse. El crecimiento del ser pasa por el maravillarse, que está ligado a lo bello, a la estética, al llamado a la trascendencia que emana del ajuste creador.

El maravillarse viene en el acto de creación, de transformación, que es crecimiento en proceso de realización. Viene sobre lo fundamental en proceso de realización, cuando hasta entonces sólo había obstrucción a la emergencia de eso fundamental. Hay una magia en el hecho de que eso fundamental, hasta entonces en el fondo, se expanda, se vacíe, se sitúe en primer plano por la fuerza de esa espontaneidad creadora que se orienta por sí misma hacia la cura. E incluso más: ella hace que todo el proceso quede envuelto por lo maravilloso.

Recuerda esas obras de teatro en el curso de las cuales se representaban milagros en el pórtico de Notre-Dame. Los protagonistas llegaban a superar el tema tratado y a superarse ellos mismos gracias a la plena complicidad con unos espectadores que sentían que se los promovía al rango de actores por ser espectadores comprometidos. Y se pasaba entonces de la dramaturgia a la liturgia.

La puesta en escena del drama engendra lo maravilloso y lo sagrado.

La puesta en escena del proceso de desarrollo del sí mismo también genera algo maravilloso y, por qué no, sagrado.

Quizás sea esto lo que nos indica el teólogo M. Zundel, que escribe sobre la relación:

> "El maravillarse es precisamente el momento en que emerge en nosotros una nueva dimensión, en que por un instante sanamos de nosotros mismos y se nos arroja en una presencia... que nos colma al mismo tiempo que nos libera de nosotros mismos". Y más: "El maravillarse es entonces la raíz de toda conversión a la vida interior. Al hacernos despegar de nosotros mismos suspendiéndonos de otro, nos introduce en ese reino del 'entre-nosotros' donde el nosotros abre a Dios".

CAPÍTULO IV

Pensar la enfermedad y el síntoma

Notas

El TEMA DE la enfermedad y del enfermo es muy complejo y nos lleva a revisar los distintos conceptos de la teoría del sí mismo para comprender cómo se organiza el campo organismo-entorno cuando en general la función *ello* produce un síntoma y más en particular una enfermedad.

Nos permite captar qué es el ajuste creador y considerar el síntoma como una forma de ajuste creador. Por esta razón lo sitúo al comienzo de esta obra.

El primer concepto que exploraremos para tratar de comprender cómo podemos pensar la enfermedad es la autorregulación organísmica.

Está en la base de la comprensión del ser humano en la teoría del sí mismo y nos permite comprender el significado del síntoma cualquiera que sea la forma que adopte.

El síntoma: una tentativa de autorregulación organísmica

• La autorregulación organísmica

En el Capítulo II de la obra de PHG titulada *Diferencias de perspectivas y diferencias de terapias*, los autores nos presentan el ajuste creador como el proceso de autorregulación organísmica; dicen esto:

> "Recientemente se ha producido un cambio saludable en la teoría del funcionamiento del cuerpo enfocado en su aspecto orgánico. Son muchos los teóricos que hablan hoy de

'autorregulación organísmica'. Lo que quiere decir que no hace falta alentar ni inhibir las incitaciones del apetito, de la sexualidad, etc., en beneficio de la salud o de la moral. Si se deja hacer a las cosas, ellas se regularán espontáneamente por sí mismas y si se las molesta tenderán a recuperarse por sí mismas. Pero aún hay oposición a lo que sugiere la idea de una autorregulación más total, la de todas las funciones del alma, incluso de su cultura y sus aprendizajes, en el trabajo tanto como en el libre juego de sus alucinaciones".

Esto recuerda la sabiduría del médico de campo que conocí antaño en mi aldea y que no vacilaba en recetar cama, descanso, tisanas, dieta o ayuno a la espera, por ejemplo, de que desapareciera una oleada de fiebre. El organismo era situado entonces en un contexto que le permitía hacer naturalmente, a su ritmo, su trabajo de autorregulación. Se respetaba así a la naturaleza.

Lo que plantea problemas y crea el síntoma es que hemos perdido la conciencia de la necesidad. Y ésta es necesaria para que se pueda efectuar la autorregulación: "La conciencia espontánea de la necesidad dominante y la organización de las funciones de contacto constituyen la forma psicológica de la autorregulación del organismo" (*ibid.*). Sin esta conciencia de la necesidad no nos podemos orientar con exactitud en nuestra relación con el entorno. Perdemos la capacidad de comprometernos en el proceso de contacto que nos permitiría buscar un nuevo ajuste con el entorno, una nueva forma de ser, de hacer o de actuar que sería una creación de nosotros con el otro y del otro con nosotros, una co-creación.

Una de las grandes novedades que aparece en su obra es que desde esta perspectiva se concibe la experiencia neurótica como autorreguladora. La neurosis es lo que el organismo creará para tratar de restablecer su equilibrio cuando éste se encuentra perturbado. Y la experiencia neurótica puede adoptar la forma de lo que llamamos enfermedad.

• La naturaleza doble del síntoma

Los autores informan en el Capítulo IV, "Realidad, situación de urgencia y evaluación", lo que Freud ya había observado y señalado: la naturaleza doble del síntoma. "El síntoma es a la vez expresión de vitalidad y una defensa contra la vitalidad" (*ibid.*).

El síntoma es a la vez expresión de la vitalidad y una defensa contra la vitalidad.

Este argumento los conduce a poner en duda una actitud terapéutica común y que consiste en "utilizar elementos sanos para combatir la neurosis". El combate a la neurosis plantea entonces una pregunta importante si la neurosis es también expresión de vitalidad. ¿No equivaldría a combatir contra la vitalidad global del organismo? "¿Qué sucede si los elementos más vitales y los más creadores son precisamente los elementos neuróticos, la autorregulación característica del paciente?... ¿No posee el comportamiento autorregulador neurótico rasgos positivos, a menudo creativos y a veces incluso de un alto nivel de realización?" (*ibid.*).

En su momento, este pensamiento era revolucionario, pues proponía dar una mirada nueva a la neurosis y a las diferentes manifestaciones que la caracterizan, fueran éstas físicas, psicológicas, mentales e incluso sociales. Todavía lo es, sin duda, en cierta cantidad de contextos.

La enfermedad sería entonces una creación del organismo en acción, trabajando para tratar de restablecer su equilibrio perturbado, y uno de los postulados que se desprende podría formularse así: la enfermedad es el proceso de autorregulación en acción, es lo que produce el organismo para curarse a sí mismo, para situarse en la vía media. Es un proceso paradójico.

Esto se vincula con ciertas ideas que se han desarrollado durante los últimos años y que provienen de las tradiciones orientales según las cuales el organismo es portador de sabiduría, posee su propia inteligencia, y que lo que debemos hacer es ponerlo en un contexto adecuado para que pueda espontáneamente desatar su capacidad para recuperar la homeostasis. El problema es que la medicina alopática va contra esta filosofía y, como terapeutas, nos encontramos con pacientes, llamados psicosomáticos, que se dedican a buscar el significado de lo que les sucede cuando hay urgencia y a veces incluso cuando su organismo se ha entregado a un proceso irreversible de autodestrucción, por lo menos según la medicina oficial.

• La enfermedad como metáfora

La medicina alopática es necesaria en la mayoría de los casos, pero no siempre basta, ya que generalmente no trata de comprender el significado de la enfermedad. En Gestalt pensamos que el síntoma, cualquiera que sea, y por lo tanto toda enfermedad, es una especie de mensaje existencial que nos envía el organismo para significarnos que hay una disfunción en nuestro modo de estar en el mundo y en nuestro modo de "contactar" el entorno. Uso aquí la palabra "contactar" en el sentido gestaltiano del término, para significar todo ese proceso que se instala a partir del momento en que nuestro organismo está en desequilibrio y se moviliza para ir hacia el entorno en busca de que el equilibrio y el crecimiento se restauren. Traslademos esto a la relación con el otro y a nuestros sistemas de comunicación: esto quiere decir que adquirimos conciencia de lo que no va o ya no va en nuestra relación común, que vamos hacia él para hablar de eso, que adquirimos conciencia de nuestra manera de estar juntos y que buscamos una nueva manera de ser y de hacer que convenga en lo posible a los dos. Esto es el "contactar". Buscar el significado de la enfermedad es tratar de decodificar lo que trata de significarse cuando tenemos una gripe, una úlcera en el estómago, una hepatitis, tratar de comprender lo que hace que tal órgano o tal función estén afectados. ¿Cómo informa la función ello sobre los pulmones a punto de crear nódulos y después sobre el hígado a punto de crear metástasis?... Cómo, más bien que por qué. El porqué viene después. Algo fundamental del estar en el mundo se dice de esa manera y postulamos que comprenderlo es esencial para "ir mejor" e ir mejor es reorientar el ir hacia. E incluso proponemos la hipótesis de que eso podría ayudar al tratamiento alopático en el proceso de curación, podría preparar la operación quirúrgica, completar el saber de la medicina universitaria para la curación del hombre total.

El problema de la medicina alopática sería que evita que hagamos este trabajo de búsqueda interior y de cuestionamiento acerca del sentido de nuestra vida. Pues de eso se trata en realidad: la enfermedad nos conduce a preguntarnos por el sentido que queremos dar a nuestra vida, por nuestras opciones. Y sucede que las opciones falsas o las opciones que ya no son adecuadas afectan nuestra organización física y fisiológica hasta el punto de destruirnos.

La enfermedad es una suerte de mensaje existencial y también una especie de metáfora de nuestra vida, de nuestra historia y de nuestra manera de estar en contacto; en contacto en el sentido particular que le da la teoría del sí mismo. A lo largo de toda mi carrera de psicoterapeuta he observado, al escuchar a mis pacientes, que la enfermedad es una especie de metáfora muy particular, pues no se expresa por lo imaginario, lo cual es, por lo demás, clásicamente, una de las características de la enfermedad psicosomática. Lo que intenta decirse, al no poder decirse mediante lo imaginario, o no de una manera suficiente, ni por los sueños, se expresa por las voces del cuerpo. La enfermedad y los síntomas físicos y los trastornos fisiológicos y biológicos serían la expresión del sueño que no se dijo durante el dormir o que la memoria no ha retenido. La enfermedad como metáfora de nuestra historia es un tema tratado con frecuencia. Pienso especialmente en el doctor P. Dransart que la describe muy bien en el capítulo que ha escrito sobre el tema en la obra de S. Idelman titulada *Psicosomática y curación* y que además describe en su obra *La enfermedad intenta curarme.*

En la última parte de este capítulo expondremos un método de trabajo que se apoya en esta idea de la enfermedad como metáfora, desarrollado por Adriana Schnake, médico psiquiatra y terapeuta gestáltica chilena, y aportado en Francia en el marco del Instituto de Gestalt de Grenoble por Miriam Muñoz, creadora del Instituto Humanista de

Terapia Gestalt de México. Adriana Schnake ha escrito varias obras que no se han traducido al francés, y menciono especialmente *Los diálogos del cuerpo* y *La voz del síntoma.*

• La enfermedad y la diferencia

La mirada revolucionaria de PHG plantea la cuestión de la diferencia y por lo tanto de la diferenciación: "Si la concepción básica de una naturaleza humana sana (sea cual sea) fuera correcta, entonces se cuidaría a todos los pacientes para que se parecieran. ¿Es así? Por el contrario, en la salud y la espontaneidad los hombres son diferentes, imprevisibles, 'excéntricos'. Pero como neurotizados, los hombres se parecen mucho: la enfermedad atenúa las diferencias. Y también en esto se puede apreciar que el síntoma tiene un aspecto doble: como rigidez hace de cada individuo un ejemplo simple de un tipo de 'carácter', y de éstos existe una media docena. Pero como obra de su propio sí mismo creador, el síntoma expresa el carácter único de un individuo" (*ibid.*).

Como obra de su propio sí mismo creador, el síntoma expresa el carácter único de un individuo.

Me parece fundamental esta referencia a la diferencia. Si se prosigue dentro de esta lógica, la enfermedad sería una manifestación del organismo que nos significa que hemos perdido la capacidad de diferenciarnos o de posicionarnos ante los otros con nuestras diferencias. Y sería un medio de diferenciarse en lugar de. En lugar de posicionarnos en el entorno, en el mundo, con nuestras diferencias. Y cuando nos encontramos con entornos que no toleran nuestras diferencias, entornos que nos abofetean, nos desprecian y nos humillan debido a nuestras diferencias, incluso a veces sutilmente, puede declararse o ampliarse la enfermedad; en general la parte ya vulnerable y debilitada encaja el golpe y se ve atacada en su integridad.

El caso de Paul

Paul se ha comprometido a fondo, sindical y políticamente, durante muchos años, en su profesión y en el reconocimiento de esa profesión por los poderes públicos. Llega a terapia después de haber desarrollado un cáncer al riñón y sufrido la ablación de uno. Poco tiempo después del comienzo de la terapia le informan que tiene metástasis en un pulmón.

Poco a poco pusimos de manifiesto qué función cumplía para él su implicación sin duda exagerada en la defensa de su profesión, lo que le obligaba a numerosos desplazamientos, a adoptar posiciones "arriesgadas" y a verse sujeto a mucho estrés y fatiga. Se dio cuenta que se había tornado completamente ciego a determinadas críticas que recibía de una parte de su entorno profesional. El acompañamiento corporal que le propuse en un momento dado del proceso terapéutico le permitió concienciar hasta qué punto se había vuelto insensible. Insensible no sólo por no experimentar el estrés, sino también por no sentir las heridas concomitantes de la crítica y de lo que experimentaba a veces como maledicencia. Algunas de sus reacciones corporales durante la terapia, las manifestaciones de su función ello, lo llevaron a vivir y a captar hasta qué punto su herida de fondo era una herida de no reconocimiento. Y una vez más no llegaba a sentirse reconocido a pesar de todo lo que hacía. Se había precipitado a la acción sindical como a una fuga hacia delante y hasta un punto en que ya no dejaba tiempo para experimentar lo que era bueno o nocivo para él. Aportaba ideas nuevas, las sostenía públicamente y recibía críticas que calificaba de injustas. "Mi riñón ya no conseguía filtrar", me dijo un día, "no era consciente de todo eso y se ha derrumbado y yo con él". Pero continuaba con su ritmo de vida y con los que habíamos llamado su "carrera al Elíseo", aunque había comprendido varias cosas. Hasta que le descubrieron nódulos en un pulmón y le debieron quitar una parte de uno de los pulmones. Fue el impacto decisivo que lo llevó a salir del *dominio* de los mecanismos en los cuales se había hundido sin advertirlo, y que ahora vamos a explicar.

Si leemos la enfermedad a partir de la teoría del sí mismo, podemos decir esto: podría leerse como una manifestación del organismo que nos indica que vive bajo el dominio de la pareja introyección-retroflexión, esos dos mecanismos que actúan como interrupción en el ciclo del contacto y cogidos el uno en el otro, pegados en y por la confluencia. La persona enferma habría sido conducida a negar sus diferencias, sus necesidades y deseos profundos. Habría perdido su capacidad de ser "excéntrica", verosímilmente para adecuarse a las exigencias del entorno o porque ya no podía enfrentar reacciones del entorno que le resultaban nocivas. En lugar de ser de manera precisa y creadora en la diferencia, es en la reacción y en la fuga hacia delante.

Una de las funciones de la enfermedad sería indicarnos que no llegamos o ya no llegamos a afirmarnos con nuestras diferencias, con nuestro deseo, con lo que es nosotros y que exige expresarse en su originalidad y ser reconocido por nosotros y por el otro. También afectan nuestra integridad corporal las reacciones del entorno que ya no podemos soportar, pero sin tener conciencia de que eso nos penetra el cuerpo y nos destruye. La palabra excéntrico es muy interesante; significa fuera del centro, fuera del círculo, fuera de lo que nos rodea y nos puede encerrar. Hemos perdido la capacidad de salir de lo que nos rodea, de ese círculo en que estamos encerrados. Y la terapia gestáltica nos propone, justamente, explorar lo que ocurre en la frontera entre el otro y nosotros y buscar en conjunto qué podemos hacer con nuestras respectivas diferencias, qué podemos crear nuevo y en conjunto para nuestro crecimiento y el de los otros. Crear algo nuevo sería entonces crear algo "excéntrico", salir del círculo enclaustrador de la neurosis que amarra el cuerpo hasta el punto de afectarlo.

La enfermedad sería entonces en un momento dado el único medio que queda a nuestro organismo para significarnos que sería oportuno reaccionar, atreverse con la diferencia y esta vez de manera creadora. Pero ocurre que uno puede quedar bajo el *dominio* de la enfermedad, tal como estamos bajo el *dominio* de los mecanismos que acabo de nombrar y que hacen que de un modo u otro permanezcamos bajo el *dominio* de otros o de algunos otros. La enfermedad es un llamado al proceso de "desdominio", de diferenciación. Y es todo un proceso: salir del *dominio* de la confluencia que mantiene la pareja introyección-retroflexión en la indiferenciación y en la no-conciencia. Este análisis abriría por lo demás una reflexión que profundizaría temas como el *dominio* y la relación dominador-dominado. Y destaco la palabra dominio poniéndola en cursiva.

Por esto hay personas que gracias a una enfermedad grave se han planteado preguntas fundamentales que las han conducido finalmente a diferenciarse, a trastocar completamente su vida, a cambiar de trabajo, de lugar de residencia, de compañero, de estilo de vida. Esas personas, en general, van muy bien, están llenas de energía y no experimentan recaídas.

Pienso en toda esa literatura que hemos visto aparecer durante los últimos quince años sobre la enfermedad, escrita a menudo por ex enfermos que han salido de una enfermedad grave pasando por la medicina oficial y paralelamente por la psicoterapia y por medicinas alternativas. Citemos, por ejemplo, a Guy Corneau, Marie-Lise Labonté, Richard Moss, Martin Brofman. Esos pacientes se han hecho cargo de sí mismos y a menudo han puesto a punto un método de trabajo, vinculado a su experiencia particular, para acompañar a otros enfermos. Con frecuencia esos hombres y esas mujeres han caído en la cuenta de que se habían equivocado, que había un error en las que les parecían opciones válidas.

También he comprendido esto a partir de mi propia experiencia médica. Los distintos impactos en los planos físicos, psicológicos y energéticos que experimenté antes, durante y después de mi trasplante hepático me han hecho comprender que tenía opciones importantes que hacer y que debía abandonar ciertas opciones pasadas en las cuales aún estaba comprometido y que ya no me permitían afirmarme con mis diferencias ni ser reconocido y apreciado con esas diferencias y ser así feliz.

Atreverse a diferenciarse, atreverse a ser lo que somos y plantear los actos que lo atestiguarán en la realidad y en lo social. Salir de las restricciones que nos hemos cargado a la espalda porque somos prisioneros de introyecciones que nos amarran y bloquean nuestra capacidad de ajuste creador. Esto implica que estemos dispuestos a desagradar y quizás a abandonar entornos que se han tornado nocivos para nosotros. Lo que no significa que esos entornos sean malos en sí. No. El organismo y el entorno fluctúan constantemente y puede ocurrir que sus respectivas orientaciones ya no sean compatibles. Se han tornado nocivos para nosotros y es posible que también resultemos nocivos para ellos. La sabiduría consistiría entonces en abandonar esos entornos y finalmente en hallar dónde crear unos nuevos con los cuales exista compatibilidad. El ideal para la salud física y psíquica sería poder dejar esos entornos después de un diálogo que permita explicarse, comprobar en conjunto que nuestros caminos se separan y que quizás podríamos reencontrarnos un día sobre otras bases y en otros contextos.

El término "excéntrico" que PHG utilizan para hablar de los hombres más diferentes me recuerda a esos psicoterapeutas o psicoanalistas que en su época podían parecer completamente excéntricos, comenzando por Freud, que tendía en su diván a hermosas histéricas de la buena sociedad burguesa de Viena y que les pedía que le hablaran de su sexualidad. Después vino Jung, W. Reich y muchos otros. Pienso también en ese "terapeuta fuera de lo común" llamado Milton Erickson, y en ese otro terapeuta contemporáneo y "loco" llamado Jodorowski.

Excéntrico. Salir del círculo de los biempensantes o de aquellos que dejamos pensar por nosotros, y cultivar así la salud física y psíquica.

Psicopatología gestáltica de la enfermedad

• Génesis de las enfermedades psicosomáticas

Para comprender la génesis de las enfermedades a partir de la teoría del sí mismo, necesitamos redefinir las tres funciones del sí mismo.

Se requiere de tres condiciones para que podamos orientarnos adecuadamente hacia el entorno, es decir, en el sentido del crecimiento y del ajuste creador:

√ La capacidad de tener conciencia de las necesidades, de las carencias y de los mensajes provenientes de la fisiología, del cuerpo y del no–consciente, que se expresan continuamente y que podemos concienciar si prestamos atención suficiente a lo que sucede en nosotros. La conciencia de estas necesidades nos puede advenir también por intermedio de los sueños y de los actos fallidos. Esto significa estar atento a las manifestaciones de lo que llamamos *función ello del sí mismo.*

√ La capacidad de reflexionar, de utilizar los aprendizajes que hemos hecho gracias a nuestras experiencias de vida, a la búsqueda en el banco de datos que nuestro organismo ha guardado, a la confianza en quien es como nosotros y al apoyo en nuestras bases y estructuras de identidad. Es lo que llamamos *función personalidad del sí mismo.*

√ La capacidad para ensamblar los datos provenientes de las funciones ello y personalidad para guiar y orientar nuestros actos de manera adecuada y en el sentido del ajuste creador. La alianza de esas dos funciones nos permite hacer opciones adecuadas. Es la *función yo del sí mismo.*

Toda enfermedad, maligna o benigna, es psicosomática. Es una perturbación de las tres funciones, como veremos más adelante. Es una creación proveniente del conjunto cuerpo-espíritu o psicosomático, indisociables desde nuestra perspectiva; es una reacción proveniente del todo psicosomático que somos y que está sufriendo. El sufrimiento proviene a menudo de la división y del mal casamiento de esas "funciones". Es una señal de alarma, un grito del organismo que nos ruega que lo ayudemos a hacer su trabajo de autorregulación y que comprendamos que somos nosotros mismos los que saboteamos ese proceso trastornado.

• División y pérdida en la neurosis y la enfermedad

PHG muestran que lo que hace que haya neurosis o enfermedad es la división, es el hecho que compartimentamos las cosas: "La reacción ante una situación de urgencia epidémica crónica y de baja intensidad consiste en percibir un mundo de espíritu, de cuerpo y de mundo exterior compartimentado" (PHG).

La consecuencia de esta compartimentación es cortar el flujo natural del organismo que trata de autorregularse. La función yo, que es la resultante natural de la alianza entre las funciones ello y personalidad, es reemplazada por un "yo deliberado". Y a esto puede acompañar "una hipertonía crónica de la musculatura no-consciente, una percepción en estado de máxima alerta y una propiocepción reducida, que exageran la sensación de voluntad y de conciencia" (*ibid.*). La conciencia se pone entonces al servicio de la voluntad para realizar algo o tomar una decisión. Esta división hace que el individuo pierda su capacidad de vigilancia de lo que ocurre bajo esa hipertonía. Se comprueba que PHG están muy influidos por las ideas de W. Reich y por su teoría sobre la coraza. La hipertonía se torna crónica y se convierte en coraza corporal y muscular, lo que implica una perturbación del *awareness*; el individuo pierde "la conciencia inmediata implícita del campo" o la capacidad de estar en esa "conciencia primaria" de que habla D. Stern (así traduce la palabra *awareness* en *El instante presente en psicoterapia*). En el nivel de la práctica de la psicoterapia, esto nos empuja a ser especialmente cuidadosos respecto del *awareness* como herramienta clínica; ya volveremos sobre esto.

Esta compartimentación hace que ya no haya lazos entre las dos funciones ello y personalidad; la función yo no se puede ejercer. Se perturba la capacidad de optar: o bien la persona no llega a elegir ni a decidir o bien, si lo hace, lo hace muy tarde, o bien la opción no resulta adecuada por ser reactiva. Se ha perturbado la relación entre el organismo y el entorno. El "sí mismo esencial" se torna "yo deliberado aislado". Este yo deliberado es lo contrario de la autorregulación organísmica. Sería, más bien, una gestión voluntaria y aislada que reemplaza al proceso de autorregulación, y "toda interferencia con la autorregulación producirá una enfermedad psicosomática" (*ibid.*).

Pongamos en su contexto y a la luz esta última frase:

"Considerando esta teoría y esta sensación de un yo activo aislado, veamos el problema que se plantea al médico. Si se encara seriamente el poder de síntesis del yo respecto del funcionamiento fisiológico, hay un fin para la autorregulación del organismo, pues el yo va a intervenir más que aceptar y desarrollarse; pero toda interferencia con la autorregulación producirá la enfermedad psicosomática" (*ibid.*).

La enfermedad psicosomática será entonces la consecuencia de la represión que ejerce el "yo deliberado" sobre la globalidad organismo-entorno. Debe anotarse que los autores utilizan tres expresiones diferentes para nombrar la misma característica del organismo que fabrica la enfermedad: yo deliberado, yo activo aislado y poder de síntesis del yo.

El yo activo aislado se puede considerar un trastorno importante que reemplaza a la función yo y la torna inexistente si se acepta como postulado que ella es la resultante natural de la alianza sana entre las funciones ello y personalidad.

"...El yo va a intervenir más que aceptar y desarrollarse". Al intervenir se aísla aún más, hasta el punto de desarrollar manifestaciones fisiológicas y reacciones biológicas de autoprotección y de compensación. Y éstas son patológicas.

La acción de este yo deliberado en lugar de las opciones que ocurren naturalmente en un modo sano de funcionamiento –el que llamamos modo medio– crea la neurosis, el síntoma, la enfermedad. PHG nos dicen explícitamente lo que produce la acción de ese yo deliberado o yo activo aislado. Me parece oportuno recordarlo, pues esto puede darnos indicaciones importantes acerca de la necesidad del trabajo corporal durante el proceso terapéutico:

√ Hipertonía de la musculatura consciente.
√ Percepción en estado de alerta máxima.
√ Propiocepción reducida.

A medida que el organismo se desliza a este estado, se amplía ese yo deliberado que actúa voluntariamente, se inmoviliza en esa estructura para llegar a esa característica del sí mismo que dan PHG: "El sí mismo esencial es el yo deliberado aislado".

• La enfermedad: un trastorno del precontacto

En el curso del Capítulo XII, titulado "Ajuste creador I", PHG continúan haciéndonos comprender la naturaleza de la enfermedad psicosomática tomando el proceso en su comienzo, es decir, en el momento del precontacto, que califican de "periódico y aperiódico".

Lo periódico, por ejemplo, son las sensaciones de hambre, de sed, las necesidades de dormir, evacuar y otras. Es nuestra parte animal, que hace su trabajo sin que nos preocupemos de ella. El reloj organísmico que funciona bien nos advierte de ellas. Sabemos decodificar los mensajes sensoriales y fisiológicos que nos envían de manera natural, y de manera por completo natural haremos lo que sea necesario para satisfacer la necesidad. El sí mismo es de vía media y la autorregulación se restablece. Es sencillo y así funciona el animal humano de buena salud que cuando pierde su parte animal, cuando se torna un humano controlador, le ocurre caer enfermo.

Lo "aperiódico" es lo que sucede fuera de los períodos naturales. Ocurre que "se producen otras novedades en el sistema fisiológico conservador bajo el efecto de estímulos del entorno, de percepciones, de venenos, etc.... Son aperiódicas" (*ibid.*). Estas novedades que perturban el organismo pueden poner en marcha todo el proceso de autorregulación y de búsqueda del ajuste creador que conocemos, y todo vuelve a ordenarse. Pero también pueden provocar un desequilibrio importante, un dolor, disfunciones de todo tipo, hasta la enfermedad.

Cuando las disfunciones ya no generan de manera natural y espontánea su propia solución, su propio movimiento regulador, se va a provocar lo aperiódico.

En el funcionamiento sano, "en el deseo y el apetito, la figura de contacto se desarrolla (por ejemplo, la sed y el agua disponible), mientras que el cuerpo (el desequilibrio) pasa a segundo plano y se difumina más y más".

En el funcionamiento patológico, la sensación puede tornarse dolor. "Se presta entonces más y más atención al cuerpo que se torna la figura de primer plano" (*ibid.*). La conciencia se enfoca entonces en el dolor, el malestar o el sufrimiento, y esto puede reforzar aquella hipertonía ya mencionada que recorta la capacidad de experimentar lo esencial, lo oculto bajo la caparazón, y buscamos una solución inmediata, en los medicamentos por ejemplo, para que desaparezcan las manifestaciones desagradables.

> "Cuando el organismo ya no puede hacer su trabajo y se mantiene el desequilibrio, se instalarán trastornos en la autorregulación conservadora del organismo" y "se producirá entonces un reajuste fisiológico, una tentativa de restablecimiento de un nuevo sistema conservador no-consciente ajustado a las nuevas condiciones... Esos ajustes fisiológicos *ad hoc* no se pueden organizar fácilmente en coherencia con el sistema conservador heredado... funcionan mal, generan dolor y enfermedad" (*ibid.*).

Demos un ejemplo. Usted sufre de varios síntomas, su médico le pide que se haga unos análisis y después le anuncia que "es un virus". Le ha dicho que un elemento exterior a usted, que se llama virus, se le ha introducido en el organismo, que le perturba el buen funcionamiento, el funcionamiento llamado conservador. La función ello trabaja en su organismo para restablecer el equilibrio, y esto se dice en los síntomas que ha identificado. Se produce entonces un reajuste fisiológico y este reajuste puede adoptar puntualmente la forma de una enfermedad, y sucede que este tipo de reajuste puntual se torna enfermedad crónica. Hay enfermedad crónica cuando el desequilibrio es tal que el organismo ya solo puede producir manifestaciones cuya capacidad de autorregulación fracasa y que por esto se tornan destructoras. Así se instala el carácter crónico, aparecen las enfermedades evolutivas, los procesos irreversibles, las degeneraciones, las recaídas, las enfermedades autoinmunes...

• Psicopatología de la enfermedad

PHG se refieren a la noción de "carácter" y de "coraza" en el sentido que daba W. Reich a estas palabras en *El análisis caracterológico.* Lo que W. Reich designa como "carácter" es la construcción de la personalidad propia de cada uno, que se ha construido durante la propia historia y que ha permitido encarar la angustia; la coraza muscular designa el conjunto de formas corporales, especialmente musculares, que han sido modeladas por nuestra historia y por nuestros mecanismos de supervivencia ante los peligros y traumatismos que hemos encontrado durante la propia historia. El objetivo del análisis bioenergético que ha desarrollado A. Lowen a partir de los trabajos de W. Reich es proponer un planteamiento que trabaja a partir de las tensiones musculares para que emerjan las experiencias y emociones que se ocultan detrás. Y los trabajos de W. Reich y de A. Lowen han permitido establecer una tipología de cinco "caracteres".

La segunda parte del Capítulo XV, "Pérdida de funciones yo", contiene el pasaje "Mecanismos y 'caracteres' como estadios de la interrupción de la creatividad". La palabra carácter está entre comillas y me parece, en vista de la naturaleza de las afirmaciones, que se refiere a Reich, aunque a él nunca se lo nombre.

Hemos puesto progresivamente de manifiesto que la enfermedad es un ataque efectuado al organismo hasta en su integridad corporal, ya que ha habido "interrupción de la excitación creadora". Y así lo explican los autores: "Queremos mostrar ahora que se puede observar los diversos mecanismos y 'caracteres' del comportamiento neurótico en las etapas del ajuste creador en que ha sido interrumpida la excitación. Es decir que queremos elaborar una tipología a partir de la experiencia de la situación actual... (Pero es verdad que la persona que se trata es siempre singular y que no es un determinado tipo de enfermedad)" (*ibid.*).

La última parte de la frase anterior, entre paréntesis, anuncia la advertencia que hacen. En efecto, una tipología es muy reductora, el individuo no es sólo eso, presenta todas las particularidades contenidas en los otros tipos, y el terapeuta debe estar muy atento a diversos elementos para proponer un dispositivo terapéutico que abra y que no encierre.

Sin embargo, esta reflexión los lleva a encarar las "patologías" de la experiencia y a proponer "esbozos de caracteres" en función de los siguientes conceptos: secuencias de contacto, interrupción en el ciclo, naturaleza de la interrupción y momento en el ciclo. Nos presentan el modelo siguiente:

"La diferencia entre los diversos tipos está ligada al momento en que se produce la interrupción:

i Antes de la nueva excitación primaria: confluencia;
ii Durante la excitación: introyección;
iii Enfrentando el entorno: proyección;
iv Durante el conflicto y la destrucción: retroflexión;
v En el contacto final: egotismo" (*ibid.*).

Propongo entonces que completemos nuestra comprensión de la enfermedad, a partir de la teoría del sí mismo, refiriéndonos a esta proposición que es una invitación a comprender lo que llamamos clásicamente psicopatología: la enfermedad es un ataque a la integridad corporal del organismo. Sabemos que todas las modalidades de contacto que ocurren en el caso de disfunciones de los mecanismos de interrupción del ciclo de contacto tocan al cuerpo, pero la retroflexión es lo que más lo toca y puede actuar tanto sobre su morfología como sobre su integridad. PHG lo muestran cuando tratan la retroflexión al final del Volumen I; entonces se sitúan completamente en la perspectiva reichiana.

Pero hay que notar que si hay retroflexión hay un preámbulo que es la fuerza de la *introyección*: los introyectos que alimentan las creencias y los sistemas de valor y también los comportamientos y actitudes que de ellos se desprenden; esto es lo que engendra las retroflexiones.

Se podrían emitir las siguientes hipótesis:

√ Lo que desencadena la enfermedad es que el mecanismo de introyección es tan fuerte que se confunde con la retroflexión, que los dos mecanismos operan simultáneamente y no en diferido; lo diferido dejaría un pequeño margen de reajuste a destiempo.

√ En esta lógica, la introyección se confunde con la retroflexión, los dos mecanismos están en confluencia el uno con el otro hasta el punto que la función personalidad ya no puede ejercer su discernimiento para diferenciar el uno del otro ni reaccionar aunque fuera con retardo y deshacer la retroflexión.

√ Esto supondría la toma de conciencia de los introyectos que subyacen. Ahora bien, esta toma de conciencia es imposible, pues la confluencia mantiene la retroflexión y la introyección confundidas una con otra y bloquea el proceso de concienciación y por lo tanto las experiencias sutiles que informarían acerca del trastorno profundo.

√ De este modo se confunden los tres tipos de interrupciones. La ansiedad ya no puede tornarse excitación y en lugar de dirigirse hacia el entorno ataca al organismo.

√ En esta lógica, atacar al organismo significa atacar el entorno introyectado que entonces se encuentra en el interior del organismo. Estamos también en una dinámica de confusión entre el organismo y el entorno introyectado, hasta el punto que el mecanismo que querría destruir al entorno introyectado se torna un mecanismo de autodestrucción de uno mismo.

√ Y se observa que esta configuración actúa en el momento del paso del precontacto a la puesta en contacto. En los momentos de tensión y de conflicto, la retroflexión, alimentada por los introyectos y bloqueada por la confluencia, alcanzaría tal intensidad que el cuerpo, ya atacado en su integridad y en su superficie por las tensiones, ahora sería atacado también en su profundidad. De este modo serían afectadas las diferentes funciones del organismo hasta las bases de la *fisiología animal, fundamental para la supervivencia.*

Mi formación en psicopatología y mi experiencia de quince años en psiquiatría me llevan a plantearme la siguiente pregunta: ¿por qué no habría entonces enfermedad mental y locura, sobre todo cuando se conoce el papel de la introyección en la génesis de la psicosis?

* * *

- ¿Debiéramos mirar entonces hacia la proyección?

En el sistema que he intentado aclarar es atacada la misma capacidad de proyectar. Quien retroflexiona hasta ese punto ya no puede proyectar su cólera o su insatisfacción sobre el entorno, o, si lo hace, es de manera impulsiva, violenta; o desplazada; esta cólera ocurre un poco como una fractura experimentada como muy violenta por el sujeto contra sí mismo y experimentada también como una violencia por el entorno. No se expresa de manera adecuada. Es lo contrario del ajuste creador, aunque el organismo la necesite como válvula de seguridad.

Tuve ocasión de trabajar en psiquiatría con adultos jóvenes hospitalizados después de un episodio delirante. Proyectaban en el delirio todo un material agresivo y agresor contra ellos y contra la sociedad, con lo que llamamos un delirio de persecución, de grandeza o místico. Cuando los equipos médicos consideraban que el episodio delirante expresaba una gran violencia interior a menudo ligada a figuras de autoridad y lo trataban como tal, desaparecía rápidamente. Una vez desaparecido, yo los incluía en terapias de grupo en las cuales integraba lo corporal, lo gestáltico y lo psicodramático. La puesta en escena de los contenidos del delirio en un encuadre terapéutico riguroso y bien enmarcado permitía expresar las proyecciones en directo, sin las desviaciones del delirio, y el paciente podía abandonar rápidamente la institución.

Se diría que, en la enfermedad, la proyección no puede hacer su trabajo de evacuación, lo que no quiere decir que no exista. Y podríamos completar las hipótesis mencionadas con la siguiente: el organismo se encuentra a tal punto en manos de la indiferenciación confluencia-introyección-retroflexión que su capacidad de evacuar por la proyección sufre un trastorno y adopta al cuerpo como lugar de proyección hasta crear su propia destrucción.

De este modo vemos aparecer las diferentes categorías de enfermedades, los desórdenes en el nivel celular y los cánceres, las enfermedades autoinmunes (el organismo destruye su propio sistema de protección y de defensa), etc. Los psicoanalistas interesados en la psicosomática hace tiempo que han mostrado que los psicosomáticos tenían dificultades con el imaginario. Imaginar es una forma de proyectar y algunos terapeutas lo han comprendido bien e introducen en el proceso terapéutico modalidades de expresión y de creatividad.

Volvamos al concepto de "campo organismo-entorno" y más particularmente a la noción de entorno. Lo que llamamos entorno es, por definición, lo que está en el exterior de nosotros y nos rodea. Pero también sabemos que el mecanismo de introyección consiste en tomar un fragmento del entorno para situarlo en nuestro interior. Y cuando no se destruye la introyección para poderla asimilar, permanece en el organismo como un cuerpo extraño que puede atacar física o psíquicamente o de ambos modos. Y se podría ver la enfermedad como una tentativa del organismo por alcanzar y destruir este entorno introyectado, puesto adentro de nosotros. Esta tentativa es la que ataca al organismo en una de sus funciones o en uno de sus órganos. La parte del cuerpo enfermo nos hablaría entonces de unas disfunciones con el entorno desplazado en el cuerpo. La proyección que hacen los psicóticos por la palabra llamada delirante, por alucinaciones o por comportamientos "excéntricos", a veces también por producciones artísticas "locas", los protegería del ataque psicosomático. En la realidad de los hospitales psiquiátricos se suele observar la gran resistencia física de los psicóticos, que nunca se enferman. Y si eso les sucede, se observa entonces que recuperan bastante el vínculo.

La pérdida de la capacidad de proyectar sobre el entorno se transforma en proceso de proyección sobre el entorno introyectado; éste es el tipo de proyección que solemos llamar retroflexión. Insisto en esta concepción de la retroflexión, lo que nos lleva a plantear algo como esto en las intervenciones en la práctica durante las sesiones: al hacerte daño a ti mismo, ¿qué tratas de decir al entorno, a qué entorno exterior pero también a qué entorno puesto dentro de ti, no destruido y en consecuencia no asimilado?

Vemos que la enfermedad física es enfermedad del contacto en sentido gestaltiano. Por lo tanto, es enfermedad del vínculo y de la relación e interroga entonces la relación con lo otro y los otros.

• El dominio

Ya me he referido rápidamente al tema del dominio. Quiero volver ahora sobre él, pues me parece un tema fundamental para trabajar en el curso del proceso terapéutico de las personas enfermas o que han pasado por la prueba de la enfermedad.

Hemos visto que la teoría del sí mismo nos plantea o nos replantea la cuestión de nuestra relación con el entorno, de nuestra manera de "contactarlo" y la orientación dada a nuestro potencial creador, y que nos invita a investigar, a la luz del concepto de "campo organismo-entorno", el significado de lo que nos ocurre.

En otras palabras, sean cuales sean la enfermedad o el síntoma, constituyen una invitación a interrogar o re-interrogar todos nuestros sistemas de inter: inter-acción, inter-relación, inter-subjetividad, inter-influencia, ínter-vención; pero también todos nuestros sistemas de co: co-creación, co-dependencia, co-influencia, co-laboración...

En caso de enfermedad, los trastornos en el nivel del ínter, del co, de la frontera-contacto, que pueden aparecer entre un individuo dado y ciertas personas de su entorno (no con todas ni con todos los entornos), suelen ser el índice de sistemas de relaciones y de interrelaciones marcados por el dominio a veces discreto, pernicioso, de uno sobre otro, por el deseo consciente o no-consciente por hacerse con el poder sobre otro. Es algo que podría evocar la relación dominante-dominado, en la cual los intentos del "dominado" por salir del sistema, restablecer el equilibrio relacional y poder existir con su deseo, con su pulsión personal, con su diferencia, se ven siempre trabados por el dominante o, más exactamente, por el dominio que ejerce el sistema sobre el campo organismo-entorno, es decir, sobre el uno y el otro en relación.

El dominio es un fenómeno de campo que merece que se lo profundice. Es un sistema que envuelve y encierra al campo –pero también creado por él– al punto que el organismo ya no tendría otra solución para salir de él que implorar, estallar, provocar la catástrofe y a veces hasta el anuncio de una muerte inminente.

El tema del dominio me llegó al escuchar a trasplantados hepáticos hablar de su experiencia en un grupo que he creado en el marco del CHU de Grenoble:

> "Estaba bajo el dominio de la enfermedad... Me he dado cuenta de que estaba bajo el dominio de mis asociados y he vendido mis partes... durante un tiempo he tenido la impresión de estar bajo el dominio de mi donante... tengo la impresión de estar bajo el dominio del Prograf [nombre del medicamento que toma cada día cada 'trasplantado' para evitar el rechazo del órgano por el organismo]...".

Comprobé que yo mismo había estado bajo el dominio, y sin darme cuenta. Bajo el dominio de una enfermedad que evolucionaba sin ruido, sin molestarme demasiado, sin síntomas especiales, sin necesidad de tratamientos particulares. Lo que llamo una enfermedad perniciosa es una que se olvida porque se hace olvidar y que evoluciona sin hacértelo saber, hasta la catástrofe. He comprobado esto algunos meses después de mi trasplante al escuchar a las personas de ese grupo y poniendo a trabajar esto en mi terapia personal. Comprobé también que esta operación me llevó a tomar decisiones que me hacían salir de la prisión y del envenenamiento del dominio. Estas decisiones no eran conscientes ni adoptadas con la finalidad de salir del dominio. Mirándolas con la perspectiva del tiempo, advierto que me fueron dictadas por la pulsión de vida o por el organismo que movilizaba sus últimas energías para salvar la piel. Es una cuestión de vida o muerte. Quien está bajo el dominio de, del otro, del amo, de la secta, de la enfermedad, de la droga, del sexo, del juego... se ofrece en bandeja a aquel o a aquello que se va a alimentar con su propia sustancia hasta la muerte.

Las enfermedades crónicas, y sobre todo las enfermedades que evolucionan lentamente, sin un sufrimiento particular, nos ponen en estado de vulnerabilidad. La persona cuyo organismo está continuamente y de manera crónica en estado de vulnerabilidad, se debilita más y más física y psicológicamente, sobre todo si está tocado el sistema inmunitario y pierde su capacidad de reaccionar, de plantarse y de imponerse. Ya no tiene la energía para llevar el conflicto hasta el fin ni para afrontar aquello –o la situación- que la mantiene finalmente en estado de inferioridad. Se encuentra en un estado de sumisión pasiva en que termina por dar la razón a su verdugo. Se llega a veces a sistemas que se parecen a la perversión. Y la persona en estado de fragilidad a un tiempo física y psíquica –como somos uno– es presa fácil para las personas o entornos que necesitan ejercer dominación y poder. Se ingresa así en un círculo vicioso, en un sistema que mantiene y agrava esta vulnerabilidad y en una vulnerabilidad que atrae más y más al dominante o a quien tiene tendencia a dominar.

El "sí, pero" del dominante en interacción con otros suele marcar estos sistemas. PHG tienen toda la razón cuando se refieren a la enfermedad como medio para reivindicar el derecho a la diferencia y a ser "excéntrico". El "sí, pero" del dominante detiene la expresión y la actuación de la diferencia. Es un mensaje doble y terrible que te dice a la vez: sí, tienes razón, está bien, tu proposición es valiosa, pero lo que voy a decir y proponer es mucho mejor y verás que tengo razón otra vez. Bateson y el equipo de Palo Alto nos habían presentado el mensaje doble como algo que enloquece. En efecto, puede enloquecer psíquicamente y fabricar psicosis y también puede enloquecer y tornar anárquica la organización de la fisiología hasta el punto de crear un proceso de implosión y de autodestrucción que puede apuntar a los órganos, al sistema inmunitario y a alguna de las funciones vitales.

El dominio del "sí, pero", ejercido por un entorno con el cual había antes una relación de confianza, de co-laboración y de co-creación, ocurre de tal modo que no se lo advierte ni de un lado ni de otro, es algo terrible, aterrador y espantoso por el hecho que el sistema protege el mecanismo que él mismo ha engendrado. Y ocurre a veces que el organismo que está muriendo en este estado no concienciado o negado provoca un shock, quizás el último, movilizando sus últimos recursos para que el sistema estalle.

Los trabajos que realicé en Costa de Marfil entre 1983 y 1994 a partir de la observación y el análisis de los seminarios de un programa de formación en Gestalt me habían permitido advertir, como otros colegas, la enfermedad ligada al entre-dos cultural. De este modo se ha visto un fenómeno nuevo en el campo de la salud: el aumento considerable e inquietante de las enfermedades psicosomáticas en una población que abandonaba el dominio de la aldea, de lo "viejo" y que acudía a la ciudad a estudiar y después a ocupar puestos de trabajo que hasta entonces ocupaban sobre todo los expatriados.

Como ya dije, es fundamental el testimonio de las personas que han tenido una enfermedad grave, una operación riesgosa, un accidente violento, que han estado cerca de la muerte. Algunas de estas personas han salido muy bien de esto, en plena forma, no han recaído y se han entregado a una búsqueda espiritual. Todas, después del suceso, han decidido vivir, vivir bien y a veces cambiar radicalmente de vida o de estilo de vida. Todas han tomado decisiones importantes sobre la organización de su vida privada, profesional o de ambas. Han efectuado cambios fundamentales en su organización interna y en su relación con el entorno. Por otra parte, a menudo han cambiado de entorno y de actividad. Lo cual, por lo general, encoleriza al entorno, que pierde el objeto sobre el cual podía ejercer su dominio. (Es la ira narcisista, asesina por lo menos en el fantasma, del que pierde el objeto que necesitaba para hacerse valer y ejercer su desprecio). Pero ellas han encontrado o reencontrado su libertad de ser, de vivir y de pensar y su capacidad para volver a ser creadores de su vida y de su historia.

Interludio artístico

Mientras escribo este texto, un colega me propone que lo acompañe a un espectáculo del coreógrafo Joseph Nadj, titulado "Ya no hay firmamento".

Comienza el espectáculo y me aburro.

Todo es minimalista y la estética me parece muy fría en un comienzo. Nada me embarga, sólo el aburrimiento...

Entonces advierto la presencia de uno de los actores-bailarines-acróbatas, de espaldas, todo de negro, encaramado sobre un alto pórtico de aspecto frágil. La figura se destaca con nitidez contra el fondo luminoso.

Y hay un esbozo. Un esbozo de ademán, de movimiento. Empieza a moverse con lentitud, silenciosamente, se desliza por los largueros de uno de los pilares del pórtico, cabeza abajo, piernas al aire. Se deja caer lentamente, de una manera casi sensual que transforma por completo la relación figura-fondo y que por lo mismo concede un sabor y un relieve muy particulares a los tres personajes reunidos en el magma negro, e inmóviles en una esquina del espacio inferior. El silencio cohabita con la lentitud y la precisión del movimiento, los distintos espacios se particularizan y armonizan en un espacio global que cambia constantemente sus formas, su sensualidad, sus sonidos, sus juegos de luces y sombras y la magia del despojamiento y de la fantasía de los movimientos que conmueven y emocionan. Es un juego de transiciones.

Yo también paso de una cosa a otra.

Del aburrimiento a la excitación.

Me dejo tocar por la gracia y lo insólito que convoca Joseph Nadj en este acontecimiento con la complicidad de sus bailarines-acróbatas-actores.

¿Pero de qué se trata? ¿Es danza, acrobacia, circo, meditación oriental, arte visual...?

Y de pronto y de otro modo se abre mi capacidad de comprender desde un punto de vista gestáltico lo que destruye en el ser humano el cuerpo y al mismo tiempo el espíritu, pues somos uno. Me dejo llevar por una visión de lo que sería el envés de la enfermedad, veo la creación actuante y desarrollándose en la interacción de los cuerpos, de los géneros, de las lenguas y de un silencio del lenguaje de las palabras. No hay ningún papel que aprender, sólo dejarse llevar en lo que queda de las técnicas aprendidas y reimpulsarlas en el ínter.

Inter-relación, inter-sticio, inter-influencia, inter-vención, inter-conexión, inter-creación.

Se trata de una puesta en escena, de la dramaturgia de la alianza y de la conjunción de las diferencias que se unen en una especie de estética, en una oración que sacraliza el tiempo, el espacio, el otro, la relación y la cultura en una unidad que reconcilia el todo y las partes. Celebración de la reconciliación.

Aquí el cuerpo y sus lenguajes están en el centro, y tanto más cuanto que la función ello no habla por la boca. Pueden soltarse entonces las lenguas. La confluencia genera esa elasticidad que desencadena la relación con el otro, con los otros, con el objeto, una relación fluida en la cual la introyección se disuelve para tornarse diferencia. Diferencia habitada por los cuerpos que se encuentran en lo que tienen de semejante y en lo que tienen de único y transmitido por el alma que los habita.

Asombroso sincretismo en que Oriente y Occidente desplazan y derriban los espacios y los muros que sin embargo nunca se derrumban sino que renacen cada vez de su caída por la magia del movimiento de las manos, de los pies, de los cuerpos que se enlazan y se desenlazan en un mestizaje sorprendente, desconcertante, en que nada se reconoce verdaderamente, nada termina verdaderamente, pero se transforma sin cesar en y por lo imprevisible del instante.

Atemporal. Ya no existe el tiempo ni la edad ni la vejez ni la muerte en el encuentro de esos cuerpos de hombres de edad madura con esos cuerpos insolentes de vibrante juventud, todos los cuales cortejan a esa única y sola joven negra, blanca, asiática, que se entrega a todos con la generosidad de su cuerpo-alma que se ofrece a los dioses del universo.

Esos dioses de mirada y rostro bonachones, en segundo plano, estatuas apenas esbozadas y aculturales, simpática y cálida mezcla de desmesura olmeca, faraónica e islámica que irradia la misma fuerza tranquila que la de las enormes cabezas olmecas del parque de La Venta, de esos suntuosos Ramsés de Abu-Simbel, de esos budas gigantes de Bamián... cuyas cabezas parecen animarse y aprobar este mundo tan material de cuerpos ligados unos a otros para mejor religarse con los extremos del cosmos.

Esos cuerpos que nos religan también a nosotros, espectadores, al cosmos, que nos introducen en la emoción de los que acceden a las filas de los ciudadanos-dioses del universo.

Y después todo se me aclara en la cabeza. Tenemos allí una magnífica ilustración del movimiento creador, religado y religante, de ese movimiento que es lo contrario de la enfermedad. La retroflexión se transmuta en atención-concentración, en flexiones y re-flexiones de los cuerpos en una coreografía repleta de humor y de ingenio. Los cuerpos se proyectan en el juego de los espacios que se abren y se cierran, se interpelan en sus diferentes dimensiones de arriba y abajo, de lateralidad y profundidad, hasta el fondo de los tiempos y de las culturas. Aquí la confluencia unifica, sacraliza, celebra las diferencias que se ofrecen unas a otras y que son sublimadas por esos cuerpos de hombres imantados y atizados por ese único cuerpo de mujer. Las diferencias reconocidas y celebradas fertilizan y nutren la relación. Mejor, la celebran. No hay lugar para la enfermedad. El sí mismo se torna esa fuerza actuante, integradora y creadora.

Ocurre la vida cuando los espacios se despegan, se diferencian e ingresan en una alianza cómplice. Eso es lo que falta en la enfermedad. La confusión, la superposición confluencia-introyección-retroflexión en detrimento de la proyección es la confusión de elementos unos en otros que crea una forma enferma.

El cuerpo está petrificado en una red que mantiene juntos a un cuerpo a un tiempo doloroso e insensibilizado y a una historia que creemos es la nuestra, pero que sólo es la de los antepasados y que se vuelve a ejecutar por intermedio de nosotros y en nuestra defensa. Y tanto así que se agudiza y ya no sabe que existen lo alto y lo bajo y que son diferentes, que los contrarios están hechos para conjuntarse, de la desarmonía crea lo bello y lo estético, que el hombre y la mujer pueden librar un combate sensual y lleno de gracia en lugar de matarse mutuamente.

La enfermedad nos indica que ya no somos capaces de crear, de co-crear, de desarrollar, de dar, de recibir algo hermoso ni tampoco crearlo y darlo. Nos sumerge en la oscura poesía negra de la fealdad, del detritus, de la destrucción, de la muerte. En el mejor de los casos podríamos salir de allí manteniendo con la muerte una relación sensual y morbosa, de una morbosidad que tornamos aceptable por el juego de seducción con la muerte. Esa muerte seductora que las tradiciones prehispánicas de México travestían en la señora Catalina, ese esqueleto provocador, portador de oropeles de mujer, esa mujer-esqueleto de aires cortesanos, orgullosamente ataviada con telas lujosas y tocada altivamente con un inmenso sombrero-jardín que exhibía frutos y flores de los colores de la tierra y el cielo.

Necesitaríamos recuperar ese movimiento para despegar lo que nos bloquea y que nos toca en el cuerpo hasta hacernos vivir esa crónica tan especial, la de una muerte anunciada. Necesitaríamos inventar instante tras instante la coreografía saltimbanqui de la alianza de los contrarios.

Cómo encarar el tratamiento

¿Cómo encarar la psicoterapia de personas psicosomáticas que están aquejadas de una enfermedad grave?

Esta tentativa de comprender la enfermedad a partir de la teoría del sí mismo nos entrega algunos puntos de referencia, que también conciernen a los enfermos, para el acompañamiento psicoterapéutico de nuestros pacientes sea cual sea la razón que los ha traído a la terapia:

√ Análisis del ciclo de contacto y de sus interrupciones.
√ Análisis del funcionamiento de las tres funciones del sí mismo.
√ Conciencia y su ampliación como herramienta clínica.
√ Concienciación de lo que ocurre en la frontera entre el paciente y sus entornos, incluso en la frontera entre el paciente y el terapeuta.
√ Comprensión y el análisis de la relación terapeuta-paciente, el lugar de la reactualización de las "gestalts inacabadas y fijas" y por lo tanto el lugar de la repetición de nuestros mecanismos neuróticos, lo que PHG llaman "formas fijas neuróticas".

En lo que concierne a las personas enfermas, hemos puesto de manifiesto un trastorno en el ciclo de contacto: la simultaneidad introyección-retroflexión mantenidas en confluencia y trabajando subterráneamente en ese entre-dos que uniría el pre-contacto y la puesta en contacto, con una consecuente perturbación de la capacidad de proyectar; la proyección, en lugar de dirigirse al entorno, se vuelve contra sí misma y se torna retroflexión; esta vuelta sobre sí se hará sin duda sobre las partes ya vulnerables del organismo y en particular sobre la parte o la función enferma del organismo.

Se observa una organización muy particular de la introyección, la retroflexión y la confluencia: introyección y confluencia se mantienen juntas; cogidas una en la otra por la confluencia, actúan simultáneamente y de este modo crean una rigidez de "carácter" y esta organización inhibe la capacidad de experimentar y de estar consciente del mecanismo mismo. Hay entonces un trastorno en la función ello, que ya sólo puede producir llamados de auxilio que se expresan en síntomas físicos y en desequilibrios fisiológicos. Este trastorno de la función ello implica también una incapacidad para estar en la "conciencia inmediata implícita del campo" y, en consecuencia, para tomar conciencia de los modos de ser y de hacer en relación con los otros y de las necesidades de fondo que no se satisfacen.

Estos mecanismos implican una inhibición de la capacidad de experimentar, concienciar y nombrar las necesidades reales, que permanecen indiferenciadas en lo que llamamos el fondo. De este modo la persona pierde la capacidad para encarar los reajustes necesarios en la relación con el entorno.

Surgen en primer plano los síntomas –es decir, las manifestaciones fuertes y evidentes que emite el organismo en estado de urgencia– y las informaciones de los desequilibrios fisiológicos que entregan las radiografías, los análisis y los diversos exámenes practicados por la medicina. La experiencia subjetiva de la persona enferma se suele caracterizar por una fijación en esas manifestaciones, que mantiene la no-conciencia de las necesidades reales y alimenta esa especie de amalgama introyección-retroflexión-confluencia.

Por esta razón me parece esencial proponer a estos pacientes un trabajo terapéutico sobre el *awareness* y la conciencia corporal para volver a movilizar la función ello y hacer emerger del fondo las formas que hasta entonces han permanecido en la indiferenciación fondo-forma y provocado a pesar de todo el síntoma.

Quiero desarrollar cuatro direcciones para encarar la psicoterapia de las personas enfermas:

√ Postura del terapeuta.

√ Necesidad de trabajar sobre el *awareness* y sobre la ampliación del campo de la conciencia corporal para hacer emerger del fondo la conciencia de las necesidades que no se han reconocido y que han desatado la enfermedad.

√ Testimonio de varios ex enfermos.

√ Interés del diálogo con el síntoma o la parte enferma del organismo para comprender el significado de la enfermedad.

• Postura del terapeuta

No desarrollaré aquí las bases de la escucha y del estar-allí del terapeuta gestáltico en el ejercicio de su función ni las de todo psicoterapeuta. La escucha, la presencia, la empatía, la reformulación y el acuerdo, en el sentido que le da D. Stern, son las bases mismas de la postura del terapeuta gestáltico. No está allí para plantear interpretaciones, sino para acompañar al paciente en la expresión de su vivencia, sus angustias, su miedo a la muerte, la degradación física y psíquica, la búsqueda de reordenamientos que la enfermedad le obliga a efectuar en la organización de su vida, el dolor de las pérdidas y el duelo que conlleva su estado, la hospitalización, la mengua de sus capacidades... También para escuchar lo que de arcaico y no normado de la historia surge en primer plano, porque la fragilidad física y psíquica hace que a veces caigan las construcciones (a veces llamadas defensas) que mantienen de pie mejor o peor a la persona. Está allí para escuchar los sinsabores físicos y psíquicos que provocan los tratamientos de quimioterapia que modifican la química del organismo y del cerebro, lo que a veces puede provocar estados modificados de conciencia o lo que se llama delirios inducidos por la morfina y hacer que surja todo un material de fondo (miedos, angustias, visiones, sueños insólitos...) que hasta entonces había permanecido en la indiferenciación del fondo.

Estas son las bases mismas del estar-allí del terapeuta en su relación con el paciente y su experiencia.

La terapia gestáltica trabaja con el cómo, es decir, con el proceso, y no con el porqué: ¿cómo es que *este* síntoma o *esta* enfermedad aparece en *este* momento de mi vida, en *este* contexto en el cual estoy implicado con *estas* personas y se manifiesta en *este* órgano preciso o en *esta* parte del cuerpo o en *esta* función del organismo? ¿Cómo se ha fabricado, y en general sin que yo lo advierta, lo que me ocurre?

Importa tener claridad sobre la naturaleza del contrato terapéutico: no estamos allí para cuidar la enfermedad ni para inducir clara o sutilmente en el enfermo la idea de que esta terapia lo curará. Estamos allí para acompañar a la persona cuya experiencia actual es la de estar enfermo y vivir sucesos y angustias ligados a esa enfermedad. Estamos allí para acompañarla en esa experiencia y para escuchar sus angustias, duelos y dudas. Y pondremos a su servicio la habilidad para seguir el proceso terapéutico con los conceptos de la teoría del sí mismo y la metodología que de ella deriva.

A la luz de lo que ya hemos expuesto, nuestra intencionalidad puede ser co-crear con el paciente un contexto, un lugar, un tiempo, un espacio, una relación que permita que se vuelva a poner en marcha el proceso de autorregulación y que la persona reoriente hacia otra forma de creación la energía que ha gastado en la creación de la enfermedad. Y a veces ocurre que tenemos que crear un espacio de preparación para la muerte.

- **Trabajar sobre la función ello y ampliar la conciencia corporal**

Habría entonces patologías en que las manifestaciones de fondo provenientes de la función ello ya no son accesibles a la conciencia inmediata, porque ésta se encuentra demasiado ocupada por la conciencia del cuerpo doliente y por la angustia ligada a la enfermedad y a veces a la muerte o porque la persona se ha insensibilizado para no experimentar los sufrimientos de fondo. Eso forma una pantalla e impide que lo que permanece en el fondo surja en la conciencia inmediata. El trabajo sobre el *awareness* y la conciencia corporal sería entonces un camino para hacer surgir en la conciencia manifestaciones, reacciones y sensaciones provenientes de las inscripciones más profundas que han permanecido en el fondo. Esto me parece hoy fundamental, sobre todo después de treinta años de práctica y de reflexión acerca de la terapia gestáltica y después de haber pasado yo mismo por la experiencia de la enfermedad y de la operación larga y riesgosa.

Lo cual me plantea una pregunta a un tiempo teórica y ética. En efecto, ciertos gestaltianos sostienen este postulado: trabajemos a partir de lo que hay allí y que viene espontáneamente, no provoquemos nada, esperemos, mantengámonos en una postura fenomenológica y pongamos a trabajar lo que surge espontáneamente. Hay todo un debate en torno de la utilización de prácticas corporales en terapia gestáltica; algunos creen que eso sería inducción y que podría alejar de lo esencial. Esta postura se justifica, contiene los principios mismos de la autorregulación.

¿Pero entonces debiéramos esperar que la función *ello* se presente sola, a partir de la idea de que del encuentro terapeuta-paciente y de la conciencia puesta en este suceso podrían emerger y ponerse a trabajar estas manifestaciones esenciales de la función ello? En el mejor de los casos, esto no sucede así. Y también ocurre que la función ello no acuda. Y, si no acude, significa que el "carácter" se ha tornado demasiado rígido y cerrado para que surja "ello". Pero también ocurre que la persona puede estar demasiado ansiosa por su estado, por la espera de los resultados de los diversos exámenes y por la idea de la muerte para resultar receptiva a las manifestaciones de fondo.

Personalmente creo que hay numerosos casos en que debemos reinterpelar directamente a la función ello y a la conciencia que tenemos de sus manifestaciones. Y esto forma parte de nuestro compromiso como terapeutas gestálticos que proponemos un acompañamiento terapéutico que dé al ello la oportunidad de que emerjan al primer plano esas manifestaciones esenciales que hasta entonces han permanecido en el fondo, impedidas de aparecer debido a las rigideces del "carácter". Si cree que carece de las competencias necesarias, puede sugerir entonces a sus pacientes que hagan este tipo de trabajo con colegas que utilizan aproximaciones corporales, como la sofrología, por ejemplo, en paralelo con la psicoterapia.

Ya hemos visto hasta qué punto PHG se refieren directa o indirectamente al cuerpo en sus explicaciones de los "disfuncionamientos". Las experiencias corporales que permitirían tocar las necesidades esenciales de fondo están bloqueadas por la "hipertonía de la musculatura", como ya he indicado.

Recordemos las indicaciones esenciales que nos dan en el Capítulo XII del segundo volumen, titulado "Ajuste creador I", consagrado particularmente al precontacto y a la puesta en contacto. Escriben esto, por ejemplo: "En el dolor se presta más y más atención al cuerpo que se convierte en la figura de primer plano. Hay una sentencia terapéutica clásica que dice: 'El hombre sano siente sus emociones, el neurótico siente su cuerpo'. Esto no pretende negar, sino que, por el contrario, implica que la terapia pueda tratar de ampliar las zonas de la conciencia corporal, pues precisamente porque determinadas zonas no se pueden experimentar las otras se encuentran indebidamente tensas si excitadas y se las experimenta como dolorosas" (*ibid.*). Y también nos recuerdan la importancia de la respiración en la terapia: "La respiración, por excelencia, nos permite ver que el animal es un campo; el entorno es 'interno' o se infiltra de manera esencial en cada instante. De este modo la ansiedad, trastorno de la respiración, acompaña toda perturbación de la función sí mismo; por esto, el primer paso, en terapia, consiste en contactar la respiración" (*ibid.*).

La terapia debe tratar de ampliar las zonas de la conciencia corporal. El primer paso, en terapia, consiste en contactar la respiración.

• Esos ex enfermos que nos enseñan nuestro oficio

Hace varios años que estamos viendo la publicación de una literatura escrita por personas que contrajeron enfermedades graves y salieron de ellas movilizándose de distintos modos, por ejemplo:

√ se han planteado las verdaderas preguntas, que podría resumir así: ¿qué trata de decirme la enfermedad que yo no haya querido ver y comprender y qué tengo que cambiar en mi vida y en mi relación con los otros?;
√ se han hecho cargo de su bienestar y de su cura y han utilizado métodos psico-corporales;
√ han captado que la enfermedad era una invitación a abrirse a lo espiritual.

Entre los que han escrito y publicado su experiencia, ya he citado a Guy Corneau, Marie-Lise Labonté, Martin Brofman y Richard Moss; hay otros casos. Lo extraordinario es que estas personas, después de haber pasado por la prueba de la enfermedad, nos enseñan el oficio y nos dicen que los enfermos necesitan estar acompañados; incluso han desarrollado métodos terapéuticos que han inventado y utilizado para sí mismas y que los han curado. Entre los puntos comunes que se encuentran en cada uno de ellos, hay una referencia a los planteos corporales y a los que asocian la atención prestada al cuerpo y a las experiencias conforme a distintos métodos: relajación, diferentes planteos de toma de conciencia corporal, visualización, lo imaginario, lo emocional. Son planteamientos que trabajan el cerebro llamado emocional o cerebro derecho o límbico. Limitan el control operado por el cerebro izquierdo, favorecen la capacidad de experimentar y de dejarse llevar más lejos en las experiencias corporales y emocionales, y también permiten a veces que se manifiesten imágenes, recuerdos y "visiones". Se trata de manifestaciones que provienen directamente de lo que llamamos función ello del sí mismo.

Marie-Lise Labonté, por ejemplo, propone un método corporal que trabaja sobre la coraza. Guy Corneau preconiza algunos planteamientos corporales y el desarrollo de la creatividad por distintos medios de expresión y por la terapia del arte; Martin Brofman ha desarrollado un trabajo energético en determinadas zonas del cuerpo a partir de la respiración y de la visualización; Richard Moss propone un trabajo centrado en la conciencia, el cuerpo y la creatividad. Y todos, después de su paso por el túnel de la enfermedad, que a veces les ha llevado hasta la antecámara de la muerte, han experimentado un impulso hacia algo trascendente y desarrollado un entendimiento "espiritual de la enfermedad". Y los distintos planteos corporales que preconizan se pueden percibir como "ejercicios", en el sentido de los ejercicios propuestos por ejemplo por Ignacio de Loyola, es decir, como algo que permite pasar a otro nivel de conciencia y de ser.

Su experiencia, las prácticas que proponen y su evolución y curación interpelan al terapeuta gestáltico que yo soy. Y tanto más cuanto que yo mismo he utilizado algunos de esos planteos.

Quiero dar el siguiente testimonio: cuando supe que padecía de una descompensación hepática grave y que debería encarar un trasplante de hígado, decidí rehacer una terapia. Escogí un terapeuta cuyos métodos ya conocía, que podía acompañarme con diversos planteos corporales y que aceptaba por completo lo que yo ponía en acción por mi parte, especialmente los planteamientos amerindios. Aproveché también otros medios que motivaron que el médico me dijera: "Esta vez el escáner es mucho menos alarmante que el anterior y sin duda podremos encarar el trasplante". No sabía que había practicado regularmente y con intensidad el método Simonton, que conozco y que suelo utilizar con mis pacientes, y que también había recurrido a algunas prácticas de la medicina amerindia. Lo que estaba en juego era importante: el primer escáner ponía en duda la posibilidad de practicar un trasplante hepático y tenía este pronóstico: más o menos cinco años de supervivencia en un estado de progresiva degradación física y psíquica. El segundo escáner, algunas semanas después, permitía encarar el trasplante. Entretanto había transcurrido un proceso terapéutico con una práctica intensiva de acercamientos que trabajaban sobre la función ello, algunos que efectuaba yo solo, en casa, y otros que practicaba en las sesiones de terapia e incluso otros que realizaba en seminarios especializados. Las sesiones de terapia individual me permitían verbalizar las manifestaciones que provenían de ese ello, hacer una elaboración a partir de ese material y compartir todo eso en la relación con mi terapeuta.

El testimonio de las personas que acabo de citar y mi experiencia personal me llaman a situar en primer plano este tipo de trabajo en la terapia, sobre todo porque la terapia gestáltica propone una teorización que lo permite.

Poco antes me refería a que esto es también un cuestionamiento ético. En efecto, la enfermedad no espera, continúa su camino y si aún no es irreversible podría ocurrir que lo fuera. Anne Ancelin-Schützenberger, psicoanalista que ha introducido en Francia el método Simonton, recuerda constantemente, en los cursos de formación que dicta, que no hay tiempo que perder. El método Simonton, desarrollado en 1979 en los Estados Unidos por el doctor Simonton y su mujer para los enfermos de cáncer, ha sido sin duda el comienzo de una prolongada investigación acerca del acompañamiento psicológico de las personas aquejadas de una enfermedad grave.

A través de estos métodos se trata, por cierto, de poner al organismo en un contexto que favorezca el surgimiento de un material de fondo e, incluso, se trata de suscitar esto.

La objeción que plantean los puristas es que este no es un trabajo en la frontera-contacto, que nos mantenemos en el paradigma individualista que es lo contrario del paradigma de campo que contiene la teoría del sí mismo y que esto sitúa al terapeuta en la postura del terapeuta experto y no en la del terapeuta co-creador del campo terapéutico con el paciente.

Esta objeción no se sostiene según la teoría del sí mismo:

√ creamos un contexto que permite que el organismo vuelva a poner en marcha su proceso de autorregulación, que está perturbado;
√ las manifestaciones de la función ello que emergen a partir de este contexto son las figuras sobre las cuales podremos trabajar;
√ y a partir de allí vamos a interpelar nuevamente la relación organismo-entorno, es decir, la manera como el paciente la ejerce para "contactar" sus diferentes entornos incluido el terapeuta;
√ y cuando trabajamos así, estamos constantemente ante lo desconocido, no podemos prever qué va a emerger ni cuáles serán las reacciones del paciente ni las nuestras ante lo que podría emerger. Esto supone una gran confianza, la "fe" en la capacidad del campo organismo-entorno para producir la regulación.

• El método de Adriana Schnake: diálogo con el síntoma o la enfermedad[1]

Adriana Schnake es chilena, médico y terapeuta gestáltica. Ha desarrollado un método dinámico basado en lo organísmico que usa como técnica el psicodrama y el juego de roles. La técnica del psicodrama, propuesta inicialmente por Moreno y utilizada con frecuencia por Perls, consiste en hacer que *el cliente mismo* desempeñe sucesivamente los distintos roles de la situación a que se refiere. Puede dialogar, por ejemplo, con su cuerpo o

1 Este pasaje ha sido redactado con la colaboración de Valérie Baille, que ha seguido la enseñanza de M. Muñoz.

con diversas partes de su cuerpo. Miriam Muñoz trajo a Francia este método. Muñoz es la creadora del Instituto Humanista de Terapia Gestalt de México y ha sido invitada por el Instituto de Gestalt de Grenoble.

Se trata de que el paciente dialogue con su enfermedad, con el órgano enfermo o la parte enferma del cuerpo. El objetivo es acompañar al paciente para que descubra el significado de la enfermedad y el mensaje que trata de enviarle. En este planteamiento también se implica el terapeuta, que por ejemplo asume el rol del órgano sano. Para esto son necesarios algunos conocimientos médicos que permitan situarse bien en la función sana del órgano o del sistema y dar a entender con claridad para qué sirve al paciente que hace el papel del órgano.

El enfermo también puede dialogar con su enfermedad o con el órgano afectado. Esto permite trabajar sobre la retroflexión como proyección en el organismo de introyectos, de creencias erróneas y de miedos que hacen que no consiga afirmarse con su necesidad ni tampoco concienciar el dominio. Es un trabajo muy intenso sobre el concepto de campo organismo-entorno, que tiene como modalidad de entrada el entorno introyectado hasta el punto de tornarse destructor.

El proceso se desarrolla en varias etapas para las cuales se necesita de dos sillas y de varias pasadas de una silla a la otra:

Etapa de investigación: permite revelar las ideas que la persona proyecta sobre su órgano en términos de identificación o de rechazo. Esta etapa permite revelar las ideas falsas que tiene la persona sobre su órgano, lo que exagera, lo que proyecta en él y lo que no asume.

√ Una semana antes de la sesión, el terapeuta pregunta al paciente por qué quiere trabajar sobre ese órgano. El paciente habla del síntoma y/o de la enfermedad.

√ El paciente, con los ojos cerrados, se describe como órgano. El terapeuta incita al paciente a describir las características físicas y fisiológicas de su órgano. El paciente describe su manera de estar en el órgano. El terapeuta anota lo que dice el paciente y clasifica los elementos en:

-lo que está bien;
-lo que es falso;
-lo que no se ha dicho.

Trabajo terapéutico: es una etapa de *diferenciación* y de *re-identificación.* La persona se ajusta a la realidad del órgano sano. El objetivo de este trabajo es que el paciente reasuma las características reales del órgano sano.

√ El terapeuta también asume el lugar del órgano y describe al paciente las características reales del órgano sano.

√ Los distintos pasajes permiten 1) que el paciente explore las características de su órgano sano y 2) que el terapeuta ajuste sus intervenciones a medida que se desarrolla la experiencia.

√ El paciente es él mismo. El terapeuta pregunta al paciente *en qué se parece o en qué no se parece a su órgano.* En esta etapa el paciente anuncia al terapeuta "esto es lo que debo aprender" y comienza la integración de la novedad.

√ El paciente se torna órgano. Es la etapa de re-identificación, de reapropiación del órgano sano. El terapeuta pregunta al paciente por su órgano sano y verifica que el paciente carga su órgano de manera más completa y más exacta.

√ Etapa de *unificación.* Etapa de integración de la experiencia. Una vez que el paciente/órgano experimenta en todo su ser las sensaciones que tenía que trabajar, el terapeuta lo invita a vivir plenamente sus sensaciones y a memorizarlas en todo su ser. "Permanece con esa sensación, vive lo que vives, concédete un momento para memorizar tus sensaciones".

√ "La tarea", "la orden" consiste en donar al paciente la consigna de revivir esas sensaciones y experimentarlas varias veces al día durante varias semanas o meses. Esta última etapa permite *anclar la experiencia* en el organismo y favorecer *la integración del nuevo ajuste.*

Este método tiene la fuerza de toda experimentación cuando *sorprende* al paciente y le revela algo donde no se lo esperaba.

El terapeuta que quiera aplicar este método tiene que documentarse sobre las características fisiológicas de los órganos. Los libros de biología y de fisiología entregan todas las informaciones necesarias. Sin embargo, importa no dar explicaciones sobre la función del órgano. Es bueno que el órgano sea "estúpido". El órgano no razona, no tiene grandes conocimientos, da testimonio, es: un punto es todo.

En el trabajo, cuando el paciente/órgano expresa una emoción, el terapeuta se ocupa de hacerlo cambiar de lugar y de devolverlo al lugar paciente/cliente. En efecto, el órgano no tiene emociones. El paciente es quien proyecta emociones en su órgano, y es fundamental restituir al órgano su lugar adecuado, es decir, únicamente su funcionalidad sana.

¿Se puede estar enfermo de un órgano cuya existencia se desconoce? Sí, pues estamos en una dimensión holística en que "el organismo sabe", aunque eso no haya llegado a la conciencia. Se puede decir de manera metafórica (si no podemos explicarlo de otro modo) que el conocimiento del órgano está inscrito en cada célula.

Este planteamiento se inscribe en y se completa con numerosos planteamientos desarrollados por distintas personas de culturas y formaciones diferentes. En efecto, el vínculo directo se hace con los trabajos del Dr. Dransart, autor de *La enfermedad trata de curarme* (1999) y de otros libros... Todos sus planteos tienen la finalidad de hacernos ver la enfermedad de otra manera. La enfermedad forma parte de nuestro proceso de desarrollo. Importa tener un acercamiento profundo e íntimo a lo que nos ocurre. Nuestra naturaleza no es ser perfectos, sino ser en curso de crecimiento y de progresión. Importa dejar de lado la creencia de que el ideal es el equilibrio perfecto. El único equilibrio estable es la muerte. Y esto es muy diferente de un desequilibrio que tiende al equilibrio en un proceso de crecimiento.

¿Cómo se prepara al paciente para que entre en el órgano? No se lo prepara. Es preferible *dejar que emerja* lo que está presente en el aquí y ahora. El terapeuta acompaña al paciente con su manera de ser y de estar, su entusiasmo, el tono aplomado y un ritmo adecuado a lo que ocurre. Cada terapeuta tiene un estilo propio de presencia (calidez, voz, tacto) y cada uno debe hallar sus propias modalidades en su capacidad de hacerse presente al otro.

CAPÍTULO V

Fondo, contexto y segundo plano

Notas

La terapia gestáltica ha introducido un concepto original en la historia de la psicoterapia: el de vínculo fondo-figura, tomado de la teoría de la Gestalt o psicología de la forma, que se considera una de las cinco raíces que fundan nuestro planteamiento.

Laura Perls, psicóloga, poseía un doctorado en psicología Gestalt, y Fritz Perls trabajó con Kurt Goldstein, uno de los primeros que utilizó esta teoría en su trabajo de médico.

La teoría se desarrolló en Alemania desde la década de 1910 con el impulso de teóricos como Wertheimer, Koffka, Kohler y Lewin, y se presenta como una teoría de la percepción que se basa en la noción de forma y en la dialéctica entre el fondo y la forma. Se la suele explicar con un dibujo donde se puede ver dos rostros cara a cara o un vaso. Si se observa atentamente el dibujo, se aprecia que la configuración vaso está dada por el contorno de los dos rostros y la configuración rostros por el contorno del vaso. Surgirá una u otra de las dos formas: cuestión de percepción.

Recordemos que la palabra "gestalt" significa a un tiempo forma y estructura. La terapia gestáltica se podría definir como un proceso de estructuración y de desestructuración de las formas. Es un proceso que sostiene la emergencia de una forma en el primer plano, una "forma neurótica fija" por ejemplo, para ponerla a trabajar. Eso significa deconstruirla, des-estructurarla, para construir después un ajuste nuevo, lo que llamamos "ajuste creador".

El organismo no percibe cualquier cosa ni de cualquier modo. Una figura que se impone, una "forma buena", va a surgir y desprenderse del fondo –de un fondo donde estaba contenida potencial o realmente– en función de una necesidad experimentada y concienciada por el organismo. La necesidad orienta la percepción y la conciencia clara del objeto adecuado para satisfacer la necesidad. La capacidad del organismo para hacerse con él e integrarlo le permite recuperar el equilibrio momentáneamente roto.

Cuando tenemos sed, nuestro organismo está en estado de necesidad y de búsqueda de equilibrio, nos lo indica por medio de ciertas manifestaciones fisiológicas y tomamos conciencia de la necesidad. Aparece entonces una Gestalt que necesita que se la complete. En esta secuencia del proceso, el organismo es el fondo del cual se desprende una figura clara que orientará nuestra percepción y nuestra acción hasta la satisfacción de la necesidad. Después, en el desarrollo del proceso, el vaso de agua se convierte en la forma clara y el hecho de beber el vaso de agua permite concluir la Gestalt. A esto se llama proceso de construcción-destrucción de la Gestalt.

Los primeros terapeutas gestálticos utilizaron este modelo para la comprensión psicológica de la relación del ser humano con el mundo y como marco de referencia para la práctica de la terapia. Plantearon la hipótesis, apoyados sin duda en el concepto de compulsión a la repetición desarrollado por Freud, que el ser humano neurótico funcionaba según mecanismos existenciales y relacionales generados por situaciones inacabadas de la historia pasada, las que llamamos gestalts inacabadas y fijas. Trabajaron en el establecimiento de un planteo terapéutico que se ocupa de acompañar el surgimiento de figuras –de formas– que se pueden desprender del fondo. La atención que se presta al sí mismo, y al sí mismo en la relación con el otro, permitirá este proceso.

Por este proceso los elementos contenidos en el fondo aparecerán en primer plano por medio de manifestaciones corporales o el sueño, por actos fallidos o lapsus de lenguaje o de comportamiento, y ocuparán el campo de conciencia y el campo relacional. El terapeuta sostendrá entonces la experiencia del paciente de suerte que estas manifestaciones se precisen y aparezca una forma clara. Esta forma es la aparición en el campo terapéutico y relacional de los residuos de situaciones inacabadas del pasado. Se la pondrá a trabajar para que el paciente cobre conciencia del impacto de la repetición en su vida cotidiana y también cobre conciencia de que el mecanismo vuelve a funcionar en el aquí y ahora de la situación terapéutica, sea ésta de grupo o individual. Después trabajará en buscar y experimentar la novedad en su relación con los otros. Es la búsqueda del ajuste creador. Frédéric Brissaud nos recuerda, en "Objeto y proyecto de la terapia gestáltica", que uno de los proyectos del proceso terapéutico gestaltiano es "restaurar la capacidad de ajuste creador de la persona".

Proceso figura-fondo

Utilizaré la metáfora de una escena teatral para ilustrar este proceso: desde un decorado de fondo comienza a aparecer una forma humana que poco a poco manifiesta su contorno y su claridad hasta situarse claramente en el primer plano de la escena en relación con ese fondo pero también gracias a él. En este momento, más que al fondo, el espectador está más atento sin duda a ese personaje que se convierte en forma que se impone. Después, una vez que se ha expresado, el personaje puede desaparecer, volver al fondo y dejar que aparezcan otros personajes, otros elementos de la intriga, otras formas. Si reaparece el primer personaje, lo hará en una gestalt diferente de la anterior, aunque ésta se encuentre vinculada con aquélla. La acción cobra sentido y la intriga resulta clara y coherente porque se presenta una sucesión de formas y configuraciones claras que desaparecen en el fondo y dejan lugar a otras. Desde un punto de vista gestaltiano, la dialéctica figura-fondo es fundamental para la elaboración del sentido y para la satisfacción de la necesidad que permite el crecimiento. Y, en esta lógica, el proceso, es decir el cómo –cómo ocurre la función ello, cómo se construye la función ello y después cómo se de-construye–, es más importante que el contenido y que el porqué.

Perls y Goodman han aplicado estas consideraciones al campo de la psicoterapia, agregándoles la noción de crecimiento originada en las investigaciones de K. Goldstein, otro psicólogo gestáltico. Éste realizó sus investigaciones en un hospital, con ex combatientes aquejados de lesiones cerebrales. La experiencia le permitió mostrar que el organismo neurótico se elabora sobre sentimientos, actitudes y necesidades que han resultado inadecuados muy temprano en la vida infantil y que se convierten en antagonistas de la vida. Y así se crea la creencia de que su expresión no sería conveniente y podría engendrar respuestas catastróficas. El organismo se impregnará de ellas de manera no consciente, quedará con su impronta.

La terapia que esboza Goldstein y que retoman Perls y Goodman consiste en presentar al paciente un marco tranquilizador en el cual su organismo pueda dejar que emerjan en primer plano esas formas relegadas en el fondo y que engendran la neurosis. La creación de un contexto terapéutico que permita que aparezcan esas formas en primer plano, que se conciencien, que se las reconozca y se las ponga a trabajar, cambiará la naturaleza de las configuraciones inscritas en el organismo y las pondrá en condiciones tales que el paciente pueda crear otras más adaptadas a su crecimiento. PHG llaman "formas neuróticas fijas" a estas configuraciones. Ya volveremos sobre esto.

El concepto de fondo merece algunas precisiones, ya que en la comunidad gestaltiana se lo puede percibir de otro modo y algunas veces se lo ha utilizado como sinónimo de nociones como segundo plano y contexto, como si no hubiera certeza sobre la definición de la palabra ni sobre su naturaleza. Conecta directamente con los otros conceptos de la teoría del sí mismo, especialmente con los de función ello, precontacto, campo y entorno. Importa diferenciar estas nociones. Recurro para hacerlo a mi experiencia clínica, pedagógica y antropológica; mostraré así la importancia de efectuar las distinciones que se imponen para saber en qué nivel trabajamos.

Diferentes concepciones del concepto de fondo

Propongo que exploremos este concepto por lo siguiente:

√ Primero, porque me parece central para comprender mejor la articulación que podemos hacer con los conceptos de figura y de forma, de *awareness*, de función ello y de campo.
√ Porque lo que nos interesa es el proceso de aparición y de creación de la forma.
√ Y porque solemos confundir fondo, segundo plano y contexto.

Para hacerlo, recurro a PHG, J. Latner, A. Jacques, S. Ciornai y a referencias a lo que escribí en 1994 en *Gestalt-thérapie, culture africaine, changement.*

• Perls y Goodman: la función ello es el fondo dado...

Esta es una definición que dan PHG: "La función ello es el fondo dado que se disuelve en posibilidades cuyas excitaciones orgánicas y situaciones pasadas inacabadas emergen en la conciencia, en el entorno vagamente percibido y en los sentimientos rudimentarios que ligan organismo y entorno".

El fondo se define aquí por intermedio de la función ello, que se nos presenta conteniendo cierta cantidad de posibles que pueden manifestarse de distintas maneras:

√ Las manifestaciones y excitaciones aparecen a través del organismo, y cuando se trata de las manifestaciones de la función ello, cuando se habla de las excitaciones orgánicas, se piensa primero en el cuerpo.
√ Los recuerdos de la historia pasada.
√ Los primeros sobresaltos ligados con lo que el entorno nos hace experimentar.

• Latner: se llama fondo al campo indiferenciado...

Escribe esto:

> "En terapia gestáltica se llama fondo o segundo plano al campo indiferenciado, a la unidad del organismo y del entorno. Se llama figura o Gestalt a la focalización que emerge de la atención y de la actividad, y lo que no está focalizado sigue siendo el fondo. Se llama formación de la Gestalt o formación de la figura al proceso que permite la focalización de la atención y de la actividad; se llama destrucción de la Gestalt o destrucción de la figura al proceso de satisfacción y de desaparición de las necesidades y de las Gestalts que lo acompañan".

Notemos que en esta definición él parece utilizar como sinónimos los términos fondo y segundo plano. El fondo se convierte en "el campo indiferenciado", que asimila a la "unidad del organismo y del entorno". De este modo, fondo, campo indiferenciado y unidad organismo-entorno son, según él, conceptos que se podría considerar sinónimos. Notemos también que utiliza la palabra *awareness* en el sentido de atención, lo que por lo demás corresponde a su significado etimológico, que en su raíz contiene la noción de vigilancia (J.M. Robine, *Gestalt-Thérapie, la construction de soi*, Capítulo V), y utiliza una expresión fuerte: focalización de la atención. Esto significa que en esta etapa del proceso la persona está inmersa en una actividad que es la movilización de la atención en el centrarse sobre la experiencia en curso y su *continuum*, en un estado de "concentración", por retomar el término que utiliza F. Perls en *Yo, hambre y agresión.*

Después nos explica lo que cree que es el proceso fondo-forma: "La formación de gestalts es la creación de una figura en el fondo. El fondo está siempre presente. Aunque la importancia del campo pueda disminuir (e incluso parezca desaparecer por completo momentáneamente) cuando la Gestalt se sitúa en el centro de nuestra atención, la formación de Gestalt ocurre en el contexto del campo como la melodía de un Raga se diferencia del fondo sonoro que la sostiene y al cual vuelve. La relación figura/fondo es la diferenciación de una parte del campo, que adquiere una posición central y de mayor importancia sin perder contacto con el resto del campo. Se trata de una diferenciación holística. La Gestalt es una manifestación del campo, aguda, nítida y distinta, y sin embargo apegada a su segundo plano. 'Ni siquiera el corte separa', dice el Tao Te Ching".

Podemos observar que Latner no efectúa ninguna elaboración de la definición de fondo. Sólo parece necesitar de la idea de un "campo indiferenciado, llamado fondo o segundo plano" para ponerlo como punto de partida del proceso de emergencia y aclaración de la forma: es lo que se llama la construcción de la Gestalt, anterior a su de-construcción si es neurótica. Por lo demás se podría discutir esta frase: "La relación figura/fondo es la diferenciación de una parte del campo que adquiere una posición central y de mayor importancia". ¿Campo y fondo son sinónimos? ¿Esta "cosa" que adquiere una posición central puede acceder a su diferencia sin que haya un mínimo de conocimiento del lugar en que se origina y de la materia de fondo que la alimenta y la impulsa adelante? ¿No perdería contacto con el resto del campo al adoptar una posición central? ¿De qué se trata entonces? ¿Acaso podemos prescindir de cierta definición, por lo menos de cierta visión de ese *resto del campo* que está incluido en un entorno dado que a su vez está incluido en un entorno más vasto o más distante? Volveremos más adelante sobre esto a partir de lo intercultural.

• André Jacques: el fondo es el claroscuro...

André Jacques ya planteaba esta cuestión del fondo en 1985, en un texto titulado *Perspectivas subyacentes en la teoría del sí mismo de la terapia gestáltica*, que sirvió de base a su obra *El sí mismo, fondo y figuras de la terapia gestáltica*, publicada en 1999. Escribió:

> "Esta investigación, por definición, no puede ver el fondo. Apunta, sin embargo, a lo que emerge del fondo. Este es y

> permanece informe y opaco. No obstante, en la experiencia, el fondo es el claroscuro donde bailan los fantasmas de formas capaces de mostrarse en primer plano apenas sea posible, migajas, fragmentos de fantasmas, recuerdos, deseos, dolores, cóleras, elementos que pueden surgir en plena forma y trastocar los contornos usuales de lo vivido... Es evidente que a la perspectiva puramente gestaltiana le falta una mirada que permita escrutar el fondo y allí desalojar las quimeras y las sombras. Ahora, también es evidente que la terapia gestáltica se alimenta de indicios, de hipótesis y de pistas que permiten remover el fondo y que provienen del psicoanálisis, el primer amor de Perls".

Esta concepción del fondo remite sin duda a lo intrapsíquico y a la metapsicología proveniente del psicoanálisis. Aunque a veces se la ponga en duda con el pretexto de que la terapia gestáltica supone una teoría del ínter y no del intra, es coherente con las raíces psicoanalíticas de la Gestalt.

- **JM Delacroix: un fondo pluridimensional**

Me tuve que plantear la cuestión del fondo en la década de 1990, después de mis trabajos en África. En esa época creía que no se podía trabajar en un contexto cultural extranjero sin efectuar una reflexión sobre la noción de fondo en terapia gestáltica. Y escribí esto en 1994, en *Terapia gestáltica, cultura africana, cambio*:

√ "El fondo está constituido por varios elementos básicos:

√ "Nuestra historia y su inscripción en un contexto: familia original, genealogía, filiación, educación, religión, cultura.

√ "Las creencias que se desprenden de lo anterior, con sus interdictos, el sistema de valores y de normas de vida, los sistemas de comunicación y los mecanismos existenciales que generan.

√ "Las concepciones explícitas e implícitas que tenemos sobre los temas fundamentales de la existencia: el hombre, la mujer, el cuerpo, la sexualidad, el tiempo, la enfermedad, la muerte, la espiritualidad...

"El fondo es la sombra, es todo lo que, entre bastidores en nuestro teatro íntimo, tira de los hilos de nuestra existencia, de nuestro devenir, de nuestro destino. Es ese ya-allí, no-consciente, ampliado hasta el inconsciente, esa instancia que por definición se nos escapa, aunque dirija nuestra organización intrapsíquica. Y Freud es, por supuesto, el primero que situó en primer plano este concepto de inconsciente que tocamos en terapia gestáltica por medio de la noción de no-consciente y que hay espacio para ampliar, como hace Jung, a su dimensión de inconsciente colectivo".

Completaba así lo anterior al final de ese libro: "Lo que a falta de otro nombre mejor llamaríamos fondo estaría constituido por la historia personal y familiar, por lo inconsciente, por un ensamblaje de elementos mal definidos y dispuestos en un lugar hipotético. El encuentro intercultural, debido a sus exigencias, plantea estas preguntas: ¿de qué está constituido exactamente el fondo? ¿De qué lugar del fondo vienen las figuras que se impulsan al primer plano de la escena? ¿Se trata de un fondo plano como la superficie de una mesa o se trata de un fondo que tiene profundidad? La etno-Gestalt podría abrir el capítulo sobre la dialéctica entre el fondo plano y el fondo de las profundidades, es decir, la de los orígenes: la angustia de los orígenes y el origen de la angustia. El '¿quién soy?' y el '¿cómo soy el que soy?', vistos a través de la grilla etnológica y antropológica, preguntan: ¿de dónde vengo? ¿De dónde viene este otro? ¿Por qué es negro? ¿Por qué soy blanco? La pregunta por la diferencia, por la alteridad, y la angustia que engendra, suscita el fantasma de un fondo común, de un origen común, de una 'mismidad'. ¿Tendremos todos, a pesar de todo, la misma madre y un progenitor común? Todos provenimos de un fondo parental común. La antropología remite a esa paradoja del ser humano que rechaza lo que no es él y que sin embargo busca lo propio en el extraño. La etno-Gestalt nos llevaría a introducir en la noción de fondo la dimensión de la cultura, que incluye la filiación, la genealogía, la civilización y el origen. Ampliar y profundizar el concepto de fondo permitiría ampliar el de campo y pasar de uno inmediato y limitativo a un campo ampliado y profundo, al campo de nuestra civilización personal, íntima".

Tenía entonces una percepción intrapsíquica del fondo, como A. Jacques, y la ampliaba a partir de concepciones sociológicas y antropológicas. Esta posición me parecía –y me sigue pareciendo– mucho más exacta, completa y excitante que la mera visión de fondo proveniente de la teoría de la Gestalt, la cual me daba la imagen de un fondo plano que sólo servía para poner de manifiesto una figura que entonces se convertía en lo único importante. En esa lógica, no había necesidad de una definición del fondo ni tampoco de conocer de qué estaba hecho ni su historia. Cuando se contempla un Picasso no es necesario conocer la historia de la pared que lo sostiene ni su constitución.

Forma: su contexto y el segundo plano

Selma Ciornai, terapeuta gestáltica brasileña, nos hace notar en su artículo "La importancia del segundo plano en terapia gestáltica" que una de las consecuencias de la teoría de la Gestalt "es habernos cegado, por no decir engañado" al dar demasiada importancia a la forma en detrimento del fondo desde el cual surge. Se refiere al segundo plano o al contexto cultural. Yo también lo creo. Hemos sido cegados por la figura, por el proceso de emergencia de esta figura desde un "fondo indiferenciado", y por el afán de ser coherentes con ciertos elementos de la teoría de la Gestalt (incluso porque nuestra terapia lleva su nombre). Y ahora necesitamos establecer una distinción entre ese fondo indiferenciado (unidad organismo-entorno), abstracción proveniente de la teoría de la Gestalt, y nociones como segundo plano, contexto y entorno.

Hay algo atrás y alrededor de la figura, pero también del fondo que la genera, un conjunto de circunstancias que la acompañan, que están en el origen de su emergencia y de su existencia. Necesitamos salir, en fin, de esa noción restrictiva "figura-fondo", y ampliarla con datos sociológicos, antropológicos, culturales, religiosos y políticos que le darán más significado, credibilidad y carne. Me parece importante que salgamos de esa confusión entre fondo y segundo plano, y propongo que dejemos los conceptos de figura-fondo a la teoría de la Gestalt y que exploremos lo que significa segundo plano.

El *Larousse* lo define así: "Plano de fondo, en una perspectiva". Podríamos definirlo como todo cuanto hay alrededor del conjunto fondo-figura, alrededor en este momento, pero también de todo cuanto ha estado alrededor y que aún influye al organismo en su estar en el mundo. Contemplemos la figura que emerge y situémosla en una perspectiva cultural, religiosa, social, económica, política, espiritual. Contemplemos también el entorno o los entornos que conciernen a esta persona que está concienciando la figura que ahora está allí en primer plano. Tomemos el término entorno en el sentido habitual que señala el *Larousse*: "Lo que rodea. Conjunto de los elementos naturales y artificiales en que se desarrolla la vida humana". Y completemos nuestra investigación con la palabra contexto: "Conjunto del texto que precede o que sigue a una frase, a un grupo de palabras, a una palabra. Conjunto de circunstancias que acompañan un suceso: resituar un hecho en su contexto histórico".

Daré un ejemplo, tomado del libro mío que ya he citado, para ilustrar esta cuestión que nos remite al contexto cultural y al segundo plano que él suscita y que aparece como segundo plano que da significado a una figura particular. Se trata de una experimentación realizada durante un seminario en Costa de Marfil, que utilizó el psicodrama para poner a trabajar una figura concerniente a la relación con el padre. Una joven africana expresaba una dificultad en su relación con el padre, su imposibilidad de comunicarse con él y el sufrimiento que afectaba sus relaciones. Le propuse entonces un psicodrama en que habría un encuentro con el padre en el cual podría expresar lo que no podía decirle en la vida cotidiana; le pedí que escogiera a alguien del grupo para que representara a su padre. Se produjo un prolongado silencio y se apreciaba con claridad la molestia de ella y del grupo, molestia que yo no comprendía, sobre todo porque había comprobado que los africanos reaccionan muy positivamente ante el psicodrama. Me sentía incómodo y no sabía cómo manejar la situación. Hasta que una persona tomó la palabra y me dijo: "Entre nosotros, en nuestra cultura, eso no se hace... no se puede enfrentar directamente al padre ni mirarlo a los ojos... es peligroso...". Bastante más tarde comprendería cabalmente ese "es peligroso".

En la cultura africana, como en todas las culturas, hay una cantidad determinada de interdictos que están en el origen de creencias que, si no se respetan, aparecen en primer plano: así se puede ser víctima de la mala suerte y morir por hechicería. La joven no volvió el día siguiente y nunca la volví a ver.

Aquel tipo de propuesta habría sido completamente adecuada en *contextos* culturales y sociales franceses o canadienses. Allí no. En ese *contexto* o en esas *circunstancias* era un error que provenía de mi ignorancia del *segundo plano* cultural y "místico" que impone normas de decoro y de respeto para con el padre, que se considera el representante del Antepasado. Había hecho una propuesta iconoclasta y blasfema que, en aquella lógica, resultaba peligrosa para los participantes del grupo y también para mí.

Dos figuras emergen en el ejemplo dado, una en el nivel individual y otra en el nivel grupal, como suele ocurrir en la psicoterapia de grupo: en el nivel individual, la cólera de esa joven; en el nivel grupal, el efecto de molestia y de estupefacción que sigue a mi propuesta. Emergen en personas en las cuales la función ello reacciona en el nivel corporal y emocional, lo que provoca una reacción emocional grupal que podríamos llamar *función ello grupal* o incluso función ello de la situación. El cuerpo es entonces el "fondo dado", lugar de expresión y de manifestación del organismo ante el entorno agresivo y peligroso en que me convierto.

No se puede poner a trabajar estas figuras sin considerar el segundo plano cultural que caracteriza el contexto del África occidental. La noción de fondo en sentido sociológico, que llamaremos segundo plano para evitar toda confusión, me parece pertinente e indispensable en una psicoterapia basada en una teoría de la interacción organismo-entorno.

Lo que plantea una pregunta: ¿para qué sirve rastrillar el fondo, acompañar y sostener la emergencia de una figura y después ponerla a trabajar si está separada de las circunstancias que la generan y del segundo plano cultural, social, económico, religioso y espiritual que subyace a estas circunstancias, si el terapeuta prescinde de informaciones *fundamentales*, es decir, que provienen de un conocimiento del contexto y de su segundo plano? Esto puede resultar peligroso, cierto, o puede convertirse en un medio para evitar lo esencial. Vuelvo a citar a Ciornai:

> "...Por una parte, me parecía que lo que emergía frecuentemente como figura de la experiencia presente, por ejemplo un sentimiento o una imagen, se convertía en una 'figura ciega' que al cegar al terapeuta y finalmente al cliente retardaba la emergencia de otros aspectos de la persona que de este modo permanecían en segundo plano. Estos aspectos solían ser menos inmediatos, pero no por ello menos importantes".
> Asistimos a ese fenómeno que llamo emoción-pantalla o forma-pantalla tal como Freud habla de recuerdo-pantalla.
>
> Y agrega S. Ciornai:
>
> "Creo que hoy necesitamos centrarnos con mayor atención en lo social, lo económico y lo nacional de los momentos que vivimos, porque afectan directamente nuestra vida de individuos y de grupos".

Aquel error que cometí, ligado a mi desconocimiento del segundo plano cultural e "irracional" (es el término que usan habitualmente en África occidental para designar todo cuanto está ligado con la hechicería) y ligado con el predominio del concepto de figura, me ha hecho reflexionar mucho en los peligros de la ignorancia unida a una definición restringida del concepto de fondo.

Algún tiempo después, durante un seminario de formación, siempre en Abidján, dos personas entraron en conflicto, un africano educado en su aldea de manera muy tradicional en un contexto matrilineal y polígamo, y una mujer europea emancipada y ejecutiva de una empresa. Me preguntaba cómo gestionar esta situación en un *contexto* de un grupo de formación en este caso pluricultural y de Costa de Marfil. Había aprendido a ser prudente y tuve la buena idea de preguntar entonces a los africanos del grupo: "¿Qué hacen ustedes en la aldea cuando deben gestionar este tipo de situaciones? Necesito consejeros culturales". Me situaba como etnólogo y les pedía que fueran mis informantes. Aceptaron amablemente mi pedido y me explicaron lo que hacían, muy excitados, entusiastas, indicando detalles y bromeando. Me aportaron así los elementos del *segundo plano* cultural y ancestral que necesitaba para hacerme cargo de ellos y para sostener de manera apropiada la *figura* emergente. Me explicaron que recurrían a un mensajero, personaje intermediario que se acercaba a uno de parte del otro y al otro de parte del uno, que había muchas palabras en juego, que todo podía durar bastante hasta que se llegaba a un compromiso y finalmente a un encuentro directo.

Propuse entonces un psicodrama que ponía en escena a esos dos personajes y a un mensajero intermediario que iría de uno al otro hasta que se resolviera el conflicto. Creamos de este modo un dispositivo terapéutico que integraba un referente cultural de las dos personas en conflicto, pero que también integraba referencias antropológicas de la cultura terapéutica africana y de mi propia cultura terapéutica: el "*savoir-vivre*" de este rincón de África y la técnica del psicodrama utilizada como experimentación en un contexto de terapia gestáltica. Me inspiraba en T. Nathan, que ha mostrado cómo se puede hacer terapia en este tipo de contexto cuando se ensamblan referentes de las distintas culturas representadas.

En este caso, ante la aparición de una forma que se imponía en primer plano en este contexto terapéutico particular, cuidé de buscar los elementos del segundo plano ligados con el contexto cultural para saber cómo gestionar la situación. Al hacerlo, nos situábamos en una posición de co-creadores. En la situación anterior estaba en la posición del que pretende saber en lugar del otro, pero que en realidad desconoce todo del otro.

Volvamos al término entorno. Es muy general, muy amplio, y hay que reconocer que no siempre es muy claro el límite entre entorno, contexto, segundo plano y fondo y que resulta fácil emplear un término por otro. Podríamos hablar de "fondo medioambiental" e incluir allí, como sugiere S. Ciornai, "lo social, lo económico y lo nacional que vivimos porque nos afectan directamente la vida de individuos y de grupos". Todos los terapeutas pueden comprobar hasta qué punto los acontecimientos mundiales repercuten en el estado y la angustia de sus pacientes.

El cuerpo-fondo

La cuestión del fondo se torna especialmente excitante si la miramos desde otra perspectiva, que PHG entregan explícitamente: el cuerpo. Nos presentan el cuerpo, en la fase de precontacto, como el fondo a partir del cual emerge la figura que permite identificar y precisar la necesidad: "Hemos definido la siguiente secuencia en el proceso de ajuste creador: el cuerpo es el fondo, y su necesidad o un estímulo del entorno es la figura; es lo 'dado' o función ello de la experiencia".

En esta fase del ciclo de contacto, el cuerpo es el fondo y lo dado es la función ello de la experiencia. ¿Cómo concebir entonces este cuerpo-fondo? ¿De qué cuerpo se trata y de qué fondo?

Me parece que hasta ahora, en la historia de la terapia gestáltica, hemos considerado al cuerpo como un soporte: soporte de las sensaciones, de las posturas y de las actitudes, y como lugar y medio de expresión de la emoción y del tono afectivo de la palabra. Me parece que se considera rápidamente a la figura como significativa de una necesidad y de un elemento relacional, pero a expensas del cuerpo, que pasa al segundo plano. ¿Acaso el cuerpo sólo sería una suerte de soporte destinado a dejar que aparezca una forma sobre la cual centrarse enseguida?

En los capítulos anteriores ya hemos mencionado que W. Reich influyó en Perls e hizo que hiciera del cuerpo un lugar de inscripciones, el lugar de inscripción de toda nuestra historia. Más tarde se lo hizo el lugar de inscripción de la historia ampliada: la genealogía. Y algunos lo hacen hoy el lugar de inscripción de toda la historia de la génesis de lo viviente. El cuerpo sería como un fondo con diferentes etapas que parten de lo próximo para ir hacia lo más distante, a lo muy distante. ¿Hasta dónde estamos dispuestos a ir en terapia gestáltica? ¿Estamos dispuestos a admitir que el cuerpo es también las células que lo componen y que cada una de nuestras células conlleva nuestra historia, quizás también la historia de la humanidad, y que pueden aparecer en la superficie manifestaciones de eso muy distante? Y a partir de allí, ¿cómo podemos comprender y concebir *el cuerpo como fondo*? ¿El cuerpo servirá solamente como pantalla (en el sentido cinematográfico) o de soporte que permite la manifestación de las reacciones fisiológicas, de lo sensorial, de las posiciones, de los movimientos espontáneos? Eso sería absurdo. El organismo está implicado completamente con sus diferentes componentes, todos los cuales son interdependientes unos de otros. Y si la terapia gestáltica es verdaderamente una aproximación holística, como se dice al comienzo de *Yo, hambre y agresión*, de Perls, tenemos que ser coherentes con esa visión. Ya no podemos prescindir de los trabajos de los últimos treinta años sobre el cuerpo y sobre la biología celular. ¿Qué sucede exactamente cuando la *función ello* reacciona en la frontera-contacto?

Por ejemplo, cuando un miedo emerge durante la sesión, el paciente lo conoce por diversas manifestaciones fisiológicas y el cuerpo es el fondo a partir del cual emerge. Podemos reconocerlo como un suceso que concierne únicamente al contexto del aquí y ahora inmediato. Pero no siempre basta esto para domesticarlo y transformarlo. Puede ser la continuidad de un miedo inscrito desde hace mucho en el organismo, ser el aquí y ahora del pasado que se prolonga y despliega hasta el aquí y ahora de hoy. Y puede ser interesante seguirlo no porque nos pueda conducir hasta esos elementos del fondo que quizás contienen sus orígenes, sino con la intencionalidad de acompañar al organismo en su propio proceso de autorregulación.

El peligro sería transformar la figura en abstracción, separarla del terreno que la genera y tratarla como un suceso de superficie, como un suceso de interacción que sólo pertenece a una historia terapeuta-paciente actual. La figura miedo pasa por la historia presente entre ellos dos, podemos reconocerla, contemplarla, puede desaparecer y transformarse y nos podemos detener allí y pasar a otra cosa. Y esto basta, a veces. Pero también puede constituir la ocasión de visitar la o las situaciones inacabadas que subyacen, el contexto en que se han instalado y el segundo plano familiar, escolar, cultural y sociológico de este contexto. Esto es indispensable a veces para emprender el trabajo de distanciamiento de ciertos sucesos de la historia.

Debemos prestar una atención especial a este cuerpo-fondo, devolverle su relieve, su volumen y su profundidad y reconocerlo como una parte de la materia en estado de transformación. Sabemos que la fase de precontacto es fundamental, que allí se juega la *función ello*, que allí se encuentra lo "dado" o la "función ello" de la experiencia. En 1951, cuando Perls y Goodman escribieron *Terapia Gestalt*, no poseían diversos conocimientos de que hoy disponemos. Nos corresponde continuar su obra y ampliarla.

Ahora va un ejemplo clínico que nos refiere al que incluí en el capítulo sobre la antropología.

Hace tiempo que Eduardo está en terapia. Con él trabajo regularmente con el *continuum* de la experiencia. Lo invito a estar en la conciencia inmediata de su experiencia corporal y emocional, a que siga el *continuum* de su experiencia y a que me diga de vez en cuando lo que siente. En este nivel de la terapia, acude a mí con las palabras que puede sumar a su experiencia. Tiene los ojos cerrados y sigue su experiencia interior poniendo de vez en cuando una palabra para dar cuenta de ella. Después ocurre un largo silencio durante el cual veo que lo habita una emoción intensa y profunda; parece estar muy lejos. Al cabo de un largo momento, se calma. Le pido que ponga algunas palabras a su experiencia. Abre los ojos lentamente y me dice, aún muy habitado por lo que acaba de vivir: "Es terrible lo que he vivido... No termino de creerlo... Vuelvo desde muy lejos... he tenido imágenes... he visto grandes rocas negras y una caverna, y en esa caverna había mucha violencia... Era terrible... Una familia... era mi familia... una familia prehistórica... y acabo de comprender que debo cuidar también de esa familia para cuidar mi familia actual y cuidarme... [llora profundamente]... esto me desalienta...".

Algo muy fuerte se desprende de sus palabras y del instante. No digo nada, nada hay que decir. Sólo estar allí y acoger la experiencia. Comprendo por qué me parecía que estaba tan lejos. Unos días después planteo la hipótesis de que ha ido muy lejos en el fondo de su historia y de que ese día se abrió una de las memorias inscritas en su organismo: Contemplo la experiencia en que una visión proveniente de un tiempo muy distante habitó su instante presente. Acepto el suceso en estado bruto: ha contactado un elemento de su historia muy antigua. No hay interpretación ni intento de explicación mediante una reminiscencia de vida anterior. Tampoco una etiqueta del tipo ha pasado por una suerte de desconexión de la realidad y ha hecho un mini episodio psicótico o una especie de regresión. Eso me parece inútil. Se impone entonces el respeto, el silencio y la contemplación. Ya volveremos sobre esto en el capítulo consagrado con mayor detalle al cuerpo. Nos basta considerar que un elemento del segundo plano se ha revelado por intermedio del cuerpo y de un trabajo intenso sobre la experiencia y la conciencia apuntada a esa experiencia. Es lo que se llama el trabajo sobre el *awareness.* Pero eso nos lleva también a ampliar nuestra concepción del ser humano y de los elementos que lo componen y estructuran. También podríamos aceptar la idea de que este cuerpo-fondo esta constituido por células a su vez compuestas por ADN y que el ADN es un conjunto de memorias como dicen diversos científicos. ¿Esta memoria organísmica no será el depósito de lo que en terapia gestáltica llamamos lo no-consciente? ¿Contendrá a ese indefinible "fondo dado", a esa función ello que tanto nos cuesta escrutar? Y el fondo del fondo quizás sea ese no-consciente que contiene toda la historia, la pequeña historia (personal, familiar y genealógica) y la historia grande, la de la evolución, de la evolución de la materia en estado bruto, hasta la aparición de lo viviente y después del ser humano y hasta el reconocimiento del espíritu.

Dicen a veces que la terapia gestáltica no es una terapia de las profundidades. Esta idea, completamente falsa, proviene de una mala comprensión de la dialéctica figura-fondo. No lo es, por cierto, en el sentido jungiano del término, en que indagamos en los mitos y en los arquetipos, ni en el sentido freudiano, en que analizamos lo intrapsíquico para hacer surgir a la superficie elementos de lo reprimido. Lo es paradójicamente, porque es la terapia de la evidencia y de la superficie y se refiere especialmente a sus raíces fenomenológicas y a la concienciación de la experiencia sensorial, emocional y relacional inmediata. Cuando paseo al borde de un lago de aguas tranquilas y veo que en la superficie aparece una serie de círculos, me digo que alguien acaba de tirar un guijarro al fondo del agua. No he visto ese guijarro, pero sé que es el suceso que ha producido esas figuras en la superficie. No puedo disociar la superficie del fondo.

Cuando uno de mis pacientes vive una molestia ante mí, puedo apreciarla por sus posturas, su respiración y su mirada, y la siento en mi propia vivencia. Para que algo evolucione no basta que vea su malestar, ni siquiera que él lo conciencie ni tampoco que yo conciencie mi propio malestar ante él. Es necesario que vincule su malestar con mi presencia y a veces también que le informe de mi malestar. Después los dos nos sumergiremos en el lago para identificar el "guijarro" que provoca las reacciones de superficie. De este modo podremos trabajar a partir del "fondo plano", de superficie, para ir a las profundidades del fondo, pero ligando el suceso de superficie con aquello del fondo que lo ha generado. Y haremos recorridos de ida y vuelta entre esos dos niveles de historia y de fondo. Y sabiendo que el "fondo plano" es el "guardián del umbral" que da acceso al fondo tal cual lo define el *Dictionnaire historique de la langue française*: "el punto más bajo", "la parte más lejana", "el más allá de las apariencias", los "cimientos".

Y nos encontramos en una posición paradójica en que al hacer terapia con lo que aparece en la superficie hacemos terapia de las profundidades. Profundo significa "lo que está muy lejos de la superficie".

Este cuerpo-fondo es portador de inscripciones familiares, sociales, históricas y culturales. El cuerpo como fondo es la materia que contiene el segundo plano y que puede revelar cómo nos afecta ese segundo plano. Es la superficie agitada del lago, tocada por el suceso inscrito en su universo interior, pero también tocada por los elementos exteriores.

La frontera-contacto: terapeuta blanco y paciente negro

Lo que se juega en la frontera-contacto y que marca completamente la historia presente entre el terapeuta y el paciente proviene a veces de un segundo plano social y político muy distante, como acabamos de destacar. Y para resolver una problemática actual que se juega en el aquí y ahora suele ser indispensable hacer referencia explícitamente a eso distante. Doy ahora un ejemplo, tomado de una psicoterapia con Nassian, africano de África occidental que hacía mucho que vivía en Francia:

P: Hace ya dos años que vengo a terapia y tengo la impresión de que nada ha cambiado. Otra vez tengo los mismos problemas que cuando comencé.

T: ¿Qué siente al decirme eso?

P: (silencio)... No sé, nada especial.

T: Hace un tiempo que me dice lo mismo... En su lugar, yo no estaría contento...

P: Me gustaría más estar en plena forma. Pero no es el caso.

T: He observado que a menudo me dice eso después de volver de su último viaje a África a los funerales de su madre.

P: No me había fijado... Ya hemos hablado... Tengo la impresión de que usted se interesa en esto como un etnólogo...

T: Como un etnólogo...

P: Sí, alguien que estudia las costumbres especiales de los otros.

T: Me dice que me comporto con usted como un etnólogo que estudia los rituales de los funerales en una sociedad que le resulta extranjera... y no como un psicoterapeuta.

P: Exactamente...

T: Hasta hace poco la mayoría de los etnólogos eran blancos.

P: Sí, es verdad.

T: Y yo soy un blanco.

P: Ya me estoy enfadando... Por otra parte, en la sala de espera está anunciando su libro sobre terapia gestáltica en África... No quiero leerlo...

T: Comienzo a entender... usted tiene la piel negra y yo la piel blanca... Su terapeuta es un blanco. ¿Cómo se siente con eso?

P: Creo que todavía tengo el complejo del negro ante el blanco, aunque hace como treinta años que vivo en Francia.

T: El complejo del negro ante el blanco...

P: Sí, usted es el colonizador y yo el colonizado.

T: Y usted se comporta como el colonizado ante el colonizador que yo represento para usted.

P: No sé nada de eso, pero ahí está la historia.

T: Sí, la historia está ahí. Vuelve a actuar en esta terapia. Y es típico decir que una de las consecuencias de la colonización ha sido la inercia de los colonizados, es decir, una forma de agresividad pasiva...

P: ¡Una historia de los blancos sobre los negros! (Se ríe). ¡Sin duda como todo lo que está escrito en su libro!

T: Me decía al comienzo de esta sesión que, según usted, nada ha cambiado en esta terapia. Sin duda es una historia de blanco y negro, por retomar su expresión, que se encuentran y que llevan en sí el peso de una historia antigua en que están implicados sus antepasados. ¿Puede imaginar que yo, ante usted, tengo el complejo del blanco ante el negro?

Este ejemplo nos muestra que no podemos evitar el paso por un "fondo" muy antiguo, que llamaremos segundo plano histórico y que sirve de fundamento al suceso de frontera-contacto. La historia de este hombre es aun más compleja si se considera que uno de sus antepasados era portugués. Lleva el apellido de ese hombre, un nombre portugués entonces, que fue un esclavista del África occidental, que enviaba africanos a Brasil. Emerge una figura y observamos que para dar cuenta globalmente de ella necesitamos distinguir entre el fondo en el sentido de la teoría de la Gestalt y la noción de segundo plano con sus distintos componentes históricos: historia familiar, genealógica, social y política, no sólo del tiempo presente sino de tiempos lejanos. La continuación de esta terapia ha mostrado que el factor "inercia", respuesta del colonizado ante el colonizador, era exacto. Y la rebelión del "colonizado" ante el agresor, ya muy presente en la secuencia presentada, se pudo decir y expresar algunas sesiones más tarde. Por mi parte pude decirle la vergüenza que a veces había sentido durante mis intervenciones en Costa de Marfil por estar en la filiación del colonizador. Advirtió entonces por qué tenía la sensación de "llevar mal" ese apellido portugués de su antepasado esclavista. Era a un tiempo blanco y negro, colonizador y colonizado, y por lo tanto estaba desgarrado por un conflicto interno que hacía que nunca estuviera verdaderamente en ningún lugar.

La noción de fundamento me pareció interesante entonces. Pone en perspectiva las fundaciones, los cimientos, es decir, la arquitectura de segundo plano sobre la cual se levanta la visible y actual. El fondo como fundación, como fundamento. Y si las fundaciones son malsanas, sobre ellas hay que trabajar para deconstruir las formas neuróticas que generan, y reconstruir otras formas más adecuadas.

Corresponde entonces resituar a la teoría de la Gestalt en su lugar exacto en el campo de la terapia gestáltica y considerar que dimensiones históricas, psico-sociológicas, culturales y otras constituyen otro fondo que llamaremos segundo plano, sin olvidar que estas dimensiones forman parte del entorno y crean el contexto.

* * *

La terapia gestáltica es interesante porque ha introducido en la historia de la psicoterapia los conceptos de fondo, forma y figura de la teoría de la Gestalt. Éstos son también interesantes, y en gran manera si del fondo no hacemos solamente una simple pared en blanco que permita valorar una figura particular tal como en un cuadro. Ampliemos la noción de fondo y tratemos de captar los otros factores que forman parte del campo y que también influyen en el organismo que producirá la figura. Esos otros factores darán sentido a la forma que emerge, situándola en un contexto global que a su vez está inscrito en un campo más vasto.

Para finalizar, mi propuesta sería mirar de modo pluridimensional sobre "todo lo que está al lado y detrás" de la figura, que la contiene y participa de su emergencia, lo cual permitiría dar cuenta de una manera mucho más global y satisfactoria de las figuras y de los sucesos de frontera-contacto. Este conjunto puede ser aprehendido:

√ por la teoría de la Gestalt, que aporta la dimensión figura-fondo/construcción-destrucción de las gestalts;

√ por la dimensión histórica e histórico-estructural, que podría remitirnos a lo intrapsíquico y al inconsciente como fondo;

√ por las dimensiones sociales, sociológicas, culturales, religiosas y políticas, que nos remiten al contexto y al segundo plano;

√ por la dimensión corporal como fondo para la emergencia de la función ello, ligada a la teoría de la Gestalt y como lugar de inscripción de las gestalts inacabadas, con las ideas de W. Reich, retomadas por A. Lowen como fondo teórico-clínico;

√ por la dimensión inter-accional, que podría situar al campo como fondo para la construcción de la relación y la reactualización de las formas fijas neuróticas en el contexto de la relación terapéutica y en la frontera entre el uno y el otro.

CAPÍTULO VI

Lo arcaico y lo íntimo

Notas

El planteamiento que consiste en "rastrillar el fondo", expresión que suelen utilizar los terapeutas gestálticos, es indisociable de otros dos pilares de la teoría del sí mismo: el *awareness* y la función ello del sí mismo.

Las tres funciones del sí mismo: fundamento del acto terapéutico gestáltico

El proceso terapéutico se articula en terapia gestáltica desde el concepto de contacto presentado en los capítulos anteriores, según las tres modalidades o tres funciones del sí mismo y según la movilización de la conciencia para identificar lo que ocurre en la frontera entre el paciente y el terapeuta. Un individuo sano y en crecimiento es aquel en el cual están en alianza unas con otras las tres funciones del sí mismo. Esta alianza promoverá una interacción creadora del organismo con el entorno en el ajuste creativo.

La consideración del sí mismo en sus tres componentes contribuye a crear el acto terapéutico de tipo gestáltico, pues interpela y revela lo que de historia hay inscrito en el organismo, las representaciones y creencias que tenemos –adecuadas, erróneas o limitadoras– y nuestra capacidad de efectuar el acto exacto en el momento adecuado.

El sí mismo designa el proceso portador de las manifestaciones reveladoras del sentido y es "el agente integrador", como también lo definen PHG. Paciente y terapeuta se convierten entonces en descifradores, en buscadores de sentido. El sí mismo designa el proceso, la dinámica que se elabora desde que el ser humano toma conciencia de una necesidad y "contacta" al entorno para extraer de allí los ingredientes necesarios para la satisfacción de la necesidad hasta la asimilación e integración de la experiencia. Con ocasión de esta dinámica se revelarán y se pondrán en acción las tres funciones del sí mismo que remiten a los tres componentes básicos del ser humano que se ponen en movimiento en su relación con el otro, con el mundo y con su capacidad creadora hacia la transformación:

√ La fisiología, con sus diferentes manifestaciones corporales, sensoriales, respiratorias, musculares y posturales, y su extensión hacia lo emocional. Corresponde a la *función ello* del sí mismo.
√ El sistema de representaciones conscientes y no-conscientes a partir de las cuales funciona, así como el conjunto de los aprendizajes que ha hecho en el curso de su historia. Es la función *personalidad* del sí mismo.
√ Su capacidad para optar y plantear el acto adecuado en relación con la opción. Es la función *ego* del sí mismo.

El acto adecuado es el que resulta del encuentro y la alianza entre los mensajes emitidos por la fisiología y las representaciones, y que es propulsado al campo medioambiental a un tiempo por la satisfacción de una necesidad o de un deseo y por el crecimiento del entorno.

Mis observaciones como clínico que trabaja en el campo de la psicoterapia y de la formación de psicoterapeutas gestálticos me llevan a prestar especial atención a la función ello del sí mismo y a considerarla la puerta de entrada en lo arcaico inscrito en el cuerpo, en el descubrimiento de las necesidades de fondo y en el despliegue del sí mismo a través del ciclo de contacto. Gracias al planteo que consiste en movilizar la atención sobre la experiencia mientras se está desarrollando, aparecerán en el campo de la conciencia inmediata algunas manifestaciones de la función ello: fisiológicas, corporales, gestuales, sensoriales y oníricas.

De este modo se pueden revelar inscripciones, señales de otro tiempo y hieroglifos, fundadores de la historia presente, de nuestra civilización interna y de nuestra manera de contactar.

Por esta razón este capítulo está consagrado a la función ello y al *awareness*, esa forma de conciencia que podríamos llamar atención o vigilancia, que está presente aunque no contemos con la conciencia explícita de que está actuando y nos puede revelar ciertas manifestaciones de la función ello que hasta ese momento se nos escapaban.

Función ello y lo arcaico

Lo arcaico... Se trata de un término poco o nada utilizado en el vocabulario de la Gestalt, anacrónico, extraño, porque se supone que nuestra mirada debe apuntarse a lo evidente, a lo que está allí, inmediatamente, a las manifestaciones del aquí y ahora. Cabe preguntarse, incluso, si el aparato conceptual gestaltiano permite dar cuenta de esto. Para ceñir mejor el concepto, veamos la definición del *Larousse*: "Lo anterior a las épocas clásicas".

La noción de arcaico nos remite a las épocas, a los estratos, a los tiempos y a la superposición de los estratos unos sobre otros. Nos remitiría por ejemplo a los terrenos primarios si nos referimos a una metáfora geológica, a los vestigios de lo que fue una civilización si nos referimos a la arqueología (al período precolombino, por ejemplo, o a la prehistoria), a lo pre-edípico si volvemos hacia el psicoanálisis. Lo arcaico nos devuelve a la cuna, a la del bebé o de la humanidad. A los orígenes... Quizás también a las premisas de lo que llamamos ciclo de contacto.

La Gestalt no ha desarrollado una teoría psicogenética del desarrollo del ser humano y mi intención no es hacerlo aquí. Implícitamente, los terapeutas gestaltianos parecen utilizar el término "arcaico" para referirse al término pre-edípico de los psicoanalistas o a la etapa preverbal del desarrollo del niño. La teoría del sí mismo, por su misma naturaleza, no da cuenta de lo arcaico, porque no se interesa en la naturaleza del proceso de "contacto", es decir, en la naturaleza de la interacción organismo-entorno vista a través de las nociones de ajuste creador y de crecimiento en el aquí y ahora. El psicoterapeuta gestaltiano implicado en el terreno de la psicoterapia, con los marcos teóricos y prácticas que de ello se desprenden, está inmerso en la paradoja:

√ Cuando trabajamos sobre el aquí y ahora según la terapia de la concentración desarrollada por F. Perls, aparecen de inmediato vestigios del pasado.

√ Cuando utilizamos como herramienta clínica la noción de *awareness*, cuando incitamos al paciente a que se mantenga en la conciencia de la experiencia inmediata y en el *continuum* de su experiencia, se desenmascara lo no consciente y a menudo asistimos a la cosecha de un elemento reprimido, como lo muestran los numerosos sueños que informan los pacientes en los seminarios donde se trabaja con mayor énfasis en el *awareness* y la función ello.

√ Precisamente cuando F. Perls critica la regla de la asociación libre de los psicoanalistas y a veces la considera incluso "regla de disociación libre", el trabajo terapéutico basado en el *awareness* y la consideración de las manifestaciones corporales, emocionales, mentales e interaccionales se desarrolla en una cadena asociativa organísmica y organizadora del sí mismo que incluye todas las sutilezas de la interacción y, a través de ella, de la relación.

√ Al poner de manifiesto la naturaleza de las interacciones en el proceso de contacto, nos volvemos a encontrar plenamente con lo intrapsíquico y sus repercusiones en lo que ocurre entre, en la frontera-contacto y en lo inter-accional.

√ Si bien algunos teóricos de la Gestalt la presentan como un planteamiento proveniente del paradigma individualista que atribuyen al psicoanálisis y la sitúan en el paradigma del ínter: interacción, interrelación, intersubjetividad, el concepto de función ello de la teoría del sí mismo la sitúa en el vaivén entre el intra y el ínter, y en la alimentación del uno por el otro.

Lo anterior da para creer que la oposición de F. Perls a Freud y la actitud revisionista en relación con el psicoanálisis que muestra en 1942 en *Yo, hambre y agresión* lo han llevado a reelaborar el sistema de Freud en términos opuestos. Se los vuelve a interpelar entonces como sus contrarios y se impulsan al primer plano de la escena sin que haga falta buscarlos.

Como nuestro objetivo no es buscar el inconsciente en el sentido freudiano del término y menos aún acosarlo, el organismo no moviliza las mismas defensas y se presenta rápidamente. Y esto cabe en la lógica misma del principio de autorregulación organísmica y de nuestra antropología, en la cual tenemos una visión global del ser humano. Corresponde que introduzcamos al inconsciente en esta visión global, tanto en el sentido freudiano como en el sentido jungiano, y sin tratar de trabajar como psicoanalistas, pues no lo somos. No creo que haya contradicción alguna en encarar las cosas de esta manera, que es coherente con los orígenes mismos de la Gestalt, creada por los Perls, que eran psicoanalistas, y con la historia de la terapia gestáltica, parte de cuyas raíces proviene del psicoanálisis.

Los conceptos de función ello, *awareness* y *continuum* de la experiencia nos ponen frente a un fenómeno particular: encontramos elementos de los cuales nuestro aparataje conceptual no nos permite dar cuenta.

La metáfora del positivo y el negativo del lenguaje fotográfico nos permitirá dar cuenta del fenómeno. La genialidad de F. Perls es habernos llevado directamente a lo arcaico, es decir, a la prueba del negativo, a la prefiguración de una figura inmovilizada de la realidad. Figura inmovilizada en los archivos de nuestro cuerpo, de nuestra alma y de nuestro inconsciente en su primer esbozo en negativo, en contrastes de oscuro y claro. Este negativo suscitará en lo real nuestras formas existenciales. Algunos sucesos de la vida cotidiana pueden desempeñar el papel de reveladores. Ahora bien, puede ocurrir que ese negativo haya sido afectado por un producto con el cual verdaderamente no coincide. Y entonces es lo borroso, la confusa superposición de planos, la desnaturalización o la reimpresión de una antigua imagen que ya no corresponde a la forma buena, es decir, a la forma que tiene sentido en la capa actual de la existencia. Tenemos una imagen anterior a la forma actual y hay confusión entre ambas.

La función ello del sí mismo es la gran reveladora de lo arcaico y del fondo en la concepción de lo intrapsíquico. Empuja e intenta revelarse en las premisas del ciclo de contacto. Se la suele asociar a la fase de pre-contacto del ciclo de contacto. Gobierna el destino de la forma, contiene en sí el material para hacer surgir las formas neuróticas con los mecanismos de interrupción del ciclo de contacto, pero también para suscitar la forma completa y acabada. Es comparable a los orígenes, a los orígenes de la vida, del ser humano, de la humanidad, a los orígenes de un potencial para vivir y realizar. Origen de una forma bella y buena para ofrecerse como regalo, para ofrecer como homenaje al universo, al otro.

En mi libro *Esos dioses que lloran,* he mencionado la importancia de la función ello a propósito de mi trabajo con los psicóticos. Mis trabajos me habían permitido mostrar que la psicosis era un trastorno de la función ello en el precontacto por la confluencia y la introyección. La locura se podía ver como una hipertrofia de todo ese material contenido en esa función del organismo. No consigue orientarse hacia el desarrollo sano del ciclo, crea confusión, anarquía y superposiciones de niveles que provocan una pérdida del sentido de lo que llamamos la realidad.

Esto escriben PHG acerca de la función ello:

> "Como aspectos del sí mismo en un acto simple y espontáneo, la función ello, el yo y la personalidad representan los estadios principales del ajuste creador: la función ello es el fondo dado que se disuelve en posibilidades: √ las excitaciones orgánicas; √ las situaciones pasadas que surgen en la conciencia; √ el entorno percibido vagamente, √ y los sentimientos rudimentarios que vinculan vagamente el organismo con el entorno".

Y para dar cuenta de la naturaleza de la función ello dan el ejemplo de la relajación:

> "El cuerpo ocupa el primer plano [en la relajación], porque, como están en suspenso el sentido y los movimientos, las propiocepciones usurpan el campo. Éstas habían sido reprimidas deliberadamente; liberadas ahora, emergen en la conciencia. Y si no proveen de un centro urgente de concentración, uno termina por dormirse".

Esta frase es la que entrega, en mi opinión, la mejor definición de la función ello. Nos permite vincular función ello, noción de *awareness* y clínica.

Al apuntar la atención sobre el sí mismo implicado en la experiencia, nos tornamos conscientes de las manifestaciones corporales y de las propiocepciones hasta entonces ocultas en el no-consciente. La concentración es el acto que consiste en estar vigilante (por lo tanto, activo, movilizando la atención) manteniéndose en la soltura, en el abandono. Y volvemos a encontrar la definición de sí mismo que da Goodman:

> "El sí mismo es espontáneo, de modalidad media. Lo espontáneo es a la vez activo y pasivo, a la vez voluntad y sumisión, es de vía media, es una imparcialidad creadora... El movimiento muscular es de predomino activo y la percepción de predominio pasivo. Pero el movimiento y la percepción también pueden ser igualmente espontáneos y de vía media, como en la danza o en la percepción estética...".

Después de estos desarrollos teóricos, prestemos atención a la clínica para captar mejor la naturaleza de la función ello y su relación con lo arcaico.

Tengo para mí que el fundamento del acto terapéutico gestáltico reside en la invitación a apuntar la atención sobre uno mismo para tornarse consciente de las manifestaciones organísmicas y en mantenerse en el *continuum* de la experiencia.

Es lo que he desarrollado extensamente a propósito de lo que llamo experimentación esencial o de nivel 1 y que desarrollaré más adelante en el Capítulo IX sobre la experimentación. A través de esta actividad emergerá lo no-consciente y creará una relación de proximidad con el terapeuta.

El awareness*: instrumento clínico, revelador del no-consciente manifestado por la función ello*

Mencionaré mis observaciones según una estructura particular que he dispuesto algunas veces en los primeros seminarios de mis ciclos de formación, en especial cuando el grupo trabaja sobre la noción de *awareness* y de *continuum* de la experiencia. Esta estructura consta de varias fases:

1. Tiempo de centrarse en uno mismo, en grupo, por la respiración, el movimiento, los sonidos. Persigo entonces dos objetivos: crear un contexto que permita que aquello que está levemente tras la conciencia se pueda experimentar y deje venir lo que Ophélia Avron, que hace psicodrama analítico, llama "emocionalidad grupal", que yo llamo "función ello grupal" y que otros llaman función "ello de la situación".
2. Mismo tipo de centramiento, ante un participante, con contacto por la mirada.
3. Sentados cara a cara, los dos participantes se centran en su experiencia inmediata, manteniendo el contacto visual.
4. Toma de conciencia de las fluctuaciones de la experiencia interior frente al otro.
5. Intercambio verbal únicamente a través de la frase "Frente a ti, tomo conciencia de que… lo que experimento es…". Los dos participantes intercambian de esta manera, sin racionalizar, explicar o tratar de comprender lo que ocurre. Esta secuencia puede durar entre 15 y 30 minutos.
6. Los dos participantes se toman unos minutos para intercambiar "cómo han vivido esta experiencia".
7. Vuelta al grupo.

Por medio de esta estructura se trata de desarrollar el *awareness* y utilizarlo como instrumento clínico para que surjan figuras en la fisiología a través de la experiencia. Estas figuras emergen del fondo organísmico y algunas provienen de gestalts inacabadas y fijas que hasta entonces han permanecido enquistadas en el fondo.

La vuelta al grupo constituye la última secuencia de la experimentación, secuencia de particular importancia que el terapeuta abre con estas palabras: "Ahora el campo está libre...". Es fundamental que entonces deje el campo libre, que se convierta en testigo y receptáculo de lo que va a ocurrir, sin interferir en el proceso grupal. En efecto, el campo grupal recibirá la impronta de individuos marcados con fuerza por una experiencia temporal interna de *awareness* en la intimidad de un subgrupo de dos o tres personas. Este espacio libre constituye una apertura del fondo, por la cual aparecerá un material aparentemente atípico. La secuencia anterior ha agudizado el *awareness*; la ruptura que aporta en la intimidad de los subgrupos incrementa la angustia. Una suerte de conciencia aumentada barre con su haz luminoso la angustia de unos y otros y también la angustia grupal. La función ello grupal se caracteriza por una especie de emocionalidad grupal que constituye un elemento vinculante, un pegamento entre los individuos. La apertura está rodeada por las personas sentadas en círculo, por lo general en el suelo; está rodeada entonces por una suerte de envoltorio, de continente simbolizado por los cuerpos y las personas. Entonces intentan salir a la superficie esbozos de formas, que desaparecen enseguida como las burbujas que se muestran en la superficie del agua y estallan. Y después aparecen otras formas que a su vez desaparecen y así en más.

El grupo atraviesa, en general, por una especie de estado de indiferenciación, de estupor y de febrilidad. Vive una especie de caos fértil en el cual lo arcaico se bate como en una licuadora e impulsa algunos de sus aspectos al primer plano del escenario.

Después de un espacio-tiempo libre que puede durar de 45 minutos a una hora, se proponen nuevas estructuras análogas de *awareness* en distintos subgrupos hasta un nuevo "campo libre". Esto se reitera tres o cuatro veces durante un seminario de tres días.

Se crea de este modo una especie de intensidad en la función ello y en sus manifestaciones, caracterizada por una suerte de excitación engendrada por una mezcla de agudeza perceptiva y sensorial y de manifestaciones defensivas. Este espacio libre reenvía a cada uno a su soledad en lo colectivo, al espacio interior con sus estratos antiguos, a la apertura existencial, a los contornos de la piel simbolizados por el círculo, a las fallas en este envoltorio y a la fascinación del llamado de algo innombrable que se situaría cerca del presente y en conexión con él.

Escuchemos las palabras de algunos participantes que comentan dos años más tarde su experiencia:

√ "El campo está libre, todo es posible, el bien y el resto... Lo peor... la angustia... ¿Cómo me hago un lugar? El grupo es como una horda primitiva. Toda la familia acude a galope tendido, todas las historias acuden sin miramientos... Hay amor y odio".

√ "Es un combate de vida o muerte... Me recuerda al espermatozoide que quiere fecundar el primer óvulo".

√ "Es un asunto de significado, ya no hay significados. Ya no hay puntos de referencia simbólicos. Sólo hay cosas muy fuertes, arcaicas, instintivas, peligrosas".

√ "Experimentaba muchas manifestaciones fisiológicas, un gran miedo, terror incluso, como si arriesgara que los otros me mataran".

√ "Es como un salto al vacío. Sólo te queda el momento presente para afirmarte. Desaparecen todos los refugios... estás obligado a permanecer por completo en el momento presente; si no es la locura. Estás en un cambio de paradigma, de nivel, de campo... Todo es posible... Es una opción por hacer entonces y eso nos crea en lo que hacemos".

Después del segundo campo libre se desarrollan una o dos etapas de trabajo individual en el seno del grupo y con el grupo. La persona que se implica con su problemática personal se convierte entonces, sin saberlo, en portavoz del grupo. Y brota una suerte de ritual sanador para ella y para los individuos del grupo. Como en las terapias africanas, el grupo cura al individuo al participar en el ritual y el individuo cura al grupo al impulsar el ritual. Y la alianza grupo-individuo, cuerpo grupal, emocionalidad grupal, desarrollo espacio-temporal de la ceremonia, interpelación de las fuerzas ocultas (lo arcaico, los espíritus...) son distintos parámetros que crean el acontecimiento y le dan su poder sanador.

Se revelan entonces varias categorías de fenómenos y de temas durante este "campo libre":

- √ Fenómenos fisiológicos: aparecen en el campo de la conciencia y de lo experimentado manifestaciones corporales, especialmente respiratorias y sensoriales, que abren el camino a la aparición de ciertas inscripciones organísmicas.
- √ Clima de indiferenciación: en un primer momento no se desprende nada de particular, aparte de reacciones como "Estoy bien", "No tengo nada especial que decir...". El grupo parece inmerso en una especie de estupor, de inercia.
- √ Experiencia de estados curiosos: confusión, sensación de despersonalización, de flotar, de extrañeza, impresión de la presencia de alguien, de estar al borde de un abismo.
- √ Fluctuación de una emocionalidad grupal: durante un lapso bastante prolongado, las emociones no se reconocen ni se viven claramente. El grupo está inmerso en una especie de emocionalidad en la cual se siente que hay una angustia latente y pronta para tornarse de alta intensidad.

Y entre los temas, podemos citar:

√ el nacimiento: preocupaciones relacionadas con los períodos prenatal y postnatal, los peligros de muerte durante esos períodos;
√ la muerte: angustia de muerte, recuerdos de sucesos mortíferos, de accidentes, de miedo a ahogarse, miedo a la destrucción;
√ la lucha por la vida: luchar contra el entorno, miedo de ser muerto;
√ los orígenes:
    -identidad cultural y racial,
    -pertenencia a una filiación,
    -las generaciones y lo transgeneracional,
    -las vidas anteriores;
√ el instinto, la bestialidad, el ser primario y primitivo, la violencia.

Estas diferentes manifestaciones se entrelazan unas con otras y crean una especie de cadena asociativa grupal y total. De este modo se teje un fondo que permite que lo arcaico se manifieste a través de formas claras y que el inconsciente revele determinados fragmentos de sí mismo relacionados con eso arcaico. Durante los seminarios de tres días, la segunda y la tercera mañana comienzan con la participación de los sueños. Y éstos son numerosos; el inconsciente está muy estimulado por la situación.

Casi siempre el mero hecho que se puedan vivir estos sucesos, que se los pueda registrar y reinsertar en el campo de la experiencia y de la conciencia grupal, constituye de por sí un acto terapéutico total. Cuando lo no-consciente ligado a lo arcaico consiente en manifestarse, se lo debe tratar cuidadosamente, como algo sagrado que conviene acoger con suavidad y respeto. Es posible que nunca vuelva a manifestarse bajo esa forma.

Lo esencial es que aparezca y que reintegre el campo de la conciencia, de modo que salga de su indiferenciación o de su vagancia y encuentre su lugar en el gran todo de la persona, que salga de su crisálida para revelar la persona actual.

Unidades de trabajo individual se pueden llevar al seno del grupo si cumplen ciertas condiciones:

√ Es necesario que del caos se hayan registrado en el espacio libre algunas formas.

√ El terapeuta debe captar una forma que se imponga de manera suficiente y que sea representativa del ambiente y de la vivencia grupal. Hay que extirpar esta forma tanto del fondo grupal como del fondo del individuo que la genera.

√ El trabajo personalizado de un individuo es "adecuado" si se convierte en portavoz de un arcaico grupal.

√ El terapeuta debe estar en una disposición interior tal que pueda permanecer libre el campo para lo otro y para el grupo; él favorece la regresión y la maneja por su vigilancia que no interfiere y por su presencia que entonces resulta estructurante.

Relación terapéutica, intimidad y lo arcaico

Las manifestaciones de la función ello puestas en evidencia por el *awareness* y el *continuum* de la experiencia son indispensables para revelar aquello no consciente que nos reconecta con lo arcaico, es decir, con los estratos originales del ser y sus vicisitudes; pero no son suficientes. Lo arcaico necesita de un revelador y éste es dado por el otro, por su presencia, su acompañamiento, su hálito de vida en el espacio-marco que se constituye como continente tranquilizador en un claroscuro propicio para conservar el secreto del hallazgo arqueológico.

La calidad del acompañamiento del terapeuta es primordial, en el sentido etimológico de la palabra: reenvía a lo que existe desde los orígenes, a lo más antiguo. Este acompañamiento está hecho de presencia, atención, de incitación a proseguir el paso por el *continuum* de la experiencia. Concierne a la fisiología y, simbólicamente, a ese tiempo de la historia precoz en que casi se confunden la fisiología y lo afectivo. Pasa por la fisiología del terapeuta, por su cuerpo, su movimiento, su ademán, su voz y su emoción. Pasa excepcionalmente por el contacto físico directo. Para crear lo íntimo, es necesario mantener la distancia de los cuerpos, y así pueden ser contactadas las carencias profundas de la intimidad.

Pues se trata de la intimidad. Lo arcaico no puede soportar el impacto de la revelación y hacer el viaje por los estratos, los años y los siglos si es interpelado por la presencia amante de otro que cree en su existencia, en su valor histórico, en su lugar y en su belleza entre los eslabones de la cadena de sucesos de la existencia.

Se trata de esa intimidad en claroscuro que no necesita decirse, que no debe ser dicha so pena de ser destruida. Es a un tiempo proximidad y distancia, envoltorio y movimiento al interior del envoltorio. Se teje en una especie de confluencia básica que permite que el organismo establezca sus contornos por lo sensorial y por el don de lo sensorial al otro. Esta intimidad no tiene relación alguna con la que se juega en el momento del contacto pleno, cuando se encuentran el organismo y el entorno, se confrontan, se enfrentan y se activan para la creación de una forma nueva que se inscribe a la vez en el cuerpo individual y en el cuerpo social. Se trata aquí de esa intimidad básica, transformadora de lo fisiológico en psicológico, que inscribe las reacciones fisiológicas de la máquina humana en el registro de lo humano, de la sensibilidad, del ser espiritual. Esta intimidad básica crea las condiciones para esa intimidad más encaradora en que el ser humano se apega a la realidad medioambiental para su crecimiento y el del otro.

Cuerpo a cuerpo psíquico

Ilustro ahora la cuestión de la intimidad, de la función ello y de lo arcaico con algunos fragmentos de una terapia individual.

Se trata de un hombre de unos treinta años que hace uno y medio está en terapia debido a las dificultades afectivas que tiene para relacionarse adecuadamente. Después de algunas sesiones durante las cuales siente la necesidad de contarme su historia presente y algunos elementos de su historia pasada, ya no sabe qué decir y me pide que le haga preguntas. En ese momento la terapia da un giro y utilizo el *awareness* como instrumento clínico; le pido, sencillamente, que apunte la atención a sí mismo y que me diga qué experimenta en el cuerpo. Identifica rápidamente las zonas dolorosas, especialmente a la altura del estómago; me habla con voz débil, entrecortada, distante. Me siento solo ante él, sin un lazo real. Cuando le indico esto, se le produce una especie de shock y una vez más comprueba su dificultad para comunicarse. Esa sensación en el nivel del vientre atraviesa diversas formas, marca su respiración, se desplaza a veces hasta su garganta y se manifiesta durante varias sesiones.

Hasta ese momento estaba sentado frente a mí, y un día intuyo que el trabajo sólo se puede proseguir si se recuesta. Experimento una especie de solicitud hacia él durante la cual nos visualizo, él recostado y yo sentado a su lado. Le invito a dejarse ir en el *continuum* de la experiencia, manteniendo la conciencia de su nueva posición y de mi presencia. En un momento dado, y con su consentimiento, pongo discretamente la mano sobre la zona anudada. Mi objetivo es trabajar con la energía y al mismo tiempo significar claramente el vínculo entre él y yo. Le vuelven entonces algunos momentos dolorosos de su infancia, relacionados con su soledad, con el abandono, con la carencia de apoyo afectivo de parte de sus padres, con el sufrimiento del vacío en la relación con su padre. Estamos entonces en cierta cercanía física y emocional. El nudo se disuelve parcialmente a través de la expresión verbal de los antiguos sufrimientos. Estamos en lo que he llamado el "cuerpo a cuerpo psíquico".

El cuerpo a cuerpo psíquico es el momento en que el campo se define por este encuentro íntimo y a distancia. Las fisiologías, el aliento, crean una emocionalidad de campo que creará el vínculo y la intimidad. El ambiente del campo terapéutico es propicio entonces para el despertar de ciertas manifestaciones de la función ello. El organismo recupera momentánea y espontáneamente una fisiología y una emocionalidad provenientes de estratos antiguos de la historia.

Hasta que llega el día en que ya no soporta más esta situación y expresa el deseo de continuar las sesiones otra vez sentado frente a mí, con el pretexto de que esta clase de trabajo le agita demasiado y le deja con un malestar importante entre las sesiones. Introduce una ruptura brutal en este cuerpo a cuerpo psíquico, en esta intimidad. Rompe el vínculo que había comenzado a establecer conmigo y repite un escenario antiguo muy anclado en él y que sólo será analizado y comprendido más tarde.

Y allí se juega lo arcaico, más allá de los contenidos, en esa ruptura que repite, ruptura inscrita en él desde la primera infancia en un contexto familiar perturbado, con una madre invasora por compensación afectiva y un padre que no le concedía atención, cuidados ni reconocimiento. Es una ruptura que se le ha grabado en el estómago, en la voz y en su relación con los otros. "Me duele el vientre por padecer de vacío", me dice un día, "y el vacío es mi padre, es el viento. No, ni siquiera es el viento... el viento se siente en la piel... es nada... es la nada".

El apego se ha tornado imposible, demasiada intimidad no es tolerable, aunque sea la cosa más deseada, el objeto del deseo más profundo... Hay que cortar. Y acontece el desamparo... y el infierno de la repetición. El desamparo del niño pequeño que era enfermo, solo en su cuarto, en lo oscuro, esperando desesperadamente que el padre o la madre vengan a consolarlo, al acecho del menor crujido de la escalera. Y después las rupturas... Ruptura cuando a los ocho años debió marcharse para ir al internado aunque vivía a pocos kilómetros del colegio y había un vehículo escolar para llevarlo y traerlo... Ruptura a los dieciséis años, cuando decide marcharse de su ciudad natal para continuar sus estudios en otra región... Ruptura con una primera compañera, después con una segunda... Intento de ruptura con la terapia. E incluso con la vida, mediante un naufragio en el mar al cabo de una "imprudencia temeraria".

Durante toda la terapia, el *continuum* de la experiencia aporta continuamente las manifestaciones fisiológicas, la emoción, los recuerdos de situaciones antiguas, la reactualización de las rupturas, de las discontinuidades de la historia, y el vínculo presente conmigo.

Después necesita contarme las cosas ordinarias de su vida cotidiana. Por ejemplo, cómo come, sus rencillas actuales con su madre y con su suegro. Me dice cuán importante soy para él. Me pregunta si seguiré interesándome en él, a pesar de los temas que toca. No hay otra persona a quien pueda decir todo esto. Y lo arcaico está allí constantemente, más allá del contenido y de la anécdota, en esta intimidad que se teje en el curso de las sesiones compartiendo cosas de la vida cotidiana. Es el niño desamparado que ahora puede compartir con otro. Es a la vez lo arcaico y la restauración de lo arcaico en el desamparo.

Estamos en un espacio de "contacto" particular. Se desarrolla lo que llamo un ciclo de contacto básico, primordial; un ciclo de contacto en lo arcaico, que cubre los estratos precoces de la historia a través de nuestra historia presente. Se trata allí de la restauración del vínculo entre él y el entorno, de ese vínculo básico que reposa sobre esa atracción mutua que crea la emocionalidad en el campo, la emoción en la relación. A través de este vínculo arcaico, en lo preverbal, se establece el fundamento de la certidumbre. La certidumbre de ser acogido, aceptado, de ser importante para el otro, reside primero en la función ello vinculada al otro. La certidumbre de ser.

Visto desde fuera y retrospectivamente, este ciclo de contacto básico se desarrolla al interior de una prolongada fase de precontacto, en la fisiología, lo sensorial, el acompañamiento del terapeuta y la emergencia en el campo de fragmentos de la historia. Es como una secuencia de un precontacto primario al interior del precontacto, como un enclave temporal protegido al interior de una secuencia temporal más vasta. Este precontacto primario evoluciona hacia una puesta en contacto cuando el terapeuta acompaña con la mano, una puesta en contacto primero aceptada y después interrumpida en el momento en que la aceptación clara de esa presencia fundadora podría ocurrir. La ruptura aparece en este ciclo de contacto básico justo antes del movimiento fuerte que sería marcado por la aceptación de la intimidad y, por lo tanto, por la elaboración de una nueva configuración relacional.

Ocurre entonces una inmensa retroflexión que sólo puede engendrar tristeza, reactivar el desamparo y mantener el "para qué". La energía de la función ello liberada por la revelación de algunos fragmentos de lo arcaico se vuelve contra uno mismo y el adulto se encuentra invadido una vez más por el desconcierto del niño.

Y se vuelve a empezar... Se establece otro ciclo básico. Corresponde a una modificación del encuadre: como mi despacho sólo está disponible excepcionalmente para una sesión, recibo al paciente en la sala de terapia de grupo, grande y de tonos tranquilizadores. Desde ese momento la terapia prosigue en ese espacio nuevo. Elige instalarse en un cojín y me instala enfrente en otro cojín. Estamos a ras del suelo. Comienza una reanudación del ciclo de contacto, una vuelta a la intimidad. Las tensiones a nivel del vientre y de la nuca, en mi presencia, le devuelven al niño triste carente de padre. Y un día, al término de la sesión, es él quien crea espontáneamente la intimidad abrazándome, apretándose a mí, llorando.

De este modo prosigue el progreso de la intimidad en este otro lugar, a ras de suelo. Avanza el ciclo de contacto, se deshace la retroflexión y hay un contacto pleno en una intimidad que ha brotado espontáneamente de nuestra historia común. La restauración del ciclo de contacto básico continúa a través de estratos profundos de la historia pasada y de su reinscripción en la historia presente, es decir, en nuestra historia común. Y esta historia compartida establece un nuevo "fondo" afectivo que prepara la historia futura.

La cuestión de la intimidad en psicoterapia va a la par con el no-consciente revelado que a veces es fragmento de los tiempos antiguos, de los estratos antiguos y precoces de la historia, de materiales disparatados, a veces dispersos, bajo los estratos, como los fragmentos de una cerámica antigua. La dificultad de ser y de vivir de una cantidad cada vez mayor de pacientes reposa en parte sobre la dificultad de soltarse, sobre el miedo al otro, sobre la desconfianza, sobre el mantenimiento del control sobre el entorno, sobre la retención de las emociones, sobre el actuar para colmar el vacío, sobre el temor a lo bueno, a la ternura y al amor. Hacia atrás, cuando el no-consciente revelado por la atención sobre uno mismo devela lo arcaico, se encuentra un trastorno en la intimidad que se ha jugado en torno del miedo a ser abandonado, rechazado, destruido, y en el miedo a no ser un niño bastante bueno para colmar las fallas del padre, de la madre o de la pareja parental.

Para el niño pequeño, la intimidad se encuentra primero en el cuerpo a cuerpo con el entorno, en el cuerpo a cuerpo tanto con el padre como con la madre. Mi experiencia y mis observaciones clínicas coinciden con las de varios psicólogos y psicoterapeutas: es falso creer que en primer lugar esto se juega con la madre. Desde el primer instante de su nacimiento, el bebé necesita sentir ese lazo íntimo, ese cuerpo a cuerpo con el padre tanto como con la madre. Y quizás aún más con el padre, pues ha vivido durante nueve meses en lo íntimo del cuerpo maternal. El niño varón nace con una laguna importante en relación con la niña: no conoce el cuerpo del hombre, es decir, su propio cuerpo. Conoce en primer lugar el cuerpo del otro género, de la mujer. La niña pequeña está de lleno en la mismidad, en lo semejante. El niño pequeño deberá descubrir solo, en el exterior, su cuerpo de hombre, su sexo, su identidad; la niña pequeña conoce esto por el interior. Esto es sin duda una de las razones por las cuales los hombres tienen cierta dificultad con su identidad de hombre, pero también con la intimidad. El padre, entonces, desempeña un papel importante con sus hijos, especialmente con los varones, por un cuerpo a cuerpo íntimo. Y tiene que situarse en esto como hombre, no como madre sustituta.

* * *

El arqueólogo que explora un yacimiento experimenta excitación, curiosidad, pasión. Cava respetuosamente, con amor, atención y cuidado, y establece un vínculo privilegiado con su emplazamiento. Cuando encuentra un trozo de alfarería, se emociona, siente curiosidad y a veces queda estupefacto. Contempla con gratitud ese fragmento de otro tiempo. Los une algo sagrado. Se encarga de él, como una madre se encarga del recién nacido, lo limpia con suavidad y minucia, lo identifica y después busca los otros fragmentos para reconstituir la forma original y devolver al tiempo presente ese testimonio del tiempo pasado.

Así es el trabajo terapéutico gestáltico, quizás todo trabajo terapéutico. El acto es íntimo y aún más porque es encuentro con el sentido, es decir, vinculación de los mecanismos del tiempo presente con los vestigios del tiempo pasado gracias a la travesía por los estratos. La naturaleza misma de esa intimidad transforma el acto terapéutico profano en acto terapéutico sagrado: se trata de la creación de una nueva alianza entre lo antiguo y lo presente para el apogeo de lo nuevo mediante la travesía de los estratos.

El acto es íntimo porque excava en las raíces, en la cuna del niño, de la humanidad. Lo íntimo forma parte de él. La intimidad es la base de toda relación terapéutica que considera el fondo, es decir, los orígenes, y que trata de reintegrar y volver positivamente vivos y creadores los fragmentos del pasado en el presente. Y si la intimidad del acto terapéutico se reduce al rango de "técnica", como algunos hacen ver, se convierte entonces en perversión de la relación. Lo arcaico sólo puede brotar a través de una intimidad interpelada por la empatía del terapeuta, por su presencia, su solicitud y su capacidad para aceptar lo que hay y lo que viene.

CAPÍTULO VII

Violencia y duelo en la de-construcción de las formas neuróticas

Notas

Mis pacientes me han llamado la atención con frecuencia sobre dos puntos particulares que me parecen muy vinculados:

√ La dificultad para inscribir en ellos la novedad descubierta y experimentada durante el proceso terapéutico, de suerte que el tiempo por venir sea en verdad diferente del tiempo presente repetitivo.

√ Su facultad para despegarse de las "formas neuróticas" sobre las cuales han elaborado una parte de su identidad y de su ser-en-el-mundo.

Recordemos que el proceso de cambio, tal como lo concebimos en terapia gestáltica, es un proceso de transformación que se despliega a través de lo que llamamos el proceso de construcción-destrucción de las gestalts o de las formas. Y este proceso se efectúa al mismo tiempo que el movimiento figura-fondo durante el cual lo que era figura, al despegarse del fondo, se convierte en el fondo a partir del cual emergerá una nueva figura hasta que la función ego, sostenida por las funciones ello y personalidad, aparezca y suscite el ajuste creativo.

En otras palabras, evolucionamos de un modo sano y creciente desde el momento que, por intermedio de la conciencia que apuntamos a nosotros mismos, las reacciones de nuestro organismo en estado de necesidad se ensamblan con las informaciones que hemos acumulado durante nuestra historia, a consecuencia de nuestras experiencias de vida, para orientar nuestras opciones y nuestra manera de estar en el mundo con una exactitud a la vez individual y social.

Cambio y violencia

El cambio se puede vivir como una violencia, pues necesita de pérdida y de desapego. Pone o repone en cuestión nuestra elaboración identitaria en lo que tiene de neurótica. Pasa por la concienciación y la disposición en primer plano de esas "formas existenciales" que creemos sanas y buenas y que han sido así en momentos determinados de nuestra existencia pero que un día advertimos obsoletas, ya no bastante buenas o incluso al parecer nocivas.

Entonces se comprende que en ciertos momentos el proceso terapéutico, y también algunas intervenciones del terapeuta que sostienen el desarrollo de la experiencia en marcha, se pueden vivir como una violencia.

Los psicoanalistas y los psicoterapeutas han abordado con frecuencia este tema. Podemos citar los textos clásicos *La violencia fundamental*, de Bergeret, o *La violencia de la interpretación*, de Piera Aulagnier. T. Nathan plantea bien el problema en la introducción a *La influencia que cura*: "Curar es siempre un acto violento contra el orden del universo. Y no hay terapia más violenta que aquella que intenta curar el alma. Pues en el desorden psíquico, aquello de que sufre el paciente expresa la verdad más profunda de su ser. Curarlo significa expulsarlo de sus elecciones, prohibirle las estrategias de existencia que ha decidido en un momento crucial de su vida y aplicado después sistemáticamente".

Como preámbulo a su desarrollo del concepto de violencia fundamental, Bergeret aporta una idea de sumo interés. Nos recuerda la etimología de la palabra "violencia" y especialmente que esta palabra contiene una raíz que significa "vida". Nos recuerda que proviene del latín clásico *violentus*, que significa "impulsivo" si se refiere al carácter, e "impetuoso" si se refiere a las cosas. El adjetivo, tal como el verbo *violare*, derivan de *vis*, plural *vires*, que en primer lugar significa "fuerza en acción", en particular fuerza ejercida contra alguien, de donde violencia y a veces violación.

Vis, desde Cicerón, es traducción de los valores técnicos del griego *dynamis* y significa "potencia", "ascendiente", "virtud de una planta, de un remedio", "valor de una moneda", "significado, valor de una palabra", "carácter esencial de una cosa, de una persona"... El plural, *vires*, designa concretamente las fuerzas físicas, los recursos puestos a disposición de un grupo social para ejercer su "*vis*", en particular las fuerzas militares, pues equivale a fuerza, propiedades de una planta, fuerza viril y, por metonimia, "órganos sexuales masculinos".

Resulta de interés comprobar que esta palabra conlleva en sus orígenes la idea de fuerza que en primer lugar no es una fuerza de violencia. Esto remitiría a esa fuerza vital que puede hacer violencia en nosotros cuando nos empuja hacia la vida que sofrenamos por alguna de las múltiples razones psicológicas que conocemos. Lo cual recuerda al sí mismo que yo, al concluir mi artículo sobre la cuestión del sí mismo en grupo, presentaba hace unos años como "una fuerza actuante".

Esta etimología no deja de recordarnos la concepción de la agresividad que Perls nos presenta en *Yo, hambre y agresión*. Morder es una forma de violencia, y la teoría del sí mismo nos enseña que el ajuste creativo pasa por esta destrucción; desestructuración de las formas y simbólicamente por la movilización de las mandíbulas y de los molares. Toda destrucción es violencia, aunque sepamos que es un paso necesario para una renovación. Prefiero utilizar el término "deconstrucción", que suelen usar los terapeutas gestálticos, o incluso el término "des-estructuración" escrito con un guión entre el prefijo y el nombre para significar que estamos siempre en el registro de la estructura e incluso cuando estamos en la deconstrucción.

He elaborado este texto a partir de varias situaciones clínicas y a partir de reflexiones que he podido hacer en un momento especial de mi historia personal que me ha permitido comprender algo que hasta entonces se me escapaba.

Pero antes de pasar a las secuencias terapéuticas, quiero compartir con ustedes algunas de las sorpresas que me han ocurrido durante ese trabajo de reflexión y llevarlos a los meandros del camino de mi escritura.

Ruptura de confluencia y violencia

La reciente animación de un seminario sobre las modalidades de contacto o de interrupción del ciclo de contacto ha hecho surgir en aquél, por la magia de la co-reflexión y de la co-creación grupales, una comprensión de sumo interés de la confluencia, que ya había sospechado pero cuya originalidad y carácter fundamental aún no había captado hasta ese punto.

Conviene volver un momento sobre el tema de la confluencia.

Cuando hablamos de confluencia, a menudo, para tratar de definirla, evocamos la indiferenciación fondo-forma.

Indiferenciación: ni fondo ni forma. Todo confundido. No hay uno ni otro, sólo lo indiferenciado, lo informe. No ha ocurrido todavía el proceso de diferenciación. Quizás ni siquiera ha comenzado. La confluencia sería entonces por completo diferente de las otras formas de interrupción del contacto. Es un estado antes de ser una interrupción en el ciclo, un estado de no contacto y de no comunicación con el entorno; los mecanismos de introyección y de proyección implican, en cambio, una relación con el entorno. Sería el *estado fundamental*, es decir de fondo, a partir del cual surgirán la vida, la diferenciación, la diferencia, el crecimiento en el encuentro con los otros elementos del entorno, que también surgen de la ruptura de la confluencia.

La confluencia me recuerda el estado anterior a la aparición de la vida en la Tierra, anterior a lo que los científicos llaman Big Bang, para saber o imaginar lo que hubo hace quince mil millones de años: esa indiferenciación anterior, en la cual aparentemente no había vida ni movimiento, pero donde estaban contenidos potencialmente y que por ello también se podría considerar un entre-dos.

Y sucede que en el momento en que escribía este texto un colega me ofrece el libro donde el paleontólogo Yves Coppens retoma lo que nos muestra en la película *La odisea de la especie*, que presenta una magnífica reconstitución de la progresiva evolución del animal cuadrúpedo hacia el estado de ser humano. Y yo acababa de utilizarla como documento pedagógico en un seminario sobre "La antropología del terapeuta y de la terapia gestáltica".

Numerosos científicos que se han ocupado de la cuestión de los orígenes de lo viviente y del hombre hablan de indiferenciación hasta el momento del Big Bang, están de acuerdo en aceptar que todo habría comenzado con esa gigantesca explosión acompañada por una inmensa nube blanca y un aumento desmesurado de calor que habría ocurrido hace unos quince mil millones de años.

Entonces empezó a aparecer lo viviente, desde lo ínfimo hasta los animales humanos que somos, con toda la complejidad que eso supone. Y. Coppens nos lo recuerda en la obra que ha escrito recientemente:

> "… Entonces aparecen protones, neutrones y electrones, los componentes básicos de toda materia. Se constituyen las primeras estrellas, que sintetizan los elementos esenciales del cosmos… Después aparece la vida… Las bacterias celulares son las primeras formas vivientes que se desarrollan en el océano…". Hasta los animales y hasta el animal humano que somos, ligados con los otros humanos y los otros vivientes a través de sistemas y códigos complejos.

Hago este rodeo para recordar que está inscrito en nuestra condición de vivientes y de seres humanos nacidos de la violencia de esa ruptura, de la ruptura de esa indiferenciación que contenía lo informe que nos contenía y que nos mantenía contenidos. De este modo podríamos considerar que lo viviente de que formamos parte ha nacido de una ruptura de confluencia. El impacto y su violencia han abierto la brecha y esto ha permitido la creación, esa forma soberbia y grandiosa, suma increíble de otras formas que a su vez generarán nuevas formas y así en más. Y somos una de estas formas.

Esto nos remite al Capítulo VI del Volumen II de PHG, que siempre me ha incomodado, que me ha hecho reflexionar y me sigue pareciendo un misterio. ¿Por qué de pronto esta invocación tan darwiniana de la evolución desde el animal cuadrúpedo hasta la aparición de la serie de homínidos y hasta nosotros?

La película de Y. Coppens y su equipo es por otra parte una magnífica ilustración de ese capítulo. Nos permite asistir a una reconstitución extraordinaria de la evolución desde el animal hasta nosotros, con las extraordinarias adquisiciones que ha hecho a medida que la evolución se desarrolla en el tiempo y crea así la historicidad. El paralelo entre ese Capítulo VI y la película me interesa también porque nos permite ver la oposición de dos antropologías sobre una misma secuencia histórica: PHG centran su reflexión en la pérdida creciente a medida que el ser humano evoluciona y se diferencia; Coppens, en cambio, muestra la extraordinaria expansión de lo viviente gracias a todas las adquisiciones que ha hecho durante la evolución desde el comienzo de la salida de la indiferenciación.

Es verdad que el ser humano pierde su animalidad a medida que evoluciona, su capacidad de sentir y orientarse en el espacio y en la vida a partir de su instinto. PHG asocian esto al "mundo perdido de la infancia". Pero, como contrapartida, el ser humano, en el curso de la evolución, hace notables adquisiciones, también en el plano del sentimiento y del vínculo con el otro. Estas adquisiciones incluyen la experiencia y el sentimiento ante el otro y también el desamparo y la angustia ante la muerte. Esta evolución no sólo implica neurosis; gracias a ella se despliega una formidable expansión.

Pero parecería que hubiera en ello un precio por pagar debido a la ruptura de aquella indiferenciación inicial que a veces me recuerda la confluencia según su definición de "indiferenciación fondo-forma". Toda ruptura de confluencia es violencia, nos arrastra hacia la diferenciación y hacia las crisis inevitables pero también indispensables, ya que movilizan y vuelven a movilizar la "*vis*". Estas crisis son los momentos fuertes del sí mismo, que se convierte en "fuerza actuante" que libera lo que estaba contenido potencialmente en el magma de la indiferenciación. Contenido, pero también mantenido en contención. Es interesante contemplar este conjunto, que es un proceso de evolución:

√ Confluencia.
√ Ruptura de confluencia.
√ Explosión, destrucción-des-estructuración.
√ Violencia.
√ Liberación de energía.
√ Creación de formas.

Coppens nos muestra de manera notable que esta evolución progresiva desde la animalidad hacia la humanidad sólo se puede efectuar pasando por la violencia, por las crisis. Comenzando por las catástrofes climáticas que en cada ocasión permiten que el animal que se convierte en humano movilice sus recursos para avanzar en su crecimiento individual como hombre, pero también en el establecimiento y crecimiento de lo colectivo y de lo social.

Hemos nacido de la ruptura de confluencia. Esta ruptura me recuerda la imagen de la ruptura de aguas que precede y anuncia el parto, el nacimiento. Hemos nacido de esa inmensa violencia que ha trastocado el orden de las cosas y aportado un nuevo ordenamiento en el universo. Y esta violencia no comienza en el momento del nacimiento biológico. No. Comienza mucho antes...

Podríamos considerar que el momento en que el hombre y la mujer se unen para procrear constituye una ruptura de confluencia. Particularmente aquel momento en que el espermatozoide y el óvulo se encuentran. Ese es el momento impacto. El comienzo de la historia. El comienzo de una historia. Es el momento en que el espermatozoide, que hasta entonces estaba pasivo, a la espera, sin que su potencial despertara, se cruza con el óvulo, también pasivo, a la espera, sin que despierte aún su potencial. Ni uno ni otro realizaban hasta ese momento su pleno potencial. El impacto del encuentro y de su diferencia fundamental hace surgir lo que hasta allí carecía de forma, de existencia y de nombre. Lo que hasta entonces sólo era potencialidad. Allí surge la ruptura de confluencia.

Se me representa como un Big Bang.

El antropólogo S. Todorov nos indica lo mismo en *La vida común*. Distingue tres niveles:

√ *Ser*, el estado que caracteriza todo lo que es materia.
√ *Vivir*, lo que compartimos con todos los seres vivientes, el funcionamiento animal en nosotros.
√ *Existir*, la pulsión específicamente humana que nos hace crear la relación con el otro y desarrollar "la vida común".

El existir es lo que sale del ser por intermedio del vivir y le da su sentido. El vivir es lo que anima al ser para que crezca hacia el existir. Y una vez más se trata de una salida del ser como confluencia básica, fundamental. Confluencia de fondo, del fondo. La confluencia como fondo, que contiene las formas en curso, después las formas como movimiento, después el movimiento hacia lo viviente y los vivientes, esos vivientes que nos abren a la existencia por su presencia ante nosotros. La película de Coppens consigue mostrar muy bien este paso del vivir al existir. Muestra cómo la diferenciación, y con ella las capacidades de lo humano, pasan por alternativas de sufrimiento-violencia y por momentos de júbilo ante los hallazgos engendrados por la necesidad de supervivencia, de protección y de desarrollo de la especie.

La reflexión antropológica y paleontológica nos interesa como psicoterapeutas, pues nos permite ampliar la mirada sobre el ser humano y diversificar el conocimiento que tenemos de él en su relación con el mundo y con los temas existenciales que encontramos continuamente en psicoterapia. Es también un vasto estudio acerca de la relación organismo-entorno, considerada a través del tiempo, el espacio, la historia y las culturas. Es una ilustración muy operativa de la teoría del sí mismo y quizás una de las razones por las cuales PHG consagraron todo un capítulo a este tema.

Estas reflexiones nos recuerdan la violencia como condición para la evolución, la cual, en el sentido que Darwin ya consideraba, es evolución hacia el crecimiento y la búsqueda constante de nuevos ajustes. A Darwin se le ha criticado que exalte con sus ideas una ideología que implica que siempre se impone la ley del más fuerte. La crítica me parece muy interesante y creo que los gestálticos debiéramos tenerla en cuenta: nos puede hacer reflexionar sobre la noción de ajuste creativo. ¿Existe eso, verdaderamente? ¿O es una ilusión? ¿Acaso no se impone, a pesar de las apariencias, la ley del más fuerte en la realidad de las relaciones interpersonales y en la vida cotidiana de las personas entre ellas y de las que están implicadas en instituciones?

Forma fija neurótica: ¿qué es?

Lo anterior nos lleva al tema de lo que puede violentar en psicoterapia y al tema de los duelos por hacer para atravesar la crisis. Para sobrevivir hemos debido ser creativos y establecer lo necesario; nuestro organismo con su capacidad de autorregulación y su inteligencia ha reaccionado del mejor modo posible en los momentos de crisis y urgencia. Pero también es conservador y ha guardado estas formas en la memoria y, hábitos mediante, las reproduce cuando ya no corresponde hacerlo: una forma que fue adecuada, creativa y necesaria puede fijarse, y repetirse cuando ya no hay lugar para ella. Se convierte entonces en lo que PHG llaman una "forma neurótica fija".

En el Capítulo V del Volumen II explican lo que entienden por "forma fija", a propósito del recuerdo y de la memoria. Nos presentan los recuerdos como "fijaciones de lo imaginario". Explican entonces que "los hábitos, por ejemplo, las técnicas o los conocimientos, son otras formas fijas: son asimilaciones a la estructura orgánica más conservadora".

Y agregan:

> "Muchas de esas formas fijas son sanas, movilizables en el proceso en curso: por ejemplo, un hábito útil, un arte, un recuerdo particular que hoy sirve de comparación con otra particularidad para producir una abstracción. Algunas formas fijas son neuróticas, como el 'carácter' o la repetición compulsiva. Pero sean sanas o neuróticas, el pasado y todas las otras formas fijas persisten por su funcionamiento en el presente".

Notemos, además, que utilizan distintas expresiones para hablar de esas formas fijas neuróticas: compulsión neurótica, repetición neurótica, actitud fija, hábito malo, mecanismos neuróticos... Parecen utilizar esta expresión para nombrar esas distintas manifestaciones que solemos agrupar en el término genérico de "neurosis" o "neurótico", y que nos pueden remitir a los síntomas que describe la psicopatología.

A través de la situación terapéutica creamos un contexto particular que hace surgir estas formas fijas neuróticas, su clarificación y deconstrucción. Tal deconstrucción se suele vivir como una violencia y pérdida.

La violencia reside en el hecho de que habrá que cuestionar estas formas fijas y neuróticas, desestructurarlas para transformarlas; la intención es ir más allá de la forma obsoleta y en busca de la novedad. Es una de las formas de violencia que nuestros pacientes encuentran a menudo y que nos informan durante la terapia. Esta violencia de la destrucción-deconstrucción-desestructuración de lo que para ellos fue bueno, que nosotros llamamos forma, sistema, manera de ser, de actuar, de comunicar... La violencia del paso por la confusión, la crisis, el caos, el vacío del cual no basta decir que es "fecundo" para que resulte más aceptable.

Las formas se develan en la conciencia apuntada sobre el "momento presente". Este momento presente, que de pronto se convierte en "momento sensible" y que con frecuencia sólo dura algunos segundos si hemos de creer a D. Stern. Algunos lo llaman el "momento sensible". Prefiero llamarlo el "momento de inflexión", que tiene esto de especial en psicoterapia: allí todo puede trastocarse porque hay desequilibrio, pérdida de puntos de referencia, confusión y divagación; todo eso precede y anuncia un cambio, es decir, una reconstrucción y una reestructuración. Este término, reestructuración, se podría comprender de este modo a estas alturas: cuando trabajamos sobre el proceso de deconstrucción de las formas neuróticas, la función ello trabaja sobre la estructura interior: se trata de de-construir o des-estructurar esas formas "fijas y neuróticas" que forman parte de nuestra organización interna, en vista de una reestructuración orientada en el sentido de la autorregulación organísmica y del ajuste creativo.

Intermedio clínico: la violencia del cambio

En ese grupo, Bernie está consciente de una de sus formas repetitivas o forma neurótica fija. Le ocurre sentirse sin apoyo y no sabe qué hacer ni dónde acudir a buscarlo cuando lo necesita. Permanece sola con su malestar y hace todo lo posible por dar la impresión de que es fuerte. Es la figura que ha surgido de manera muy clara durante el seminario anterior, contra un fondo de interacciones grupales en el curso de las cuales se ha sentido debilitada como si fuera "presa de arenas movedizas". Este día llega a pedir a varias personas que la rodeen, las nombra y solicita a los demás que se mantengan cerca y que asistan a ese momento en que recibe de algunos otros lo que ha sabido pedirles.

Observo a Renée, que no ha sido nombrada. Se retira fuera del grupo, se queda en la sala, de pie, "apoyada" en la pared, llorando. Después de la secuencia de Bernie, vuelve a su lugar en el grupo. Parece muy afectada. La invito a hacer uso de la palabra. Expresa su tristeza por no haber sido elegida por Bernie, a pesar de que siempre ha sido muy atenta con ella y se dice su amiga. Expresa después su rabia. Y advierte que ha reproducido lo que hace habitualmente en ese tipo de situaciones: se aparta y llora. Enlaza con su historia: su madre la rechazaba y ella hacía todo lo posible por ser amable. Y se apartaba a llorar cuando su madre la rechazaba. Me mira intensamente durante la secuencia. Se lo hago notar y le pido que me diga lo que siente hacia mí en ese momento. Me culpa por haberme ocupado de Bernie mientras ella sufría. Le sugiero que me hable como si yo fuera su madre, para empezar a trabajar la retroflexión.

Y descubre en esta secuencia que la historia presente la hace sufrir y la violenta. Varios elementos la violentan:

√ irrupción en el momento presente de residuos de la historia pasada.
√ comprobación de la repetición.
√ impotencia en que se encuentra.
√ la vean así en el grupo.

Tiene conciencia a un tiempo de ese instante presente y de su vivencia en ese instante presente. La simultaneidad entre la historia presente y la emergencia de mecanismos que vienen del pasado, su vivencia ligada a lo que ocurre en el grupo y el apoyo que el terapeuta aporta en ese momento al despliegue de su experiencia, hacen que aparezca en primer plano lo que llamo la forma neurótica. Esa forma de ser o de actuar, ese comportamiento y esa actitud que están allí en el instante presente y que son repetición de mecanismos que provienen de la historia pasada con el afecto que evoca aquel que quizás se ha experimentado en el pasado. Y esta simultaneidad de los distintos elementos que acabo de nombrar, la enfrenta al cambio necesario para su bienestar y para otro tipo de relación con los demás.

Esta forma neurótica fija me recuerda un patrón. Deja en el organismo una huella, una impronta que funcionaría como un patrón que contiene la forma y que crea la forma cuando se cumplen determinadas condiciones en las que el organismo y el entorno están implicados. Y ocurre que en el instante presente el entorno emite una señal, un suceso o una particularidad que desatará en el organismo el proceso de despertar de la huella que moldeará la forma de ser o de hacer en el presente. El organismo fabrica de este modo formas a partir de modelos antiguos y perimidos. Desde este punto de vista, no hay que cambiar la forma sino la pauta que fabrica la forma e, incluso antes que eso: la sensibilidad al disparador. Y si hay sensibilidad o hipersensibilidad al disparador, hay vulnerabilidad y herida que no ha sido suficientemente apaciguada.

Para que cambie la forma es necesario cambiar la estructura, actuar sobre su principio de organización. *Deconstruir un principio organizador de formas repetitivas.* Para hacerlo es fundamental el mantenimiento de la experiencia en curso, el apoyo que se aporta al *continuum* de la experiencia vivida y la concienciación de las sensaciones organísmicas a lo largo de toda la experiencia. Esto es lo que "des-fonda", lo que hace salir del fondo y que "re-funda", es decir, transforma la figura salida del fondo en un fondo nuevo que a su vez generará una nueva figura, una nueva excitación, hasta que el organismo se posicione en una nueva relación con el entorno mediante el "contactar".

El apoyo que presta el terapeuta al paciente y a la experiencia que está viviendo y desplegándose en la continuidad, constituye a veces un impacto para el paciente, una violencia, pues puede aportar una herida en el patrón. Esta fisura, esta fractura, a veces deja pasar violentamente una retención. Es como una represa en la cual, de pronto, cediera una brecha hasta entonces invisible, y cuya violencia, hasta allí contenida en la retención de las aguas, comenzara a des-estructurar esa forma que servía para retener y también las formas medioambientales que se habían constituido en torno de la represa.

Me parece importante que nosotros, los terapeutas, estemos atentos al hecho que, para el paciente, lo que puede violentar se sitúa en varios momentos y en varios niveles. En el caso de Renée, podemos poner de manifiesto un conjunto de hechos, cada uno de los cuales puede ser vivido como una violencia y que activan una serie de afectos, y por lo tanto una serie de estados interiores que pueden resultar difíciles de vivir:

√ En primer lugar está el activador, en el momento presente, la toma de conciencia de que la atención del terapeuta se ha dirigido primero a un otro, que además es su amiga.

√ Después, el llamado de la situación pasada, cuyas huellas aún están activas.

√ Simultáneamente, la irrupción del afecto que implica la emoción. Luego el que esto se produce ante el otro o en situación de terapia grupal, públicamente ante los otros, lo que continúa manteniendo el afecto y puede activar vergüenza o una sensación de molestia o ridículo.

√ La continuidad de esta sucesión de momentos presentes y la toma de conciencia que de ella puede derivar.

En esta situación, el "ir hacia" de Renée se ha manifestado paradójicamente por un movimiento de retirada y por el momento en que ella lo ha hecho. Es un ir hacia en la medida que de este modo ella indica algo importante al grupo. Un ir hacia a la inversa, neurótico, pero que ha movilizado que hablara. Pero en esta ocasión este "ir hacia neurótico" ha desempeñado adecuadamente su papel de regulador de un desequilibrio en el proceso de autorregulación.

Ahora es necesario que el organismo registre la experiencia para modificar los contenidos inscritos en la función personalidad y para que el futuro, el próximo y el más lejano, se convierta en una historia nueva.

Renée toma conciencia del proceso. Sabe que el momento presente está contaminado por el pasado. No obstante, no le resulta fácil cambiar. Durante la secuencia siguiente advierte hasta qué punto se aferra a sus actitudes, aunque esto le resulte doloroso. "Era como si estuviera ligada a mi madre, me rechazaba y yo hacía todo lo posible por ser amable con ella... No logro hacer el duelo...".

"No logro hacer el duelo..."

¿Hacer el duelo de qué? La palabra duelo implica que hay, o que hubo, un suceso o unos sucesos que violentan. Subentiende pérdida, despego, muerte, vacío, carencia, destrucción, desestructuración, pena, nostalgia, apego a lo que fue y ya no es... desestructuración de una organización psíquica interna y/o de una organización externa ligada al otro, a los otros, al entorno.

Volvamos un momento a la noción de forma fija neurótica. La teoría de la Gestalt nos habla de la relación figura-fondo y de la percepción que cambia a medida que desaparece lo que hacía las veces de figura, regresa al fondo y deja lugar a otra figura.

La teoría de la Gestalt, que hemos presentado en el Capítulo IV, es una teoría de la percepción. No es una teoría sobre la interacción entre uno mismo y el otro o los otros, ni una teoría sobre lo inter-subjetivo ni una teoría sobre los accidentes del trayecto del ser humano mientras crece, ni una forma de psicoterapia.

Necesitamos reponer entonces el concepto de figura-fondo en la relación y en el "campo organismo-entorno" para que tenga su lugar en una teoría sobre la psicoterapia y la enriquezca. En esta perspectiva, la figura que emerge se definirá y aclarará a través del juego de las interacciones con el otro y los otros. Y, en esta lógica, podemos decir que lo que hace figura en un momento dado, es la emergencia de una forma obsoleta y repetitiva que forma parte de nuestra identidad, de nuestro patrimonio relacional, existencial e identitario. Forma parte de nuestro documento de identidad.

Lo que nos violenta es comprobar lo que algunos elementos de nuestro documento de identidad han caducado y que nos interesaría separarnos de ellos para continuar nuestra evolución como seres humanos capaces de crear relaciones sanas y nutricias.

Sí, pero esto no es tan simple. No se renuncia con facilidad a lo que somos, aunque esto nos provoque una incomodidad y un dolor que hayamos identificado claramente.

Se comprende entonces el significado de esa frase que se suele escuchar en psicoterapia: "No logro hacer el duelo".

Lo que violenta es que hay una ruptura aportada a una crónica anunciada. Me estoy refiriendo a lo que podemos observar durante las fases de puesta en contacto y de contacto final. Tengo para mí que los momentos de unión, de paso de una secuencia a otra, son particularmente importantes y angustiosos. Suelen ocurrir progresivamente, lo que nos impide identificar en la línea del tiempo, el momento exacto en que ocurre ese paso. Sería más adecuado hablar de una zona intermedia en que se pasa de la manifestación de la necesidad a movilizarnos hacia la búsqueda de solución en vínculo con el entorno y las posibilidades que ofrece. Este momento de movilización e "ir hacia" es de suma importancia e interés. Está hecho de una suite temporal de momentos presentes muy breves, cada uno de los cuales cuenta con una historia vivida. También es particularmente intenso el contacto final, porque es el momento y el lugar de la confrontación a la vez con el otro y con la novedad. Es el momento en que debemos crear algo con el otro y con una novedad que vamos a buscar juntos y aplicar entre nosotros. Cuando la movilización de energías que acompaña esta iniciativa tira del lado de la angustia más que del lado de la excitación, reaparecen los mecanismos obsoletos de supervivencia, las repeticiones compulsivas.

La tarea del terapeuta es desenmascararlas, acompañar al paciente para que él mismo tome conciencia de ellas. Después identificar cómo él mismo está comprometido en la reactualización de esas repeticiones y, en fin, acompañarlo en la toma de conciencia de lo que sucede en ese momento actual. Entonces puede preguntar: ¿qué estabas haciendo? O puede decirle: observemos lo que está ocurriendo. O incluso: ¿qué sucede en este momento entre usted y yo? O también: observemos lo que estamos haciendo, usted y yo, en este momento.

Esta invitación puede traer a primer plano la forma que ha sido suscitada por la serie de interacciones que se suceden a medida que se despliega el "cronos".

Es relativamente sencillo poner en su lugar algo nuevo en el tiempo y en el espacio terapéutico. Pero es más largo instalarlo en el contexto de la vida cotidiana, lo que a veces genera tensiones con el entorno y dolor.

Lo que violenta en este proceso es la emergencia de la aparición del "ya-allí-no-concienciado" que se convierte en "ya-allí-ahora-concienciado".

Es una especie de confluencia, un paso de lo invisible a lo visible, de lo implícito a lo explícito. Lo que puede impactar es esa presencia y esa palabra del terapeuta, que están allí para apoyar la experiencia del paciente y que tocan la dimensión temporal: ese punto en el tiempo en que el tiempo ya no es un tiempo repetitivo, sino un tiempo actual, marcado por la novedad y que entonces puede trastocar la historia. Ese punto del tiempo que es momento de conciencia, de conciencia extra respecto de la que estaba allí habitualmente. La terapia gestáltica ha desarrollado la idea del *continuum* de la experiencia, que es desarrollo temporal de la experiencia en la conciencia. Lo que violenta es una ruptura aportada en una crónica anunciada por la revelación aportada por la conciencia. Lo que se esperaba es interrumpido, hay una ruptura, "ruptura sobre una ruptura del ciclo de contacto", como decía en el Capítulo III sobre la maravilla. Ruptura sobre una forma fija neurótica que había terminado por instalarse hasta el punto de convertirse en una segunda naturaleza.

Este suceso que puede violentar, también es violencia por todo lo que engendrará. No es sencillo desembarazarse de los viejos esquemas del pasado, aunque se los conozca, estén concienciados y se sepa cuán nocivos nos resultan. Lo comprobamos de modo caricaturesco con los pacientes que muestran conductas adictivas.

El proceso de cambio es confrontacional. Implica un movimiento que violenta a la parte conservadora de nosotros mismos y en el cual podríamos identificar estas secuencias:

√ Concienciación de la forma neurótica.
√ Detención en la imagen para mirarla y mirarse vivir con ella.
√ Oscilación entre el rechazo y la aceptación: esto forma parte de mí, no, no es posible, no quiero verlo.
√ Toma de conciencia de la retroflexión engendrada por el mantenimiento y la repetición de la forma neurótica, acompañada por la experiencia de la fuerza de esta retroflexión.
√ Después, toma de distancia, desapego progresivo.

Hay un duelo por hacer, a veces una sucesión de duelos.

No es fácil distanciarse, dejar algo que nos ha sido útil y sobre lo cual nos hemos fundado durante varios años de nuestra vida. Es una violencia. O se puede vivir como una violencia. El acceso a otro nivel de evolución, que muestra muy bien la película de Coppens, requiere de un reajuste tanto de nuestra organización interior como de nuestra relación con el entorno. Y esto pasa muy a menudo por la violencia y el dolor.

El trabajo mismo de duelo es violencia, porque necesita de un distanciamiento del pasado para hallar en nosotros la capacidad de introducir lo nuevo en nuestra relación con el otro y con el mundo.

Duelo y pena en el proceso terapéutico

Necesité de varios años para comprender lo que hacía que algunos pacientes necesitaran retornar sobre las mismas situaciones antiguas, que con frecuencia ponían y volvían a poner a trabajar, aunque no tuvieran una estructura obsesiva.

Pensé durante mucho tiempo que requerían de tiempo para asimilar las experiencias nuevas que experimentaban gracias al proceso terapéutico y que quizás su dificultad provenía de un trastorno en el postcontacto y en su capacidad de asimilación.

Creía que los beneficios secundarios de los comportamientos neuróticos eran demasiado importantes como para dejarlos de lado tan fácilmente; y me volvía a preguntar por sus motivaciones.

Confié mi inquietud a mis supervisores y con ellos cuestioné mi contratransferencia.

Varios pacientes, en situación terapéutica de a dos o bien en situación grupal, me han llevado a comprender lo que a veces era necesario en el proceso y que aún no había entendido:

√ Hacer el duelo de comportamientos y actitudes que nos molestan, pero que de todos modos se mantienen.
√ Vivir la pena de la pérdida de nuestra neurosis.

¿La etapa de duelo de las formas fijas neuróticas será acaso el eslabón perdido?

Al fin y al cabo no es tan asombroso. ¿Seremos tan ingenuos para creer que nuestros viejos hábitos bien anclados, que hemos repetido miles de veces durante las distintas etapas de la vida y que están inscritos en nuestro "carácter" (las comillas son de PHG), en nuestra morfología corporal y hasta en nuestra constitución celular, aceptarán esfumarse, "regresar al fondo" como un tabú domesticado que volviera a su nicho, sencillamente porque un día los ponemos en duda junto con el terapeuta?

La terapia gestáltica es una terapia de la transformación. Esta palabra, trans-formación, es interesante, pues contiene en su definición la idea de ir más allá de, más allá de la forma, de la compulsión a la repetición. El proceso terapéutico apunta a acompañar la experiencia del paciente de tal suerte que sus idas hacia generen e instalen en el ser-allí un más-allá de la forma neurótica, esa nueva forma que llamamos ajuste creativo y que es una superación, un más allá de. Ir hacia para enseguida ir más allá de, pasar del ínter: interaccional, interpersonal, etc., pasar al trans: transformación, transpersonal, transmigración.

Se trata de un paso hacia otro estado del ser, hacia una nueva mirada a uno mismo, al otro, a la relación entre uno mismo y el otro y sobre el mundo. Un paso que finalmente permite que la función ego pueda manifestarse porque está adecuadamente sostenida por sus aliados, las funciones ello y personalidad.

Es un paso hacia un medio que aún no conocemos, cuya existencia ni siquiera sospechamos en su realidad concreta, como tampoco conocemos el hecho de que nos concierne y nos espera para hallar su propia revelación.

Los que han hablado de la muerte, de aquello que en algunos de mis artículos he llamado "el gran ir hacia", y pienso especialmente en Elisabeth Kübler Ross, hablan en términos muy semejantes a lo que acabo de expresar a propósito del paso y de la transformación. Sus escritos sobre el duelo y la muerte me han permitido, en un momento difícil de mi historia, captar interiormente lo que había comprendido intelectualmente: hacer el duelo de toda pérdida, incluso el de las formas que llamamos neuróticas, es una condición indispensable para pasar a otra cosa y a otro nivel del ser.

Intermedio clínico: la pena del abandono de la neurosis

Doy ahora un ejemplo que ilustra el trabajo de duelo y el paso por la pena en el proceso de deconstrucción de las formas fijas neuróticas.

Cuando la conocí, Janine tenía entre cuarenta y cincuenta años. Proviene de una familia bien constituida, católica, burguesa y educada. Tiene hermosos niños que van bien en sus estudios, un marido bueno que se gana la vida holgadamente y un trabajo que le conviene. Es buena madre, buena esposa y buena hija. Todo va muy bien. Pero se deprime y eso dura y además se resiste a tomar medicamentos.

La sesión a que me refiero se sitúa unos tres años y medio más tarde del inicio de la terapia, en una época en que ella va bien y comenzamos a pensar en el término de la terapia. Los síntomas depresivos habían disminuido rápidamente a poco de comenzar la terapia. Y después había pasado por fluctuaciones entre reapariciones de algunos síntomas depresivos menos intensos que los anteriores y prolongados períodos en que reorganizaba su vida y se sentía bien.

Ese día llega y de inmediato, por su expresión, advierto que algo anda mal. Llora, me anuncia la reaparición del malestar depresivo. Y enseguida me dice cuán difícil es cambiar y renunciar en la vida cotidiana a maneras de actuar, aunque ahora ha comprendido que eso había engendrado su depresión. Llora y expresa su desaliento. Me dice que tiene la impresión de estar en el mismo punto que hace cuatro años. Tengo la sensación de que está en contacto con una gran pena, y la dejo vivir y atravesar esa pena.

Hacía varios meses que estaba mucho mejor, había vuelto a controlar su vida tanto en el plano profesional como en el personal, y más de una vez habíamos mencionado que se acercaba el término de la terapia.

Sin embargo, me parece que no se trata de lo mismo de antes; pero en realidad no logro distinguir de qué se trata. Le digo: "Creo que comprendo su malestar actual y la reaparición de algunos síntomas, pero hay algo que me parece diferente y no sé qué sea".

Esto amplía su emoción y le provoca una gran pena, una pena que parece venir de lejos y que se presenta como una oleada de tristezas. Recuerdo entonces mi propia pena en un momento importante de mi historia en que debía hacer duelos y precisamente el instante en que me sentí embargado por una oleada interminable de penas.

Le digo que me parece que en ese momento la habita una gran pena y que quizás eso sea diferente.

Esto le permite ir aún más lejos en la expresión de su desamparo. Me dice: "Es tan difícil abandonar las actitudes de dependencia que me unen a mi marido… Quizás era mejor, finalmente, lo de antes… Tengo la impresión de perder algo… Sí, es eso… Tengo la impresión de que abandono toda una parte de mi vida si adopto una posición distinta ante él… con la familia… con mis colegas…".

Sigue llorando y la acompaño: "Permítase vivir esa pena, estoy aquí con usted".

A menudo he trabajado así con ella: destacándole mi presencia. Y esto la conmovía mucho y me decía que lo que tanto la conmovía era que yo la acompañara de ese modo en su vivencia.

En ese momento me vuelve aquella inmensa pena que mencioné antes.

T: Tengo la impresión de que vive usted algo muy doloroso, como alguien que está perdiendo algo muy importante…
P: Sí.

Y le concedo todo el tiempo necesario para que exprese esa pena, para que la viva en mi presencia.

Después, cuando siento que puedo hacerlo, me presento como quien tiene algo que ver en ese sentimiento de pérdida y en el malestar que está viviendo.

Reconoce que en algunos momentos no me ha soportado, que a veces se ha arrepentido de haber venido a terapia. Y sigue llorando.

T: Ahora comprendo que estar comprometida en un proceso de cambio es algo que la violenta.
P: Violencia es la palabra… No imaginaba que eso…
T: ¿Eso…?
P: Que situarme al lado de mi marido y ya no ser su sombra sería tan difícil… Ya no quiero ser una esposa perfecta, como mi madre… No me imaginaba que fuera tan difícil…

Nos quedamos en silencio. Este momento me parece muy importante, pues no se comporta como una paciente perfecta que encuentra perfectos al terapeuta y la terapia. Más tarde, continúo:

T: Hemos llegado al final de la terapia. Y usted va a perder su lugar a mi lado...
P: Sí, he pensado eso...
T: Con todo esto me ha indicado que está haciendo un duelo...
P: Sí... es muy violento todo esto...

La semana siguiente ya estaba mucho mejor. Lo sé apenas entra a mi despacho. Ha tenido un sueño: pasea por un camino pequeño y ve dos víboras negras que se arrastran por la hierba y desaparecen. Se sorprende, siente algo de miedo, y después continúa caminando y al otro lado de un puente avista una casa con luces en el interior; ha caído la noche y ve la luz a través de las ventanas y le parece amable y cálida. Comprende que debe ir allí y se encamina a la casa.

Nada tengo que decirle sobre el sueño. Ella dice lo que tiene que decirme, con toda sencillez, sola ante mí y se sorprende por no tener miedo de las serpientes. Después me agradece por haberla acompañado con mi presencia hasta la entrada de esa casa.

Estoy muy emocionado y ella también. Comprendemos que el proceso de duelo está en marcha.

Un poco más tarde, no puedo dejar de compartir con ella una lectura posible de la primera parte de ese sueño según el modo de comprensión que de ese sueño tendrían los terapeutas amerindios que me han formado en sus prácticas terapéuticas y en su concepción del mundo y del universo. La serpiente, que yo mismo he encontrado en la realidad de mis sueños y de mis visiones, le ha venido a decir que está curada. Al relatarme ese sueño me transmite el mensaje que la serpiente nos transmite a los dos: que ahora puede hallar la luz suave de su casa interior, que ya no necesita de esta terapia y que yo puedo estar tranquilo acerca de su porvenir.

Nos ponemos de acuerdo para una última sesión.

CAPÍTULO VIII

Cuerpo, identidad y contemplación

Notas

De súbito, en el recodo de un sendero, inesperada e imprevisible, surge ante mí una magnífica cascada, blanca y fresca, gozosa y saltarina. Me detengo, sorprendido, emocionado, conmovido por tanta belleza que se muestra a mis ojos. Me acerco, miro, me dejo impregnar, me siento... Contemplo el agua que se desliza por las rocas, blanca, fluida, viva, incesante. Advierto que la imagen que veo es siempre la misma y sin embargo nunca es la misma agua. Nunca se detiene para presentarme una imagen fija, estable, permanente. No cesa de llegar desde debajo de las rocas, es la impermanencia misma y no obstante es una cascada de forma permanente.

Después advierto que esa figura blanca y móvil se desliza a lo largo de un fondo gris: la roca gris, estable, monolítica, allí en su fijeza y su inmovilidad (por lo menos aparente). Advierto que una y otra son parte de la misma cascada, que en este instante y en este lugar sólo son una en la misma forma que llamo cascada.

El fondo y la forma están de acuerdo, unidos y sin embargo cada uno tiene su originalidad y su forma propia. Y no obstante, en la interacción que los religa, configuran un conjunto único, fijo y móvil a un tiempo.

Y así es la identidad. Es la comunión del fondo y de la forma, en un movimiento donde cada uno mantiene su originalidad propia. La identidad es el encuentro de un componente constantemente móvil sobre un fondo estable pero no fijo. Si se inmoviliza el agua ya no hay cascada sino un objeto inanimado.

"Después se me manifiesta una forma nueva: el ruido de la cascada... Veo al mismo tiempo que escucho... Y este murmullo me provoca una emoción intensa: escucho lo invisible. Este sonido no es una realidad palpable que forme parte de la materia que constituye la roca o el agua. Y sin embargo emana de la entidad cascada. Es la manifestación sonora de su encuentro y de su unidad. Forma parte de su identidad. Habría entonces en la identidad un invisible que no es dado por el ver, sino que es un más allá de la creación identitaria.

Estoy admirando, en un estado meditativo, casi hipnótico, formo parte también del paisaje y de la cascada. Somos uno.

Siento el cuerpo. Me siento cuerpo. La cascada es la prolongación natural de mi cuerpo. Mi cuerpo es la prolongación natural de la cascada.

Se impone entonces, dentro de mí, esa voz de lo invisible: 'En este instante sólo cabe contemplar: deja de pensar y contempla'".

Experiencia del cuerpo como base de la identidad

Hace algunos años, André Jacques, psicoterapeuta gestáltico y después psicoanalista, afirmaba durante una discusión entre colegas: "El cuerpo no existe". La afirmación no pasó desapercibida y suscitó reacciones y controversias. Mencionaré la afirmación habitual en el campo de las psicoterapias corporales, sobre todo en las de tipo humanista: "La identidad se elabora por el cuerpo". Y que Freud escribía a comienzos del siglo XX: "El Yo es, en primer lugar y antes que nada, un Yo físico".

Por lo tanto, estamos en presencia de puntos de vista que dan que pensar.

La identidad se podría definir por la capacidad del individuo para experimentarse, definirse y posicionarse ante el otro y el mundo a través del "Yo soy" y a través del "Yo soy el que soy".

Para advenir, el "Yo soy" necesita de un largo proceso. No está dado así sin más, por el solo hecho de que un buen día lleguemos a la Tierra por el nacimiento biológico. Desde un punto de vista gestáltico, tampoco se puede plantear únicamente a través del pensamiento y la conciencia mentalizada. No basta el "pienso, luego existo". Se elabora en la complejidad.

La terapia gestáltica se apoya en una de las teorías del sí mismo que existen en el pensamiento psicológico, como ya he mencionado. El concepto de sí mismo es complejo. No es fácil dar cuenta de él, y esto es perceptible tanto en PHG como en los psicoanalistas que han desarrollado su pensamiento y su práctica a partir de este concepto, en particular en el caso de Winnicott y Kohut.

En la historia del psicoanálisis y de la terapia gestáltica, el concepto de sí mismo ha sido utilizado desde la década de 1940 por el psicoanalista inglés Winnicott. Se refiere por primera vez a esto en el Capítulo II del libro *De la pediatría al psicoanálisis,* llamado "El desarrollo afectivo primario" publicado en 1945. Desarrolla el tema de la identidad en numerosas obras y se refiere constantemente al "sí mismo" (*self*). Sólo a partir de la década de los 80 hemos empezado a descubrir el sí mismo tal como lo expusieron PHG en 1951.

Creo que es útil que conozcamos el pensamiento de Winnicott, porque nos propone explorar el tema de la identidad y de sus supuestos en y a través de la relación organismo-entorno que se despliega en la entidad madre-bebé de pecho. Trabaja con el concepto de sí mismo y lo concibe a partir de la relación organismo-entorno y, más específicamente, a partir de la relación madre-niño.

Hace algunos años, inquieto por conocer esa otra teoría del sí mismo, intenté captar las semejanzas y las diferencias entre las concepciones provenientes de Winnicott y de PHG. Estudié mucho tiempo a este autor y casi todas las frases que contienen la palabra sí mismo en *De la pediatría al psicoanálisis*, lo que originó un artículo que titulé "Del psicoanálisis según Winnicott a la psicoterapia gestáltica", que se publicó en las actas de las jornadas de estudio de la Sociedad Francesa de Gestalt que se realizaron en 1984 en Burdeos. Un análisis minucioso del término sí mismo a lo largo de las conferencias presentadas en la obra, nos permite deducir su significado o por lo menos orientaciones del significado, algunas de las cuales recuerdan curiosamente nuestra teoría del sí mismo. Resumiría de la siguiente manera lo que Winnicott entiende por sí mismo:

√ El sí mismo sería un núcleo central que forma parte del ser humano, sin tener por ello una realidad material. ¿Podría asimilarse a lo psíquico de la psique? Winnicott me parece poco explícito en este punto.

√ El sí mismo remite a la cuestión del sentimiento de existir y de la continuidad del sentimiento de existir que se establece en y por la relación con el entorno.

√ Además es el proceso por el cual el individuo accede a su sentimiento de existir, proceso organismo-entorno, pero visto de modo más específico a través de un organismo llamado bebé de pecho y un entorno llamado madre (o a la inversa).

√ El sentimiento de existir y el proceso por el cual se elabora sólo pueden desarrollarse a través de las interacciones que ligan organismo y entorno, la díada madre-niño. El organismo es el niño o el bebé de pecho; el entorno es el seno, el cuerpo, el objeto, la madre, después el entorno familiar y después el entorno más amplio y definido como debiendo ser "suficientemente bueno".

√ Finalmente se podría decir que por una especie de cuerpo a cuerpo entre el bebé de pecho y el entorno, se va a desarrollar el sí mismo como núcleo fundamental del ser humano, pero también como proceso centrado en los constantes reajustes por hacer entre el organismo y el entorno para que uno y otro se constituyan como "entorno suficientemente bueno" para el otro.

Hay un parentesco evidente entre las dos visiones del sí mismo, la de Winnicott y la de PHG. Winnicott intenta discernir los supuestos de la identidad desde el nacimiento del bebé, pasando por la noción de "madre suficientemente buena" a la noción de "entorno suficientemente bueno".

Perls y Goodman plantean la cuestión de un sí mismo a partir del reconocimiento del campo organismo-entorno, que no está centrado especialmente en la relación madre-hijo, sino que, según Goodman, más en la relación individuo-sociedad o individuo-instituciones. No parece preocuparles directamente la cuestión de la identidad.

Según mi punto de vista, el sí mismo, como lo comprendemos en la Gestalt y remitido al contexto del campo terapéutico, es decir limitado a dos personas o a un grupo restringido de personas, remite igualmente al sentimiento de existir, una expresión que me parece no se utiliza en nuestros textos fundadores. Pues ¿qué ocurre al ser humano comprometido en una serie de sucesos y de interacciones donde está implicado en y con el entorno? ¿Qué le ocurre al término de una gestalt acabada o de un ciclo de contacto que se despliega armoniosamente hasta la fase de poscontacto, donde se asimila la experiencia y la introyección se disuelve para convertirse en el organismo mismo al tiempo que lo regenera? ¿Qué le ocurre en ese momento de vacío "fértil" donde todo es posible de nuevo?

El sí mismo nace, se pone en movimiento, se despliega, sin perder su intensidad, y desaparece hasta que un nuevo suceso haga figura y lo vuelva a poner en movimiento. ¿Pero cuál es su finalidad? ¿Será una finalidad por sí mismo? Hablar de crecimiento como finalidad me parece adecuado, pero incompleto. ¿De qué hablamos cuando hablamos de crecimiento?

La puesta en movimiento y el despliegue del sí mismo dejarán huellas en el organismo, ¿pero qué huellas? Es lo que llamamos el crecimiento. Los textos fundadores permiten pensar que el crecimiento del individuo sería la consecuencia de este movimiento del sí mismo. Este concepto no basta para dar cuenta de las huellas. Me parece incompleto por ser demasiado general. Creo que los gestálticos, que se refieren a la vez a la fenomenología, a la concepción del Yo/Tú de Martin Buber y al planteamiento dialogal, aportan elementos de respuesta. Pienso particularmente en S. Schoch de Neuform y en su obra *Un diálogo terapéutico.*

Se podría proponer la hipótesis que una de las huellas que deja el despliegue del sí mismo es la constitución de la identidad por intermedio del sentimiento de existir que brota del encuentro con el otro y de las experiencias corporales ligadas a este encuentro en los comienzos de la vida. Construcción de la identidad y al mismo tiempo reajuste constante de esta identidad que no es un producto terminado, sino un proceso en movimiento constante.

Podemos concebir el crecimiento en términos de identidad, de ascenso progresivo hacia el Yo y el Yo soy, con la parte estable del yo y el misterio de su movilidad. Uno de los efectos del sí mismo y de la autorregulación organísmica que impulsa su despliegue es permitir que el individuo acceda a su sentimiento de existir, y, en el mismo movimiento, situarlo como revelador del sentimiento de existir del otro.

Las raíces fenomenológicas de la Gestalt nos llevan a considerar que el yo y el yo soy sólo pueden ser planteados por el individuo existente, existiendo y sintiéndose existir.

Tanto para Winnicott como para PHG, el "me siento existiendo" es un proceso que pasa por el cuerpo, especialmente por el cuerpo y lo sensorial. Para Winnicott, el niño se desarrollará, y el sí mismo a través de ese desarrollo, en primer lugar por la intimidad fisiológica, sensorial, emocional y afectiva, por el control cálido y afectuoso y por un trato envolvente que llama "*handling*" (manipulación). Se trata de un proceso corporal que pasa por una especie de cuerpo a cuerpo madre-hijo que pre-imprime las emociones en curso y que volvemos a encontrar en el proceso terapéutico en lo que he llamado "cuerpo a cuerpo psíquico" a consecuencia de mis trabajos con psicóticos.

Para PHG, el organismo encuentra las bases del sentimiento de existencia y del ajuste creativo a través de la función ello de la situación. Recordemos esa frase que propuse en el capítulo anterior: "La función ello es el fondo dado que se disuelve en posibilidades, cuyas excitaciones orgánicas, situaciones pasadas inacabadas que emergen en la conciencia, entorno percibido vagamente y sentimientos rudimentarios ligan el organismo y el entorno".

Recordemos también que dan el ejemplo de la estructura del sí mismo en la relajación para que podamos sentir mejor lo que hay que entender con la expresión "función ello". En la relajación, "el sí mismo suspende sus facultades sensoriales y pone sus músculos en la vía media. La función ello se muestra pasiva, fragmentaria e irracional, su contenido es alucinatorio y el cuerpo ocupa el primer plano... la relajación es un elemento desintegrador que sólo unifican las sensaciones del cuerpo".

Para que haya esa unificación por las sensaciones del cuerpo, agregan la referencia al *awareness* y a la conciencia de lo experimentado, lo que también se encuentra en Winnicott, aunque de una manera más implícita. En el organismo del animal humano siempre ocurre algo, incluso en el estado de sueño. Hay siempre un "*awareness* de base", es decir, la vigilia animal del organismo incluso en estado de sueño. Lo discontinuo es la conciencia explícita que tenemos al respecto, la conciencia de nuestra experiencia en curso. El animal humano comenzará a tener acceso al yo y al tú, es decir a su humanidad, por intermedio del cuerpo y de sus diferentes manifestaciones, en particular de la respiración y de la conciencia que tiene de ella.

El animal humano tendrá acceso a su sentimiento de existir y después a la capacidad de verbalizar este sentimiento de existir a través del "yo soy", del "yo estoy siendo" y del "yo soy alguien que", en primer lugar identificando lo que ocurre por intermedio del cuerpo y en el campo organismo-entorno. Lo unificador es el conjunto sensación-conciencia que tenemos en el campo y la conversión en palabras de la experiencia dirigida al otro. Somos ese cuerpo que experimenta esa sensación, esa tensión y esa emoción gracias a la conciencia. Somos aquello que el otro nos revela por su presencia en nuestro cuerpo, en nuestra fisiología, en nuestra psicología. Winnicott muestra muy bien cómo los supuestos de la identidad se establecen en la fase preverbal, en lo íntimo y en lo arcaico. La "función personalidad", tal como la definen PHG, "copia verbal del sí mismo", sólo puede aparecer después, a partir del momento en que el animal en nosotros comienza a erguirse, a hallar su humanidad. Y ocurre el momento emocionante en que accede a la palabra y a lo simbólico.

Notemos que Winnicott no habla de conciencia ni de *awareness*. Y esto es así, sin duda, porque se refiere al niño pequeño que vive en la espontaneidad y en el cual la sensación, aún no muy reprimida por las convenciones familiares, sociales y culturales, se puede expresar de manera inmediata sin estar deformada, diferida o prohibida por el pensamiento, la expresión verbal o por los introyectos. PHG, por su parte, se refieren a ese tiempo anterior, que llaman "el mundo perdido de la infancia".

Parece entonces que el ser humano accederá a su sentimiento de existir y a su identidad por la experiencia y en particular por la experiencia del cuerpo. Podemos concebir aquella proposición "el cuerpo no existe" desde un punto de vista fenomenológico. En esta lógica, el cuerpo como tal no es importante, sino la experiencia y la experiencia que de él tenemos. Y podríamos completar la frase de André Jacques de este modo: "el cuerpo existe por la experiencia y ésta se manifiesta por el cuerpo". De esta dialéctica cuerpo-experiencia nacería el proceso de elaboración de la identidad.

La experiencia, la experiencia del cuerpo... La conciencia que se tiene de la experiencia y de la experiencia corporal, la atención apuntada a la experiencia y todo esto en el vínculo con el otro... ¿Y en qué es esto portador de identidad? ¿Cómo se inscriben estos elementos en un proceso identitario? ¿Cómo y dónde se sitúa la noción de contemplación en este proceso?

Intermedio clínico: "Soy como una pared..."

P: ...He perdido mi identidad... Ya no tengo puntos de referencia... Aparte del trabajo, sólo tenía un único centro de interés en la vida... *Silencio.*

T: ...Sí, un único centro de interés.

P: ...Martine... (Su ex mujer, que lo ha dejado hace un mes)

P: En este momento no avanzo, nada cambió en las últimas semanas. *Silencio.*

T: Me extraña que la situación que vive no lo haya enfurecido.

P: No.

Parece buscar en la cabeza y termina diciéndome de nuevo que algunas veces siente rabia hacia sus hijos, que viven con él... Habla interiormente, siento que está cerrado, me parece que mi intervención sobre la cólera le separa de sus sensaciones. Le manifiesto entonces mi experiencia.

T: Me gustaría compartir con usted lo que experimento en este momento. Me siento molesto, pues tengo la impresión de que mi intervención sobre la cólera lo encierra en la cabeza y lo deja en estado de clausura.
P: Sí, es así...
T: Me viene una imagen: le veo como un bloque monolítico y mi intervención podría reforzar ese bloque.
Silencio.
P: Sí, eso corresponde a mi estado actual, estoy como una pared... La imagen del bloque es muy exacta.
T: Mi impresión se corresponde entonces con la suya.
Silencio.
T: ¿Me puede describir ese bloque?
P: Es por lo menos tan grande como yo, negro, muy duro, tiene una pared muy dura, es de un metal muy duro...
Silencio.
T: Imaginemos por un momento que usted se convierte en este bloque, consciente de que está ante mí...
Silencio... molestia.
P: ...Soy un bloque muy duro de metal negro...
Su respiración cambia, lo veo y le escucho respirar...
T: Continúe.
P: Soy un bloque con una caparazón muy dura...
Silencio... Se sigue movilizando la respiración.
P: Y me siento muy frágil interiormente...

Aumenta el movimiento respiratorio y el volumen sonoro.

T: ...A medida que se convierte en ese bloque, su respiración cambia, se torna más amplia, más profunda. Le invito a que sea consciente de usted mismo mientras respira...

Cierra los ojos y continúa respirando intensamente unos momentos. Después le corren las lágrimas y me dice:

P: Me siento frágil... Me siento frágil ante usted...

Continúa respirando y lo siento animado y habitado por una emoción muy profunda.

T: Experimenta en este instante una emoción muy profunda... Le invito a permanecer en esa fragilidad y a vivirla como una parte de usted que se revela en mi presencia.

Sigue un prolongado silencio en el cual está allí por completo, habitado por el hálito de la emoción; y yo también. Se impone el silencio y sólo puedo contemplar a este hombre y su autenticidad del momento. Concederle mi presencia silenciosa y meditativa es mi manera de reconocerlo y de honrar su experiencia del momento.

Contemplo respetuosamente a este hombre que en una sesión anterior me decía que siempre había tenido éxito en la vida, que era fuerte, que obtenía lo que quería y que su relación afectiva y amorosa con su ex mujer era el primer y único fracaso de su vida.

Le recuerdo que ha comenzado la sesión nombrando su sensación de pérdida de identidad y de puntos de referencia, y le pregunto cómo se siente ahora.

P: ...Mucho mejor... Ya no soy ese bloque... Tengo calor, respiro y comienzo a experimentar lo que hay detrás de la pared negra.
Prolongado silencio.

T: En este momento hay acuerdo entre su experiencia corporal, emocional y respiratoria y las palabras que pronuncia para dar cuenta de la experiencia. Está en su identidad del momento. Advierto que me he dejado llevar por un estado contemplativo en su presencia. Y esto ha sido una hermosa experiencia, también para mí.

Respiración e identidad

Se podría considerar que la respiración es la experiencia fundadora y primordial del ser humano, la que comienza con el nacimiento y continúa hasta la muerte. Goodman dice que no podemos pensar el organismo sin encarar el aire que nos rodea, elemento del entorno con el cual estamos en continua interacción.

Respirar puede ser una mecánica fisiológica animal que se nos escapa y que se hace por sí misma en el automatismo y la no-conciencia. Respirar también puede ser una manifestación psicológica desde el momento en que se conciencia en la relación con el otro. La conciencia nos permite advertir hasta qué punto nuestra respiración está condicionada por nuestras reacciones ante el entorno, hasta qué punto es un reflejo de nuestra historia, como todo nuestro cuerpo. La continuidad en la conciencia de la experiencia de la respiración nos permite advertir hasta qué punto nuestra respiración, su ritmo y su intensidad, contiene los nudos de nuestra historia de interacciones con el entorno. PHG escriben al respecto:

> "...Se puede apreciar así por qué la respiración desempeña un papel tan interesante en la psicología y la terapia. (La 'psyqué' o el 'anima' son la respiración). La respiración es una función fisiológica; su periódica exigencia al entorno es tan frecuente sin embargo, y en realidad tan continua, que está siempre a punto de ser consciente, una especie de contacto. En la respiración se advierte, por excelencia, que el animal es un campo, que el entorno está 'en el interior' o que esencialmente penetra en todo instante. La angustia y el trastorno respiratorio acompañan toda perturbación de la función del sí mismo y lo primero, en terapia, es contactar la respiración".

Todo trastorno de la función del sí mismo es a la vez indicio de un trastorno en el proceso identitario y conservador de este trastorno.

El Yo se crea a través de este paso de la respiración como mecánica fisiológica a la respiración como elemento marcado por el afecto proveniente del encuentro con el otro.

La respiración se convierte en elemento portador no sólo de vida, sino de existencia desde que acompaña el despliegue del sí mismo. La apertura del movimiento respiratorio abre la conciencia de las sensaciones, y el *continuum* de la experiencia se convierte en elemento unificador, integrador. Ya no me encuentro en la división, que se dice verbalmente por "tengo una tensión, tengo un cuerpo que padece", sino en la reunificación, que se dice por "soy esta sensación, soy este cuerpo que padece, soy este dolor del cuerpo, soy esta emoción", como nos recuerda J. Kepner en *El cuerpo recuperado.*

PHG hablan de las sensaciones como elementos que unificarán el cuerpo desintegrado. Se podría presentar entonces la respiración, las sensaciones y la conciencia ampliada como el conjunto unificador, el suceso que permite pasar del "tengo un cuerpo, una tensión", al "soy este cuerpo".

"Soy esta experiencia que me es revelada por mi corporeidad". Se podría definir la identidad como el paso del "yo tengo" al "yo soy".

De este modo, gracias a la atención, es decir gracias a la conciencia llevada al estado de vigilia del organismo, el animal humano pasa de la respiración como mecánica fisiológica a la respiración como elemento portador de significado. Puede hacer entonces la experiencia de su cuerpo en la relación con el otro y bajo la mirada del otro; por ahí se elaborará su capacidad de entrar en contacto, lo que implica reconocimiento de sí y del otro, con todo lo que esto puede conllevar de angustia y de conflictos. Allí están las bases de la identidad.

Esto nos lleva a considerar la identidad y el proceso identitario a través del concepto de fondo y de figura que abordamos en el Capítulo IV. Cuando apuntamos la atención a nuestra respiración, y gracias al *continuum* de la experiencia, el cuerpo pasa a ser el fondo –si usamos la expresión de PHG– o el segundo plano –según la traducción estándar al francés–, y de este fondo o de este segundo plano se desprenderá una figura: sensación, tensión, emoción, impulso, emergencia de una necesidad. "Es lo dado, o la función ello de la situación, que se disuelve en posibilidades".

Después el fondo está constituido por el encuentro cuerpo-entorno y el objetivo final se destaca como figura. El momento de contacto final es el momento de espontaneidad creativa donde hay alianza entre el conjunto cuerpo-organismo para alcanzar el objetivo. Entonces el sí mismo está presente en la situación, con intensidad máxima y con sus tres características: espontaneidad, vía media y compromiso. El fondo, constituido por la interacción cuerpo-entorno en pleno proceso de contacto, genera esa energía orientada a un objetivo por conseguir, y esta energía nutre una acción que emana por lo tanto del encuentro organismo-entorno que se despliega por sí mismo. Es el ajuste creativo. Entonces "se relaja la tensión y hay una acción unitaria espontánea de percepción, de movimiento, de sentimiento. La toma de conciencia alcanza su mayor claridad en la figura del TÚ".

Después la interacción se torna "flotante", el organismo se retira con lo que ha internalizado del entorno. Podrá comenzar el período de asimilación, y la experiencia de ajuste creativo, vivida en la fase de pleno contacto, enriquecerá a la función personalidad. La persona puede decir entonces: "También soy alguien que...". Así se modifica y evoluciona la identidad.

El proceso identitario se elabora a lo largo de esta cadena figura-fondo. El fondo genera una figura que enseguida se tornará fondo y de este nuevo fondo constituido por la figura anterior surge una novedad: un objetivo por realizar que necesita de un vínculo con el entorno. El fondo se amplía: se convierte en el encuentro entre el organismo comprometido en su dimensión corporal y el entorno, y el objetivo por realizar se convierte en la figura, lo que establece "una acción unitaria espontánea de percepción, movimiento y sentimiento".

A través de este proceso figura-fondo, siempre se trata del cuerpo movilizado de distintas maneras, a partir de las premisas contenidas en la función ello, del cuerpo que adquiere forma en la confrontación con el otro y que se despliega al mismo tiempo que el sí mismo.

El Yo/Tú existe en este momento intenso del contacto pleno, este momento en que la "función ello" engendra el riesgo de la novedad. En este momento soy plenamente una parte de mi identidad en acción, desplegándose sobre un fondo de identidad conservadora, construyéndose; ya no me planteo la pregunta por el "quién soy", vivo plenamente lo que soy en el momento. Es la identidad del riesgo, que se caracteriza por la espontaneidad. Sólo posteriormente, después del período de asimilación e integración, puedo decir: "Ah, sí, soy lo que acabo de vivir o de realizar". "Ah, sí, también soy lo que las manifestaciones de la función ello concienciadas han engendrado hasta el advenimiento del YO. Soy también lo que se ha revelado en mi interacción con el otro". Allí se puede hablar de la función personalidad como "copia verbal del sí mismo". La identidad se construye a partir del momento en que aprendo algo sobre mí mismo y lo integro a lo ya conocido.

El organismo está en su identidad y en su unidad si hay alianza y unión entre el fondo y la figura, si la figura no aparece como un elemento aislado del fondo, como un trozo desconectado, como un fragmento, sino como uno de los aspectos del todo. Ya no "me duelen los dientes", sino "soy esta dolencia de dientes".

Retomemos el ejemplo de la cascada. El fondo y la figura, si bien diferenciados, son sólo una y la misma realidad designada por el término único de cascada. Y la cascada existe a la vez como proceso, como acción y como realidad unificada. El fondo y la figura solamente son uno: el fondo es la roca, la figura es el agua y el movimiento es la acción unificadora que hace que nazca la cascada del encuentro agua-roca-movimiento.

Pero la cascada sólo puede existir porque hay otro elemento indispensable para su existencia: el otro y su mirada. Atrae la mirada del paseante, ejerce una fascinación sobre él y al punto que lo detiene. Y este paseante la reconocerá y nombrará: ¿acaso es la cascada quien se bautiza cascada por sí misma? ¿O se trata del espíritu del hombre que la reconoce por el hecho de nombrarla? Y el paseante la mira, le habla, la escucha, la contempla, reconoce su existencia, su presencia y su papel en su vida y en el universo.

La sensación de seguridad se establece gracias a la acción unificadora, que se juega en dos niveles:

- √ Nivel muy primario de uno mismo a uno mismo: fragmento de uno mismo por integrarse en la totalidad.
- √ Acción unificadora en la confrontación con el entorno y el ajuste creativo.

La acción es unificadora cuando hay acuerdo entre el fondo y la figura y de este acuerdo nace una acción adecuada con el entorno.

Intermedio clínico: del cuerpo reintegrado al otro reconocido

Durante la primera sesión, una mujer de unos treinta y cinco años me explica lo que la ha traído a la psicoterapia: forma parte de un grupo donde se hacen experiencias "psíquicas" (de médium y escritura automática); estas experiencias la perturban mucho y tiene la impresión de enloquecer. Quiere interrumpirlas, pero el grupo la presiona para que continúe. Por otra parte, su inserción profesional es difícil, no logra hacerse un lugar, aunque tiene una formación universitaria de alto nivel.

En esta persona hay cierta facilidad para experimentar, para estar en la experiencia corporal y en la vivencia emocional. El cuerpo está muy presente, tanto en su vida como en las sesiones, por tensiones, especialmente en la nuca, por manifestaciones digestivas, sensaciones de debilidad en las piernas, dolores e hinchazones en las articulaciones, enrojecimientos. Al cabo de no mucho tiempo percibo que ese cuerpo es tan doloroso o molesto que ella interrumpe rápidamente la experiencia mediante la velocidad del lenguaje, explicando o aludiendo a sucesos de su historia pasada. Esta experiencia corporal la agobia. Se protege de ella mediante explicaciones con frecuencia muy pertinentes.

Las bases de la relación entre ella y yo se establecen con mucha lentitud por un prolongado trabajo de familiarización con lo corporal a través de la respiración, del movimiento y de la asociación cuerpo-imaginario: tornarse un símbolo de un sueño, por ejemplo. Las manifestaciones de la función ello son numerosas y se constituyen en figuras claras que emergen del cuerpo como fondo. Ella capta progresivamente su cuerpo a través de una larga progresión que abarca dos años: las piernas con una sensación de debilidad y de falta de arraigo, los pies, una bola en el estómago, toda la zona respiratoria entre el plexus y la garganta, la nuca (una constante), un brazo, un costado del cuerpo, el otro costado, la oreja, el rostro.

Sólo posteriormente advierto el movimiento ascendente que hace de la experiencia de su cuerpo, desde abajo hacia arriba, y de pronto me pregunto si es una persona fragmentada. También podría haberla percibido como una persona con estructura psicosomática, considerando además que fue asmática en la infancia. Hasta este análisis que estoy escribiendo ahora, nunca se me había ocurrido que podría ser "fragmentada" o "psicosomática", nunca se me había pasado por la mente la idea de un diagnóstico psicopatológico. Y me alegro. Mi visión no estaba velada u orientada por un rótulo.

Ocurrieron pequeños momentos de experiencia unificadora mediante la puesta a trabajar de la función ello, especialmente por la respiración y el movimiento, y en mi presencia. La experiencia es unificadora desde que hay reapropiación de una parte del cuerpo por la sensación, por la emoción, por los lazos con elementos de su historia pasada; la emoción es el suceso intermediario que emana de la experiencia corporal inmediata y del *continuum* de esta experiencia, que a su vez emana de un fragmento de la historia reactivado por la atención apuntada a la experiencia corporal.

La sincronía y la congruencia de esos distintos sucesos bajo la mirada "libre" del terapeuta o en su presencia dan a la experiencia su carácter unificador.

El estar-allí del terapeuta crea el contexto en que la "función ello" puede advenir, sostiene la experiencia del paciente y a través de este apoyo se restaura el sentimiento de seguridad de base que había sido perturbado muy pronto en su historia. Se establecía una tranquilidad en relación con el miedo a enloquecer: "¡Puedo vivir todo esto con usted sin volverme loca!".

En consecuencia se desarrolló un largo trabajo de precontacto cuyo efecto fue restaurar la sensación de seguridad, la confianza, y restablecer las premisas de una identidad perturbada en sus bases: "Esperaban un niño, y nací niña... y me dieron un nombre mixto... no sé quién soy... temo perder la cabeza...".

Se parece al dibujo que me trae un día: un conjunto de personajillos encerrados en una caja que van del brazo de un personaje mal definido.

Durante esta fase de la terapia, el elemento fundamental de frontera-contacto me parece ese "cuerpo a cuerpo psíquico" entre ella y yo del que hablo en *Esos dioses que lloran*, ese apuntalamiento, ese apoyo de la experiencia que le aportan mi palabra y mi presencia. Es un suceso de frontera-contacto a la vez real y tenue, que durante mucho tiempo no se puede nombrar. No es deseable ni reconocerlo ni nombrarlo demasiado pronto, pues amedrentaría al sí mismo que nace tímido y temeroso.

Algo nace: el acceso progresivo al sentimiento de existir. Es necesario privilegiar la función ello en movimiento y en ascenso sin fijarla demasiado pronto por lo simbólico. Así nacerá progresivamente el sentimiento de existir, de esta función ello en movimiento y concienciada y bajo la mirada de otro, es decir, del terapeuta.

Después surgió una segunda etapa en esta psicoterapia, aquella en que hay reconocimiento del otro, acceso al Yo/Tú.

Los dos meses de interrupción del verano aportan novedad en el campo. Durante la interrupción siguió un tratamiento con el método Tomatis. Importa señalar que en las últimas sesiones de junio la experiencia corporal la había conducido al nivel de la oreja: dolores, molestias, asociación después con la otitis que había padecido en la infancia.

Le dije, después de escucharla: "¡Usted me ha reemplazado!". Se rió, me dijo que sí y me contó lo bien que le había hecho ese trabajo. Durante la misma sesión, ya no sé bajo qué contenido, apareció reiteradamente un gesto con el brazo derecho, al costado. La invité a que prosiguiera haciendo el gesto como si fuera una meditación y que lo repitiera en casa.

Durante la sesión siguiente me dice que ha reproducido el gesto en casa y que no ha sido muy agradable. La invito a explorar esto una vez más, ahora en mi presencia. El gesto del lado derecho se convierte en la abertura de ambos brazos. Lo repite varias veces seguidas y vive una experiencia muy fuerte de sensaciones corporales globales a partir de la conciencia de los pies, de las piernas y de la columna vertebral. Experimenta con mucha fuerza su estructura corporal con puntos de referencia móviles, pero presentes.

Y después viene una sensación de molestia respiratoria, de opresión en el pecho. Tose mucho (lo que evoca el tiempo en que había sido asmática). Describe sus sensaciones diciéndome que tiene la impresión de que está en una caja con barrotes, una caja que está muy cerca de ella y de su cuerpo, hasta el punto que los barrotes y su cuerpo son casi la misma cosa. Le digo entonces: "La veo a través de los barrotes de su caja". Mi frase la hace reaccionar casi con violencia. Esto ha sido un verdadero impacto para ella: ¡que la vea ya es bastante, pero que la vea en su caja es demasiado! Al terminar la sesión, le pido que escriba un cuento donde la heroína sea esa mujer en la caja y que me lo traiga la semana siguiente. Eso hizo, pero la angustiaba tener que leérmelo. Me pidió que lo leyera yo mismo y me pasó el texto. No respondí a su pedido y la dejé con la conciencia de esa angustia.

Desde ese momento, la interacción entre ella y yo se torna más precisa, es nombrada. Ya no me contento con apoyar una experiencia corporal y emocional de apuntalamiento y reunificación del organismo. Me sitúo claramente como formando parte del campo y como uno de los elementos ligados con su experiencia, recurriendo a frases como "Usted me ha reemplazado" o "La veo en su caja". Y continuará el reconocimiento de ella y de mí. Hasta que un día, a comienzos de la sesión, me dice: "Habitualmente, cuando vengo para acá, pienso en la sesión. Esta mañana he pensado en usted...". Y me informa cuánto la perturba pensar en la persona y descubrir que detrás de un rol, una función, una sesión, hay personas.

Sesión siguiente: está muy excitada por la novedad que ha establecido en su vida en el curso de la semana y sobre todo por decírmelo: se ha inscrito en un coro, lo que había evitado durante años, y también en un grupo de reflexión sobre su actividad profesional, donde, me dice: "He asumido mi lugar y hablado en público sin problema. ¡Asombroso!".

La puesta a trabajar de la función ello permite así una experiencia reunificadora del organismo. Esta experiencia, apoyada por la presencia del terapeuta, restaura las sensaciones de seguridad y de confianza. Las premisas del sentimiento de existir y de la identidad se han restaurado de manera suficiente para que ahora se pueda posicionar ante el otro reconocido como persona. Y también puede comenzar a ampliar su campo de interacciones sociales.

Hemos visto que en este proceso es fundamental la experiencia corporal y que esta experiencia ocurre en distintos niveles:

√ La experiencia del cuerpo por las sensaciones y la vivencia fisiológica y sensorial.
√ El cuerpo experimentado por lo imaginario gracias a los juegos a partir de símbolos.
√ El cuerpo en su vínculo con lo no-consciente por intermedio de los sueños.
√ El cuerpo como fondo a partir del cual emergerán figuras significativas, portadoras de angustia, pero también de excitación.
√ El cuerpo en la relación con el terapeuta, la mirada y, en un nivel simbólico, el cuerpo a cuerpo psíquico.
√ El cuerpo como elemento intermediario viviente y móvil y como lugar de excitación a partir del cual pueden advenir el Yo y el Tú.
√ El cuerpo como referencia estructural a partir de la cual el sí mismo

se puede poner en movimiento hacia una nueva experiencia existencial y de relaciones.

√ El cuerpo del terapeuta como "objeto transicional" que favorece la experiencia unificadora y el paso del cuerpo fragmentado y sufriente al cuerpo comunicador.

A través de todo este proceso, la persona no accede a su sentimiento de identidad por un proceso de identificación con el terapeuta, sino mucho más por una experiencia corporal unificadora que evoluciona hacia el reconocimiento del otro y de sí mismo ante el otro. Se trata de un proceso de reapropiación del organismo, de identificación consigo mismo, experimentándose en presencia del otro. Entonces, la conciencia tiene por función plantearse como tercero entre un cuerpo que siente pero no comunica y el otro hacia el cual esta experiencia se podría orientar. Parece verosímil que el otro sea en primer lugar un apuntalamiento para restaurar el proceso de identificación con uno mismo, antes que una figura de identificación. La presencia y el apoyo del terapeuta permiten el acceso a "yo soy este cuerpo, soy esta tensión, esta emoción, esta imagen que me pasa por la cabeza, y esto me sucede con mi terapeuta".

Esa mirada que contempla y nombra

La cascada me enseña muchas cosas. Ante ella, en el recodo del sendero, adviene ese momento intenso del cual es difícil dar cuenta con palabras. Un momento que se origina en la unidad figura-fondo-acción, que se intensifica en y por la plenitud y la estética de esa obra de arte natural que se renueva sin pausa y que sin pausa es semejante a sí misma: el agua, la roca, el movimiento del agua, la música y el paisaje alrededor son una unidad. La renovación y lo semejante en su permanencia propia se enlazan en esa forma única, unificada y unificadora que se ofrece a la contemplación. El paseante que soy está completamente absorto por esa cascada, fascinado, hasta el punto de dejarse encantar en la contemplación del objeto y sólo ser uno con él.

La cascada de pronto encuentra su sentido ante esta presencia contempladora que la nombra y le da existencia y, al mismo tiempo, el humano que soy se encuentra ligado a esa naturaleza al punto de que sólo existe un solo suceso en el cual la casada y el observador son uno en relación con el otro. Se constituyen en forma única, se destacan sobre un fondo mucho más amplio: el del universo. El que ve y nombra y el que es visto y nombrado (pero que por lo mismo ve y reconoce) están tocados entonces por el mismo lazo de existencia. Y envueltos por él.

El proceso terapéutico, tal como lo he descrito anteriormente, estaría incompleto si no se situara en su lugar adecuado uno de los elementos fundadores del sentimiento de existir y de identidad: la mirada. No se puede concebir el organismo y la conservación de la vida sin intercambios permanentes con el oxígeno por intermedio de la respiración. Del mismo modo, no se puede concebir la evolución y el crecimiento del ser humano sin referencia al otro, a su mirada y a su presencia, sin referencia a la mirada envolvente y cálida de la madre sobre el niño pequeño.

¿Pero de qué tipo de mirada y de presencia hablamos?

He mencionado que ante la paciente a la que me refería antes en un momento dado sólo podía permanecer en silencio y contemplarla. Esto es mucho más que una mirada, es una actitud interior hecha de silencio, respeto, absorción desapegada, atención distante.

"Contemplación" se define del modo siguiente en el *Dictionnaire historique de la langue française*: "Mirar atentamente, considerar con el pensamiento, mirar absorbiéndose en la visión del objeto".

Asimismo, ante la paciente que acabo de evocar, en determinados momentos se impone el silencio, un silencio pleno, un silencio cómplice en la creación de un lazo profundo que solamente puede existir y desarrollarse en una especie de recogimiento que no toleraría ninguna ruptura por la palabra.

Estamos ligados por una misma emoción más allá de las palabras y esto, este suceso que marca el acto de curación, la transformación, el reconocimiento del ser emocionado, está en movimiento hacia. Quizás es éste el suceso fundador y fundamental de frontera-contacto.

No se trata de la mirada admirada que el padre o la madre pueden dirigir al niño. Esa mirada en que se mezclan admiración y orgullo suele ocultar esperas y en particular la espera de que el niño realice lo que los padres no han realizado. Y cuanto más necesaria es esta mirada para el reconocimiento y la valorización del niño, más cargada de consecuencias puede estar.

√ La contemplación es atención al otro, apoyada en soltura, recogimiento, respeto, silencio.
√ Es paradójica, es un borrarse en una presencia fuerte.
√ Es religiosa, del latín *religare*, que significa religar.
√ Religa el adentro y el afuera, lo uno y lo otro.
√ Unifica: envuelve los dos y lo múltiple en uno.

Pero lo asociado a la mirada es también un fenómeno completo, total, una especie de compromiso que incluye por completo a la persona que contempla, a su actitud interior y a la calidad de su presencia en el lazo con la persona contemplada. Ocurre cuando ya no hay qué pensar, cuando hay acuerdo entre el fondo, la forma y lo invisible que se desprende de su dialéctica. Cuando hay unidad. Y en ese momento "lo esencial", es decir lo que nos funda y que a la vez es nosotros y está más allá de nosotros, se despierta en el secreto y la intimidad de la persona, más allá de las apariencias, de la imagen, del Yo, del Tú y del Nosotros. Pero nos ha sido necesario hacer el viaje por las apariencias, la imagen, el yo, el tú y el nosotros. Es el viaje de ese hombre común y corriente comprometido en ser en el mundo.

Y llega un umbral en que esto esencial necesita ser protegido de una intervención que pretende ser terapéutica, pero que sólo sería una intrusión y sabotaje de lo esencial.

La contemplación asociada a la mirada supone una persona, un objeto o un suceso que contemplar y otro que está allí, contemplando a ese otro en un instante en que es el único acto que sea estructurador. En la situación terapéutica es el psicoterapeuta, el paciente y ese campo de relaciones, de interacciones, magnético y energético. En esa situación, la contemplación ocurre cuando el silencio se impone, la palabra está de más, lo invisible religa a los dos. Lo invisible: ese "ya-allí-aún-no-concienciado" que ingresa en este mundo visible.

La contemplación está hecha de una emocionalidad común, de un sentimiento de bienestar ante el otro, de un respeto profundo por lo que ocurre, de la emergencia de un impulso profundo y discreto en el cuerpo y el corazón del terapeuta: impulso presente y en el lugar adecuado, que alimenta una vibración interior más que un movimiento exterior. Acontece entonces un gran instante de reconocimiento:

√ Reconozco al otro como otro con su experiencia del momento, su ser en gestación, su unicidad, y él se siente reconocido por mí.
√ Me reconozco ante él con mi emoción y mi presencia estimuladas por lo invisible del vínculo.
√ En el silencio nos reconocemos mutuamente, porque comprometidos juntos en un mismo movimiento.
√ Y en esa mirada contempladora y silenciosa nos reconocemos en nuestra humanidad y en nuestra capacidad para co-construir el vínculo.

Se trata también de un reconocimiento mucho más vasto: hacia la vida, el encuentro, el Ser que emerge, el universo.

Me parece que hay dos momentos privilegiados en que importa esa actitud contemplativa del terapeuta: en el precontacto y en el poscontacto.

Hemos visto, con los dos ejemplos anteriores, la importancia que tiene la puesta a trabajar de la función ello hasta el ajuste creativo. El "la función ello se construye" del paciente y la presencia del terapeuta por el apoyo de la experiencia están sumamente conectados uno al otro. Es uno y el mismo suceso. El sí mismo sólo se puede desplegar si su función ello halla un contexto que le permita emerger y constituirse como figura clara. La actitud silenciosa del terapeuta, que escucha e invita, deja un espacio disponible para que el organismo deje aparecer lo que lleva en sí y que hasta entonces ha permanecido oculto y en consecuencia no-concienciado... El terapeuta sólo puede dejar ser esta emergencia y contemplarla con todo el respeto que se puede tener ante el misterio del otro. Esta conexión entre el "la función ello se construye" y la presencia contempladora del terapeuta es un suceso de campo, es una creación a dos voces. En cuanto existe esta conexión, se desprende del campo una coloración muy particular a partir de la excitación del organismo en movimiento hacia el entorno y a partir de algo que se podría calificar de sagrado y que se desprende de la globalidad del suceso.

Este tipo de contemplación es por lo tanto un suceso de detención, oxigenación, respiración en el proceso, que prepara el movimiento hacia el paso del precontacto a la puesta en contacto.

Después se pasa del "la función ello se construye" bajo la mirada del otro al "yo me construyo" ante la mirada del otro, pero quizá también en la confrontación con él, en la búsqueda de ajuste creativo, en los ensayos, los errores y los recursos a los mecanismos de interrupción del ciclo de contacto. Allí pasa el organismo de lo preverbal a lo verbal, allí las premisas de la identidad –aparecidas en el precontacto a través del cuerpo portador de las manifestaciones de la función ello– comenzarán a inscribirse en la relación para solidificarse y consolidarse después en la puesta en contacto y en el contacto final. Más tarde llega la deconstrucción para una re-estructuración en la soltura y la aceptación. Es la fase del poscontacto, el otro momento intenso de la contemplación. El terapeuta ya no tiene nada más que hacer, a excepción de permanecer en esa presencia contemplativa para acompañar discretamente el retiro de asimilación, la integración de la novedad y la nueva identidad del paciente que comienza a salir de la sombra. Estar en la contemplación y el maravillarse.

Pienso en esos momentos de silencio, en psicoterapia de grupo o en psicoterapia individual, esos momentos plenos donde no hay más que hacer que estar allí, presente y distanciado, nada más que hacer que meditar. Etimológicamente, meditar significa cuidar.

Cuidar meditando. Meditar observando de modo contemplativo.

"Es tu historia la que se representa y prosigue. Contemplo tu proceso mientras se desarrolla. Lo apoyo con mi presencia, con la mirada, el silencio y el respeto. En este silencio me reconozco ante ti como persona. Estamos reunidos en un cuerpo a cuerpo psíquico y energético. Y nuestro silencio común es un instante de gracia y de meditación".

CAPÍTULO IX

La experiencia y la experimentación en la práctica

Notas

La terapia gestáltica se ha dado a conocer y se ha desarrollado en la práctica a partir de la noción de experimentación. Se apoya, como hemos visto durante este libro, en el concepto de conciencia, de experiencia, de *continuum* de la experiencia en la relación, con la finalidad de buscar un ajuste creativo. La experimentación forma parte de su metodología: es un dispositivo particular y específico, inventado a partir de lo que hay allí en el instante, a veces por el paciente, a veces por el terapeuta, a veces por ambos en conjunto, para permitir que el paciente viva una experiencia particular: desarrollar la conciencia difusa de algo, correr el riesgo de decir, de ir hacia, de establecer algo nuevo... Es una metodología que permite que el paciente amplíe su campo de conciencia y su campo de acción e interacción, que se arriesgue para tornarse creativo o volver a serlo en su relación con el otro y con la vida. Esta metodología puede incluir algunas técnicas: utilización de planteamientos corporales, medios de expresión como el dibujo, la pintura, la música, los juegos de rol, las puestas en situación, las improvisaciones... La situación terapéutica de dos o en grupo se convierte en algunos momentos en una especie de laboratorio que permite estar en la experiencia de, y esto puede pasar puntualmente por esos momentos particulares que llamamos experimentación y cuyos objetivos pueden ser desenmascarar los mecanismos neuróticos, experimentarlos a veces de manera exagerada y después experimentar la novedad para inscribir otras posibilidades en su registro de experiencias.

Cómo comprender la experimentación

La noción de experimentación es fundamental en terapia gestáltica, pues plantea la cuestión de la articulación entre teoría, práctica, metodología y antropología del terapeuta y de la coherencia de todos estos elementos, y también la cuestión del vínculo o de la ausencia de vínculo entre lo que se dice en las reuniones de los teóricos y docentes y lo que se practica en la intimidad de los consultorios del psicoterapeuta o en el crisol de la vivencia grupal.

La experimentación es inherente a toda forma de psicoanálisis o de psicoterapia. Freud practicaba la hipnosis, posaba la mano en la frente del paciente o le pedía que se tendiera en un diván y practicara la regla de la asociación libre; haciendo todo eso funda su práctica en un dispositivo particular. El análisis lacaniano, que frustra al decidir detener la sesión al cabo de cinco minutos y hace pagar el precio completo, impone al paciente un verdadero impacto... El punto es saber cuál es la finalidad y referirse a un corpus teórico coherente que le dé sentido.

La experimentación ha tenido su momento de gloria gracias al desarrollo del Movimiento del Potencial Humano y de la Psicología Humanista desde la década de 1950. Las técnicas que aportaron J.L. Moreno, con el psicodrama, y W. Reich con su concepción del psicoanálisis que consideraba el "carácter" y la coraza muscular, abrieron camino a una serie de prácticas, ejercicios y experiencias en el campo del desarrollo personal y de la psicoterapia. La experimentación, en sí misma, no es gestáltica ni una originalidad proveniente de Perls; en primer lugar, es una práctica proveniente de Moreno y su "teatro de la espontaneidad", a partir del cual creó el psicodrama a fines de la década de 1940. El biógrafo de Moreno cuenta, además, que F. Perls participaba en los talleres que Moreno realizaba regularmente en Nueva York en la década de 1950.

W. Reich, que fue uno de los analistas de Perls, también había comenzado a introducir "experimentaciones" que implicaban al cuerpo, mediante la respiración y ciertos ejercicios corporales. Y la terapia gestáltica se inscribía en la corriente de la psicología humanista que buscaba una forma nueva de psicoterapia que concediera un determinado lugar al cuerpo, a la emoción y a la creatividad.

Las pocas películas donde vemos "trabajar" en grupo a F. Perls son engañosas. Una mujer joven sale del grupo, se presenta ante él y le dice algunas palabras. Éste le da una orden, ella entra en crisis y después regresa al grupo con una gran sonrisa, exclamando: "¡Oh, ahora me siento mejor!".

¿Cómo podría resultar creíble una intervención de ese tipo y ser considerada psicoterapéutica? ¿En qué sentido se modificará el destino de esa mujer porque ha actuado su ira ante el grupo y delante del maestro? Las demostraciones que F. Perls practicaba en Esalen han marcado a la terapia gestáltica hasta el punto que se creyera que la psicoterapia es un asunto de ejercicios de experimentación. La misma imagen entrega su libro *Sueños y existencia.*

No olvidemos que esas prácticas y esas películas provienen de la década de 1960. En esa época estábamos en la caricatura, casi en el conductismo, quizás incluso en una especie de falso sí mismo. No estábamos, por cierto, en lo que es verdaderamente una psicoterapia. Era una época en que "las nuevas terapias" más bien reaccionaban ante el psicoanálisis. A. Jacques ya señalaba en 1984, en el Congreso de la Sociedad Francesa de Gestalt, en Burdeos, que la terapia gestáltica se había dado a conocer, "para bien y para mal", por los experimentos.

Durante mi formación en Québec, entre 1974 y 1981, como mencioné en la introducción, experimenté las dos corrientes de pensamiento, la de la escuela de Cleveland y la del Instituto de Gestalt de Los Ángeles.

Podría decir que en esa época, en Cleveland, la experimentación estaba encuadrada, era pedagógica, conductista y sin comienzo ni fin (es decir, sin precontacto ni poscontacto). La caricatura sería: "Ponte delante de alguien y dile lo que sientes ante él". O bien: "Ahora que sientes los puños cerrados y que sabes que estás conteniendo la cólera, ¿puedes hacer lo contrario?". En este modo de actuar subyacía una determinada visión del cambio: para crecer basta con expresar lo que se experimenta, tomar conciencia de las necesidades y arreglárselas para satisfacerlas. La experimentación se volvía la vía real para expresar y satisfacer las necesidades, demasiado a menudo sin considerar el entorno; la vía real, también, para cultivar el egotismo.

En la corriente californiana, tal como la viví entre 1976 y 1979, la experimentación tocaba fondo con lo emocional, el movimiento, lo espectacular, la creatividad, una locura que se suponía creativa, la ausencia de límites. Un grupo era una especie de *happening* en el cual no se sabía qué esperar, apoyado en una filosofía del tipo "para crecer desbloquea tus emociones, satisface tus necesidades, pierde la cabeza, empuja lo más lejos posible tus límites". En ese entonces era de muy mal gusto pensar, reflexionar y utilizar la inteligencia para comprender lo que ocurría.

A pesar de las críticas que podría hacer a la utilización del experimento en esas dos escuelas y en esa época, reconozco que allí viví y descubrí la importancia de la noción de *awareness* y presentí su posible impacto en el marco de un enfoque terapéutico. También gracias a esas prácticas, que a veces me asombraron e incluso chocaron, viví y comprendí la importancia de la movilización corporal y del imaginario en la relación con el otro, para innovar en esta relación, para recrearla y co-crearla. Mi preparación en psicodrama me había preparado y ahora podía ir más lejos. No obstante, aún no terminaba de ver la relación entre *awareness* y experimentación, ya que ésta solía favorecer el actuar a expensas del ser. Esto me inquietaba. Y me doy tiempo para plantearlo aquí para evitar la trampa de la experimentación mal comprendida.

• Experimentación: un suceso singular de frontera-contacto

Debemos resituar la experimentación en el contexto de la teoría del sí mismo.

Consideramos que la psicoterapia gestaltiana es análisis del curso de la presencia, presencia en sí mismo y presencia en el mundo. Como análisis del curso de la experiencia inmediata, recordemos que la experiencia es, según PHG, lo que "se sitúa en la frontera entre el organismo y el entorno, la experiencia es contacto, funcionamiento de la frontera organismo/entorno".

El objeto de la psicoterapia es operar en el nivel de los sucesos que ocurren en la frontera-contacto, que suele ser un espacio de trastornos, de tal suerte que un proceso de ajuste creativo reemplace la relación neurótica que caracteriza algunas interacciones establecidas entre el organismo y el entorno. Para hacer esto será necesario identificar si las tres funciones del sí mismo están o no están en alianza unas con otras y, con mayor exactitud, si las funciones ello y personalidad están o no están al servicio de la función ego. Uno de los objetivos del proceso terapéutico es volver a poner en marcha el despliegue del ciclo de contacto. Esto se hará por la elucidación de ciertos sucesos de campo, a saber, los trastornos de la frontera-contacto y, en el nivel del individuo que forma parte integrante de este campo, la elucidación de la conjunción entre las tres funciones del sí mismo. J.M. Robine lo expresa de esta manera:

> "La terapia gestáltica opera en el nivel de los trastornos de la frontera-contacto y no únicamente para permitir que el contacto se despliegue cueste lo que cueste. El contacto no hace la terapia; la hace la elucidación de los trastornos de esta frontera-contacto. Allí reside el acto terapéutico: la puesta en acción del contacto depende efectivamente del desarrollo personal y en consecuencia pertenece al final de la terapia y no a su comienzo y sólo puede reemplazarla en una posición defensiva del tipo formación reactiva".

¿Qué es entonces la experimentación?

Por más curioso que pueda parecer, la literatura es más bien pobre sobre este tema, a pesar a que la mayoría de los terapeutas gestaltianos lo utilizan mucho. Varios autores le dedican algunas páginas donde se manifiesta una constante confusión entre experimentación, ejercicios y técnicas.

La definición que entrega J. Zinker en *El proceso creativo en la terapia gestáltica*, libro publicado en 1977 y traducido al francés con el título de *Crearse por la Gestalt*, me parece apresurada, incompleta y muy conductista. Sin embargo, resulta interesante recordarla para destacar la evolución que ha ocurrido en los gestaltianos que se refieren a la teoría del sí mismo: "La terapia gestáltica se caracteriza particularmente por la insistencia en modificar el comportamiento de la persona en plena situación terapéutica. Esta sistemática modificación del comportamiento se llama una experimentación cuando se desprende de la experiencia del cliente. La experimentación constituye la piedra angular de un aprendizaje resultante de la experiencia vivida del cliente".

La experimentación es un momento singular y un acto particular en el desarrollo del proceso terapéutico.

Es un protocolo y un proceso de búsqueda a través de los cuales se efectuará una experiencia con la intención de explorar y/o realizar un objetivo en función de una hipótesis planteada. Experimentación y experiencia van a la par en este proceso: la experimentación que propone una estructura y un protocolo que permite que el paciente viva una experiencia. Ésta permite ingresar a la conciencia de... hacer un análisis de lo que acaba de ocurrir y finalmente puede engendrar una nueva experimentación... El objetivo es la búsqueda del quién soy yo en la relación con el otro y un cambio.

La experimentación es un acto singular estructurado por el terapeuta o por el terapeuta y el paciente o sólo por el paciente, según el momento y la problemática del paciente, según un objetivo variable en función del contexto terapéutico; por ejemplo:

√ Hacer que emerja en el campo de la conciencia el ya-allí no-consciente hasta que se presente en una forma clara.

√ O poner al paciente en un estado de urgencia de alta intensidad con el fin de alcanzar una cumbre intermediaria entre la excitación y la ansiedad.

√ O permitirle explorar la novedad en el ajuste creativo.

√ O darle acceso a la conciencia de los sucesos de frontera-contacto que se presentan como trastornos.

El *awareness* es la base fundamental que le da sentido; es una de las claves esenciales para comprenderla, crearla y manejarla.

Su finalidad es el ser y no el hacer, la puesta de manifiesto del "yo que está por" y no la búsqueda de un "yo" que se perdería en la acción para huir de sí mismo.

Actuar y poner en movimiento puede tornarse una pérdida de *awareness* y una "movilización al lado" de la función ego. Verse mientras se está en el acto, en el movimiento, en la emoción y en la fabricación y la repetición de los propios mecanismos neuróticos da sentido a la experimentación. El testigo trasciende al actuar. Y cito a J. Latner: "El prerrequisito del proceso gestaltiano sano es la toma de conciencia y el contacto con el sistema actual de necesidades y de posibilidades. La terapia consiste por esto en apuntar la atención al funcionamiento presente y en ayudarnos a descubrir medios para desarrollar nuestra conciencia y para contactar y manipular el campo a partir de las necesidades que descubrimos. La clavija maestra de la metodología gestaltiana es la toma de conciencia...".

Como conclusión, podría decir, que se puede considerar la experimentación como un suceso particular que se inscribe en la cadena asociativa organísmica entre los sucesos de frontera-contacto; según el momento en que aparece este suceso, contribuirá al nacimiento, al desarrollo o a la destrucción de una gestalt. Puede generar también una dinámica que favorecerá el ajuste creativo.

Dos categorías de experimentación

El contexto terapéutico es por definición el lugar de la experiencia y el contexto de experiencia que puede suscitar experimentaciones.

- La experimentación esencial o de nivel 1

El enunciado de base que inaugura un proceso gestaltiano se podría formular así: "Dirija la atención sobre sí mismo, tórnese consciente de lo que emite su cuerpo, de sus fluctuaciones emocionales, de lo que ocurre en su cabeza, considerando que usted está allí en mi presencia, y dígame eso con palabras de usted". Esta invitación a situarse en un estado de *awareness* y a entregarse a la experiencia en curso con el fin de que el organismo se movilice para crear las condiciones de su homeostasis, me parece que constituye la única experimentación verdadera, la experimentación esencial: ir a la experiencia inmediata y sumergirse en lo desconocido revelado por la conciencia alerta en la experiencia. Cito una vez más a J. Latner:

> "Al apuntar la atención sobre nosotros mismos, conoceremos nuestra experiencia real. Esto es lo contrario de un funcionamiento perturbado... No es necesario centrarse en experiencias llenas de significación o de afecto. Podemos perfectamente apuntar la atención a aspectos de nuestro funcionamiento que parezcan elementales o incluso triviales, como el modo como vemos, la manera como masticamos, nuestro modo de caminar; cada una de estas actividades, que son parte del *continuum* de nuestra conciencia inmediata y de nuestra conducta, son elementos de todo aquello que somos... En este tipo de trabajo terapéutico, nos ocupamos del *continuum* de nuestra conciencia".

Esta invitación a centrarnos en uno mismo favorece la emergencia de las manifestaciones de la función ello. Llegarán al primer plano las "figuras corporales": sensaciones, respiraciones, posturas, tensiones musculares, timbre de la voz, movimientos espontáneos, manifestaciones digestivas, somnolencia, diversos impulsos... que de este modo crean una ampliación progresiva del campo de la conciencia corporal. Se revelarán las fluctuaciones de lo sensorial y de la fisiología, el ya-allí no-consciente entrará en el campo de la conciencia.

La invitación a introducir o reintroducir la presencia del otro, del terapeuta entonces, en este *continuum* de la experiencia, arriesga traer a flor de piel una fisiología conectada directamente con lo emocional y/o hacer emerger una figura: imagen, recuerdo, sueño, situación presente o pasada, real o imaginaria, palabra, sintaxis...

Todas estas manifestaciones se pueden considerar sucesos de frontera-contacto y ésta se nos presenta entonces con toda su variabilidad, establecida a lo largo de la cadena asociativa organísmica compuesta por la sucesión de sucesos que construyen la interacción entre el organismo y el entorno, el paciente y el terapeuta.

El suceso de frontera-contacto subyacente en esta experimentación que consiste en invitar al paciente a permanecer constantemente en su experiencia y a seguirlo en esta experiencia, me parece algo muy íntimo, que remite a lo que he llamado "cuerpo a cuerpo psíquico".

Cuerpo a cuerpo, porque estoy muy presente y porque mi presencia resulta muy acompañadora corporalmente por el gesto, el movimiento de las manos, el cuerpo dirigido a, el tono de la voz, por el hecho que los dos cuerpos en presencia mantienen cada uno su espacio y parecen empezar una danza sutil.

Psíquico, porque se ponen en juego, se viven, se revelan, se enuncian, se susurran, se lloran, cosas sepultadas hace mucho en los estratos de la experiencia, del cuerpo, del corazón y del inconsciente. Lo arcaico sale de su concha, llega a flor de piel, a la punta de la boca; es posible porque el encuadre se manifiesta como una estructura, como un continente en cuyo interior "las cosas flotantes" pueden emerger con seguridad y disponerse en el espacio intermediario que crea la frontera contacto. A veces tengo la impresión que ese continente es el escenario de la ilusión. Una vez terminada la representación, todo vuelve a situarse en la sombra, entre bambalinas. La "cosa flotante" quizás no regrese nunca... Sin embargo, el organismo ya sabe, gracias a la ampliación del campo de conciencia, que esta "cosa flotante" es un constituyente de él mismo, ya que se ha revelado momentáneamente a plena luz. Puede entonces comenzar el trabajo que consiste en visitar esto inesperado que ha surgido, en reapropiarse de aquello que hasta ese momento se le había escapado, en captar el significado en la relación con el otro y en nuestra relación con el mundo, para después entrar en el proceso de digestión y asimilación.

En el Capítulo V vimos que esto puede hacer que surjan lo íntimo y lo arcaico. Podría decir, según mi experiencia clínica y mis observaciones, que este tipo de experimentación abre la conciencia del paciente a fragmentos de lo que es realmente, a su esencia misma. Por esa razón la llamo "esencial"; la otra, que llamo de "nivel 2", me parece secundaria, porque sólo puede existir de manera sana a partir de datos presentidos en la experimentación esencial. Es secundaria, no porque su interés sea menor, sino porque solamente puede venir en segundo lugar en el proceso.

• La experimentación secundaria o de nivel 2

Este tipo de experimentación se desprende lógicamente de la anterior. Es su continuidad. Las manifestaciones de la función ello del sí mismo, que ya son figuras que emergen del fondo, entregan el material que permite su elaboración y creación.

La conciencia plena de esas manifestaciones de la función ello en la frontera-contacto moviliza a un tiempo excitación y resistencia. El peligro que representa el entorno terapéutico hace que aparezcan en el nivel de la función ello los mecanismos de supervivencia, es decir, las fijaciones a partir de las cuales se ha instalado la repetición neurótica. Los mecanismos de supervivencia son la expresión misma de la neurosis: en una situación de urgencia, el organismo ha intentado poner en marcha su adaptación ante un entorno percibido como amenazante; esta secuencia de interacciones se ha repetido hasta volverse crónica y reaparece en situaciones que evocan la situación inicial cuando el contexto ya no es el mismo. Este estado crónico está inscrito en el cuerpo como lo están todos los otros elementos de la historia, dando lugar a lo que Goodman llama una fisiología secundaria, convertida en segunda naturaleza.

La experimentación esencial que interpela a la función ello permite alcanzar algunos elementos de la estructura de la fisiología secundaria.

Los mecanismos de supervivencia presentes de manera crónica y con baja intensidad van a sufrir la prueba de la amenaza en el campo terapéutico y manifestarse con claridad e intensidad y acompañados por una movilización de la ansiedad. Entonces entran en juego el arte y el acto terapéutico, en la creación, la progresión y la gestión de la experimentación. La alianza terapéutica debe contar con la fuerza suficiente para que un clima de confianza y seguridad permita que el terapeuta aumente la intensidad de la situación de urgencia. A partir de allí, en la progresión del proceso terapéutico, el paciente se podrá tornar consciente de sus respuestas fijas y después podrá correr el riesgo de agregar novedad a su manera de interactuar hasta poner en marcha el proceso de ajuste creativo.

J.M. Robine escribe al respecto en la obra citada anteriormente:

> "Ante la situación de urgencia crónica y de baja intensidad que constituye la experiencia neurótica, la experiencia terapéutica propone una situación de urgencia experimental, segura y de fuerte intensidad. Esta dialéctica es, por lo demás, lo que justifica el uso de lo que en terapia gestáltica designamos con el término experimentación y que constituye una de las características importantes de nuestro método: la experimentación no es otra cosa que la réplica experimental de la experiencia del sujeto en un campo diferente, del cual el terapeuta sabe variar los parámetros con un objetivo de toma de conciencia".

Allí puede situarse bajo diversas formas ese acto particular que es la experimentación de nivel 2: juego de roles, expresión corporal, confrontación con el entorno total o parcial. La mejor forma que puede existir es la que crea el paciente mismo sin recurrir a las sugestiones del terapeuta. La panoplia de "técnicas", ejercicios y diversos planteos que utilizan a menudo los terapeutas gestálticos puede inscribirse allí para bien o para mal, en una perspectiva teórico-clínica claramente gestaltiana o en un trastorno de la función personalidad del terapeuta.

Joseph Melnick, ya citado, propone una "clasificación de las experiencias" y, sobre todo, entrega algunas reflexiones fundamentales:

> "Antes de llevar a cabo una experiencia se debe contar con una metodología que entregue los fundamentos teóricos y operacionales del trabajo... Un problema mayor que se encuentra en el planteo experimental de algunos terapeutas gestaltianos arraiga en la confusión entre metodología y técnicas. La metodología gestaltiana se ocupa en primer lugar de las relaciones figura-fondo y de la exploración de los sucesos de frontera-contacto... Una técnica verdaderamente gestaltiana debe emerger de una metodología gestaltiana segura y estar claramente vinculada con ella. Y esa metodología debe estar a su vez sólidamente fundada en la psicología y la terapia gestaltianas. Si no hay esto, se puede terminar en un aprendizaje y en la realización de trucos e ingeniosidades aisladas. No se debiera confundir forma y esencia".

Esta experimentación de nivel 2, tal como la presento, remite sobre todo a las fases de puesta en contacto y de contacto pleno del ciclo de contacto. Permite canalizar la excitación contenida en la función ello y ponerla al servicio de la función ego del sí mismo, que entonces se podrá posicionar efectuando elecciones claras (y ya no deslizarse en el atolladero de la repetición, es decir, de la no-elección) y rechazos, identificaciones y alienaciones. Al mismo tiempo, las representaciones inscritas en la función personalidad se ampliarán y modificarán: "Al término de esta experimentación, yo soy también alguien que...".

Resumiendo: la experimentación de nivel 2 tiene sentido en las siguientes condiciones:

√ Las técnicas a que recurre se apoyan en una metodología que a su vez se apoya en una teoría.

√ Tiene su origen, su material y su excitación en la experimentación de nivel 1, que permite entrar a la conciencia de lo que hay ahí.

√ Se inscribe en un suceso particular de frontera-contacto, a saber, la reactualización, en alta intensidad, de un mecanismo de supervivencia.
√ Se ocupa de trabajar sobre las tres funciones. Al modificar la función, modifica la estructura.
√ Tiene el rigor del experimento de laboratorio para determinar las condiciones que permiten pasar de la repetición neurótica al ajuste creador.

Viñeta clínica: la función ello revela una mala jugada

Doy ahora un ejemplo clínico para situar bien la experimentación en la globalidad del proceso terapéutico y de relaciones.

Se trata de un joven que acudió a la terapia hace varios años porque padecía ansiedad antes de dormirse, sensaciones de ahogo, momentos de retiro y dificultades en sus estudios de derecho. La colega que me lo envió, asistente social en la universidad, hasta se preguntaba si no había algo de psicótico en esa persona. El joven vino regularmente a terapia durante dos años y medio y después interrumpimos en un momento que nos pareció adecuado.

Habíamos puesto de manifiesto rápidamente el papel de la función de introyección en su historia y el hecho es que sus intentos por moverse en la dirección de sus deseos solían fracasar debido a un conjunto de introyecciones que se podían resumir de este modo: "Es indispensable que resulte tan brillante como mi padre y que sea un brillante abogado". Era un joven grande, triste, inteligente, de cuerpo rígido e incapaz de experimentar sensaciones. Estos son algunos extractos de su proceso terapéutico.

Desde un principio había advertido su rigidez corporal y las rigideces a la altura del cuello. Al cabo de varias semanas en que sólo estaba allí ante él para escucharlo –necesitaba hablar mucho–, comencé, por pequeños toques, a hacer algunas intervenciones para acompañarlo en la conciencia de su cuerpo y de su respiración. Se familiarizó con este tipo de trabajo. En paralelo, me comenzó a hablar mucho de la relación o de la falta de relación que tenía con su padre, que le parecía autoritario, "nunca está ahí y sin embargo su sombra está muy presente, es agobiante". Y aprendió a entrar un poco en la conciencia de sus experiencias corporales y emocionales, al mismo tiempo que evocaba sus dificultades para ser. Mi acompañamiento consistía entonces en escucha y en invitaciones a que se centrara en el cuerpo y en sus experiencias. Para eso, le decía, por ejemplo: "Permítete sentir lo que te ocurre en el cuerpo cuando me dices eso". O bien: "Tengo la impresión de que respiras muy poco cuando me dices eso... trata de sentir eso... toma conciencia de que eso alienta un poco más en tu movimiento respiratorio...".

Al proponerle todo aquello, le acompañaba en lo que llamo la experimentación esencial, hecha del conjunto centrarse en uno mismo y compañía del terapeuta en una determinada proximidad que llamo "cuerpo a cuerpo psíquico". Esto duró un tiempo. Incluso un día me dijo que le agradaba que nuestras sesiones ocurrieran de ese modo y que nunca había imaginado que pudiera disfrutar de acudir a terapia y de experimentar su cuerpo. Me decía entonces algo importante acerca de la relación entre ambos. Reaccioné y le dije: "Creo que es la primera vez que me dices que te gusta venir aquí y hablar de ti con alguien". Los ojos se le llenaron de lágrimas, hubo emoción, nos quedamos unos momentos en silencio y en cierta cercanía emocional que compartimos. Habría sido muy torpe de mi parte haber hecho un comentario en ese momento sobre la emoción que compartíamos. Primero hay que vivirla en la relación.

No mucho tiempo después me habló acerca de sus estudios, de su falta de interés por el derecho y de las presiones familiares para que prosiguiera los cursos y tuviera éxito. La nuca se le había soltado un tanto, pero aún continuaba rígida. Mientras me hablaba de eso, advertí que le aparecía un movimiento espontáneo en el cuello, de derecha a izquierda, y luego de izquierda a derecha. Le pedí que tomara conciencia de ese movimiento, que lo dejara acudir, que prestara atención a sus reacciones interiores y que se entregara a lo que viniera. Se amplió el movimiento, también la respiración, pero muy pronto se tornó ahogada; el joven se sofocó y cayó en una crisis de pánico porque tenía la impresión de ahogarse. Entonces me vinieron espontáneamente estas palabras: "¿Quién te ha hecho una mala jugada en la vida?". Y él exclamó, espontáneamente también: "¡Fue mi padre!". Desapareció la crisis de pánico y lloró copiosamente. La semana siguiente me explicó que había revivido, en mi presencia y en el *continuum* de nuestra experiencia y búsqueda común, una crisis de angustia que se parecía mucho a las que a veces tenía al anochecer o durante la noche.

Hablamos mucho, por cierto, de "esa mala jugada", de su relación con su padre, del terror que experimentaba con él, de la imposibilidad de hablarle, de tener confianza con él, de confiar en él y de la imposibilidad de rebelarse y decirle que sus estudios de derecho "le importaban un comino".

En esa etapa del proceso terapéutico, la experimentación de nivel 2 resultó muy útil y la utilizamos en varias ocasiones y de diversas maneras. Cuando nos ocupamos de la cólera, le pregunté si podía dibujar esa rabia o proyectarla en un tablero con trozos de paño o con pintura. Eso le permitiría comenzar a exteriorizarla, reconocerla y verbalizarla. Después agregamos los tonos de voz. Más tarde le sugerí que comenzara a pensar que podría escribir una carta a su padre para decirle lo que nunca había osado, precisando, por supuesto, que el objetivo no era enviársela. Tardó tiempo en decidirse a escribirla y más aún en leérmela. Después le hablé de la técnica del juego de roles y le pregunté si estaba dispuesto a que hiciéramos una escena, como en el teatro, en la cual yo adoptaría por un momento el papel de su padre. Aceptó. Hasta hicimos un cambio de roles en el cual hizo de su propio padre y yo de él. Al término de cada sesión lo invitaba a decirme lo que desde su punto de vista había habido de nuevo o de diferente en el curso de la sesión que terminaba, de suerte que concienciara e integrara la novedad.

Y después entramos en una fase de análisis y de integración del aporte de estas experimentaciones y de los cambios que esto podía introducir en su vida.

También me preocupaba la cuestión siguiente: ¿cómo había reproducido conmigo, a pesar de las apariencias, algo de su manera de ser y de actuar con su padre? Los sucesos nos ayudaron a explorar el punto. Una tormenta de nieve me retrasó medio día; en esa época no teníamos teléfonos móviles y no pude avisarle. Cuando esa tarde le di las explicaciones del caso por teléfono, le decepcionó mucho que no pudiéramos reemplazar esa sesión por otra en el curso de la semana; le dije que lo esperaba la siguiente. No llegó a la cita. No hice nada. La otra semana, llegó muy molesto conmigo. Era la primera vez y esto me alegró mucho. Y escuché esta frase: "¡De cualquier modo, usted se parece mucho a mi padre!". Llegamos a la confrontación. Tomó conciencia que se había "sometido" a la experimentación de la misma manera que con su padre y que no se atrevía a decir no. Más tarde reconoció que había algo que lo incomodaba: se había atrevido a hablar con su padre, "no había resultado mal", y estaba obligado a reconocer que lo que habíamos hecho juntos lo había ayudado. Esto nos permitió analizar el tipo de relación que se había establecido entre él y yo, en qué se parecía a la que tenía con su padre y en qué se diferenciaba de ella. También le sugerí que retomara la carta que había escrito y que me la leyera como si yo fuera su padre... Se negó a hacerlo y me dijo que nunca más se dejaría manejar por mí. Los dos nos reímos.

Las crisis de angustia habían desaparecido. Me hizo algunos reproches más, lo felicité en cada ocasión y esto lo encolerizaba. Me había dicho que siempre soñaba con hacer una escuela de cine. Un día llegó y me dijo que se había informado sobre las posibilidades en ese campo; terminó por encaminarse por esa vía a pesar de los "gruñidos" de su padre.

CAPÍTULO X

El sí mismo en grupo: del concepto a la fuerza actuante

Notas

Si se considera que el sí mismo es la dinámica que existe en el campo organismo-entorno y que conduce al ajuste creativo, se tiene derecho a pensar entonces que concierne no sólo al campo organismo-entorno en singular, sino también a un campo tan complejo como el grupo y su complejidad.

El grupo es el lugar donde se encuentran varios organismos unos frente a otros y donde ellos mismos son al mismo tiempo entornos de cada individuo considerado separadamente. ¿Por qué pensamos el concepto sólo en singular? ¿Por qué no pensarlo también en plural: "organismos-entornos"? Cabe preguntarse lo siguiente: ¿existe un sí mismo grupal? ¿O este concepto sólo tendría sentido en el caso de un organismo singular ante un entorno también singular?

Esta complejidad plantea varias preguntas:

√ ¿Qué ocurre con el sí mismo en grupo?
√ ¿El grupo tendría un sí mismo?
√ ¿La teoría del sí mismo no será solamente una abstracción, un conjunto de conceptos para dar cuenta de cierta cantidad de fenómenos que conciernen al campo de la psicoterapia o para jalonar un método pedagógico para la enseñanza de cierta forma de psicoterapia?
√ ¿Esta teoría tiene algún interés para la comprensión y la gestión del proceso terapéutico en situación grupal?
√ ¿Será el sí mismo mucho más que una simple teoría?

Se trata de asuntos complejos que intentaremos explorar durante este capítulo. Al comenzar esta indagación, pienso en la leyenda de Ariadna y el Minotauro. Trataremos de hallar el hilo que espero que nos conduzca –a riesgo de algunas divagaciones– a través de un vasto laberinto y hacia algunos elementos de respuesta. ¿Pero qué hallaremos entonces?

Constitución de un grupo

• De la aglomeración al grupo

¿Desde cuándo o desde qué se puede hablar de grupo? Utilizaré como ejemplo las palabras que pronuncié durante la conferencia que ha dado lugar a este texto:

"En este momento somos una determinada cantidad de individuos reunidos en torno de un interés común: la psicoterapia de grupo desde un punto de vista gestaltiano. ¿Somos un grupo? No lo creo. Somos en primer lugar una aglomeración de individuos que aparentemente tiene un interés común. Desde un punto de vista psicosocial, esta aglomeración constituye un campo, un campo complejo compuesto de varios campos parciales:

"√ El campo creado por la relación personal de cada uno con el conjunto de personas presentes, o con uno u otro de los subgrupos que hay realmente en la sala.

"√ El campo específico establecido por cada subgrupo, especialmente el perteneciente a cada una de las escuelas representadas aquí.

"√ El campo establecido por cada subgrupo con el marco institucional que organiza la conferencia.

"√ Los distintos campos que se organizan en torno de mi presencia: mi relación con el marco teórico que dará una determinada coloración al campo, mi relación con cada uno de ustedes individualmente, mi relación con los distintos subgrupos.

"Formamos entonces, en conjunto, un campo global, constituido por un conjunto de campos parciales que se inter-penetran y que crearán una gran complejidad. Pero todavía no somos un grupo.

"A medida que continuamos juntos, cada individuo, por lo que es y por sus reacciones personales explícitas o implícitas, conscientes y no conscientes, aporta su contribución a la elaboración del campo global; recíprocamente, éste influirá en cada persona. Y estamos constantemente en el paso de uno al otro. *De este modo, cada uno es a un tiempo organismo y entorno.* Y sin duda estamos poniendo en conjunto las premisas que podrían hacer que evolucionara nuestra aglomeración hacia un grupo.

"Podríamos imaginar que algunos individuos aquí presentes decidieran empezar un proceso psicoterapéutico conmigo como terapeuta al término de la conferencia. Y pasaríamos progresivamente de la aglomeración al grupo".

Un grupo de psicoterapia se define por el hecho de que cierta cantidad de individuos se juntan para una tarea determinada y en un encuadre determinado. Esta tarea es tratar de identificar cómo funciona cada uno, es deslindar en el aquí y ahora de la historia del grupo los elementos repetitivos de la historia pasada de los individuos y crear un contexto en que cada uno pueda comprometerse en el camino de la transformación utilizando el grupo como soporte de *awareness*, como apoyo y como lugar de experimentaciones nuevas.

Según la mayoría de las concepciones que se apoyan en la tradición psicológica occidental, se requiere de varias condiciones para que exista un "grupo de psicoterapia":

√ Agrupamiento de individuos.
√ Centrados en una tarea común: la de la transformación.
√ Encuadre coherente con una metodología y una teoría.
√ Estar alrededor de uno o de varios individuos que tengan el estatus de psicoterapeutas.

Y para que se pueda hablar de sí mismo en el sentido gestáltico, son necesarias por lo menos tres condiciones:

a. Encuentro "organismo-entorno"
En grupo, podemos percibirlo como el encuentro de varios organismos que desempeñan el papel de entorno para los otros individualmente y en subgrupos más o menos amplios. Cada persona es a un tiempo un organismo individual pero también un entorno para el otro, a la vez ser singular y social. Quizás no hemos estudiado bastante la complejidad dada porque el individuo es a la vez organismo y entorno dependiendo del ángulo en que se sitúe, y que está tomado por estas dos polaridades del campo. La situación grupal se encarga de que lo recordemos...

b. Creación de un campo
Esta segunda condición deriva lógicamente de la primera. Postulamos que el encuentro de varias personas crea una globalidad, un sistema, un "campo" magnético, de relaciones, de interacciones, energético, y que este campo es mucho más que la suma de los individuos que lo constituyen. Nos interesaremos entonces en lo que ocurre en el campo de una manera global, en los fenómenos de campo y de frontera-contacto en el interior del campo, y no solamente en el individuo en el interior del campo.

c. Referencia a un encuadre
Está constituido por elementos concretos como el lugar, la hora, el precio, la regularidad, la presencia de uno o dos psicoterapeutas, posiblemente de un observador. Pero también por la referencia a una coherencia teórica y metodológica y en consecuencia a una práctica clínica estructurada en torno de esa coherencia. Y en el caso de nosotros, terapeutas gestálticos, esta referencia teórica se apoya en la teoría desarrollada por PHG.

- **Fondo grupal y emocionalidad grupal**

A partir del encuentro y de la combinación de esos distintos elementos se tejerá la trama de lo que podríamos llamar el *fondo grupal.* Hace varios años que propongo la hipótesis de que el proceso terapéutico se podrá establecer cuando se constituya un fondo, sea como fondo de superficie que valore la figura, sea como mantillo que la contenga potencialmente y a partir del cual se desprenda y llegue al primer plano. El proceso terapéutico, tal como lo concebimos, supone la emergencia de una forma y después que ella adquiera un contorno claro para generar enseguida un trabajo de movilización de las gestalts fijas. Pero hablar de figura clara que emerge en el campo grupal y en el campo de la conciencia supone que, en primer lugar, hay la constitución de un fondo.

Ya expuse mi concepción del fondo en el Capítulo V. Resumiendo, lo presentaba como un concepto de diversas dimensiones desde cinco perspectivas:

√ La de la teoría de la Gestalt, que nos invita a estudiar el vínculo figura-fondo y a considerar la forma que de allí se desprende.

√ La dimensión corporal con la atención apuntada al "cuerpo como fondo dado".

√ La perspectiva psicosocial, que nos invita a considerar el concepto organismo-entorno desde lo social, desde la cultura, la religión y la política.

√ La perspectiva de las interacciones: el sistema de interacciones como fondo pone de manifiesto las "formas fijas neuróticas" que adopta el "contacto".

√ La perspectiva histórico-estructural e intrapsíquica para dar sentido a las figuras que emergen en el ínter.

Podemos concebir entonces el fondo a partir de sus distintos elementos: historia personal, historia familiar, historia cultural, historia corporal como lugar de inscripción de las historias anteriores; el cuerpo y sus reacciones son una especie de modelaje configurado por el encuentro de todas esas historias. Desde un punto de vista gestáltico, la historia sólo sería anécdota si no se vuelve a jugar en el aquí y ahora del espacio terapéutico a través de sus mecanismos relacionales y existenciales. Y lo que llamo "fondo grupal" se podría considerar el mantillo desde el cual emergerán las "formas" significativas, es decir, nuestras maneras de ser o de hacer, de comunicar o de protegernos, provenientes de nuestra historia pasada. El fondo contiene la repetición, impulsa al primer plano los mecanismos antiguos, las gestalts inacabadas y fijas que dan lugar a la anécdota que el paciente relata en terapia. El grupo terapéutico presenta un contexto ideal –por la multiplicidad de afectos que moviliza, las interacciones que permite y las experiencias que genera– para que emerjan en el aquí y ahora los elementos que han desaparecido en el fondo y que no han sido bastante desestructurados y masticados para ser asimilados, puestos en duda o rechazados. Recordemos que estos elementos son los que generan en la vida cotidiana lo que solemos llamar síntomas, "formas fijas neuróticas" y ansiedades.

Tratemos de acotar un poco mejor esta cuestión del fondo y del fondo grupal.

¿Qué ocurre cuando cierta cantidad de individuos se reúne para una tarea que se llama psicoterapia de grupo?

En primer lugar, al comienzo, como ya hemos mencionado, no se puede hablar de grupo; a lo sumo se trata de una aglomeración de individuos. *Sólo se puede hablar de grupo desde el momento en que hay algo que vincula.*

Volvamos al ejemplo de la conferencia. Cierta cantidad de individuos, la mayoría de los cuales no se conoce, se reúne en torno de un tema y de una persona que expone sobre ese tema. Estos individuos, sin duda, tienen un interés común. Pero eso no basta para hablar de grupo ni de cohesión.

Cuando se habla de cohesión, se hace referencia a algo que religa a los individuos, a una suerte de pegamento. Este lazo, este pegamento, no sólo está dado por un suceso exterior, a saber, la conferencia del señor X que se desarrolla tal día en tal lugar y a tal hora. Se constituirá a partir de las reacciones interiores emocionales de los individuos que componen esa aglomeración. Cada uno regresa a su casa después de la conferencia y verdaderamente no hay un grupo, aunque los individuos hayan vibrado emocionalmente mientras estaban juntos.

Pero de esta conferencia y de los acercamientos que puede suscitar podría nacer un grupo de investigación o de terapia; lo que constituiría entonces el grupo es un acuerdo común en torno de una tarea y de un modo de funcionamiento.

Cuando se habla de cohesión de grupo se hace referencia a un interés y a una vivencia interior más o menos común que religará a los individuos unos con otros. De esa vivencia pueden nacer reacciones, interacciones, intercambios verbales y/o emocionales. Hay entonces algo subterráneo que trabaja en el interior de los individuos y que circula de un individuo a otro.

Bion, psicoanalista inglés que ha trabajado y escrito mucho sobre los grupos, ha puesto de manifiesto fenómenos de base que según él se observarían en todo grupo, incluso en los de psicoterapia. Se observan *fenómenos de atracción y repulsión* desde el momento en que individuos se reúnen para trabajar en una tarea común. Concretamente, las reacciones emocionales son instantáneas, múltiples y complejas no bien se juntan varios individuos: tal persona me atrae, tengo ganas de conversar con tal otra, otra me suscita un sobresalto sexual; también hay reacciones opuestas: tengo miedo, deseo poner distancia, él o ella me recuerda a X y no lo soporto... De pronto se movilizan reacciones muy instintivas en torno del amor y del odio, de la aceptación y del rechazo, de la fusión y de la autonomía, del gran temor al riesgo de la relación con el otro. Hay una mezcla emocional muy fuerte que en un principio se da en lo no-dicho o en un decir parsimonioso que suele provocar una especie de actuación defensiva.

Se trata de fenómenos emocionales intensos que ocurren en la sombra de cada uno y con mayor frecuencia en primer lugar en la no-conciencia. Pero la *función ello* pasa a través de la no-conciencia, la función ello se infiltra, toca al otro, a los otros, da una coloración al grupo y a los estados de ánimo a cada individuo. Y nos encontramos con la génesis de la "vida afectiva de los grupos", por usar la expresión de Max Pagès. En términos de terapia gestáltica, se diría: las funciones ello individuales se reúnen y forman una función ello grupal. La función ello se mueve, remueve, experimenta, sufre, resiste en el grupo. Y la función ello individual afecta al campo, circula de uno a otro, se torna el lazo, el pegamento, la base de la cohesión grupal. Los efectos pueden ser muy distintos, hasta contradictorios. *Lo que enlaza es en primer lugar la presencia de afectos y su circulación entre los individuos antes de que se reconozca claramente la naturaleza del afecto.* La cohesión se puede consolidar más tarde en torno de analogías de afectos cuando los individuos resuenen unos con otros en puntos comunes de la historia.

Estos fenómenos de atracción y repulsión que constituyen la función ello grupal crean una carga emocional a un tiempo individual y grupal.

En un primer momento, esa carga emocional se sitúa más en lo no-dicho que en lo dicho. No está verdaderamente concienciada y, en consecuencia, no se la ha reconocido. Se la pone a distancia y a veces se la niega incluso. Lo cual se manifiesta en el grupo por reflexiones como: "Me siento bien, no me siento muy bien, no tengo mucho que decir, no tenía muchas ganas de venir, me pregunto para qué sirve estar aquí, afuera está tan agradable...". Pero también se manifiesta en un lenguaje corporal bastante específico: miradas y rostros dirigidos al suelo, rostros poco expresivos, actitudes corporales de retención.

Esta carga emocional es objeto de retroflexión. Por debajo hay ansiedad y temores. En un grupo de terapia, la ansiedad es la del cambio; en un grupo de terapia gestáltica, la ansiedad es la del cambio en el contacto y en la relación; y quien dice contacto dice reconocimiento de una necesidad individual y después reconocimiento del entorno y del otro y confrontación con ese otro para instalar iniciativas que consisten en satisfacer la necesidad o en asumir la carencia. ¡Y no hay escapatoria en una situación de laboratorio como la de un grupo de terapia gestáltica! Atemorizan el reconocimiento de lo que es y la confrontación con lo que es y con el otro.

La ansiedad es también la de hallar las rupturas en el proceso de contacto y sobre todo las heridas que estas rupturas intentan tapar. Vale decir que el termómetro sube muy rápido y el contexto es propicio para que una ansiedad hasta entonces latente suba alto y velozmente. Lo que explica la fiebre de los grupos en ciertos momentos de su historia.

Esta ansiedad, por otra parte, es común en todos los miembros de un grupo –incluso en los terapeutas– y, se la reconozca o no, quizás sea el elemento más fundamental para ligar y dar cohesión al grupo. De este modo suelen aparecer, por ejemplo, fenómenos de coalición de parte de un grupo respecto de los terapeutas o de otro miembro del grupo o de parte de un subgrupo respecto de otro.

O. Avron, psicoanalista y experta en psicodrama, habla de *emocionalidad grupal*. Y escribe esto en "El psicoanálisis y el grupo: energía libidinal y emocionalidad" (en *Revue de psycothérapie psychanalytique de groupe*, N° 1-2, 1985):

> "A mi entender, la cuestión sencilla y temible sigue siendo la misma: cuál es la fuerza vinculante que une las actividades psíquicas de los individuos en grupo... En general, los psicoanalistas, debido a su formación, continúan interesados en las expresiones del discurso (aunque sea grupal) y en su significado latente más que en las expresiones, bastante inasibles en verdad, de los movimientos emocionales. Ahora bien, éstas no corresponden únicamente a afectos histéricos en cadena captados en el escenario libidinal de las identificaciones y de las sustituciones representativas... Planteo la hipótesis de una expresividad emocional primaria inconsciente que aún no estaría ligada al objeto ni a sus representaciones".

Me parece que O. Avron, con las nociones de "emocionalidad grupal" y de "expresividad emocional primaria inconsciente", describe mucho mejor que nosotros hasta ahora lo que he llamado anteriormente función ello grupal.

El sí mismo es una fuerza actuante, una energía del ser vivo que emana de su necesidad fundamental de desarrollarse, crecer y acceder a más conciencia. Se lo podría considerar como la chispa que salta cuando los polos positivo y negativo, hablando en términos de electricidad, se tocan y se unen y la función ello crea energía y luz. Esto trastoca en gran medida la concepción y la visión del mundo y también la capacidad de ir hacia, de alienar y de manipular. El grupo, con la emocionalidad que suscita y que de él se desprende, es el lugar mismo del sí mismo, es decir, del estar allí de la fuerza activa que transforma. El nacimiento de la función ello grupal pasa por esos momentos de emocionalidad difusa, confusa. Se siente que algo ocurre, se tiene la intuición, pero no se puede nombrarla todavía. No hay una forma. En el mejor de los casos hay una suerte de hervor cuyas manifestaciones se encuentran en lo difuso y lo confuso y que servirá de lazo entre los individuos. Esto constituye lo que ya hemos llamado "el fondo dado que se disuelve en posibilidades, cuyas excitaciones orgánicas, situaciones pasadas inacabadas que emergen en la conciencia, entorno vagamente percibido y sentimientos rudimentarios ligan organismo y entorno" (PHG).

"El fondo dado que se disuelve en posibilidades...".

Para que aparezcan y se desarrollen las posibilidades, es necesario que haya trasfondo. Y estamos planteando la hipótesis de que el encuentro de la función ello de cada individuo suscitará una emocionalidad grupal y que todo este proceso constituirá el fondo grupal.

Allí comienza el sí mismo su obra de "agente integrador", a través del componente fisiológico y emocional de los individuos y de las primicias de religación contenidas en este emocional primario.

El proceso comienza allí, en la no-forma, en lo informe, en un informe en busca de un comienzo de organización en las primicias de la existencia. Se trate de la existencia de un grupo o de un niño, hay la no-forma, ese estado más o menos indiferenciado y caótico a partir del cual todo es posible. Hay "grupos" que verdaderamente no son grupos a pesar de las apariencias, que son una suma de individuos yuxtapuestos sin coordinación. A veces falta un largo trabajo de precontacto para que comparezca esa emocionalidad grupal que puede ser un elemento importante en la alianza terapéutica. La trampa sería creer que ella existe porque uno u otro de los participantes estalla de vez en cuando o porque el terapeuta propone "ejercicios" que favorecerán la expresión emocional. Ésta puede ser a veces el equivalente de un actuar emocional.

El recurso a "ejercicios" de comunicación en grupos pequeños, o de trabajo corporal en subgrupos, me parece más y más dudoso en los comienzos de la historia de un grupo. Si se comienza por dividir lo que todavía no existe pero se busca, se corre el riesgo de sabotear la constitución del fondo indispensable para la emergencia de formas adecuadas y no reactivas.

A lo largo del proceso terapéutico se tratará de reconocer el "magma" grupal para establecer el vínculo y después el lugar de nacimiento del nosotros y más tarde del yo y el tú.

Y del efecto, hasta difuso, ligado a la no-forma o a lo arcaico, en la aglomeración de individuos aparecerán el yo, el tú y el nosotros.

Devenir de la emocionalidad grupal

• La proyección: fenómeno paradójico de protección y de vínculo

Para desarrollar la cuestión del devenir de la emocionalidad grupal, comenzaremos por referirnos a ciertos mecanismos que constituyen lo social, después daremos dos ejemplos clínicos a partir de un fenómeno clásico, descrito hace tiempo por los psicólogos sociales que se han interesado por la dinámica de grupos: las reglas implícitas en un grupo.

Si uno se refiere al modelo de Bion, la ansiedad es la base de esta emocionalidad grupal: la ansiedad por el encuentro posible con la repulsión o la atracción que el otro suscita en nosotros.

Desde un punto de vista gestaltiano, esta ansiedad aparece cuando el animal humano reconoce una necesidad y este reconocimiento interpela el del entorno humano como indispensable para la satisfacción de la necesidad. Emerge pues la ansiedad en un momento clave en que se encuentran tres componentes esenciales:

√ ***La fisiología***: las funciones animales del ser humano revelan la necesidad.
√ ***Lo social***: la necesidad, para su satisfacción, lleva a que el animal humano se constituya como individuo antes de interactuar con otros individuos y reconocerlos.
√ ***Lo psicológico***: toma de conciencia de lo experimentado y de lo emocional suscitada por el reconocimiento del otro y de los otros como necesidad inevitable para la satisfacción de la necesidad.

Esta ansiedad aparece en el momento del paso de lo fisiológico a lo psicológico y a lo social. Y, por cierto, los dos componentes que nombra Bion, repulsión y atracción, se movilizan con fuerza en la fase de acoplamiento psicológico y social.

Se trata entonces de la ansiedad del movimiento hacia el otro, hacia la puesta en contacto y hacia el contacto pleno, de esa angustia donde subyace la vivencia trágica que se podría traducir de este modo: "No puedo prescindir del otro para sobrevivir y crecer, y este paso por el otro puede ser una fuente de dolores".

Una de las maneras de protegerse de la ansiedad, sobre todo en una situación nueva, es poner algo familiar en lo desconocido. Por eso se suele escuchar este tipo de reflexión: me recuerdas a tal persona, hablas como..., tienes la misma sonrisa que..., me siento mal cuando te miro, me siento mal porque me recuerdas a...

Hay la necesidad de tranquilizarse y de crearse un entorno que recuerde lo conocido. Lo familiar y lo conocido se superponen con suma rapidez. Y aunque lo familiar sea conflictivo, desde el punto de vista del ser profundamente ansioso, es preferible lo familiar-conocido conflictivo pero conocido que lo extraño o lo desconocido intolerable. De este modo se establece en el grupo un sistema de proyección. *La emocionalidad grupal busca una salida y comienza a decirse gracias a la proyección que en un principio se podría percibir como una tentativa de comunicación más que como una resistencia. La emocionalidad grupal retroflexionada, presente pero no consciente, o más o menos difusa y a veces cercana a lo consciente, se transforma en expresión por intermedio de la proyección.* Desde cuerpos individuales enredados en las manifestaciones difusas de la función ello y del cuerpo grupal que balbucea sus primeros pasos, emergen un comienzo de palabra y un intento por crear lo social.

El potencial homeostático que caracteriza a todo organismo vivo está activo de manera paradójica en el grupo. Cuanto más se experimenta el peligro, tanto más se manifiestan en este momento del proceso los mecanismos adaptativos y por lo tanto la protección ante el peligro, particularmente la proyección.

Las percepciones alimentan las proyecciones, pero por lo menos se habla. Se mira y se siente la mirada del otro. Para poder decir al otro: "Me recuerdas a", por lo menos se tiene que haber percibido su sombra. Aparecen entonces los temores propios de la comunicación: miedo a mirar y ser mirado, temor al rechazo, a la confrontación, al juicio. *Miedo, sobre todo, a que la conciencia de lo experimentado ante el otro no revele más que lo que se quería conocer y desvelar de uno mismo.* Cuanto más las formas emocionales se ponen en palabras dirigidas al otro, tanto más grande es el peligro. Otra vez hay que protegerse. Y allí se instalarán las reacciones grupales como complicidades, coaliciones, fenómenos de chivo expiatorio y de "San Bernardo". Hay que protegerse de la ansiedad del contacto, pero también ocurre que estas mismas protecciones permiten preparar progresivamente el contacto. La paradoja es que pueden tener una función estructuradora en y por el proceso de contacto. Y a partir de allí se torna posible la terrible iniciativa de ir hacia el otro con toda conciencia. Ir hacia el otro, optar, rechazar, abandonar otra cosa, salir de la confluencia para posicionarse y singularizarse ante el grupo: es algo que sólo se puede efectuar a través de fenómenos de grupo que a un tiempo apegan al grupo y protegen del contacto.

• Introyección, reglas implícitas y función personalidad grupal

Llega un momento en que cada grupo adquiere su coloración particular, que por lo demás puede cambiar según las etapas de la vida del grupo. Los psicólogos sociales y los psicoterapeutas hablan de la personalidad de un grupo.

Lo que se llama "reglas implícitas del grupo" dará en parte esa coloración.

Existen las reglas explícitas del grupo, las que nombra el terapeuta cuando expone el encuadre –lugar, hora, costo y confidencialidad–, que me parecen las reglas explícitas mínimas. Algunos terapeutas agregan otras:

√ plantear al interior del grupo los sucesos importantes que ocurren en el exterior entre los miembros del grupo;
√ regla de no-paso al acto sexual;
√ si hay enfrentamiento físico, no hacer daño al otro;
√ si alguien abandona el grupo antes del término del contrato, anunciarlo personalmente al grupo.

Junto a esas reglas que constituyen el encuadre, es decir, el continente para la evolución del proceso terapéutico, se van a instalar, al margen de la voluntad de unos y otros, diversas reglas implícitas. El grupo empezará a funcionar según reglas no-dichas, pero impuestas por la emocionalidad que se torna ansiedad. Son una creación del grupo para protegerse, cristalizan aspectos de la "neurosis" grupal que a su vez está alimentada por las "neurosis" individuales reactivadas por el contexto. Son una creación del grupo que contiene ese doble objetivo paradójico que acabamos de nombrar:

√ Los psicólogos sociales y los psicoterapeutas las suelen percibir como manifestaciones de protección. Son entonces mecanismos de defensa contra un peligro. El peligro proviene de que las formas neuróticas arriesgan ser quebrantadas y desestructuradas, lo que creará un desequilibrio y sobre todo una falla que mostrará las viejas heridas que han afirmado los mecanismos de supervivencia. Estos mecanismos, repetidos en la vida actual, crean la ruptura en el proceso de contacto.

√ Pero, en la perspectiva homeostática propia de la Gestalt, estas reglas implícitas se perciben como creaciones que el grupo necesita no sólo para asegurar su supervivencia sino también su coloración, su cohesión y su desarrollo.

Se apoyan en una confluencia grupal no-dicha, pero inscrita en la emocionalidad grupal. Y, como toda confluencia, ésta es un mecanismo de dos caras: sin dejar de proteger la novedad, permite alimentar y consolidar el fondo grupal, en el sentido de cohesión, sensación de seguridad y confianza, elementos indispensables para abordar después el miedo a la novedad y la ansiedad por el vacío cuando hay de-construcción de formas y frustración ante ese vacío y ante la pérdida de las ilusiones.

Por lo tanto, estas reglas implícitas nacen de una cierta confluencia grupal reactiva ante la ansiedad. Y simultáneamente se instala un fenómeno de introyección: por un acuerdo tácito común, la función ello introyecta esas reglas implícitas. De este modo se constituirá una determinada personalidad de grupo, una función personalidad grupal.

• El proceso grupal neurótico como protección para el individuo

> "La personalidad es el sistema de actitudes adoptadas en las relaciones interpersonales, es la hipótesis de lo que uno es, la base a partir de la cual se explicará el comportamiento si se pide esa explicación. Cuando la conducta interpersonal es neurótica, la personalidad consiste en una determinada cantidad de conceptos erróneos sobre uno mismo, de introyecciones, de ideal del Yo, de máscaras…" (PHG).

Las reglas implícitas son una de las creaciones que provienen de la ansiedad que viene de la emocionalidad grupal, la que a su vez ha sido desatada y alimentada por el movimiento indispensable hacia el otro para satisfacer la necesidad. *Se podría decir que ellas son la otra vertiente, en la fase de puesta en contacto, de las manifestaciones de la función ello en el precontacto.* Vienen a inscribirse en una función personalidad neurótica del grupo; estas reglas implícitas son neuróticas porque son limitadoras, defensivas.

Pero se trata de una neurosis necesaria, de una neurosis de paso afirmada en la neurosis de fondo, para ir hacia un estado, un estar ahí justo; para alcanzar ese momento de ajuste creativo en que el mecanismo neurótico repetitivo se disolverá en beneficio de una nueva manera de ser con el entorno. Esto nos lleva a considerar las manifestaciones de la función ello como el preludio de lo social. Y corresponde que el terapeuta encuentre la actitud adecuada: dejar que se desarrolle el proceso del grupo para que sus reglas (u otros fenómenos de grupo) se puedan desarrollar y después ser nombradas y puestas a trabajar.

• Ejemplo de actitud grupal que se apoya en una regla implícita

En ese grupo perciben a Pierre como una persona frágil, debido a una enfermedad grave y una situación familiar difícil. Se establece con él un sistema particular de interacciones: se lo trata con amabilidad, atentamente, de manera protectora. Un día, Marie se torna agresiva con él. Entonces aparecen en el grupo una serie de reacciones que culpan a Marie: no debiera actuar así con Pierre. Una oleada de San Bernardos acude en su auxilio para mantener al grupo en una actitud exagerada de protección. El terapeuta nombra lo que observa en ese momento en el proceso del grupo ante Pierre y Marie, y comienza entonces un proceso de desvelamiento de una regla que hasta ese momento permanecía implícita: no hay que tocar a Pierre (introyección grupal).

Aparece también en el sistema de protección la violencia implícita que contiene contra Pierre: fundamentalmente no es a Pierre a quien se protege; en otras palabras, no hay sólo benevolencia hacia él a pesar de las apariencias, sino que cada uno se protege a sí mismo de su propia fragilidad, cristalizándola en un individuo del grupo.

De este modo se manifiesta la función de la regla implícita y, con ella, la complejidad del mecanismo grupal:

√ Movilización de la función ello y de la emocionalidad grupal: se está tocado por la fragilidad de Pierre, que remite indirectamente a cada uno a la amenaza de experimentar su propia fragilidad en el grupo.

√ Evolución de esta función ello hacia un intento de función personalidad por intermedio de la regla implícita: "Pierre es frágil, hay que fijarse en él y protegerlo, somos un grupo atento".

√ Desvelamiento de la introyección grupal –"hay que adecuarse a la regla implícita"– conjugada con la confluencia grupal.

√ Desvelamiento de la proyección oculta en los mecanismos ya nombrados, especialmente tras la regla implícita, es decir, desvelamiento de la función del sistema introyección-confluencia-proyección. "Yo también soy frágil, pero evito experimentar mi fragilidad manteniendo una complicidad con este grupo para proteger a Pierre".

√ Desvelamiento en el nivel individual de la retroflexión contenida en el hecho de que la emocionalidad grupal impide la emergencia de una emoción clara en cada persona del grupo.

√ Vuelta a cada individuo del grupo considerado aisladamente, y trabajo personal sobre lo vivido enlazado con el tema y con los sucesos del proceso grupal elaborados sobre la dinámica del tema. Cuando protejo a Pierre, estoy en confluencia con el grupo en una regla implícita grupal, y así evito reconocer mis proyecciones y mis emociones específicas.

Se aprecia con claridad que estas reglas implícitas –si bien necesarias para consolidar el grupo– tienen la función de aportar una ruptura en el ciclo de contacto, esencialmente en la fase de puesta en contacto.

Y esto es así, pues la fase de contacto pleno parece mucho más aterradora en grupo que individualmente. Se la suele asociar con la confrontación y con la expresión de cólera, con violencia, rabia. Y a veces se escucha este tipo de reflexiones: "Todavía falta que hable mucho más" o "Si lo hubiera sabido, me habría callado".

• **De la desestructuración de las formas introyectivas al ajuste creativo**

El contacto pleno tiene algo de aterrador, pues en ese momento del proceso cada uno está frente a su "verdad" y a la "verdad" del otro. *La verdadera "confrontación" no es la que consiste en enfrentar la reacción emocional del otro, sino más bien la que consiste en encontrar intensamente la emoción y la reacción que pertenece a cada uno, que emerge del fondo y se revela de manera clara y evidente por intermedio del otro y hasta un punto que ya no se puede ignorar. Y la verdadera confrontación consiste en encontrar al otro a partir de ese espacio interior de sombra, a veces de dolor, y en empezar con él una búsqueda de ajuste creativo antes que la expresión narcisista o egotista de una emocionalidad de superficie que se traduce en una catarsis a veces espectacular. Se trata, verdaderamente, de pasar de una emocionalidad grupal al reconocimiento de una emoción personal claramente identificada y de dejarse sorprender por este descubrimiento: "¡Ah, sí, éste soy yo!".*

Esta emoción puede ser epidérmica, permanecer en la superficie y diluirse de manera egotista en el entorno. A veces es un paso "neurótico" casi obligado en el proceso terapéutico. Pero no olvidemos que la emoción es energía. Y ese momento que a veces creemos de contacto pleno, y que podría serlo, se puede tornar fácilmente un desperdicio de energía especialmente en grupo, donde las reacciones son exacerbadas. Si es así, se está en la ilusión, en el actuar emocional y no en la creación de un nosotros creativo.

El proceso terapéutico no se detiene allí, en esta emergencia de una forma emocional y en su expresión o explosión. Se juega en la fase siguiente, en la que la persona se torna plenamente consciente de su emoción, de su vivencia y del proceso en que está inmersa. Se comienza a des-estructurar la forma, a triturarse cuando el paciente reconoce que esa emoción le pertenece, que no es "culpa del otro" y que el otro es el revelador de lo que está inscrito hace mucho en el fondo.

Entonces se desvela la intimidad propia. El pudor y la interiorización caracterizan la intimidad. Ésta no se puede elaborar sobre una reacción egotista ni sobre la catarsis. La trampa de la terapia gestáltica es confundir expresión emocional ante el otro con ajuste creativo.

El ajuste creativo se elabora sobre la interiorización del proceso, sobre la soltura que consiste en meditar en la sorpresa, sobre el asombro contenido en el "Ah, sí, éste soy yo y el grupo me permite verme a mí mismo y le rindo homenaje por ello. Y el grupo está compuesto por individuos que me incomodan particularmente y les rindo homenaje por ello, y es posible que ahora ellos y yo nos podamos considerar de otra manera".

Esto es desvelar la intimidad propia. Es mucho más comprometedor que la explosión emocional. Me tienta crear la palabra "extimidad", para designar lo que suele ocurrir en esta fase del proceso en grupo. Y lo que es difícil en terapia individual lo es aún más en psicoterapia de grupo, en la cual el grupo puede ser percibido –con razón o sin ella– como juez, censor, perseguidor. No siempre se lo percibe como un aliado, incluso y sobre todo cuando hay intento de "pacificación prematura del conflicto".

Por otra parte, el tema del grupo aliado, o de los aliados que se busca en un grupo en los momentos de crisis, es ambiguo. ¿Por qué se busca un aliado? Es verosímil que, en un principio, sea para protegerse, es decir, para mantenerse en la forma neurótica, más que para la desestructuración.

El ajuste creativo es decir, esta nueva manera de interactuar con el otro que es la levadura de la transformación de todos los que están implicados en el campo, sólo puede existir después de ese lapso de reconocimiento y de aceptación de lo que siento y de lo que soy ante el otro. Y a la inversa.

Se pasa así del cambio a la transformación.

En el cambio, la forma sigue siendo la misma, pero está desplazada y este desplazamiento crea la ilusión de la desestructuración y la ilusión de una reorganización de la estructura. La transformación pasa por la desestructuración, por la deconstrucción de las formas, por la reintegración de la energía explotada, por su interiorización consciente y por ese acto de humildad que consiste en decirse: "Sí, éste soy yo". Este movimiento es profundamente desequilibrante, en el sentido de que pone en duda la ilusión de equilibrio que constituye la forma neurótica. Exige también mucha humildad. El ajuste creativo en primer lugar es desajuste, es la fase necesaria para que comience la búsqueda de la re-creación.

Las verdaderas opciones sólo pueden aparecer al término de ese movimiento. No pueden aparecer en medio del estrépito de la trituración de las formas, sino sólo al final del proceso. La función ego, según el significado que le dan PHG, sólo puede aparecer cuando hay desestructuración de las formas, o desestructuración del "carácter" según W. Reich, o disolución del ego según el modelo budista. El ego se puede considerar, según la psicología oriental, como el conjunto de las formas neuróticas y de las emociones parásitas que las acompañan y que nos impiden alcanzar niveles superiores de conciencia. La función ego, según la terapia gestáltica, remite a ese componente particular del sí mismo que no permite efectuar la opción adecuada, y esta opción adecuada implica la desestructuración de las formas neuróticas que nos impiden instalar el ajuste creativo y vivir esa suerte de "mini satori", por retomar la expresión de F. Perls.

En pocas palabras: el componente función ego del sí mismo sólo se puede manifestar después de la deconstrucción de los mecanismos repetitivos que constituyen el carácter y sus rigideces.

• De la neurosis grupal al individuo que opta

La instalación de las reglas implícitas y el descubrimiento de estas reglas revelan un conjunto de características grupales que una vez nombradas y reconocidas, definen una función personalidad grupal que trabajaba subterráneamente en el fondo grupal. En un momento dado, durante el desarrollo del proceso, puede que se diga, por ejemplo, algo así: somos un grupo que instala un sistema para proteger a uno de sus miembros... Somos un grupo que afuera habla de la sexualidad y que evita hacerlo adentro. Somos un grupo que desvía su agresividad sobre tal persona o a través de tal conducta...".

En la teoría del sí mismo, la función personalidad se presenta como una de las tres funciones del sí mismo. Es el lugar de las "etapas principales del ajuste creativo". "Es la figura creada que el sí mismo deviene y asimila al organismo, reuniéndola con los resultados del crecimiento anterior..." (PHG).

Se aprecia claramente que los "conceptos erróneos" que caracterizan al grupo bloquean la función ego y que se pierde la capacidad de optar. La función ego sólo puede ser a partir del momento en que la "neurosis grupal" es desenmascarada, nombrada y reconocida. Para ello es indispensable que se ponga palabras a lo que es. *Y es también indispensable que los miembros del grupo se dejen afectar por esas palabras.*

Sólo en aquel momento se puede pasar de la función personalidad neurótica del grupo a la movilización de la función ego de cada individuo al interior del grupo. "Soy alguien que decide hablar de lo que estaba callado, que decide aclarar públicamente la relación con tal persona y/o con el grupo". Cuando el proceso concierne a cierta cantidad de individuos del grupo, se llega a un nuevo espíritu de grupo. El yo existe, se deshacen las confluencias, las proyecciones, las introyecciones, las retroflexiones. Y existo enlazado con un fondo grupal en curso de "reajuste". El fondo grupal ya se está purificando de los residuos neuróticos de la historia.

Así, en esa etapa, los fenómenos de grupo se nos muestran no tanto con el aspecto de revinculación a que aludimos, sino como una tentativa de autorregulación grupal y de definición grupal del grupo, y también cual desviaciones ante la movilización de la función ego del grupo y de los individuos.

• Otra secuencia grupal para completar los elementos clínicos puestos de manifiesto durante el primer ejemplo

En este grupo se ha instalado una regla implícita: no se habla de la sexualidad durante los tiempos oficiales. Un terapeuta que intervenía puntualmente había notado numerosas bromas sexuales durante las pausas. Comunicó esta observación al grupo y esto suscitó un largo silencio.

En el seminario siguiente, que animaba yo y que duró tres días, uno de los participantes recuerda durante la primera jornada aquella observación del terapeuta anterior y expresa su malestar respecto del tema de la sexualidad y su deseo de poder hablar de ello. Esta intervención "conmueve": silencio tenso, miradas hacia el suelo, cuerpos en tensión. Percibo que se está tocando un tema candente y dejo que opere el hervor interior de la función ello. Me limito a nombrar lo que veo cuando se evoca el tema. No propongo nada, me parece importante que aumente la tensión interior; espero que la emocionalidad grupal suscite la movilización del grupo.

Pocos minutos antes del término de la segunda jornada, otro participante expresa su malestar porque se continúe eludiendo el tema de la sexualidad en el grupo y expresa el deseo de que se hable de ello el día siguiente por la mañana.

El terapeuta reacciona poniendo nombres: "En efecto, se elude constantemente este tema, compruebo también que está muy presente en lo no-dicho y que se lo trae a colación en los últimos minutos de esta jornada. Entiendo, asimismo, que se trata de la sexualidad en el grupo. En otras palabras, tienen cosas que decirse a propósito de la vivencia afectiva y sexual entre ustedes en el grupo. Podemos hablar de esto mañana por la mañana a las nueve o bien por la tarde antes del término de la jornada... Decidan ustedes".

Y la tercera jornada se destinó a trabajar sobre la vivencia afectiva, sobre las "actividades" sexuales, sobre las transgresiones e inhibiciones en la historia de este grupo.

¿Qué había ocurrido? *La insostenible tensión lleva a que el grupo, como organismo, haga una opción.* El tercer día, por la mañana, la última persona que había hablado en la víspera retoma el tema desde el primer minuto. Y esta vez no se lo elude ni se lo sabotea. Cada uno está allí, presente, interesado, ansioso. Se deshacen los no-dichos, se dicen las atracciones y las repulsiones, aparece el modo como circula o no circula el deseo en este grupo, las "actividades sexuales secretas pero que todo el mundo conoce" se plantean públicamente y ya no se susurran en secreto por los rincones. Cada uno opta por hablar y explica cómo se ha movilizado la pulsión sexual durante la historia del grupo. Y el diálogo se abre en un contacto pleno de individuo a individuo. Contacto pleno en que "yo" y "tú" se reconocen y se escuchan mutuamente por más difícil que resulte.

Al mismo tiempo que se manifiesta la función ego grupal, se expresa la función ego de cada individuo. Se moviliza desde que los individuos plantean claramente la opción de hablar o de no hablar. El sí mismo se desarrolla de manera más específica a través de esta modalidad.

De este modo es abolida la regla implícita, cae la resistencia y con ella los mecanismos ya mencionados de interrupción del ciclo de contacto: retroflexión-introyección-confluencia-proyección. Se reencuentra la función ego, que da una nueva definición a cada individuo y también una nueva función personalidad grupal.

El proceso se podría resumir así.

√ Existen en el grupo no-dichos vinculados a la vida afectiva y sexual de los individuos entre ellos.

√ Esto genera una forma de emocionalidad grupal que forma parte del fondo grupal y trabaja subterráneamente.

√ La ansiedad generada por la idea de restituir al grupo estos elementos suscita la disrupción y la instalación de la regla implícita: no se habla de nuestra sexualidad durante los tiempos oficiales del grupo, solamente se autoriza "momentos sueltos" y cuando eso no es peligroso.

√ La función ello y la función personalidad del grupo circulan de una a otra y se alimentan mutuamente impidiendo la emergencia de la función ego. De este modo se crea lo que se podría llamar una especie de neurosis grupal.

(La neurosis grupal está constituida, por supuesto, por elementos que provienen de las "neurosis" individuales que entran en resonancia. Es una especie de regresión, un suceso que cristaliza en el nivel colectivo las gestalts inacabadas y fijas y las interrupciones del ciclo de contacto que subyacen en ellas. Sólo se puede hablar de psicoterapias profundas cuando esto existe y se desarrolla hasta el callejón sin salida y/o la crisis. Esto supone que el terapeuta esté dispuesto a apoyar hasta la crisis y dispuesto a vivir las tensiones que ella generará en todos los miembros del grupo e incluso en él mismo).

√ Concienciación de estos fenómenos de grupo por parte de los individuos y del grupo. La imagen del terapeuta es indispensable en esta fase, como también su actitud y un silencio que favorecen el aumento de la ansiedad y del malestar hasta un paroxismo que trastocará la historia del grupo.
√ Movilización de la función ego. Se pasa del "la función ello habla" a pesar de mí al "yo elijo hablar", y del "la función ello reacciona de manera pulsional en mí y a pesar de mí" al "yo planteo conscientemente un acto claro o una palabra precisa dirigida a un interlocutor desconocido".
√ A partir de allí nace a veces de manera espontánea el establecimiento de la novedad y una búsqueda de ajuste que ya no es un ajuste de sumisión, de demisión, de inconsciencia, de negación, sino un ajuste responsable, un ajuste libre.

El sí mismo: una fuerza actuante en el campo grupal

• Salir de las divergencias sobre la psicoterapia en situación grupal

Este conjunto de reflexiones vuelve a poner en cuestión el famoso debate "psicoterapia de grupo, en grupo, por el grupo, del grupo". Se apoya en la división, en la divergencia y en una visión no integrada de los fenómenos de grupo, de las interacciones grupales y de las reacciones individuales en el seno del grupo. En el contexto de la terapia gestáltica, es también un debate que no me parece pertinente y, si se plantea, significaría que los psicoterapeutas gestálticos que trabajan en grupo disocian –a riesgo de escindir– un suceso global. Esto también significa que esos mismos psicoterapeutas expresan allí o bien su propia disociación interior o bien su desconocimiento de los fenómenos de grupo en una perspectiva de campo, o bien ambas cosas. Desde que adherimos a una teoría de campo en la cual trabajaremos sobre la interacción organismo-entorno en una perspectiva de búsqueda de ajuste creativo, estamos en una práctica compleja, mixta, que trabaja constante y simultáneamente en los distintos parámetros ya nombrados: psicoterapia de, en, por, del... grupo. Y, en una perspectiva unitaria, vemos claramente en los dos ejemplos informados que todo está imbricado uno en otro. Una teoría del campo contiene este supuesto: si hay un campo, hay interdependencia de los distintos elementos que lo constituyen. La división, a partir de las proposiciones nombradas, niega la interdependencia y la globalidad y la complejidad del campo. Esta división invalida la terapia gestáltica como planteamiento holístico.

Cuando un terapeuta interviene y dice: "El sueño que nos informas primero te remite a tu historia con este grupo, pero también a tu historia más amplia que se juega en el grupo", está señalando esa interdependencia. Ésta se nombra de manera aún más explícita si agrega: "Has soñado para ti, pero también para el grupo, y con este sueño te conviertes en portavoz del estado del grupo y de su historia actual". Señala que si la persona se sitúa en el centro del grupo para poner a trabajar su sueño, hace trabajar al mismo tiempo a los individuos y al grupo.

También señala que ese sueño individual se puede trabajar grupalmente para la psicoterapia de la globalidad en la cual cada uno tiene un lugar y un papel. Pero si se hace psicoterapia del grupo a partir de este sueño, también se la hace para la persona que ha soñado y para la evolución personal e individual de cada uno en el grupo.

Las tradiciones terapéuticas chamánicas –que contienen prácticas que considero otras formas de psicoterapia grupal– jamás han tenido esa idea, de la división descabellada y sorprendente para un chamán. Su práctica se apoya en una antropología que cuida de la globalidad, del grupo y del individuo; y al cuidar esta globalidad inmediata, se cuida una globalidad más vasta: el planeta Tierra, el universo. El rito grupal y sanador es para el grupo y para el individuo, y el rito individual en el seno del grupo es sanador para la comunidad.

Si uno se sitúa en una perspectiva de psicoterapia gestáltica en el sentido exacto de la expresión, uno está buscando la ampliación del campo de conciencia para la destrucción de las formas fijas y buscando una nueva estructura que favorezca la evolución del individuo y de lo colectivo. Se trata de mucho más que de un simple proceso de cambio, se trata de un proceso de transformación: la desestructuración de la forma que permite ir más allá de la forma neurótica que emerge del fondo.

Ya habíamos nombrado la diferencia entre cambio y transformación. La noción de deconstrucción, de desestructuración, hace la diferencia. El proceso interactivo que se desarrolla a partir de la instalación de un fondo grupal y una emocionalidad grupal conduce a cada uno a concienciar sus formas neuróticas para de-construirlas. El organismo, siempre en busca de homeostasis, es conducido entonces a atravesar el desierto, el vacío, la depresión causados por la destrucción, a buscar la forma exacta considerando lo que es en ese momento y la presencia de otros organismos en su entorno, y, en fin, a construir su nueva arquitectura existencial.

Este proceso puede operar por diversos caminos:

√ Porque se adelante un individuo en el seno del grupo.
√ Por un "trabajo colectivo" que implique a todo el grupo.
√ Por una intervención en el sistema del grupo.
√ A partir de una interacción individuo-grupo.
√ A partir de una interacción individuo-individuo o individuo-terapeuta; pero sea cual sea el inicio, sólo tiene sentido si se lo percibe como el comienzo del hilo de Ariadna que permite sumergirse en el laberinto para encontrar allí los misterios de la historia del Minotauro y la totalidad de la leyenda individual, la que a su vez sólo tiene sentido en relación con la leyenda del otro y con el mito fundador de una sociedad.

La diferencia en los procesos de cambio y de transformación sólo se puede entender a partir de esa visión de la globalidad. El cambio trabaja sobre la parte separada del todo; la transformación trabaja sobre la globalidad y sobre el reajuste para la reorganización del todo.

El psicoterapeuta debe sentirse a sus anchas en la psicología social de los grupos, en la dinámica de grupos, en la teoría de sistemas, en la teoría del campo y en la teoría de la terapia gestáltica para percibir en qué momento es pertinente intervenir en uno u otro nivel para tocar la globalidad.

Más que hablar de psicoterapia de grupo, quizás sea preferible hablar de psicoterapia en situación grupal, expresión que tiene la ventaja de no contener ninguna preposición.

• El sí mismo: una fuerza activa para la evolución de lo viviente y de lo social

En la Introducción nos hacíamos la siguiente pregunta: ¿existe un sí mismo grupal? Esta pregunta no me parece pertinente si se la considera a través del verbo tener: *¿tiene un sí mismo el grupo?* Esto supondría la referencia a un postulado de base: el sí mismo sería una entidad que existe realmente y que estaría presente en el individuo y en el grupo. Se trata de un punto de vista que algunas veces parece habitar sutilmente en Winnicott y en nuestros colegas anglosajones. Winnicott nos permite pensar a veces que el sí mismo sería una especie de "núcleo" bastante misterioso presente en el ser humano.

Recordemos que el sí mismo no se considera una realidad material en la terapia gestáltica; habitualmente sólo existe como concepto para designar un proceso, un movimiento, una dinámica. Y nos interesa la naturaleza de ese proceso, su desarrollo, sus características, sus interrupciones, sus avances hacia un término que es la disolución de lo repetitivo, la instalación de la novedad y la creación del sentimiento de existencia por la renovación del "yo soy" que se posiciona en lo exacto. De ese modo el ser humano accede progresivamente a su verticalidad.

Y podemos comprobar:

1) que esta teoría del sí mismo nos entrega una *grilla de lectura* interesante para la *observación* y para la *comprensión* de cierta cantidad de fenómenos en el contexto del grupo;
2) que esta teoría y la observación que se desprende de ella entregan al terapeuta *puntos de referencia* para la *intervención* en el nivel del proceso del grupo dentro de una perspectiva de transformación a partir de la experiencia grupal;
3) que es *operativa* para la *comprensión* a la vez de un grupo de psicoterapia y de los individuos implicados en el grupo;
4) que da lugar a una *metodología* y a una *práctica* que favorecerán la *transformación* de los individuos y del grupo;
5) que el sí mismo como *agente integrador opera en toda circunstancia que presente la interacción organismo-entorno*, esté el campo compuesto por dos o por varias personas.

• ¿Qué es entonces el sí mismo (*self*)?

La entidad llamada sí mismo no es localizable. La teoría de PHG es explícita: el sí mismo no pertenece al individuo ni al organismo. Es una creación del campo. Tampoco es asimilable al "entre-dos", aunque el concepto de frontera-contacto evoca un espacio intermediario e interaccional que separa y une a un tiempo.

Pero me parece muy limitador que se lo considere sólo un concepto, es decir, una abstracción que permite dar cuenta pedagógica e intelectualmente de un proceso. Si hay proceso, hay movimiento, vida, progreso. Hay un ir hacia. No es una abstracción, es la expresión misma de la vida.

Retomemos una definición de PHG:

> "Llamamos sí mismo al sistema complejo de contactos necesarios para el ajuste en un campo difícil. En las situaciones de contacto, el sí mismo es el poder que forma la Gestalt en el campo, o, mejor, el sí mismo es el proceso figura-fondo en las situaciones de contacto".

"El sí mismo es el poder...". No definen lo que entienden por *poder*. Un poder no es sólo una abstracción, es también "una fuerza actuante", según la definición que da el *Dictionnaire historique de la langue française*.

Por otra parte, a veces se define al sí mismo como "el agente integrador"... ¿Qué es un agente? Es, nos dice el diccionario citado, "el ser que actúa, la causa actuante... todo lo que desencadena efectos". Después, en la evolución de la palabra, se encuentra el significado de "encargado de misión, diplomático".

Nos encontramos entonces ante la siguiente proposición: "el sí mismo es el ser que actúa... la causa actuante". ¿Pero qué es este "ser" misterioso y activo a pesar de todo? ¿Cuál es su naturaleza? La noción de emocionalidad grupal quizás nos pueda situar en una pista. Los psicoterapeutas que trabajan en grupo se refieren con mucha frecuencia a la energía de grupo. Y esta es otra noción que usan a veces PHG, pero que nunca explican. La emoción es una energía. Recordemos la etimología: *ex movere*, que significa "mover", "poner en movimiento", "provocar", "cargar", "conmover", "tocar". Y en grupo, dada la multiplicidad de sucesos, la emoción está presente constantemente con distintas intensidades.

¿Qué significa energía? Volvamos al *Dictionnaire historique de la langue française* . Esta palabra es un préstamo del latín vulgar *energia*, que significa “fuerza”, “energía”, que a su vez proviene del griego *energeia*, “fuerza en acción”, derivada de *ergon*, “trabajo”... *Ergon* proviene de la raíz indoeuropea *werg*, que significa “actuar”...

Solamente cabe notar la convergencia de significaciones a partir del sí mismo visto como poder y agente integrador. Y en esta perspectiva el sí mismo es una fuerza viva y actuante.

Esta fuerza viva nace de un organismo en estado de necesidad y consciente de su necesidad, pero que sólo se puede desarrollar y tornarse actuante si hay encuentro con el otro. El sí mismo puede aparecer entonces como el movimiento, la energía que actuará para la regulación organísmica y que dará sentido a esta regulación. Más allá de una regulación de tipo vegetativo, que pertenece a las funciones animales repetitivas, se trata de una regulación de otro nivel, que ya no actúa para la supervivencia sino para el desarrollo: estamos ante una regulación que sirve al proceso de evolución del ser humano y de lo social.

El sí mismo sería entonces esa fuerza actuante, esa energía que da sentido al ser humano apoyándose en su naturaleza animal para permitirle acceder más y más a su verticalidad. Aparece como la energía que alimenta el movimiento evolutivo de lo viviente. Es lo que permite que la materia y el animal ingresen en la evolución según la concepción de Darwin, como lo decía en el Capítulo I sobre la antropología.

* * *

Al término de esta reflexión, me parece que la ampliación del campo terapéutico que realiza la psicoterapia en situación grupal nos conduce a una profundización y a una ampliación del sí mismo, en el sentido de contar con una visión más viva y menos mecanicista.

El sí mismo es una fuerza actuante, una energía que emana de la necesidad fundamental de lo viviente por desarrollarse, crecer y acceder a más conciencia. Se lo podría considerar una chispa que brilla cuando los polos positivo y negativo, hablando en términos de electricidad, se tocan y se vuelven a unir y la *función ello* crea energía y luz. Esto trastoca en gran manera la concepción y la visión del mundo; también trastoca enormemente la capacidad de ir hacia, de enajenar y de manipular. Esto crea finalmente la luz que da la capacidad de ver, de verse, de ver al otro y de verse existir. Quizás esto también da acceso a esa visión doble de que hablan nuestros colegas chamanes, que trabajan a partir de una antropología que extrae su filosofía y sus prácticas de los saberes ancestrales.

El grupo es el lugar mismo del sí mismo, es el lugar donde se despliega esta fuerza actuante que transforma. Quizás podríamos decir que el grupo, en psicoterapia gestáltica, es el sí mismo en acción, que es una determinada materialización del sí mismo, que es el vínculo a partir del cual puede existir y desplegarse la temporalidad: el sí mismo como proceso.

El grupo es el sí mismo como fuerza actuante, y esta fuerza existe como poder transformador; y, en una perspectiva de campo, este poder transformador actuante en el nivel del grupo restringido también actúa en el nivel del grupo más amplio, de lo social, de lo humano entendido no sólo como individuo sino también como especie.

CAPÍTULO XI

"Anoche he soñado para el grupo"

o

el sueño como fenómeno de campo

Notas

«El sueño de un hombre forma parte de la memoria de todos»
Jorge Luis Borges (1899-1986)

"ANOCHE HE SOÑADO para el grupo", exclama de pronto una paciente después de relatar y trabajar su sueño de la noche anterior. "Estaba en la parte alta de una calle que sube, la pendiente era pronunciada y había estacionado mi coche rojo en la parte superior. Me subo al coche, quiero partir, pero empieza a descender solo; los frenos no funcionan. Tengo mucho miedo, porque la pendiente es grande y creo que me voy a estrellar contra una pared. Pero finalmente disminuye la velocidad y se detiene a comienzos de la calle siguiente".

En ese momento el grupo se encontraba en una fase de retención, de baja energía, de retroflexión. Escucho a esa persona sin dejar de prestar atención al estado del grupo. "Eso va demasiado rápido, tengo miedo, ya no merezco lo que me ocurre en la vida". Pregunto: "¿Qué dice de ti todo esto en este momento en el grupo?". Ella recuerda su miedo después de un trabajo que ocurrió la víspera en el cual una persona soltó intensa y rápidamente un estado emocional contenido por mucho tiempo. Después de ese momento observo la retroflexión grupal. Pregunto si esto tiene algún eco en otras personas. Varios se refieren al malestar que los invadió la víspera y el miedo contenido que experimentan desde entonces. Miedo de que surgiera algo demasiado rápido, demasiado violento, que los hiciera vivir la locura, la explosión, la angustia de muerte. Después de mi pregunta, la *función ello* habla en este campo grupal temeroso y contenido. Se concretan lazos con la historia. Alivio. *Lo que se evoca se propaga en el otro y sucesivamente en los demás.* La *"estabilidad" en la retroflexión* está desequilibrada, esta *"meta-estabilidad"* de la que habla G. Simondon y que me parece una pseudo-estabilidad creada por esa entidad viva que es un grupo en movimiento (incluso si hay retención, pues ésta es uno de los momentos del movimiento). Se instala un fenómeno de *transducción*, es decir, de conductividad más allá de uno mismo: *lo que "conduce más allá de uno mismo" y genera un estado interior que se propaga en todo el campo.* Y esto vivo, momentáneamente en estado pasivo o inerte, recupera la vida y su capacidad para la transformación. "El estado más estable es un estado de muerte: es un estado degradado a partir del cual ya no es posible transformación alguna sin que intervenga una energía exterior al sistema degradado. El proceso de degradación sería entonces, en la teoría de la Gestalt, el proceso de génesis de la forma buena" (J.M. Robine).

Esta energía exterior sería en el ejemplo dado la emergencia en el campo y por el campo de una forma particular: el sueño. El sueño, la palabra y la concienciación que opera por el análisis de la situación. El sueño como proceso de degradación de un estado muerto constituiría un elemento importante en la génesis de la forma buena.

¿Cómo podemos comprender y percibir el sueño a través de la teoría gestáltica y más específicamente a través de la cuestión del campo que es una de las características propias de nuestra teoría?

Evolución del pensamiento sobre el sueño en terapia gestáltica

- Freud, Perls, From, Goodman

Freud, en *La interpretación de los sueños*, nos presenta el sueño como "el camino principal para acceder al inconsciente". Perls, en *Sueños y existencia*, lo presenta como uno de los medios para acceder a la conciencia por el mecanismo de proyección de facetas de uno mismo a través de los distintos elementos del material onírico. Después I. From hace del sueño una retroflexión: la de algo que habría sido retenido muy recientemente en la historia actual. Más tarde ha habido interés en el sueño no como contenido, sino como experiencia del sueño. Recientemente, varios gestálticos han desarrollado la importancia de la noción de campo en nuestro corpus teórico. Profundizo aquí un tema que ya he expuesto en el curso de distintas manifestaciones: el sueño como fenómeno y producción de campo al mismo tiempo que producción por el campo.

Estos distintos posicionamientos sobre el sueño y su utilización en el proceso terapéutico remiten a diferentes posicionamientos teóricos:

√ Según Freud, el sueño remite a lo intrapsíquico y a la teoría del inconsciente que se apoya sobre la represión de una pulsión inaceptable.
√ Según Perls, que considera que el sueño es un conjunto de proyecciones, se trata aún de una posición intrapsíquica.
√ Con From se nos lleva a considerar el sueño como un suceso de frontera-contacto e ingresamos en una perspectiva de interacciones
√ El foco en la experiencia del sueño más que en los contenidos latentes y manifiestos, es una referencia a las raíces fenomenológicas de la Gestalt, que propone el sueño como experiencia particular, y consideramos la relación del que sueña con su producción pero también con aquel a quien relata el sueño.
√ Finalmente, el concepto de campo organismo-entorno nos remite a un posicionamiento a un tiempo interaccional, inter-psíquico y sistémico.

Estos distintos posicionamientos se suelen enumerar uno tras otro, como lo hago aquí y como si no hubiera vínculo entre ellos, como si estuvieran separados. Mis observaciones clínicas, realizadas en treinta años de experiencia como psicoterapeuta en situación de dos –terapeuta/paciente y grupal–, me llevan a considerar que muy bien se pueden completar, encajarse unos en otros en un todo coherente que nos remite por lo demás a uno de los aspectos de la teoría del sí mismo: la unidad del organismo como entidad psicosomática y la unidad de la globalidad organismo-entorno que se interpenetran en un campo único.

Los terapeutas gestálticos se incomodan con el inconsciente en el sentido freudiano y con la noción de represión; en consecuencia, con el sueño y con su utilización en psicoterapia. En efecto, la terapia gestáltica remite a una antropología diferente de la del psicoanálisis y por lo tanto a otra teorización y a otra práctica. Remite a una teoría de la interacción que se apoya en la conciencia de lo que ocurre y de cómo ocurre la función ello en esa zona intermediaria que llamamos frontera-contacto.

El mismo Perls mantiene la ambigüedad en *Yo, hambre y agresión* cuando aborda la cuestión de la represión y de la retroflexión; como observa L. Gouliner en su tesis sobre la retroflexión, ésta sería la realización de la represión. De este modo, implícitamente, se refiere a la teoría del inconsciente.

¿Cómo hablar del sueño sin hablar del inconsciente según Freud o según Jung? Se trata de una empresa peligrosa, quizás absurda. ¿Por qué apartarnos de los hallazgos, hipótesis y reflexiones de nuestros predecesores en la historia de la psicología y de las psicoterapias? Por mi parte, opto por permanecer en el movimiento de la evolución de la teoría del sí mismo; pero en mi práctica, el concepto de inconsciente según Freud, y quizás más según Jung, está muy presente.

• El sueño como proyección

"Contamos con un medio muy sencillo de llevar a que el paciente encuentre lo que falta a su potencial. El paciente utiliza al terapeuta como una pantalla de cine y espera de mí lo que no puede movilizar en sí mismo" (Perls, *Sueños y existencia*). F. Perls expresa de esa manera su comprensión de la proyección; aplicada al sueño, da la idea de que cada elemento del sueño es una proyección de una parte de uno mismo.

Detengámonos unos momentos en uno de los ejemplos que informa en *Sueños y existencia*. Se trata de un paciente que relata un sueño en el cual se pasea y camina por un sendero. F. Perls le pide que se identifique con ese sendero, es decir, que se torne el símbolo que contiene la proyección de un aspecto de él mismo. "Soy un sendero que...". Notemos que esta "técnica" no es otra que la asociación libre que preconiza Freud, en este caso a partir de un símbolo particular del sueño. Y de pronto el paciente hace una toma de conciencia importante, cuando dice: "Soy un sendero sobre el cual caminan, caminan encima de mí...". Se vuelve consciente de que es una de sus formas de estar en la vida. Podemos hablar de proyección, por supuesto, pero lo que me parece más importante es que la identificación con el objeto proyectado lo conduce a tomar conciencia de sus retroflexiones cuando deja que caminen sobre él; se podría continuar el proceso desenmascarando, retrospectivamente, las introyecciones que están operando.

• El sueño como retroflexión

From expresa su punto de vista en un texto traducido en 1986 y titulado *Los sueños: contacto y frontera de contacto*:

> "Me parece que la preocupación central de un terapeuta gestáltico serio ante su cliente es lo que llamamos la frontera-contacto y por lo tanto en primer lugar las perturbaciones que aparecen en esta frontera... proyección, introyección, retroflexión y confluencia. El modo como la mayoría de nosotros ha propendido a ocuparse de los sueños es el que Perls ha mostrado en *Sueños y existencia,* es decir, la suposición, casi siempre, de que los sueños son proyecciones, partes indeseables del sí mismo del paciente. Esto me parece útil, pero inadecuado. Lo que esto no reconoce, o quizás no lo suficiente, es que el sueño es para muchos una retroflexión...".

No puedo adherir a esta idea tal como la expresa I. From. Creo que el sueño no se puede concebir como una retroflexión, sino como la expresión a la vez de la retroflexión y de una tentativa de de-retroflexión.

¿Qué otra cosa es el sueño sino la emergencia, la aparición, la escenificación de lo que no se ha podido concienciar ni expresar? ¿Cómo se puede decir que un escenario lleno de símbolos, de movimientos, de vida, de colores y a veces de emociones, es una retroflexión? ¿Cómo se puede pensar que la memorización de esta dramatización simbólica, el recuerdo que de ella se tiene y la expresión verbal utilizada para relatarla a otro son una retroflexión? Desde una perspectiva de interacciones, el sueño es un suceso de frontera-contacto cuyo significado es ser trazo de unión, objeto transicional, espacio intermediario, "lenguaje entre-dos" como diría Sibony, para "contactar" el entorno. Es un impulso hacia, apoyo de la puesta en contacto y a veces del contacto pleno, intento de religación.

Relatarse el sueño se podría considerar una retroflexión si eso se mantiene en el nivel de la introspección y no juega el papel de impulso de la función ello hacia, si el "digo el sueño" se torna mero trabajo mental en lugar de puesta en movimiento hacia el entorno. El organismo es "apresado" por el sueño (Pontalis) con un material crispado al cual uno se engancha; la contención aprisiona, es retroflexión. El aprisionamiento abre un espacio hacia el otro y significa un deseo de volver a poner en movimiento el proceso de contacto.

From da el ejemplo de un paciente que sueña que su consultorio de psiquiatra está muy desordenado. Pero, por el contrario, este paciente le parece muy ordenado. La pregunta de From, "¿cómo es que estoy desordenado?", indica que considera que el sueño es un suceso de frontera-contacto y un truco del organismo para abrir el tema de la cólera que aparece después y que abre a la conciencia de "tendencias casi asesinas". Lo que era retroflexión era la cólera, y esta retroflexión ocultaba otra aún más fuerte: las tendencias asesinas. El sueño es precisamente el suceso de frontera-contacto que impulsa el decir a para expresar la retroflexión y la ansiedad de fondo.

• La experiencia del sueño

Me parece que los terapeutas gestálticos franceses han escrito poco sobre este tema de la experiencia del sueño y de la experiencia del paciente que recuerda su sueño al relatarlo, aunque hablan de ello y el tema de la experiencia está en el núcleo de nuestra teoría. Paradójicamente, es un psicoanalista, y no de los menores, J.B. Pontalis, quien desarrolla el tema de manera magistral en *Entre el sueño y el dolor.* Escribe:

> "Freud... en cierta medida, descuida el sueño como experiencia: experiencia subjetiva del que sueña, experiencia intersubjetiva en la sanación en que el sueño se aporta al psicoanalista, a un tiempo ofrecido y protegido, diciendo y callando. Quizá con Freud, cuando el sueño emigra como definitivamente en la interpretación y la conversión en imagen, se lo convierte en una puesta en palabras y algo se pierde: toda conquista se paga con un exilio y la posesión con una pérdida".

Y explica que sólo interpreta si antes ha comprendido lo que el sueño representaba como experiencia o como negación de la experiencia.

> "Mientras no se ha apreciado la función que cumple el sueño en el proceso de sanación... toda interpretación del mensaje del sueño, en el mejor de los casos, no tiene objeto y, en el peor, implica una connivencia sin fin sobre un objeto específico, objeto de una carga libidinal no aclarada entre el analista y su paciente: ya no es una palabra que circula, es una moneda".

Me habría gustado que estas reflexiones provinieran de un terapeuta gestáltico. Y para la historia menuda: J.B. Pontalis lamenta por su parte que esta idea de "la experiencia del sueño" sea el título de un libro escrito por un analizado y no por un analista.

"Anoche soñé un sueño, pero no me gusta mucho y además no lo recuerdo bien". Esta frase relativamente trivial se pregunta por la relación que mantiene el soñante con su producción onírica, pero también por la relación con su terapeuta, sobre todo cuando se trata de una frase enunciada al comienzo de una sesión, como "anoche tuve un sueño, pero lo he olvidado. Sin embargo, lo recordaba al despertar". El olvido del sueño se puede considerar entonces el suceso de frontera-contacto por situar en primer plano en ese momento del proceso terapéutico.

Puede resultar interesante hacer abstracción de los contenidos de los sueños del paciente y preguntarse por la función del sueño que pones allí entre tú y yo. ¿Para qué sirve? ¿Qué quieres decir exactamente al poner ese objeto, hoy, entre tú y yo?

Recuerdo un paciente que me informaba a menudo "hermosos sueños" que disfrutaba escuchando hasta que descubrí que entre nosotros se había establecido una relación de seducción por intermedio de "esos hermosos objetos". El suceso de frontera-contacto no era el sueño, sino la seducción manifiesta en el "te haré gozar haciendo hermosos sueños para ti, sobre todo durante la noche anterior al encuentro".

El sueño en la teoría del campo

• El sueño como revelador del estado del sí mismo en el campo

La formulación "anoche he soñado para el grupo" se podría decir de otra manera, por ejemplo:

√ en conjunto y al margen de nosotros, la *función ello* ha creado un sueño y la *función ello* ha designado a tal persona para producirlo y decirlo;

√ durante la noche he recibido un mensaje de imágenes que nos concierne a todos y *yo* me torno el oráculo del grupo al relatarlo;

√ *nuestra* historia actual de grupo ha creado subterráneamente (o en los bajos fondos del grupo o en segundo plano) una metáfora de la historia grupal y *nosotros* hemos designado a alguien, sin intervención *nuestra* en ello, para captarlo y revelarlo al grupo.

Estas tres formulaciones podrían corresponder a distintos momentos de la historia de un grupo: la "función ello" que remite a la "función ello" grupal del precontacto; el "yo" que remite a la movilización de la puesta en contacto, y el "nosotros", que remite a la confluencia sana del contacto pleno.

Lo anterior nos lleva a plantear la compleja cuestión siguiente: cómo sucede que *este* sueño aparezca en *este* grupo en *este* momento de su historia, que lo haga y relate *este* paciente en *esta* cadena asociativa personal y grupal con *este* terapeuta o formador en *este* entorno terapéutico social, cultural...

¿Y por qué está impulsado al primer plano de la escena?

√ ¿Por un impulso pulsional de la función ello individual y grupal en efervescencia y en busca de orientación?
√ ¿Por este mismo impulso que comienza a orientarse hacia?
√ ¿Por este mismo impulso orientado y en busca de una forma ajustada en el entorno?
√ ¿Por este mismo impulso en curso de ajuste?
√ ¿Por un organismo en reposo que deja disponerse en él estos movimientos interiores dejándose tocar por el cambio suscitado en él por toda esta dinámica?

Se podría imaginar que según el estado de la función ello y de la calidad del despliegue del sí mismo, el organismo suscitará categorías diferentes de sueño, lo que nos llevaría a ampliar las hipótesis de F. Perls y de I. From y decir que todo sueño nos entrega indicaciones sobre la disposición de los mecanismos de interrupción del ciclo y que la entrada se podría hacer a veces por la retroflexión, a veces por la proyección, pero también por la confluencia o por la introyección.

De este modo se podría percibir el sueño como un indicador del estado del sí mismo en el campo compuesto por distintos constituyentes que intentaremos precisar.

Formulada así la cuestión, permite resaltar la complejidad del campo y también algunos de sus parámetros, y pone de manifiesto que el campo psicoterapéutico grupal está constituido por el encuentro de cierta cantidad de campos singulares preexistentes a la constitución del campo grupal. Entre esos distintos parámetros podemos nombrar:

√ el individuo;
√ el grupo;
√ el terapeuta o formador;
√ el contexto social, político, cultural, etc.;
√ la historia de los elementos ya nombrados;
√ el tiempo;
√ el espacio.

Y sin duda hay muchos otros que se podría agregar a la lista, pero lo que me parece importante es también todo lo que se juega en lo no-consciente y en lo invisible: lo invisible de esos campos y de otros campos invisibles que operan en esta complejidad y que no son accesibles para nuestros actuales sistemas de investigación.

En lo que concierne a la terapia gestáltica, es el campo organismo-entorno y, en esta perspectiva, cada elemento del campo está en una posición doble: recibe las fuerzas y la influencia del campo y contribuye a hacer del campo lo que es, lo influye a su vez. De este modo se instala un sistema de inter-influencia. Podríamos decir que el intercambio interactivo crea una inter-influencia. El sueño de un individuo está configurado por la influencia del grupo sobre ese individuo que está tocado en el aquí y ahora en un punto sensible de su historia o de su ser, pero el individuo, al soñar ese sueño en ese momento, restituye al grupo y a los individuos que lo componen, esa parte sensible de él mismo que ha sido revelada por la fuerza grupal y, al hacer esto, influye en los individuos y en el grupo. En general, el individuo trata, conscientemente o no, de influir en el grupo y convertirlo en lugar de reproducción de sus sistemas familiares y existenciales, y el grupo le devuelve esto. Hay reciprocidad. La interacción crea reciprocidad. Y encontramos allí los cinco grandes principios de la teoría del campo enunciada por K. Lewin y retomada en terapia gestáltica por Malcom Parlett:

√ principio de organización y de interdependencia: "La significación de un hecho simple depende de su posición en el campo… Las diferentes partes del campo están en interdependencia recíproca".

√ principio de contemporaneidad: esto ocurre en el campo presente. Lo que llamo el "ya-allí no consciente" se revela en un aquí y ahora que contiene el devenir-ya-allí-todavía-no concienciado.

√ principio de singularidad: cada persona es única, su campo personal e íntimo no es de nadie más. Y si bien se puede manifestar un discurso grupal general, cada uno comprende de manera diferente lo que ocurre.

√ principio de proceso cambiante: todo se mueve siempre, es provisorio y fluctuante.

√ principio de un posible vínculo pertinente: todo lo que ocurre en el campo, hasta el menor detalle, es pertinente y contribuye a la estructuración del campo.

La observación clínica y el análisis de un sueño en grupo nos llevan a proponer la hipótesis de que el sueño es una de las formas particulares suscitadas, producidas y puestas en primer plano por las distintas fuerzas que operan en un grupo, por el sí mismo como *fuerza actuante* (como he explicado en el capítulo anterior). Estas fuerzas son captadas por un individuo particular y puestas en imaginería mental por este organismo incluido en el campo que las va a restituir a la globalidad del campo. Toda la teoría del campo tal como la hemos presentado está allí; pero sin duda hay mucho más.

• Génesis del sueño en y por el campo grupal

Los terapeutas de la Gestalt definen tradicionalmente el sueño como una tentativa de autorregulación organísmica emitida por el organismo mismo. Esta definición está contenida implícitamente en el sueño percibido como tentativa de de-retroflexión o en lo que los psicoanalistas llaman sueño de transferencia. Este tipo de sueño es un intento del organismo por sacar al sujeto de los pantanos de la transferencia, es decir del no-contacto, para cambiar de nivel y pasar de la transferencia al contacto y del contacto a la relación.

Recordemos, de paso, los trabajos de los científicos que han demostrado que alguien podría morir si se le impide que sueñe. Lo que permanece misterioso y perturbador es el proceso de fabricación por el organismo –no digo por el inconsciente– de la historia creada durante la noche e informada en el día a través de un contenido manifiesto. ¿Cómo se las arregla el organismo para fabricar imágenes, reunirlas en un escenario y movilizar la memoria que nos va a restituir eso por lo menos en parte mediante las palabras que son la simbolización de los elementos contenidos en la historia soñada? ¿Por qué mecánica una retroflexión –que es un fenómeno a un tiempo fisiológico, psicológico y relacional– suscitará imágenes significativas durante el estado de conciencia modificada que es el sueño? ¿Cómo explicar fenómenos como las imágenes, pero también colores, movimientos, sensaciones, emociones, terrores, palabras, músicas, ruidos, olores y a veces la conciencia de que estamos soñando e incluso otras veces la capacidad que tenemos de dirigir nuestros sueños como ocurre en ciertas tradiciones chamánicas?

No tengo respuesta a estas preguntas. De momento, y por comodidad, sólo me puedo referir a las teorías del inconsciente de Freud y de Jung. Me gusta la posición de Jung con la idea del inconsciente colectivo y de los arquetipos, pues estoy más y más convencido –a partir de experiencias personales– de que si bien el sueño a veces está ligado a la represión, es mucho más que eso. Muchas cosas se nos escapan sencillamente porque nuestro continente conciencia es limitado y por definición lo no-consciente es ilimitado. Dicho esto, podríamos definir la neurosis como una limitación excesiva del campo de conciencia. Y ampliarlo bajo determinadas condiciones constituiría una expansión sana del ser.

Hay una condición esencial para la aparición de un sueño; ese estado particular que llamamos dormir, estado de relajación profunda, estado de conciencia indefinida o alterada (de la palabra latina *alter*, que significa "otro"; no tiene por lo tanto una connotación peyorativa ni patológica).

El sueño aparece cuando estamos en estado de trance. Recuerdo lo que llamamos "trance": es sencillamente un estado de conciencia modificada y no corresponde necesariamente a los estereotipos del personaje en estado de convulsión, que cae, escupe y gesticula de manera espectacular y a veces aterradora.

Por lo tanto en el dormir, que es una entre otras formas de trance, abandonamos el campo de la conciencia ordinaria. Ella está siempre allí, presente, pero *la función ello trabaja más acá y más allá de nuestro umbral habitual de percepción.* Y lo que ha sido captado y memorizado por el organismo durante la actividad diurna más acá y más allá de nuestro umbral acostumbrado de conciencia puede revelarse y mostrársenos bajo forma de imágenes oníricas. Lo no-consciente-del-día se nos revela por el estado de conciencia modificada de la noche, situado más acá o más allá de la conciencia ordinaria e inscrito en los pliegues y repliegues del organismo. El ya-allí-desde-hace-poco (la víspera) se manifiesta y lo podemos percibir como a un tiempo el umbral y el guardián del umbral del ya-allí-desde-hace-mucho.

Nos atraviesan corrientes invisibles –algunos hablan de ondas vibratorias–, corrientes que emanan de los distintos campos que constituyen el campo inmediato en que nos situamos, y es verosímil que elementos de estos campos invisibles se apeguen a elementos inscritos en nuestro organismo allí donde haya analogía, semejanza, reciprocidad, donde haya atracción, donde haya encuentro del imán y de limaduras de hierro o encuentro de varios elementos.

Aquí nos puede aclarar las cosas la teoría de los campos morfogenéticos. Habría entonces campos que llevan en sí la génesis de la forma y por qué no de esa forma particular que llamamos sueño.

Esta noción de campos invisibles me alegra y me angustia a un tiempo. ¿Qué podemos decir si son invisibles? No basta para explicarlos la simple intuición o sensación o premonición. Me alegra porque nos puede llevar a referirnos a otros sistemas explicativos, distintos a los dados por la psicología universitaria francesa y por la mayoría de los institutos de formación en psicoterapia.

La tentación sería asimilar estos "campos invisibles" a lo conocido, a la teoría del inconsciente, por ejemplo. ¿Por qué no? Pero el riesgo sería entonces permanecer en un paradigma conocido cuando la teoría del campo abre las puertas a nuevas exploraciones que sería lamentable sabotear al fijarlas en grillas de decodificación preestablecidas, insuficientes y/o inadecuadas. Me parece que esto sería reducir esta noción de campos invisibles, que es mucho más vasta que el inconsciente en el sentido freudiano y que quizá remite a algo distinto al inconsciente. ¿Y si para dar cuenta de lo que se nos escapa nos arriesgáramos a entrar en esa ficción que se apoyaría en la idea de que hay algo distinto al inconsciente?

• Génesis de las formas y estados de conciencia ampliada

¿En qué consiste el trance? Es, precisamente, el estado en que se encuentra el soñante, un estado de conciencia modificado y ampliado que se torna posible gracias al dormir. Se lo puede provocar mediante diversas técnicas: ritmo, música, aislamiento, ayuno, sudoración, respiración, meditación, absorción de plantas o sustancias químicas... Numerosas terapias ancestrales practicadas por ciertos sanadores se apoyan en el trance, en la "orientación y manipulación" de la conciencia por intermedio de ese estado de trance. Pero no es necesario ir tan lejos. Se podría notar que la mayoría de nuestras técnicas psicoterapéuticas occidentales se apoyan en ligeros estados de trance: el psicoanálisis con su invitación a la asociación libre y a la escucha flotante; la terapia gestáltica con el *awareness* y la invitación a estar en la conciencia de la experiencia inmediata y en el *continuum* de la experiencia; las terapias reichianas y post-reichianas a partir del trabajo corporal y la respiración. También se podría citar la relajación, la sofrología, la músico-terapia, la hipnosis ericksoniana y sin duda muchas otras.

Como observa E. Collot en su obra sobre la hipnosis, *Los estados no-ordinarios de conciencia y la hipnosis*, "El estado de hipnosis está presente en algún momento en muchos de los encuadres terapéuticos, incluso en el psicoanálisis, con conocimiento o no del terapeuta". También nos lo hace notar F. Roustang a propósito del psicoanálisis en su obra *Influencia*.

En una obra colectiva de reciente aparición, *Por una psicoterapia plural*, E. Marc escribe que el estado de conciencia modificada es la primera condición del cambio. Esta reflexión le ha sido inspirada por Winnicott, del cual cita una frase de *Realidad y juego*: "La persona que intentamos ayudar necesita de una nueva experiencia, en una situación particular. La experiencia es la de un estado que no se da así sin más". Y se trata del estado de conciencia modificada o estado de trance.

¿Qué sucede en el estado de trance? Se modifica nuestro nivel habitual de conciencia, se amplían las fronteras de nuestros límites, nuestra capacidad de razonar disminuye en beneficio de una soltura de lo imaginario e irracional, y nos aventuramos en espacios de conciencia desacostumbrados donde encontramos aspectos de nosotros mismos que hasta ese momento han permanecido en la sombra. Podríamos decir que contactamos entonces un material que existe bajo la forma de "cuerpo flotante" o de "visiones" que por cierto son un reflejo de nuestro mundo interior pero que a veces vienen sin duda de mucho más lejos.

Los campos morfogenéticos pueden operar a través del tiempo y el espacio en que estamos y al margen de nuestra voluntad. Podríamos pensar que constituyen esos campos invisibles que pueden venir desde lejos en el espacio y el tiempo. Los astrofísicos, provistos de aparatos sofisticados, pueden ver en el espacio residuos de planetas o estrellas que tienen millones de años. El tiempo pasado todavía está vivo objetiva y materialmente y se puede observar en el tiempo presente y hasta en nuestra materia corporal que es "polvo de estrellas".

Volvamos al ejemplo dado en el Capítulo V sobre la cuestión del fondo. Se trata de aquel hombre que en el curso de un trabajo profundizado a partir del *continuum* de la experiencia entra en un leve estado de trance y tiene una especie de visión. "Ve" a su familia prehistórica en una caverna, violenta.

Y a través de esa visión se le aparece una forma precisa que finalmente podría pintar. En efecto, esa forma no aparece sobre un vacío, sino sobre soportes que se cruzan (en el sentido de cruzarse con alguien en la calle, pero también en el sentido del cruzamiento de especies diferentes). Me parece que lo que Simondon llama "el germen morfogenético", es decir el germen que generará la forma, está contenido en uno de esos campos o corrientes invisibles y a la vez en nuestro organismo labrado por las dimensiones transgeneracionales y genealógicas de nuestra historia. Dos corrientes invisibles, una exterior y otra interior, se van a encontrar y cruzar. El germen está contenido a un tiempo en una y otra. Y de su encuentro brotará una forma que es una materialización en el tiempo presente de esos campos o corrientes invisibles hasta entonces inmateriales.

Podríamos proponer entonces la hipótesis de que esta forma particular que es el sueño es el producto nacido de ese "cruzamiento" entre ondas vibratorias que conciernen a la evolución exterior a nosotros, pero que captamos porque nos conciernen directamente en nuestra historia, con nuestras ondas vibratorias personales ligadas con nuestra historia genealógica próxima y distante.

Me parece que aquí hallamos un ejemplo de lo que G. Sheldrake llama "resonancia mórfica".

¿Por qué dar este rodeo por el trance? Por varias razones, entre otras porque nos remite a la noción de conciencia:

√ Se podría pensar que la mayoría de las terapias trabajan a partir de una modificación, aunque leve, del estado de conciencia.

√ El sueño sobreviene en un estado de relajación profunda donde lo que llamamos conciencia está en reposo al punto que no somos concientes de que dormimos.

√ Pero no porque esta conciencia esté en reposo ya no funciona o se detiene; muy por el contrario.

√ Como ya no está estimulada ni enmarcada por los hábitos de la vida ordinaria, y el organismo –que es su soporte– está en un estado de soltura fuera de los estímulos habituales, la conciencia está disponible para otra cosa. Y esta otra cosa puede adoptar la forma de un sueño, de una imagen, de una visión, de algo que tiene aspecto "alucinatorio".

Cuando I. From presenta el sueño como una retroflexión y cuando yo lo presento como una tentativa de de-retroflexión, estamos significando con ello que esta forma particular que es el sueño es un brote de un encuentro entre dos personas. Esta forma ha nacido de un terapeuta que plantea una intervención perturbadora (es decir, que desequilibra la meta-estabilidad mencionada antes) y a la vez de un paciente que está enfrente, reteniendo y reprimiendo su reacción. La intervención del terapeuta conmueve si se origina en lo invisible del campo terapéutico, y aquí me estoy refiriendo a ese aspecto particular del campo que es el campo de la transferencia. Como explicaba en *Terapia gestáltica, cultura africana, cambio* (1994), en una perspectiva de cambio no conviene disociar transferencia de contratransferencia, sino considerar el campo a través de lo invisible de la relación y de la construcción de la relación a través del *continuum* de las interacciones.

El sueño es la traducción metafórica del suceso de frontera-contacto no concienciado y mantenido en el interior o retenido si ha sido concienciado. Este suceso de frontera-contacto es la retroflexión, pues ocurre que a veces el organismo la traduce a través del sueño. El paciente relata este sueño al terapeuta. En ese momento entramos en el trabajo de contacto; el sueño relatado es palabra que vuelve a poner en marcha el despliegue del sí mismo en una puesta en contacto: el paciente va hacia el terapeuta y le relata algo que concierne a los dos. Si retomamos el sueño del coche rojo, le dice algo así: "Tengo miedo, va muy rápido, me siento empujado por usted y me contengo. Y cuando me siento empujado, temo estrellarme, estallar, enloquecer".

Se sabe que todo mecanismo de retroflexión implica una contracción muscular. El mecanismo está muy bien descrito por PHG en *Tera-*

pia Gestalt (Volumen I), donde retoman las ideas de W. Reich sobre la coraza muscular. ¿Cómo se pasa de la contracción muscular a la imagen onírica? Allí se puede suponer que el estado de conciencia modificada del sueño implica una intensa actividad psicosomática, que el cuerpo y la psique están conectados y que de esta conexión surgirán las imágenes que es fácil, por comodidad, atribuir a lo que solemos llamar el inconsciente. Por lo demás, esto hace que algunos digan "el cuerpo es el inconsciente". Estas imágenes, y también su organización en un escenario, son una revelación de eso invisible mutuamente estimulado por el paciente y el terapeuta y a menudo al margen de su voluntad.

El sueño y el "germen morfogenético"

• El sueño revelador del campo

Doy un ejemplo proveniente de un grupo a la vez terapéutico y didáctico. Se trata del último seminario de dos días de un conjunto de tres con psicoterapeutas que conozco hace mucho a través de un proceso de formación de larga duración. Todos habían anunciado, a comienzos del primer seminario de este conjunto, que venían por el tema, pero también para terminar algo conmigo. Éste es el sueño que informó una de los participantes en la mañana del último día, sueño que había tenido la noche anterior:

"Estoy en una isla, vestida de novia, y debo irme de la isla para casarme en el continente. Pero no es fácil dejar la isla: tengo que hallar un barco. Tengo la corona de novia en la cabeza, que me cae sobre la frente y cada vez cae más. Finalmente mi compañero, que también está allí, y yo, conseguimos llegar al continente".

Después otra participante relata lo que recuerda de un sueño de esa noche: se ve la pierna y el dedo gordo del pie y de este dedo sale barro.

Hace tiempo que mis observaciones clínicas me han llevado a plantear la hipótesis de que la primera persona que relata un sueño en un grupo, cualquiera que sea el momento y la historia del grupo, se torna, sin saberlo, portavoz del estado grupal y de este modo revela la forma grupal presente que se impone en ese momento; revela entonces el proceso del grupo y la orientación de lo que vendrá. El sueño sería así un estado de los lugares del campo, pero también una "manipulación" del campo, es decir, una toma de control que se juega y se estructura en lo invisible para la orientación o la reorientación del campo y de los individuos que lo componen.

¿Qué se dice de este grupo y de su historia a través de esos dos sueños informados en ese momento por estas dos personas y cómo habla eso para todo el mundo?

En la realidad, Marie se ha casado recientemente. Su compañero también es terapeuta. Salir de la isla para irse a casar al continente es salir del aislamiento para unirse a la tribu de los terapeutas. Pero lo que más llama la atención de ella y de varias personas es esa corona que "cae". Algo precioso se rompe, la corona, atributo real. Y con toda naturalidad viene esta asociación: la des-idealización. El sueño es retomado en el nivel grupal: finalmente se ha devuelto al terapeuta-formador a su lugar, se evocan algunas de sus fallas o de sus debilidades, y las distintas personas del grupo comprenden lo que tenían que terminar con él y que aún no estaba plenamente identificado al comienzo de ese ciclo de tres veces en dos días. Des-idealizar, salir del aislamiento en el cual Marie veía un "matrimonio real" y marchar al continente a unirse con los pares-terapeutas. Y recuperar o reforzar la autoestima en lugar de proyectar esta fuerza estructurante sobre el terapeuta

¿Por qué Marie? No se ha eludido mucho esta pregunta. Su reciente matrimonio con un par-terapeuta podría simbolizar la iniciativa que consiste en abandonar una carga sobre el entorno terapeuta-padre para contactar otros entornos. Esto habla a cada persona del grupo teniendo en cuenta la etapa final del proceso y los elementos de realidad; Marie era la persona más representativa para significar esto.

El "germen morfogenético" ha sido suscitado por la conjunción de tres elementos que podríamos considerar campos o corrientes afectivos:

√ Su matrimonio simbólico con un terapeuta-padre y su deseo consciente o no consciente de des-idealizar.
√ El mismo deseo en otros participantes del grupo.
√ Mi propio deseo, explícito, de hacer que mi relación con cada uno de ellos evolucionara a una de colega a colega.

La matriz de esta forma ha estado constituida por esos tres campos invisibles. El más significativo desencadenó el proceso.

• Equilibrio estable - Meta-estabilidad - Transducción

El sueño es un fenómeno de campo, es una forma particular emitida por el campo para tratar de sacar el campo de un "equilibrio estable". Comprendemos que este equilibrio estable es la conservación de un estado de detención, de fijación. "Este equilibrio estable excluye toda evolución, todo devenir, porque corresponde al nivel más bajo de energía potencial" (J.M. Robine, obra citada). Ahora bien, todo sistema lleva en sí la capacidad –o movimiento– de transformación. Simondon desarrolla la noción de meta-estabilidad para designar "la energía potencial de un sistema" que puede permitir desordenar esa estabilidad de fijación para restaurar las posibilidades de transformación. Una de las funciones del sueño es interpelar un "equilibrio estable" y extraer la energía potencial necesaria para el movimiento transformador.

Simondon habla de "transducción". También podemos percibir el sueño como un fenómeno de transducción. Es toda operación (física, biológica, mental, social) por la cual "una actividad se propaga de lo próximo a lo próximo en el interior de un dominio, fundando esta propagación sobre una estructuración del dominio operada de lugar en lugar". Y J.M. Robine agrega: "Cada región de estructura constituida sirve a la región siguiente de principio y de modelo, de esbozo de constitución, y tanto que una modificación se extiende así progresivamente al mismo tiempo que esta operación estructurante".

La forma buena ya no es sólo la que nos propone la teoría de la Gestalt: la forma simple, geométrica que se impone, sino la forma significativa, es decir, la que establece un orden transductor en el interior de un sistema meta-estable, un sistema de realidad que incluye potenciales. Finalmente, en un estado de equilibrio meta-estable (por lo tanto susceptible de evolución), la noción de forma, según Simondon, se debe completar y corregir por la de información. Para que haya información es necesario que haya novedad, sorpresa: la información corresponde a lo inverso de la probabilidad, a lo inverso de los procesos de degradación, a una entropía negativa.

Volvamos al sueño. En esta perspectiva, lo podemos percibir como esta información nueva o sorprendente. Esta información es una forma significativa que libera la energía potencial para la destrucción de una estabilidad que implica un estado de muerte, y después la reestructuración del campo para que éste pueda continuar su proceso de transformación y evolución. Esta forma-información significa paso por el fenómeno de transducción: una actividad a la vez fisiológica, emocional y mental se propaga en el campo. La podríamos aproximar a diversos conceptos provenientes de distintos sistemas: emocionalidad grupal (Ophèlie Avron), inconsciente grupal o discurso grupal (Kaës y colaboradores), función ello grupal (J.M. Delacroix).

De este modo el campo grupal parece el lugar ideal para la aparición de formas. Es él quien a partir de sus componentes genera formas, las formas que necesita para salir de la meta-estabilidad y para suscitar su propia transformación. Por lo tanto es un campo morfogenético, J.M. Robine recuerda que en la teoría de los campos morfogenéticos "campos invisibles generan y son la matriz de toda forma, desarrollo y conducta, y pueden operar a través del tiempo y el espacio...". Estos campos invisibles son sin duda el lugar de paso y de crecimiento de corrientes invisibles.

• Campos invisibles, espacios vibratorios, espacio vibratorio común

Podríamos vincular esta noción de campo invisible a la noción de "espacio vibratorio" y de "espacio vibratorio común" desarrollada por el psicoanalista D. Dumas en su teoría sobre los envoltorios mentales. Habla del bebé que en un primer tiempo no se diferencia todavía del cuerpo de su madre y que se encuentra en un "estado mental comunitario" en esta díada. Entonces los ojos desempeñan un papel importante en la construcción mental del niño.

> "Al nacer, el bebé no diferencia aún su propio cuerpo del de su madre. Está en una situación de díada, un estado mental comunitario que no le permite discernir claramente lo que es él de aquella de quien depende. A esa edad, los ojos desempeñan un papel de primer plano en la construcción mental del niño. Operando la conexión mental de las sensaciones y de las imágenes, se percibe poco a poco como un individuo separado de su madre. Pero los ojos sólo empiezan a ser capaces de hacer esto al cabo de seis semanas. Lo que hace que en los primeros tiempos de la vida, cuando los ojos se aclimatan, las palabras de la madre aparezcan al bebé de un modo semejante al de las sensaciones kinestésicas que acompañan el amamantamiento. Las percibe como una red de ruidos que forman un "espacio vibratorio común" que los engloba a ambos. No discierne todavía el significado de las palabras y las capta de un modo más cercano del que tienen en la realidad física" (D. Dumas, *Sin padre y sin palabra*).

La percepción asociada a lo kinestésico está muy presente –sin duda es una percepción muy fina, subliminal– en la constitución de esos *campos invisibles y comunitarios.* Uno y el otro, el bebé y la madre, captarán algo de común y es lo que creará ese "espacio vibratorio común" o ese "estado mental comunitario" para después desatar un "espacio fronterizo común". Los cerebros se encuentran en este espacio fronterizo común que vincula la boca del que habla con la oreja del que escucha. Y la vista es sumamente solicitada en este proceso. Éste es el espacio vibratorio común. Se podría pensar que allí se instala lo que Simondon llama el "germen estructural", lo que remite a lo que J.M. Robine llama una "energética humana".

Estos campos invisibles, recorridos y quizás compuestos por ondas vibratorias son, de hecho, campos energéticos. Y esta "energética humana" sería la capacidad que el organismo tiene de producir lo necesario para despertar y revelar su capacidad de superarse para ir hacia la novedad, es decir, hacia una vida nueva más que hacia una vida repetitiva.

Se podría considerar que el sueño que aparece en psicoterapia de grupo es producido por esas ondas vibratorias comunes y comunitarias que emanan de cada uno que entra en resonancia con los otros a partir de la movilización que provoca la función ello a través de lo sensorial tal como describe D. Dumas. Estas ondas se propagan y crean ese espacio fronterizo, lugar de encuentro de energías, hasta que un organismo se convierte en el receptor del espacio vibratorio común. Y este organismo particular, sin duda movilizado y solicitado por lo invisible del campo y por su necesidad de salir de la estabilidad para reasumir su mecanismo de crecimiento, emite esa forma particular que es el sueño, que incita hacia la novedad. Esta forma-sueño es a un tiempo individual y "comunitaria". Trabajar sobre el sueño es, como en las medicinas no dualistas, trabajar sobre el punto esencial a partir del cual se toca la globalidad. Es lo que podríamos llamar el punto sensible o la forma sensible.

Este esbozo de teorización sobre el sueño como creación del campo por intermedio de las corrientes invisibles y de las ondas vibratorias energéticas que componen esos campos, podría ser muy perturbador y nos remite a ciertas experiencias en las terapias étnicas donde son fenómenos corrientes el sueño, la visión y la alucinación que aparecen en estados de trance. Ciertas plantas no alucinatorias suscitan de este modo una actividad diurna y nocturna muy intensa, con el recuerdo de numerosos sueños que desatan.

En otros casos, la experiencia de la ampliación del campo de la conciencia nos lleva a "ver" y a experimentar que nuestros pensamientos no nos pertenecen por completo. Nos atraviesan pensamientos que provienen de otra parte y que irán lejos. Son energía y somos un lugar de paso para la circulación de un flujo energético vibratorio. A veces hay en nosotros algo que se engancha, que se aferra, y así se interrumpe el movimiento del flujo energético vibratorio. Se torna entonces "nuestros" pensamientos, "nuestras" emociones, "nuestras" percepciones. Nos podemos enfermar por estas excrecencias creadas por el flujo detenido. Se tornan entonces obsesiones, cavilaciones, alucinaciones patológicas. Existe una inteligencia de la naturaleza y del organismo que nos indica a través del sueño que el campo en que estamos incluidos ya no es un campo de circulación libre de energía, sino un campo en estado de "meta-estabilidad".

Esto nos conduciría también a proponer la hipótesis de que el sueño se apoyaría en algo distinto a la represión y el inconsciente en sentido freudiano. Un ejemplo: Manuel Córdoba-Ries relata su iniciación en un grupo de indígenas que viven en algún lugar de la Amazonía brasileña. Cuando ya no hay carne para alimentar a la aldea, el jefe, que también es el chamán, reúne a los hombres y les pide que durante la noche beban un brebaje alucinatorio que les producirá sueños y visiones. Estos sueños les indican dónde deben buscar en la selva a la presa y por cuánto tiempo. Los indígenas marchan después espontáneamente en la dirección correcta, varios días, hasta que encuentran la presa; y saben regresar a la aldea.

El animal existe, en su antropología, para procurarles alimento. Es su misión y la misión de ellos es permitir que el animal cumpla su misión. Por otra parte, las plantas que absorben por la noche están habitadas y animadas por los "espíritus" u ondas invisibles contenidas en los campos invisibles del entorno. Como elementos de la naturaleza, contienen cierta cantidad de información concerniente a ese entorno natural, información que les es dada por ese "espacio vibratorio común" y que pueden revelar a los humanos cuando las absorben en determinadas condiciones. De este modo se reúne cierta cantidad de elementos que crean la forma-sueño que da indicaciones acerca de la realidad.

Este tipo de manifestación, frecuente también en el caso de nosotros, occidentales, plantea la cuestión de la represión y, por cierto, la del inconsciente. Parece que estuviéramos ante una inmensa ampliación del campo de la conciencia sin retorno de nada reprimido. Los chamanes llaman "planta que enseña" a la planta que amplía el campo de la conciencia. Lo hace de distintas maneras, incluso por los sueños, y a veces largo tiempo después de su absorción, pues continúa trabajando discretamente en el organismo.

Y aquí va otro ejemplo, tomado esta vez de mi obra *Así habla el espíritu de la planta.* Seis meses después de mi última etapa de iniciación, cuando me sentía muy cansado, tuve el siguiente sueño: camino por un sendero de montaña y me topo con una digital en flor. Observo que su tallo es una estaca de ruibarbo y me preparo para cortar esa planta a ras de suelo. Despierto y me digo enseguida: es necesario que encuentre esas dos plantas, que deben de ser buenas para mí. Dos noches más tarde tengo otro sueño y en éste veo dos ramas de muérdago apegadas a una pared. De nuevo sigo el mensaje al pie de la letra, tal como me han enseñado los chamanes. Empiezo a buscar información sobre esas tres plantas para saber en qué caso y cómo utilizarlas. Conozco luego a un médico fitoterapeuta y empiezo un tratamiento con una de las plantas, que resulta muy eficaz.

Relato esta anécdota para mostrar que esos campos invisibles, como escribe J.M. Robine, se sitúan en una lógica distinta del tiempo y el espacio, ya no cartesiana. En esa lógica, todo es vibración, las ondas vibratorias animan y atraviesan campos invisibles que se cruzan para crear formas significativas, algunas de las cuales serían el sueño.

El sueño sería entonces una forma destinada a tornar fluido el campo parcial y el campo más vasto que lo contiene, y así en más. Y el individuo sería el receptáculo de nudos vibratorios, la materialización de esos nudos hasta entonces producidos en y por lo invisible.

CAPÍTULO XII

Un rayo de sol para morir

Notas

Comenzar. Ir hacia, encontrar
Realizar, crear, co-crear. Terminar
Finalizar, acabar. Des-estructurar, deconstruir, destruir
Asimilar, integrar
Morir

Un acompañamiento hacia la muerte

HACE MUCHO TIEMPO que me habita esta idea: el proceso terapéutico es un acompañamiento hacia la muerte. ¿Desde cuándo, exactamente? ¿Será desde aquel momento, hace unos treinta años, cuando me vi y experimenté en el diván de mi psicoanalista como quien yace sobre un féretro?

Esto me conduce a formular la siguiente proposición, y que cada terapeuta la aproveche como quiera: el paciente, fundamentalmente, acude a la psicoterapia a prepararse para la muerte. Hoy lo creo más que nunca. ¿Las angustias de fondo que nos habitan y que maquillamos con multitud de nombres, múltiples racionalizaciones, bajo múltiples síntomas y bajo múltiples etiquetas psicopatológicas, no serán acaso la expresión de nuestro miedo a la muerte? ¿Y la última entrevista, sobre todo después de un largo recorrido terapéutico en la continuidad, la intimidad, el cara a cara regular con uno mismo y con el otro, no constituye la prefiguración de ese gran ir-hacia?

El miedo a morir.

Es distinto a la angustia de muerte y a la pulsión de muerte.

El miedo a morir es un miedo a lo que podría producirse en el instante, en un porvenir cercano. Es tenazas en el vientre, lágrimas en los ojos, pena por lo que no fue, mirada nostálgica por lo que quizás ya no será dentro de un instante; es invasión de lo inminente, mirada intensa a quien no se pudo decir "te amo", mirada embargada por ese dolor insoportable del "ya es demasiado tarde".

Acerca de la angustia de muerte se habla, se diserta incluso; esta angustia se torna tema de discusión y de polémica en los salones y se relata al psicoterapeuta. Quizás así se convierte en la famosa pulsión de muerte que ha provocado tantas controversias en la historia del psicoanálisis y de las psicoterapias.

El miedo a morir te atenaza cuerpo y alma, se dice con una lágrima, una mirada, una sonrisa, una emoción fuerte e interior, una crispación de la mano en otra mano. Es el comienzo, el precontacto del gran paso, la angustia de muerte es una retención cuyo contrario es la pulsión de vida. El miedo a morir es terrible, pues no tiene contrario: el miedo a vivir es otra manera del miedo a morir.

Esto no se dice así habitualmente, salvo en el caso de quienes son presa de una enfermedad grave y saben que cada uno de sus instantes presentes puede ser el último.

Este miedo a morir está constantemente allí, en terapia, camuflado tras la pantalla de las situaciones, las emociones, los recuerdos. Pero estas pantallas tienen sin duda una función positiva: la de mostrarnos a la muerte a grandes rasgos en caso de que ya no esté presente con claridad en la cita... De todos modos no tenemos opción: o bien estamos en la ilusión o bien nos entregamos a esa renuncia, a la deconstrucción, diríamos en Gestalt: a la des-estructuración de las formas. No hay cambio posible sin paso por la muerte, por la agonía, por el renunciamiento a las cosas a que nos apegábamos. Hablemos de este innombrable, de este *arcano sin nombre* como se dice en el tarot de Marsella. Arcano XIII, la muerte, llamado a menudo *arcano sin nombre* para no nombrarla.

Hablar de "deconstrucción" de las formas o de poscontacto es una manera muy discreta, distante, aséptica, de hablar de la muerte y de los miedos que moviliza.

Cuando el terapeuta debe desaparecer por un lapso indefinido

Está ahí, enfrente, con el riñón que le queda, su cáncer, sus nódulos en el pulmón y su miedo a morir, y yo con mis problemas actuales de salud, mis propios nudos y mi propio miedo a morir. Cada una de nuestras sesiones quizás sea la última, lo sabemos, pero no sabemos si ésta será la última. La última, no porque nuestra vida esté en peligro –a pesar de nuestras respectivas enfermedades, nos sentimos bien–, sino porque mi presencia posterior en la terapia depende de la muerte de otro que no conozco, que nunca conoceré vivo, pero que conoceré íntimamente por intermedio de uno de sus órganos que me será trasplantado y por lo que me legará de su historia a través de su órgano.

Así está hecha nuestra intimidad terapéutica, nuestro espacio de encuentro. En cualquier momento me pueden llamar para una intervención importante en el hospital y la interrupción durará varios meses; pero no conocemos el tiempo exacto de la interrupción, no podemos conocerlo anticipadamente, puede ser tres meses, seis meses, un año, siempre... Él lo sabe y mis otros pacientes también. He preferido ser claro. No se desaparece de un día para otro y por un lapso impreciso sin avisar, sin decir, sin indicar. "Mi manera de hacerme cargo de ti es decirte: 'Es muy posible que parta, espero que nos volvamos a ver y si no nos volvemos a ver, por lo menos aprovechemos nuestra presencia mutua y aprendamos algo antes de la gran partida, aprendamos a dejar las máscaras'. ¿Qué tenemos que esconder ante la muerte? Aprendamos a apreciarnos, a amarnos". Como dicen en la tradición amerindia lakota, "Este día es un buen día para morir". Y podríamos decir entonces, con una mirada cómplice: esta sesión es una buena sesión para terminar, aprovechemos este instante.

Acaba de pasar una semana en Lourdes y me habla de perdón. Tengo la impresión que habla para mí y que mis intervenciones son para él y para mí; curiosa impresión de tener ante uno mismo en ese momento el propio espejo.

¿Perdón? ¿De dónde viene este vocabulario al que habitualmente se atribuye una connotación religiosa, por no decir mística? Nunca me enseñaron lo que era el perdón, ni cómo se trabaja con eso, ni en la universidad ni en terapia gestáltica. F. Perls escribe en algún lugar de uno de sus textos que una terapia termina cuando el paciente y el terapeuta pueden estar cara a cara sin proyección, introyección, retroflexión ni confluencia... en otras palabras, sin interrupción del ciclo de contacto, en una fluidez de relación y energética que nada perturba. ¿Utopía? Creo que tal estado es perfectamente posible, que no dura en la continuidad, pero que necesita de abandono, de soltura, renuncia a los apegos emocionales en que nos enganchamos y perdón a quienes nos han hecho sufrir o que sencillamente nos molestan.

¿Podríamos concebir que una psicoterapia esté en el proceso de finalización cuando el paciente comienza a entregarse al perdón de sí mismo y de los otros? Me parece que es así.

Volvamos a la idea anterior. Mis formadores y supervisores no habían previsto este tipo de situación. Yo tampoco. El tipo de situación en que cada sesión se puede considerar como la última. Sin embargo, no hace falta llegar a los extremos para conservar un poco de sentido común: la terapia se puede detener en cualquier momento y por múltiples razones. ¿Qué ocurre con el encuadre terapéutico tradicional y riguroso ante la enfermedad y la muerte? Ante la permanente inminencia de la muerte, francamente me da risa lo desconocido de la situación y lo irrisorio de los encuadres rígidos y de las teorías muy estructuradas.

¿Por qué tenemos que estar en una situación extrema, no prevista en los programas de formación, para pensar en aquello en que debiéramos pensar constantemente? ¡Cada sesión puede ser la última! El último minuto quizás sea el último adiós. A Dios. Esto no se escribe así, en general, en la jerga de los psicoterapeutas. La psicoterapia occidental se considera profana. ¿Se nos ocurre pensar que esta sesión que comienza es quizás la anterior al gran viaje hacia uno de los dioses del panteón del universo?

Advierto la pobreza de la terapia gestáltica para evocar una cuestión que está allí constantemente, aunque no se la vea. Y esto me entristece.

Podría referirme, por supuesto, a la última sesión "ideal", aquella en que de común acuerdo decidimos terminar. Podría hablar del poscontacto, de la integración, de la asimilación, de la separación, del duelo... Después de treinta años de carrera, he conocido finales de terapia, algunos buenos y otros no tanto, algunos preparados y otros súbitos, algunos emocionantes y otros agotadores.

El acto y el momento de partir, de marcharse y separarse, no se teorizan a destiempo. Se viven, incluso a destiempo. ¿Qué ocurre en nuestra alma después de esa muerte, después de esas numerosas separaciones, esas numerosas muertes que jalonan nuestro recorrido? Cada uno de nuestros pacientes es como un pasador que nos toma de la mano y que, a través de los meandros de su historia, nos permite hacer un tramo de camino hacia la otra orilla.

Corresponde agradecerles profundamente.

También nosotros somos un pasador para ellos. Agradezcámosles por darnos la oportunidad de ser un pasador.

Gozar juntos de un último rayo de sol

Me había pedido que la recibiera en mi casa, ya que vivíamos en el mismo barrio y ella no estaba en condiciones de salir. Aún veo a esa pequeña joven de origen egipcio que vivía, como yo, hacía varios años en Montreal.

Vivaz, culta, con el porte orgulloso de la vieja aristocracia de El Cairo, aunque se movía con cierta lentitud. Me había pedido autorización para tenderse en el diván de mi consultorio, donde caía un rayo de sol primaveral. Disfrutaba de ese último rayo de sol y me lo dijo. Es lo que recuerdo de esa primera sesión con ella. Fue también la última. Murió pocos días después. Su marido me lo comunicó. Entonces no comprendí que había venido a verme en busca de compañía hacia la muerte y que no era momento para teorías ni explicaciones ni de intentos secretos por encajar una teoría con una persona presa de dolores, sino sencillamente el momento de compartir, cómplices, junto a un rayo de sol para despedirse de esta vida y hacer un guiño a la siguiente, si es que hay una. No comprendí que buscaba a otro, a un pasador, alguien a quien confiar que terminaba una etapa, a un testigo para decir adiós a esta vida y pasar en paz al otro lado.

El mito del barquero, del pasador, tiene mucha importancia para mí. Lo he desarrollado hace algunos años en mi libro *Terapia gestáltica, cultura africana, cambio*, a propósito de la leyenda de Tetigboh. Los terapeutas somos pasadores y pasamos con el otro, y durante ese tiempo él también es nuestro pasador. Cada una de las sesiones de terapia es un momento singular de esta empresa de pasaje, hasta que el paciente pueda continuar solo y según su propio camino. No hay necesidad de grandes discursos, quizás no hay nada tangible al otro lado, pero lo que hay no siempre está afuera, raramente está afuera, hay esa confianza en lo de adentro que hace que se pueda abandonar las quimeras del afuera. Y la cosa no es grave, aunque no se sepa dónde se va; hay por lo menos una certidumbre: uno se va "allá abajo", como todavía dicen los campesinos de mi aldea natal. Allá abajo: al cementerio, en la parte baja del pueblo.

Aquella mujer me ha enseñado que vale más confiar en un rayo de sol que en una teorización; y se lo agradezco. Los dioses de sus antepasados –Ra, dios solar, y Anubis, dios de la muerte– estaban presentes en este encuentro de un hombre y una mujer que no se conocían aún y que se dijeron buenos días y adiós en el mismo instante. No supe advertir que ya se había entregado a la inmersión en los mundos subterráneos del valle de las reinas y que me hacía un guiño invitándome a arrodillarme ante el gran Ramsés para mirar el otro lado del Nilo hacia las profundidades del valle de los Reyes.

* * *

Hoy es un buen día para comenzar esta terapia.

Hoy es un buen día para terminar esta terapia.

Cada instante es el mejor para mirar de frente nuestras fijaciones, aceptarlas, y renunciar, hacer el duelo de los beneficios que nos aportan y encaminarnos más allá del río.

CAPÍTULO XIII

Ampliar el campo de la conciencia en terapia gestáltica y en el trance chamánico

Notas

Los dos capítulos anteriores, que se refieren a la terapia gestáltica en situación grupal y al sueño como fenómeno de campo, nos llevan a pensar la relación del ser humano con el mundo en una perspectiva ampliada. El campo organismo-entorno es inmenso. Inmenso en el aquí y ahora de la sesión de terapia con todas las sutilezas que allí ocurren en profundidad y más allá de los fenómenos visibles de superficie. Inmenso, ya que el término entorno es bastante amplio y difuso, y tendríamos que reflexionar sobre la naturaleza y el impacto del entorno o de los entornos en juego en el ínter y en el aquí y ahora.

El campo restringido terapeuta-paciente contiene una gran profundidad en lo que ocurre entre, en el ínter, en superficie, y que nos es dado por la observación y la descripción de los hechos. Lo que allí ocurre en superficie a veces está conectado a lo muy distante, que permanece en lo invisible y que sin embargo está muy presente en el aquí y ahora. Esto nos remite a los conceptos de función ello del sí mismo, de *awareness* y de fondo comprendido en una perspectiva pluridimensional.

Ahora bien, lo que ocurre en lo muy distante geográfico y cultural en el dominio terapéutico, con lo que contiene de extraño y de extranjero para nosotros, nos puede entregar pistas para que podamos captar lo que está en juego en el ínter y no es captable inmediatamente, y así hacernos pensar o repensar nuestros conceptos y nuestras prácticas. Nos movemos en una antropología de la ampliación: ampliación de la conciencia, de la experiencia, de los modos de existir, de la mirada nueva sobre el mundo y las diferencias y, a través de todo esto, del conocimiento de nosotros mismos y del ser humano en su relación con el mundo.

Esto plantea el problema de las teorías y de las prácticas, como destaca F. Brissaud en su artículo "Objeto y proyecto en terapia gestáltica": "Toda teoría se puede encarnar en prácticas sumamente distintas y por lo tanto, recíprocamente, prácticas sumamente distintas se pueden teorizar de una misma manera". Las prácticas de los chamanes que me han iniciado tienen una forma exterior de apariencia muy diferente de la terapia gestáltica y sin un punto común con ella. Dicho esto, se las puede decodificar por completo a partir de la teoría del sí mismo, ya que su antropología presenta cierta cantidad de puntos comunes con la contenida en la teoría del sí mismo. Incluso me parecen más gestálticos que la misma Gestalt, especialmente en los conceptos de campo organismo-entorno y de holismo.

El chamán es un "fenómeno social total", por usar la expresión de M. Mauss, fundador de la etnología francesa. "De lo religioso a lo terapéutico, en sus elementos más objetivos, es el personaje central del mundo tradicional". La expresión "fenómeno social total" podría comprenderse del modo siguiente: completamente comprometido en la interacción con los entornos visibles inmediatos y con los entornos invisibles. Opera en una perspectiva completamente holista. J. Florentin, farmacólogo étnico, escribe: "Su trabajo [el del chamán] es permitir que cada uno acceda por medios no convencionales (distintos al aprendizaje) a otros niveles del saber que permiten un mejor conocimiento de uno mismo". ¿Acaso no podríamos dar esta definición de la tarea de la terapia gestáltica, especialmente a partir de los conceptos de ampliación del campo de la conciencia y de experimentación?

Comencé a reflexionar sobre la manera como podríamos concebir algo que podríamos llamar etno-Gestalt a partir de los trabajos que realicé en Costa de Marfil entre 1985 y 1994. Después continué esta investigación entre 1996 y 2001 en América Latina, sobre todo en México y en la Amazonía peruana, donde acepté vivir una intensa iniciación con terapeutas tradicionales que utilizaban prácticas ancestrales basadas en el estado de trance.

Las terapias tradicionales ancestrales en el origen de la psicoterapia contemporánea

Las psicoterapias occidentales, desde el advenimiento del psicoanálisis con Freud hasta las psicoterapias contemporáneas post-freudianas, están inscritas en un largo linaje terapéutico cuyos antepasados son muy lejanos y nos han dejado métodos y prácticas todavía utilizados por los sanadores y chamanes de diferentes grupos étnicos del mundo.

Diversos psicoanalistas, psicoterapeutas y antropólogos han estudiado esta cuestión de los precursores de nuestras teorías, metodologías y prácticas contemporáneas, que están en el origen de las psicoterapias y de la historia de los psicoanálisis y de las psicoterapias.

El profesor Ellenberger comienza su impresionante *Historia del descubrimiento del inconsciente* con un capítulo titulado "Los lejanos antepasados de la psicoterapia dinámica", donde nos presenta las "primitivas" medicinas antiguas y sus sanadores sacerdotes y chamanes como los precursores de nuestros métodos actuales.

> "La utilización del dinamismo psíquico con fines terapéuticos es muy antigua, de suerte que la psicoterapia dinámica moderna posee un largo linaje de antepasados y precursores. Algunas doctrinas médicas o filosóficas del pasado muestran una perspicacia asombrosa, una profunda intuición de ciertos datos psicológicos que generalmente se considera descubrimientos modernos".

Y explica el interés de estas "técnicas de sanación" para la historia de la psicoterapia contemporánea:

> "Las investigaciones históricas y etnológicas nos entregan importantes documentos que revelan la existencia en los pueblos primitivos y en la antigüedad de cierta cantidad de

métodos que se han redescubierto y han sido retomados por la psicoterapia moderna –aunque a menudo bajo una forma diferente–, pero que revelan también la existencia de técnicas terapéuticas ingeniosas, sin paralelo moderno. Por este motivo, estas técnicas de sanación adquieren verdadera importancia teórica para la psiquiatría misma y constituyen la base de una disciplina nueva, la psicoterapia comparada".

El psicoanalista George Devereux ha consagrado su vida a explorar diversos grupos étnicos hasta crear el etno-psicoanálisis. Explica esto en distintas obras, como *Etno-psicoanálisis complementarista* o *Ensayo de etno-psiquiatría general*. Tobie Nathan, creador del Centro G. Devereux en la Universidad de París VIII, es el líder de esta investigación en Francia y de un psicoanálisis que acepta el mensaje y considera aportes culturales y prácticas terapéuticas que pertenecen a contextos distintos al nuestro.

Citemos también al famoso antropólogo Lévi-Strauss. En su *Antropología cultural*, publicada en 1958, declara que el psicoanálisis ganaría mucho si se interesara en las diferentes formas de terapia llamadas "primitivas". Analiza sesiones de terapias chamánicas de la tribu Cuna que vive en Panamá, América Central, y muestra que hay características semejantes en la "cura chamánica" y en la cura psicoanalítica y que ambas tienen a un tiempo un papel de auditor y orador.

Según mis datos, en terapia gestáltica los trabajos son escasos o inexistentes en este campo en la Europa francófona. En Estados Unidos podemos citar sin embargo a J. Zinker y su obra *Crearse por la Gestalt*, publicada en 1977 y traducida al francés en 1981. Durante el último capítulo se refiere al antropólogo Carlos Castaneda y a su iniciación con Juan Matus, un "brujo" mexicano de origen yaqui. Habla de los cambios de niveles de percepción que engendra la actividad chamánica y nos invita a "dejar trascender" nuestra mirada por la del "mago" que nos habita.

En América Latina, Claudio Naranjo, chileno, fue el pionero que marcó todo este continente aportando la Gestalt. Hizo de ella una admirable adaptación, que considera las características culturales y el sincretismo propios de esta cultura por su historia. A partir de la noción de *awareness*, introduce explícitamente distintas formas de meditación. Inició así a numerosos terapeutas en las terapias chamánicas que utilizan "plantas sagradas". Siempre en Chile, podemos citar a Adriana Schnake, médico, psiquiatra y terapeuta gestáltica, ya mencionada en el Capítulo V sobre la enfermedad, que siguiendo a C. Naranjo ha utilizado el estado de trance chamánico en su práctica.

En cuanto a mí, comencé a plantear las bases de una etno-Gestalt en *Terapia gestáltica, cultura africana, cambio: del padre antepasado al hijo creador* (1994), a partir de la observación de numerosos seminarios terapéuticos y de formación en terapia gestáltica realizados durante diez años en Costa de Marfil. Proseguí mi investigación desde 1996 a 2001 en las tradiciones amerindias de América Latina, principalmente en México y en la Amazonía peruana. Quería profundizar algunos temas que forman parte de la terapia gestáltica, especialmente el de la conciencia y sus diferentes formas, desde lo que llamo el "ya-allí-no-consciente" hasta la conciencia ampliada, pasando por el *awareness* y el inconsciente. Planteaba la hipótesis de que la experiencia chamánica, una de cuyas características es jugar con los estados de conciencia, me permitiría continuar mi investigación y me haría reflexionar sobre los principales conceptos de la teoría del sí mismo.

Llevé a cabo esta iniciativa usando el método que consiste en dejar de lado el cuaderno y las anotaciones del etnólogo-observador para entregarme yo mismo a la experiencia y después efectuar una reflexión sobre la misma. Me sitúo así como antropólogo investigador en psicoterapia y terapia gestáltica. Y mi metodología es una de las nuevas que han sido aceptadas en algunas universidades: me comprometo yo mismo en la experiencia y me convierto en sujeto de la observación. El método tiene la ventaja de vivir la experiencia desde adentro y de evaluar sus efectos sobre uno mismo; se lo critica por su presunta falta de objetividad y de distancia. Pero de todas maneras se sabe muy bien que la presencia de un etnólogo-observador, de un individuo o de un conjunto de individuos, modifica los datos y cambia lo que ocurre en el campo. He informado de una parte de mi iniciación en *Así habla el espíritu de la planta* (2000).

La otra parte de mi metodología ha consistido en acompañar durante cinco años a grupos terapéuticos que proponen un mestizaje terapéutico: una parte, a cargo de un sanador local en su terreno, en México o en Perú, efectuada con prácticas que yo mismo había experimentado mucho tiempo; la otra parte, a mi cargo, era una escucha y un retomar la experiencia vivida en estado de conciencia ampliada.

La antropología de las terapias ancestrales de la Amazonía

Durante los dos primeros capítulos he sostenido que una de las cuestiones subyacentes en toda iniciativa psicoterapéutica es la de la antropología. Ésta plantea la concepción que tenemos del ser humano en su relación con el mundo y la influencia explícita y sobre todo implícita que ella puede tener en nuestra comprensión de la teoría, de la metodología y de nuestra práctica. He podido comprobar, y también muchos otros investigadores, que el paso por otras partes, el estudio y la observación de otros sistemas y de la antropología subyacente, nos permiten salir de la confluencia en la cual estamos con nuestra propia cultura y tomar distancia en relación con nuestros propios conceptos si aceptamos dejarnos desequilibrar por lo extranjero y por lo que esto aporta de intranquilizador para nosotros. No siempre es fácil definir nuestra antropología personal, ya que estamos demasiado en confluencia con los elementos culturales y personales que la componen. Una de las tareas de la antropología es justamente llevarnos a reflexionar en nuestra concepción del hombre y del universo en comparación con la de los otros para finalmente ampliarla y enriquecerla. Nos invita a hacer mestizajes. Me agrada pensar que podríamos considerar sinónimos los términos de mestizaje y de ajuste creativo.

Los "curanderos" de la Amazonía son especialistas en la conciencia y el trance. Después de M. Eliade y de su famosa obra *El chamanismo y las técnicas arcaicas del éxtasis*, publicada en 1951, utilizamos la palabra "trance" para designar un cambio de estado de conciencia. Por otra parte, la palabra trance ha sido retomada por los practicantes de hipnosis, que hablan de "trance hipnótico".

Sus prácticas se basan en la utilización de estados de conciencia ampliada para tratar de ordenar un desorden físico, psíquico, de relaciones, social. Disponen de cierta cantidad de prácticas y de un conocimiento amplio de la naturaleza y de las plantas que utilizan para el tratamiento de las personas con dificultades que acuden a consultarlos. Entre esas plantas existe una categoría particular que llaman "plantas maestras". Las definen como "plantas que enseñan"; pero no son psicotrópicos, a excepción de un caso. Entregan una enseñanza a quien las usa según el marco y las normas de la tradición ancestral y con la compañía del "terapeuta", aliado de la planta y que sabe modular sus efectos. Cierta cantidad de ellas se usa en un contexto particular: aislamiento de varios días en la selva sin lectura ni música, ayuno o dieta y respeto de ciertas normas, especialmente la de la abstinencia sexual.

La enseñanza se manifiesta en sensaciones corporales y fisiológicas, en ensueños, sueños, temores y "visiones", la emergencia de recuerdos, revisiones espontáneas de la vida con el surgimiento de lo emocional, un contacto privilegiado con la naturaleza, con sus ruidos, olores, tomas de conciencia, una apertura a la introspección y emergencias de significados de esos impulsos del organismo, de la función ello del sí mismo, cuando el organismo se encuentra en este entorno y en este contexto. Una de ellas, la ayahuasca, tiene la particularidad de abrir y estimular la conciencia hasta que todo lo que ocurre se experimenta de manera ampliada; incluso puede desatar puntualmente visiones y alucinaciones, pero sin que perdamos nunca la conciencia de que estamos en una alucinación. Provoca un estado de trance durante el cual purifica el cuerpo mediante vómitos. El cuerpo físico y el cuerpo energético son uno y el mismo para el sanador amazónico.

Cuando hay un problema, el tratamiento consiste en purificar el cuerpo físico y psíquico con plantas depuradoras y en hacer tomas de conciencia gracias al estado de trance. El que absorbe la planta puede recibir una "enseñanza" sobre él mismo, su vida y su historia, pero también una enseñanza más amplia sobre la historia de la humanidad y del universo.

De este modo, durante una "ceremonia", por la noche, me siento pesado, cansado, se me agita todo el cuerpo, tengo náuseas y paso por una gran incomodidad física. Es un momento difícil. Y de pronto "recibo" un mensaje muy claro: "Lo que sientes en este momento es lo que te hace vivir en tu vida de todos los días porque hay algunas cosas que no están ajustadas. Si quieres salir de este sufrimiento, debes cambiar esto". Y se me presentan cuatro puntos de mi vida, muy claros y precisos, en los cuales debo hacer un trabajo de transformación.

También quiero informar el siguiente hecho: una parte de mi iniciación se efectuó en Takiwasi, una institución que creó un médico francés en la Amazonía peruana para tratar a toxicómanos con los tratamientos chamánicos. Varias veces permanecí allí dos meses seguidos para continuar mi iniciación y ofrecer mis servicios para animar grupos de psicoterapia de manera intensiva. En varias ocasiones recibí en estado de trance una enseñanza que me guiaba para la sesión del día siguiente y me indicaba las prácticas corporales que debía proponer como apoyo del proceso terapéutico.

Mis observaciones sobre mí mismo o a partir de los participantes de mis seminarios me permiten discernir mejor algunas características de la antropología subyacente en esas prácticas terapéuticas:

√ El hombre y el entorno forman un todo indisoluble.
√ El entorno también es un todo: es a un tiempo el entorno cercano, visible e inmediato, y el entorno distante, invisible y místico.
√ Lo invisible y lo distante están allí, presentes, en la inmediatez del aquí y ahora.
√ El entorno es un conjunto complejo que abarca a los otros seres humanos, pero también todo lo viviente: los tres reinos –animal, vegetal y mineral. Estos tres reinos contienen espíritu, son el espíritu. Y

el vínculo entre el ser humano y este entorno natural es "espiritual". Existe armonía cuando el ser humano y este entorno natural están religados.

√ El entorno abarca al organismo y recíprocamente.

√ Toda enfermedad es "espiritual". Todo desorden físico y/o psicológico es el indicio de una ruptura en el contacto con este entorno, por lo tanto en el vínculo con el Espíritu.

√ Este desorden que rompe el vínculo proviene con frecuencia de una transgresión consciente o inconsciente, voluntaria o involuntaria. La transgresión es el acto plantado en lo real que remite al caos inicial a través de síntomas, la enfermedad, la angustia, el malestar. También puede provenir de una acción maléfica del entorno inmediato sobre nosotros.

√ El proceso de sanación pasa por un acto terapéutico específico bajo la conducción de un iniciado que dispondrá el encuadre y las reglas. Después acompañará al paciente en otros niveles de realidad y en el mundo de los espíritus, es decir, en lo invisible.

√ El paso por los mundos invisibles, gracias a la ampliación del campo de conciencia, enfrenta al "paciente" a sus zonas de sombras que habitualmente están ocultas, y el paso por el mundo de los espíritus es el camino que conduce al Espíritu.

Esta antropología es entonces por completo holista, está completamente centrada en la relación entre el organismo y el entorno próximo y lejano, y el acto terapéutico es un acto sagrado, es decir, un acto de religación.

El proceso terapéutico por el trance chamánico

Se estructura y se desarrolla a partir de varios elementos:

- El encuadre y la ley:

√ Abstinencia sexual durante la duración del tratamiento y más allá del tratamiento.

√ Dieta, ayuno, régimen sin alcohol, y aislamiento en la selva.

√ Una vez terminado el tratamiento, régimen sin azúcar y sin frutas durante un lapso que determina el chamán.

√ Obligación de permanecer en el lugar donde ocurre el tratamiento durante el tiempo que dura y hasta que el chamán haya clausurado la ceremonia.

- **Depuración fisiológica, energética y emocional**

Pasa por la absorción de plantas que permiten la eliminación mediante vómitos, diarreas y también por la traspiración.

- **Pedido de protección**

A las cuatro energías fundamentales o cuatro direcciones o cuatro elementos.

- **Presencia de un personaje que tiene un estatus singular**

El sanador. Es el que conoce bien la planta y que canta para modular sus efectos.

- **Creación de un estado de trance**

Es decir, un estado de conciencia ampliada. El sanador y los pacientes entran en trance bajo el efecto de las plantas, a lo que se agrega el aislamiento en la selva y el ayuno cuando así lo indica el sanador. Este estado es provocado en un continente dado por el encuadre y las reglas, y se caracteriza de diversas maneras:

√ Es una ampliación de la conciencia ordinaria: una sensación fisiológica, por ejemplo, se puede amplificar hasta lo insoportable, hasta que ya no es posible salir del atolladero de los mensajes enviados por el cuerpo por intermedio de la fisiología.

√ También puede ser una ampliación de la conciencia ordinaria, dada especialmente por las visiones.

√ Esta ampliación puede conducir a una caída en otros niveles de realidad, por ejemplo el viaje al mundo de los espíritus de la naturaleza.
√ También puede ser un viaje en el tiempo: ver y vivir, por ejemplo, la evolución del universo desde el paso de la materia primordial hasta el Big Bang, después hasta la aparición de la forma humana y del cuerpo como lugar de encuentro de la materia y del espíritu.
√ Es también una fuente de re-vivencias y de tomas de conciencia de nuestra historia presente y de la historia familiar y genealógica.
√ Permite acceder al mundo de los símbolos, que entonces son símbolos vivientes con los cuales estamos en interacción o implicados en una acción: el encuentro con monstruos, dragones, animales totémicos, con lugares míticos y con personajes mitológicos.

• Y a través de todo aquello es una puesta en cuestión, muy profunda

Viene del fondo que somos, de cómo somos y de cómo funcionamos y dis-funcionamos. Es una toma de conciencia seguida de una des-estructuración de nuestras construcciones neuróticas, del ego según la visión budista de la palabra, un despojamiento que nos permite acceder a lo invisible en nosotros, a lo que ha sido ocultado.

• Esta ampliación del campo de la conciencia permite encontrar las inscripciones

Lo permite en el organismo de nuestra historia personal, pero también de la historia del mundo y de la evolución. Experimentamos que el entorno próximo o lejano nos ha entrado en la piel, en el interior del cuerpo, en los órganos y en las células y que nuestros sistemas neuróticos están alimentados por las huellas que esos entornos han dejado en nosotros cuando no se los ha metabolizado o evacuado. De este modo nos permite experimentar, por la experiencia vivida, que el organismo es un conjunto complejo de elementos interdependientes y que el entorno también es un conjunto completo y complejo que abarca varios niveles también interdependientes. Esto nos podría llevar a redefinir (o a definir, pues ¿lo hemos definido alguna vez?) lo que entendemos por organismo, por entorno y por campo organismo-entorno.

Semejanzas y diferencias entre la terapia gestáltica y el chamanismo amazónico

Estas terapias ancestrales, también llamadas primordiales, por su origen y su "primordialidad", tienen algo de salvaje, de abrupto, y este salvajismo nos pone sin concesiones ante nosotros mismos. Disminuyen la seducción y la ilusión, en particular la del lenguaje. Este mismo salvajismo arcaico me ha dejado, como psicoterapeuta gestáltico que soy, ante una puesta en cuestión de puntos de referencia teóricos y metodológicos –interacción organismo-entorno, campo, fondo, consciente, inconsciente, no-consciente, regulación organísmica y homeostasis– y me hace preguntarme por el significado del acto terapéutico. Hace que aparezcan esos temas de manera cruda, no mentalizada, restituyéndolos en la historia presente, pero también en la prehistoria tanto del individuo como de la humanidad.

Las terapias ancestrales hacen pasar de una visión plana a una visión en varias dimensiones, nos llevan a poner en cuestión la antropología. ¿Qué concepción del ser humano y del universo donde evoluciona subyace en el acto terapéutico y en la metodología que permite ponerlo en acción? Y, a partir de allí, ¿cuáles son las metodologías y prácticas que favorecerán el crecimiento según esta concepción del todo ser humano-entorno? La mayor parte del tiempo partimos de sistemas teóricos y dejamos a un lado la antropología.

La cuestión del trance merece que nos detengamos en ella. En efecto, que yo sepa, la terapia gestáltica no la aborda. Y sin embargo si trabajamos con la terapia de la concentración tal como la presenta Perls en la tercera parte de *Yo, hambre y agresión* y si utilizamos, como sugiere, ejercicios de *awareness*, ampliaremos el campo de la conciencia ordinaria y crearemos un estado de conciencia modificado, un leve estado de trance. El *awareness*, como herramienta al servicio del crecimiento, abre la sensibilidad de los canales sensoriales y opera un desplazamiento del umbral de sensibilidad sensorial. Y este desplazamiento provoca el estado de trance. Así ocurre en el trabajo de *awareness* sensorial como lo practica y comprende M. Topof, terapeuta gestáltico holandés. Durante una conversación privada en un congreso me dijo que en terapia gestáltica se necesitaba una reflexión sobre el estado de trance.

Aislarse durante varios días en la selva haciendo dieta, dejarse llevar varias horas seguidas por un ritmo de tambor, entrar en un sauna indígena y realizar un trabajo de depuración física y psíquica por sudoración, absorber determinadas plantas que tendrán un efecto depurativo en el organismo u otras que son psicotrópicas, no es otra cosa que prácticas destinadas a hacer surgir lo que ya está allí, a desarrollar la capacidad de experimentar, a abrir los canales sensoriales y de este modo acceder a cierto conocimiento de nosotros mismos, de nuestra historia y posiblemente de nuestra prehistoria. Esto podría compararse con la utilización de una secuencia de movilización corporal al comienzo de una sesión de terapia de grupo para desarrollar la conciencia corporal, el *awareness* y la emergencia clara de manifestaciones de la función ello. Es una de las distintas maneras de rastrillar el fondo. Podríamos conceder a estas prácticas el estatus de experimentación tal como la presento en el Capítulo IX: movilizan la capacidad del organismo para autorregular y buscar el ajuste creativo.

Este proceso de apertura de la conciencia por intermedio de unas prácticas que en general pasan todas por el cuerpo, desde la simple concentración en la respiración hasta la danza al ritmo de un tambor durante horas, hará explícitos elementos de esa "conciencia inmediata implícita", perífrasis que se suele utilizar para designar el *awareness*. Esta conciencia inmediata implícita es la del cuerpo y de sus distintas manifestaciones, reacciones y expresiones. Y entonces se puede comprender, a través de la vivencia personal, la importancia de la frase de PHG que cité en el Capítulo VI: el cuerpo se torna el fondo dado a partir del cual emergen formas por medio de sensaciones, manifestaciones fisiológicas, propiocepción y movimientos y posturas espontáneos, hasta que se precisa una forma, se aclara y adquiere significado en relación con nuestra manera de interactuar con el entorno. Es un trabajo muy intenso de precontacto. PHG dicen muy claramente –ya lo expliqué en el Capítulo V– que en esta fase de precontacto el cuerpo es el fondo de donde emergen las figuras: "El cuerpo es el fondo, la figura es el apetito o el estímulo medioambiental. Es lo 'dado' o la función ello de la situación que se disuelve en posibilidades".

La diferencia que veo entre los dos planteos es que, en Gestalt, el *awareness* proviene de la invitación a experimentar, a respirar y concienciar la vivencia interior en la relación con el otro. En el chamanismo amazónico, la apertura de la conciencia se facilita mediante prácticas que forman parte, culturalmente, de la tradición del grupo que las utiliza, pero no de la nuestra, y que modifican a veces muy rápidamente el estado de conciencia. Nuestra concepción del acto terapéutico sólo es pensarlo a partir de las prácticas de las cuales ya he hablado. La otra diferencia que me parece esencial es que el chamán no pretende situar todo eso en la relación con el otro que está allí mismo, sino que cree que la catarsis ocurrida durante el estado de trance modificará algo en el estado del paciente y en la mirada que dirige a los otros.

El terapeuta gestáltico podría considerar todo esto como un trabajo de precontacto, anterior, que prepara el trabajo de la frontera-contacto. En esta fase, durante la cual la función ello puede estar muy movilizada por las prácticas chamánicas, se nos muestra que el cuerpo y el fondo son indisociables. Sería adecuado hablar de cuerpo-fondo y percibir este cuerpo-fondo como un lugar de archivos, de memorias. Unas memorias que pueden despertar por una necesidad interna o por un estímulo externo, es decir, por una acción o reacción del entorno. Y cuando la conciencia se amplía y se torna conciencia inmediata, los elementos contenidos en esas memorias o archivos aparecen en la superficie. Esto da acceso a las necesidades "fundamentales", es decir, a las que han permanecido ocultas en la indiferenciación fondo-forma. A partir de allí podemos hacer la distinción entre las necesidades de superficie y las esenciales. De este modo, una de las necesidades fundamentales del organismo parece la depuración, el despojamiento, el desapego, es decir, la necesidad de deshacerse de la introyección y de sus residuos para crear con el entorno una relación nueva que sea factor de crecimiento.

Los procesos fisiológicos y psíquicos que ocurren a partir del estado de trance desatado por la medicina tradicional amazónica, y especialmente por la absorción de plantas depurativas, resultan particularmente ilustrativos de la teoría del sí mismo:

- √ El organismo ingurgita una planta, es decir, un elemento del entorno.
- √ Este objeto exterior puesto adentro provoca reacciones fisiológicas: en particular vómitos y una ampliación de la experiencia corporal y de la conciencia de esta experiencia, y fenómenos psíquicos: reminiscencias de la vida pasada, toma de conciencia y ampliación de situaciones inacabadas de la vida presente y pasada, visiones, alucinaciones, estado de conciencia modificado y reacciones emocionales que se incorporan a la afectación de la fisiología y vómitos.
- √ El organismo rechaza, por los vómitos, una parte del objeto ingurgitado. "Devuelve" al exterior lo que le pertenece, pero lo que "devuelve" es mucho más que la planta, que el objeto exterior: son numerosas introyecciones que provienen de la historia pasada, genealógica y ancestral inscrita en los pliegues y repliegues del organismo.
- √ Este acto de "devolución" pasa a menudo por una especie de combate interno, de conflicto entre el sujeto y el objeto puesto adentro. Hay enfrentamiento, conflicto, combate, rozamiento.
- √ Este "trabajo" interno conmueve el interior del cuerpo, los órganos, las células y los archivos históricos que contiene ese conjunto. Y se concienciar y rechazan lo superfluo, lo nocivo, lo no asimilado, el objeto exterior que permanece intacto y experimentado por el organismo como un cuerpo extranjero.
- √ Lo que se conciencia y rechaza es lo que del exterior no nos conviene, lo que no ha podido hacerse objeto de des-estructuración y por lo tanto de asimilación. Se conciencian y rechazan los mecanismos que han impedido el ajuste creativo.

√ Los impactos fisiológicos y psicológicos desatados por todo este proceso dejan al individuo en estado de vulnerabilidad, pero también de receptividad en relación con otros factores de acción o de ser. Provocan asimismo una gran liberación interior que crea un espacio disponible para otra cosa, un vacío, un vacío desestabilizador en un primer momento y que puede convertirse en el crisol de una nueva fecundidad.

√ Todo este proceso que implica profundamente al organismo en su relación con el entorno introyectado, es encuadrado, ampliado, matizado y abrochado por el chamán, que canta y finalmente actúa sobre el organismo mediante rituales e invocaciones. Su presencia, sus actuaciones, sus cantos y sus invocaciones a los espíritus y al Espíritu significan claramente que se trata de un acto "religioso" en el sentido etimológico del término, un acto de religación. El terapeuta no habla durante la sesión en lenguaje ordinario, habla a los pacientes y a los espíritus cantando y escogiendo sus cantos. Es su manera de estar en contacto con el grupo y con los individuos. Cuando canta para un individuo particular que lo ha llamado, canta también para la regulación de la dinámica y de la energía grupal.

√ Finalmente el proceso prosigue después de la ceremonia. Situaciones inacabadas y aparentemente bloqueadas de la historia se deshacen por sí mismas, cambia la relación con el entorno, se moviliza la función ego y adviene a veces el estado de crisis provocado por la desestructuración de las construcciones neuróticas.

El fondo, el cuerpo, la memoria implícita inmediata y distante

La absorción de una parte del entorno, a saber ciertas plantas y, a través de ellas, de la naturaleza, a un tiempo depura al organismo de las introyecciones y abre y amplía el campo de la conciencia.

La alquimia que provoca el encuentro entre organismo y entorno ingurgitado en un contexto "religioso", es decir uno donde subyace una antropología de la religación, abre donde había clausura, rigidez, no acabamiento fijo y fijado. Se instala una falla, una brecha, como un relámpago en un cielo negro donde hay clausura. De esta brecha brotarán elementos que han permanecido en lo invisible, en lo no consciente, elementos que hasta entonces carecen de nombre. Lo innombrable sólo se puede nombrar desde la experiencia y la conciencia que se tiene de ella. Se abre entonces el conocimiento, el proceso que consiste en nacer con uno mismo, nacer a uno mismo.

Lo abierto da acceso a ese "ya-allí no consciente". Da acceso a lo que hay en el fondo. Y entiendo aquí la palabra fondo con la connotación histórica, connotada por evolucionismo en el sentido de Darwin. Se trata de toda esa experiencia que nos viene del fondo de la genealogía, de los antepasados, de los orígenes, que está inscrita en nosotros y en busca de revelación.

Podríamos decir que este fondo contiene otra forma de *awareness*: ya no la conciencia inmediata implícita, sino la conciencia lejana implícita. De este modo, por intermedio de cierto tipo de interacción con el entorno, nos sería dado pasar de una conciencia inmediata implícita a una conciencia lejana implícita, después hacer explícitos fragmentos de ese implícito, es decir, elementos hasta entonces inaccesibles porque prisioneros de la inerte indiferenciación que caracteriza ese fondo.

En esta perspectiva sólo existe la conciencia. La conciencia es el fondo y es infinita. Lo limitado, restringido y fluctuante es nuestra capacidad de aprehender. La conciencia desborda nuestro campo inmediato de percepción y nuestra capacidad de prestar atención a lo que es. Hay la conciencia revelada, manifestada, y alrededor la conciencia en espera de revelación. En esta perspectiva, no hay un inconsciente en el sentido freudiano del término, sólo la conciencia manifiesta o no. Esta perspectiva aleja de Freud y acerca a Jung y es enteramente coherente con la teoría del sí mismo en la cual hablamos del no-consciente para designar lo que se nos escapa y que muy bien podría estar allí, invisible, no revelado y actuando sobre nuestra relación con el mundo.

En esta lógica, podríamos decir que el fondo contiene a la conciencia, a la conciencia no explicitada. El fondo es la conciencia no manifestada. Y hemos visto que en el proceso figura-fondo el cuerpo es el "fondo dado" o segundo plano. Esto nos lleva a considerar al cuerpo como la conciencia, "el cuerpo como conciencia", por retomar el título de la obra de Ruella Frank. Lo cual nos permitiría hablar de cuerpo-conciencia y por lo tanto de cuerpo-conocimiento, de cuerpo-universo. Cuando estamos en estado de conciencia restringida, morimos al conocimiento, estamos en lo restringido, en lo cerrado, en lo inacabado, en la pasividad, en la inercia. Detenemos nuestra evolución en curso de despliegue, nuestro proceso de "verticalización". Retardamos el movimiento natural evolutivo en el cual la materia y el espíritu tratan de interpenetrarse y fecundarse mutuamente.

Ajuste creativo y revelación creativa

Quizás el ajuste creativo se sitúa allí. En este sistema interactivo organismo-entorno a través del cual proseguirá la verticalización. Esta no es solamente una noción del espíritu, ya que se manifiesta en la fisiología por el paso de la posición en cuatro patas a la posición de pie y por la estructuración ósea y muscular del organismo que permite mantener la posición vertical y el equilibrio. Allí se afirma el papel de la columna vertebral en la salud física y psíquica del ser humano.

La ampliación del campo de la conciencia pondrá al organismo en una interacción con el entorno de índole tal que se deberá buscar un nuevo ajuste creativo; se podría hablar entonces de ajuste revelador, de ajuste de revelación. Esta "revelación" aporta apertura donde había clausura.

El contacto con cierto tipo de entorno y en un cierto contexto puede permitir este ajuste revelador. Para llegar allí, la función ello quita estratos, frota, lucha; es un cuerpo a cuerpo con los monstruos interiores, los "dragones negros" de la neurosis. Es una des-corporación. El entorno en nosotros no asimilado está en movimiento y es expulsado por los vómitos. Se trata de una verdadera des-estructuración, de una violenta destrucción de algunas gestalts, de un despegue de la historia, de la inercia. Se trata de un deshacer de las introyecciones con las cuales estamos tan por completo en confluencia que hasta ese momento no las habíamos visto.

Esta revelación creativa sólo es posible desde una inmersión en el fondo del fondo. Éste es conmovido por la ampliación del campo ordinario de la conciencia, que provoca un cambio de nivel de realidad. Hallamos otro entorno, que los chamanes llaman los mundos invisibles. Y nos tenemos que reajustar cuando penetramos en esos universos de sólito cerrados. Para mí fue una revelación cambiar de nivel de realidad y penetrar en los mundos invisibles de los espíritus de la naturaleza o en el universo de la materia tanto en su inercia como en su evolución hacia lo viviente. El impacto de esta revelación crea visiones, imágenes, sensaciones, desciframiento de mensajes inscritos en nosotros; pero también nuevas percepciones y una nueva relación con el entorno en la vida cotidiana. Por eso no me parece absurdo pensar que un árbol o el desierto o un lugar sagrado puedan actuar como sanadores de algunos individuos.

Esta revelación me ha desequilibrado en la vida cotidiana, pues concede una mayor clarividencia sobre uno mismo y sobre el modo de ser. Al descifrar las inscripciones ciegas y confundidas en el organismo, adquiero clarividencia sobre mí y planteo otras palabras y otros actos en lo cotidiano. Se recupera la función ego, es decir, la capacidad de optar con exactitud, la que se desprende del encuentro entre las informaciones que nos envía el sí mismo por intermedio de las funciones ello y personalidad y por la confrontación con el entorno y sus necesidades.

La toma de conciencia mentalizada, la que no pasa por el cuerpo, no sirve de nada en términos de cambio, sólo sirve para alimentar una racionalización que es lo contrario del impacto de la conciencia que quita estratos y hace despegar.

Pero se comprende especialmente que el organismo y el entorno y el campo que forman en conjunto son en sí gestalts inacabadas y a veces fijas, es decir que su evolución y su expansión de crecimiento están bloqueadas.

Esta fijación no está en busca de cumplimiento sino de evolución. La noción de cumplimiento me parece absurda en la medida que el cumplimiento señala el fin de algo, cierra. Es lo contrario de la noción de evolución, proceso cuya finalidad es estar constantemente en movimiento y superar constantemente los ajustes creativos para hallar otros nuevos, más adaptados.

Nuestro trabajo es recuperar lo abierto allí donde hay algo cerrado, volver a poner en movimiento para que la evolución pueda proseguir hacia más conciencia. Y si la conciencia es ilimitada por definición, la evolución tampoco tiene fin. Esto plantea la cuestión de la muerte: ¿es un fin o simplemente una transformación radical del organismo para un pasaje hacia otros niveles de conciencia?

El pasaje por el caos y por la muerte, que vivimos con frecuencia durante la experiencia chamánica, con toda la angustia, soledad y sufrimiento que supone, nos permite llegar a veces al otro lado. ¿Y qué hay al otro lado? La luz, la dulzura, la soltura, la iluminación, y a través de todo eso hay sobre todo el encuentro con la inteligencia que da sentido y orientación al caos. Esa inteligencia que hace de nosotros fragmentos de materia habitados y arrastrados en una evolución loca por un orden, una trascendencia que nos supera. El espíritu existe, ya no hay duda, aunque no podamos definirlo. También la energía transformadora y creativos. Nuestro trabajo es hallar nuestro camino de evolución hacia ese Espíritu y serle fieles.

Esto nos plantea, por cierto, la finalidad del acto terapéutico en terapia gestáltica. ¿Por qué buscar el ajuste creativo? ¿Para hacer qué? ¿Cuál es el sentido de trabajar sobre las interrupciones del ciclo del contacto? La terapia gestáltica no responde esta cuestión. Una psicoterapia que se considera exitosa suele terminar por un "Veo mejor, he comprendido cómo funciono, me acepto más, vivo con el que soy en lugar de luchar con él, he cambiado tal o cual cosa en mi vida...".

¿Pero cuál es la finalidad del cambio que aporta la instalación del ajuste creativo? La terapia gestáltica, por lo que sé, nada dice. Las terapias tradicionales de los amerindios nos abren la puerta del Espíritu y nos enseñan que, como toda enfermedad es espiritual, el proceso de cura, el acto terapéutico, tiene la finalidad de trabajar sobre las interrupciones de contacto con lo sagrado. Son terapias de vínculo y de religación con lo visible y lo invisible. Y el vínculo con uno mismo y con el entorno nos pone en el camino del espíritu, en el camino de uno mismo.

¿El sí mismo será el camino que conduce a uno mismo?

¿Y el camino que conduce a uno mismo será el que conduce a la fe?

CAPÍTULO XIV

Terapia gestáltica y espiritualidad

Notas

Lo que me gustó cuando descubrí hace más de treinta años la terapia gestáltica es la consideración que hacía del cuerpo, de la respiración y de la conciencia apuntada sobre la experiencia en curso. Comprendí entonces qué se entiende por *continuum* de la experiencia, por *awareness* y por el interés de estos conceptos en el contexto de la práctica de la psicoterapia. La respiración y el trabajo corporal habían sido introducidos por W. Reich, que fue uno de los analistas de Perls. Por esto se cita el pensamiento de este disidente de Freud cuando se nombran las raíces de la terapia gestáltica. En cuanto a la respiración, F. Perls, L. Perls y muchos otros terapeutas gestálticos –entre los que se puede citar a G. Yontef y J. Kepner– muestran su importancia e incluso su necesidad.

Algunos años más tarde comencé a descubrir ciertos aspectos del budismo y ciertas formas de meditación, especialmente a través de prácticas tántricas. Comprobé entonces que la exhortación para empezar la meditación era la misma que se me había hecho en terapia gestáltica: "Céntrate en ti y apunta la atención a tu respiración y a la experiencia que estás viviendo". Los objetivos no eran los mismos, pero el punto de partida de los dos enfoques presentaba claras analogías. Esta comprobación me produjo suficiente desequilibrio para que comenzara a reflexionar sobre el tema de psicoterapia y espiritualidad.

Es un tema difícil, apasionante y a veces pasional.

Orígenes etimológicos

• Conocimiento de uno mismo

"Conocimiento" viene del latín *cum nascere*, que significa "nacer con". El *Dictionnaire historique de la langue française* precisa los distintos significados de esta noción:

1) Aprender.
2) Saber, en el sentido de recuperar lo que ya se sabía.
3) Saber que algo o alguien existe.
4) Tener una relación carnal con alguien (sentido bíblico).

Nascere es un derivado de *nasci*, que significa "nacer, hallar, comenzar". *Natus*, su participio pasado, está traducido por "hijo" en el diccionario latín-francés para bachillerato.

"Conocimiento" evoca entonces todo un proceso: pasar del primer grito, el del nacimiento, a la encarnación y hacer así aprendizajes y recuperar el conocimiento inscrito en nosotros. Pasar del primer soplo de vida a la penetración por la respiración. Desde el nacimiento biológico, el ser humano conoce y nace con la penetración de la respiración en él, del entorno a su interior. Podríamos desarrollar el simbolismo de la penetración y hacernos esta pregunta: ¿de quién somos hijos e hijas y cómo nos desarrollamos? Dejo la pregunta en manos de ciertas tradiciones, pero plantea a los psicoterapeutas por lo menos la cuestión de la filiación.

• Uno mismo: "nuestra totalidad psíquica"

La palabra "uno mismo" se define en el mismo diccionario de este modo: "pronombre personal reflejo de primera persona, generalmente en correlación con un sujeto indeterminado y general".

Hagamos un paseo por Jung, el primero que introdujo en Occidente la noción de uno mismo apuntando a algo intermediario entre lo psicológico y lo espiritual: "Cabe distinguir entre el Yo y el Uno mismo. El Yo sólo es el sujeto de mi conciencia; el Uno mismo es la totalidad de la psiquis, incluyendo el inconsciente" (en *Tipos psicológicos*).

Y hay más:

"El Uno mismo es nuestra totalidad psíquica, hecho de la conciencia y del océano infinito del alma sobre la que flota. Mi alma y mi conciencia: eso es el Uno mismo, en el cual estoy incluido como una isla en las olas, como una estrella en el cielo. El Uno mismo es mucho más vasto que el Yo. Amarse a sí mismo debiera ser esa totalidad a través de la cual se amaría la humanidad completa" (en *El hombre al descubrimiento de su alma*).

Si el Uno mismo es "nuestra totalidad psíquica", la cuestión es entonces nacer a esta totalidad o con esta totalidad, pasar de "ese sujeto indeterminado y general" a nuestra totalidad psíquica partiendo del aliento.

La etimología nos sitúa en el camino de la encarnación y de lo sagrado en la encarnación: acceder al conocimiento de ese Uno mismo, conocido por una parte de nosotros mismos –la mayor parte del tiempo desconocido–, y tener una relación carnal con él, es decir darle cuerpo, encarnarlo. Conocer en sentido bíblico. Dar cuerpo a nuestra totalidad psíquica: consciente, inconsciente, alma. Descubrir el universo, interior y exterior, y explorar los fenómenos del entre-dos. Dos universos reunidos por el trazo de unión dispuesto entre organismo y entorno e incluido en la misma totalidad por co-crear, reconocer, trascender y amar.

• *Psyqué*

Exploremos ahora la palabra "psíquico", calificativo de totalidad. Viene de la palabra griega *psyqué*, contenida también en psicología, psicoterapia y psicoanálisis. El *Bailly* (*Le grand Bailly; dictionnaire grec-fraçais*), entrega la siguiente definición: "aliento, soplo de vida". Psiquis y psiquismo remiten en primer lugar a la noción de aliento. Varios significados se desprenden:

i) Alma, como principio de vida.
ii) Alma, por oposición a cuerpo.
iii) Alma separada del cuerpo y descendida a los infiernos.
iv) Mariposa, símbolo de la inmortalidad del alma entre los antiguos, a causa de la transformación de la oruga o de la crisálida.

Entonces el yo mismo sería el aliento de la vida, el aliento como principio de vida y de muerte, el aliento transformador que permite pasar de un estado a otro.

Esta asociación de palabras, "conocimiento de uno mismo", nos lleva muy lejos. Es invitación a nacer, desde la respiración, a algo que es mucho más vasto y que se podría llamar hálito, que remite a la vida y que estaría en el origen según algunas tradiciones. *Cum nascere* evoca por supuesto el primer aliento, el del nacimiento, el primer grito, la primera penetración al interior de uno mismo de un elemento exterior, el aire, por la inspiración y el primero en esta vida por la expiración. De este modo, el ser humano estará habitado por ese doble movimiento sin discontinuidad hasta el fin de sus días, hasta el último aliento. ¿Acaso no se dice que quien agoniza "expira", para indicar que el aliento abandona su envoltura carnal?

Tal como el nacimiento, se evoca la muerte en la misma idea de "totalidad psíquica". "El alma descendida a los infiernos...". El *Dictionnaire historique de la langue française* se refiere, a propósito de la palabra "psique", al "aliento más o menos material que se aloja en el Hades".

La noción de conocimiento de uno mismo nos conduce al laberinto vida y muerte, muerte y renacimiento, y al misterio de la transformación por este proceso. La crisálida así se torna mariposa.

Y la transformación no puede existir si no hay expiración profunda. Inspirar-expirar son los dos tiempos de un mismo suceso. En algunas formas de yoga o de meditación se insiste en ese instante particular que se sitúa al extremo de la inspiración o de la expiración. Ir hasta el extremo de la expiración donde ya no hay nada, donde la materialidad del aire en nosotros está en el mínimo, donde hay plenitud de vacío, compendio de sensorialidad y de conciencia pura. Allí hay espacio de "vacío fértil", algo increado que interpela el renacimiento del aliento y la re-generación por la respiración de un organismo a punto de estar carente.

Ir al extremo de la inspiración, dejarse suspender entre cielo y tierra, dejarse habitar completamente por el gran hálito del universo que nos concede el honor y la gracia de escogernos, de penetrarnos y fecundarnos hasta nuestro renacimiento y hasta el nacimiento del uno mismo.

Este momento de contención del aliento, al extremo de la inspiración o al extremo de la expiración, ¿no será el momento potente del encuentro, de la fecundación y de la "pequeña muerte" como en el orgasmo? Mantenerse en la contención del aliento después de la expiración es estar momentáneamente "virgen" de todo estorbo interior, purificado por este paso del aire en uno mismo, en la soltura completa: restituyo al universo lo que me ha dado, me entrego, acepto perder. Y después este espacio virgen en uno mismo se dejará fecundar por el nuevo aliento de vida que lo penetrará, inundará, fertilizará.

Podríamos definir entonces de este modo el conocimiento de uno mismo: entregarse a un proceso de transformación a partir de la conciencia de la respiración y por intermedio de la conciencia de uno mismo por el aliento, después abandonarse a ese estado de "vacío fértil", de vacuidad, de gratuidad, hasta que nuevas formas se revelen y nos den acceso a nuestra globalidad, es decir, a nuestra existencia corporal, afectiva, mental y espiritual en relación con el universo.

La noción de aliento plantea problemas al psicoterapeuta. Recordemos que no es un término que se utilice en psicología, que va más allá de la noción de respiración como proceso fisiológico y que en la tradición judeocristiana, por ejemplo, remite al principio mismo de la vida, al origen, a lo innombrable. Y estoy tentado por escribir innombrable con mayúscula. El psicoterapeuta que considera el organismo en su totalidad podría preguntarse, de momento, a título de hipótesis, si la noción de aliento (o soplo, o hálito) no remite por lo menos en parte a cierta visión del inconsciente como portador de una gran fuerza de impulso vital.

El psicoanálisis, la terapia gestáltica y las distintas formas de psicoterapia son parte de las vías posibles de conocimiento de uno mismo. Por la etimología, que es portadora de significados contenidos en el inconsciente colectivo, podríamos pensar entonces que constituyen el comienzo de un camino espiritual. En la realidad suelen estar en el origen, abrir ese algo que hace que durante la terapia o con posterioridad a ella algunas personas continúen su camino participando en una enseñanza espiritual. Esto, a condición de que nuestras terapias se conciban como un lugar de respiración, como un momento que se concede el ser humano para recuperar el aliento en presencia de otro que también está centrado en su propio aliento. Este otro es el psicoterapeuta. Como un lugar donde el ser humano busca su inspiración para morir y renacer. Pero es necesario que la conciencia esté allí. Esta conciencia, en el sentido de vigilancia, de atención apuntada al instante presente y al doble movimiento inspiración-expiración, suele ser el elemento importante que hará emerger del fondo del ser los elementos históricos que constituyen la neurosis y que obstaculizan la revelación del no-consciente y de lo no-creado en nosotros. Al escribir esto, tengo presente, por supuesto, la noción de *awareness* que consideramos uno de los pilares de la práctica de la terapia gestáltica.

• Espiritualidad

Con la palabra espiritualidad continuamos en una historia de respiración... Viene del latín *spiritualis*, que significa "propio de la respiración", del verbo *spirare*, que significa "respirar", y de *spiritus*, que significa "espíritu". Por la respiración entonces, por el doble movimiento inspirar-expirar, se accede al espíritu. La palabra *spiritus* también significa "soplo divino, espíritu divino, inspiración". La espiritualidad sería entonces el proceso que nos permite acceder al soplo divino por la respiración.

De este modo la expresión "del conocimiento de uno mismo a la espiritualidad" nos lleva a un proceso que parte del ascenso a un saber desde el soplo del nacimiento; este soplo nos conduce a la totalidad, al alma, al espíritu, y nos abre a la presencia de lo que algunos llaman lo divino.

Resulta perturbador comprobar hasta qué punto los distintos términos contenidos en la proposición de partida están marcados por la presencia del aliento. A su modo, todos remiten a la misma realidad. Y en esta perspectiva no se puede disociar el camino del conocimiento de uno mismo de una búsqueda, no hacia la espiritualidad, sino hacia algo que se podría llamar el espíritu y que haría falta definir. Espíritu y soplo, en conjunto, tendrían algo que ver.

• Psicoterapia

Volvamos una vez más a los orígenes para comprender el significado de la palabra "psicoterapia". Terapia viene del griego *terapein*, que el Bailly define así:

1) Servir, ser servidor.

2) Rodear de cuidados, de solicitud:
   √ Honrar (a los dioses).
   √ Ocuparse de, cuidarse de.
   √ Otorgar cuidados médicos, curar.

Terapeia significa cuidado, en varios sentidos:
   √ *Cuidado religioso.*
   √ Cuidado, respeto por los padres.
   √ Solicitud.
   √ Cuidados cotidianos.

"Terapeuta" significa:
   √ Servidor o adorador de un dios.
   √ El que cuida de un cuerpo o de alguien (enfermo).

Etimológicamente, el psicoterapeuta es entonces:

√ el servidor y el adorador del aliento;
√ quien cuida del aliento;
√ quien cuida por el aliento;
√ el que cuida el cuerpo honrando el aliento.

Esta palabra remite a los dioses, contiene una conexión sagrada. Se trata de honrar el aliento de vida como a un dios. Se aprecia entonces que cuidar, tratar, honrar y adorar se superponen. Al adorar la divinidad, cuido, trato, y al tratar el aliento o por el aliento, estoy en un acto de adoración.

El psicoterapeuta es entonces el que está en un acto a la vez terapéutico y religioso, terapéutico y espiritual.

En el origen, psicoterapia y espiritualidad son un solo y mismo proceso. Y el camino que consiste en conocerse mejor y cuidarse es un camino espiritual. Lo muestra muy bien Jean-Yves Leloup en *Cuidar el ser*, donde nos presenta a los terapeutas de Alejandría. Eran hombres y mujeres que vivían en el siglo I d.C. junto a Alejandría, judíos y terapeutas que ejercían su arte en una perspectiva unitaria, sin disociar el acto terapéutico del acto espiritual.

La palabra "psiquis" ha padecido una especie de distorsión del significado, especialmente después del advenimiento del psicoanálisis. El *Diccionario de la lengua filosófica* de P. Foulquié y R. Saint-Jean la explica así: la palabra "psiquis" es empleada por los psicólogos contemporáneos, en particular en la psicología profunda, para evitar las implicaciones religiosas y espiritualistas de las palabras "alma" y "espíritu". Se puede ver en esto una profanación del significado original. Profanación en el sentido de tornar profano lo que se inscribía en el registro de lo sagrado. Profano significa etimológicamente "que esta fuera del templo", "que ya no es sagrado". Se pasa así del soplo de vida como medio de transformación para alcanzar el espíritu a una suerte de entidad mental que concierne al funcionamiento del psiquismo visto a través de una grilla de lectura fundada en la noción de inconsciente. Se trata de una reducción de significado que podría tener como consecuencia una reducción de aliento. También se trata de una reducción de la concepción del ser humano, de su relación con el entorno y del significado profundo de su existencia en y con el universo.

• Transpersonal

La psicoterapia transpersonal, que hemos visto aparecer en Francia hace unos veinte años, trata de restaurar el significado original y reunificar el camino del conocimiento de uno mismo y el camino espiritual. Y una vez más, si nos referimos a la etimología, se nos remite al aliento por la palabra *persona*, que significa "máscara". En la tragedia griega, la máscara era el objeto a través del cual pasaba el sonido cuando el actor se expresaba. *Per-sona*: por el sonido. La psicología transpersonal es entonces aquella que remite a lo que está más allá de lo que ocurre por el sonido. Y el sonido es una historia de respiración para "decir con fuerza, proclamar, hacer resonar". Son los distintos significados del verbo latino *per-sonare.*

¿Acaso no es perturbador comprobar una vez más que la diversidad del lenguaje vehicula un sentido común, una cohesión?

La psicoterapia transpersonal

La psicoterapia transpersonal se funda en la noción de uno mismo. Nos invita a pasar del conocimiento de uno mismo al conocimiento de la mismidad, a ir más allá:

√ de lo personal;
√ de la máscara como rol social o pantalla del ser profundo;
√ del ego;
√ de lo emocional y de los apegos excesivos;
√ del campo habitual de conciencia;
√ del pequeño yo neurótico para hallar el uno mismo o el ser;
√ de lo consciente, de lo no-consciente y del inconsciente;

- √ de Occidente para hallar el Oriente, pasando por la conciencia y la experiencia del aliento en el instante presente;
- √ de las fisuras que dividen las tradiciones psicológicas, chamánicas y espirituales.

El psicoanálisis freudiano intenta explicar la angustia existencial y el significado de la vida a partir de la cuestión del inconsciente. A veces tengo la impresión de que cierta concepción del psicoanálisis es reductora, especialmente si encara todo mediante la represión y la sexualidad. Según ella, si ponemos de manifiesto elementos de lo reprimido, podremos recuperar un espacio de libertad y finalmente, por "añadidura", la curación. Sí, por cierto. Pero ocurre que la cura no llega. Y el no consciente, con todas sus posibilidades, es mucho más vasto que el inconsciente entendido a partir de la noción de represión.

Me arriesgaré a plantear una pregunta algo provocadora por lo menos para tratar de ampliar el pensamiento: ¿habrá otra cosa más allá del inconsciente? ¿O paralela al inconsciente? ¿Existirá otro constituyente importante del ser humano y de su relación con el mundo oculto por el concepto de inconsciente convertido en pantalla? Freud hablaba del recuerdo-pantalla. La psicoterapia transpersonal concede gran importancia al trabajo sobre el inconsciente, en una perspectiva freudiana o jungiana, pero se ocupa de que no se torne una pantalla y atiende especialmente a la dimensión espiritual del ser humano. Plantea la psicoterapia con una finalidad esencial que no es un mejor conocimiento de nosotros mismos, ni siquiera la cura de los síntomas, sino el paso del pequeño yo neurótico al uno mismo considerado como la parte trascendente del ser humano. Y el proceso de conocimiento de uno mismo es el paso que permite entregarse a la transformación interior profunda para hallar el aliento de vida y de ser en nosotros.

El aliento y lo sagrado están entonces en el núcleo mismo del significado original de las palabras conocimiento de uno mismo, psicoterapia y espiritualidad. Los orígenes hablan y nos invitan a meditar sobre un terreno o un fondo común propio de los dos planteamientos. Quizás son para nosotros –hombres y mujeres en busca– una invitación a recrear la unidad, a reinventar un solo y mismo acto, un solo y mismo camino en el cual lo psicológico y lo espiritual están al servicio uno del otro y sólo constituyen una forma única. ¿Acaso no nos orienta allí el movimiento transpersonal? ¿No nos corresponde recuperar el espíritu de los terapeutas de Alejandría o de los chamanes, para quienes el acto terapéutico consiste en restaurar el lazo roto entre lo humano y lo divino?

Pero cada uno de los dos caminos tiene su especificidad.

La persona que trata de conocerse más y que con ese fin emprende una psicoterapia, no llega con una petición de búsqueda espiritual. Acude con un dolor, un cuestionamiento, una angustia, un síntoma y muchos temores. Acude a veces con una toma de conciencia como "he identificado que siempre repito el mismo tipo de conducta en el mismo tipo de situación, y esto me molesta, me hace sufrir y me gustaría cambiarlo". El terapeuta gestáltico la acompañará en el laberinto de sus angustias y de su universo interior para que desenmascare sus modalidades de contacto y se entregue a un proceso de transformación. Gracias a su manera de ser, a su experiencia y a su propio camino, creará con esa persona un contexto que le permita:

√ concienciar lo que llamo el "ya-allí no-consciente";

√ re-contactar su cuerpo y su sensibilidad con frecuencia abandonados en las trampas de lo mental y de la racionalización;

√ descubrir sus modalidades e interrupciones de contacto, las gestalts inacabadas que subyacen y los mecanismos neuróticos que se interponen entre él mismo y el otro;

√ contactar emocionalmente lo que está oculto detrás de los mecanismos neuróticos para depurar el campo afectivo y el campo inconsciente;

√ decir lo no-dicho;

√ aceptar lo inaceptable;

√ pasar de la repetición a la novedad, del rencor, la cólera o el odio a la aceptación y el perdón;

√ pasar de lo no-creado a la creación o a la recreación de él mismo;
√ crear vínculo y relaciones.

De este modo se teje un espacio que permite que la persona:
√ recupere el aliento;
√ reponga la respiración entre ella y los otros;
√ experimente de nuevo en su interior el viento de la fantasía y la vida.

Este espacio será portador de momentos privilegiados concedidos al conocimiento de uno mismo por la atención prestada al cuerpo y a la respiración. El proceso de conocimiento de uno mismo por distintas formas de psicoterapia es un proceso de apertura por la soltura y por la atención apuntada a la experiencia en el acto de respirar. Se trata de la apertura:
√ del cuerpo;
√ del universo fisiológico;
√ del corazón;
√ de la historia;
√ del no-consciente;
√ del contacto;
√ del campo de interacciones con los otros;
√ de los misterios de la genealogía;
√ del proceso de ajuste creativo.

Apertura de la prisión donde estamos confinados, para recuperar nuestra dimensión de seres que respiran, habitados por el aliento; para acceder a nuestra dimensión de seres sagrados en busca de espiritualización.

"No sé qué es la espiritualidad. En el mejor de los casos, he conocido hombres y mujeres espirituales", decía K.G. Durkheim. Me gusta esta frase. Indica lo que importa: no la espiritualidad, sino la experiencia, la vivencia, un cierto estado interior. El estado interior del hombre y la mujer habitados por el aliento, por el espíritu, en lo cotidiano. Eso trasparece. Ellos difunden una presencia, una apertura, una energía que se advierte y que puede transformar el entorno.

El aliento: lazo entre lo no-creado y lo creado

• Entregarse a un proceso de espiritualización

Todas las grandes tradiciones parecen de acuerdo en que nos corresponde re-contactar y desarrollar esta parte trascendente de nosotros que, según la corriente del caso, se llama uno mismo, ser, ser esencial, lo divino. Nos proponen un conjunto de prácticas y ejercicios para ayudarnos a ingresar en la conciencia de la experiencia vivida y para ir más allá del ego, más allá de los estratos neuróticos del pequeño yo. El cuerpo y la respiración ocupan un lugar importante en esas prácticas. Las distintas formas de meditación y de yoga tienen varios puntos en común:

√ La respiración o la atención prestada al movimiento respiratorio, al desarrollo de la inspiración y la expiración.

√ La atención prestada a la experiencia corporal y al *continuum* de esta experiencia, que pasa por la inmovilidad, el movimiento, las posturas, el sonido y la recitación de mantras.

√ Y, para unos más que para otros, el despertar de la energía y su circulación de abajo hacia arriba y de arriba hacia abajo: tierra-cielo-tierra.

La finalidad de estas prácticas es la religación y la unión. Religar lo que está dividido del total que somos. Religar el cuerpo, lo afectivo y lo mental y restaurar su forma única, religar el entorno y el organismo por ese trazo de unión que ya hemos nombrado y recuperar así esa unidad organísmica que está en la base de la antropología gestáltica. Buscamos sentimientos de existencia y de unidad. La conciencia de la respiración que circula en el cuerpo es un medio excelente para darnos acceso a nuestro sentimiento de existir por las sensaciones y reacciones corporales. A partir de allí podemos experimentar el Yo soy –yo soy esta experiencia del instante presente– y religar el Yo soy con el Gran Todo, con el Universo, con el Cosmos. Y así religarnos con el Ser que nos hace ser, como dice Jean-Yves Leloup.

El hombre espiritual es el que se pone en camino como Moisés, como el loco del tarot, como el mendigo, como los "sanyas" de India, y que se entrega al camino escogido. Esta entrega implica ciertas exigencias:

√ La referencia a una tradición, a una escritura y el estudio de los textos de esa Escritura.

√ La práctica cotidiana, o regular o frecuente, del ejercicio, como el pianista que los repite cada día.

√ La aplicación en la vida cotidiana de la experiencia lograda en la práctica del ejercicio.

√ La referencia a un personaje exterior por intermedio del cual se operará una iniciación y una transmisión. No es necesario que ese personaje sea un "sabio", un "gurú" o una celebridad de la espiritualidad.

√ Finalmente, y quizás sobre todo, la motivación y el deseo de transformación.

Agreguemos que hay otra exigencia cada vez más reconocida, incluso por los "maestros", y aconsejada a algunas personas: la necesidad de un trabajo psicológico sobre las emociones y el inconsciente.

Se trata, entonces, de pasar de una forma a otra. Por lo demás es una de las definiciones que podemos dar de la transformación en terapia gestáltica y es muy diferente del cambio. Puedo poner a mi izquierda, al otro lado, esta hoja de papel que tengo a la derecha. Es un cambio. Pero no hay en esto ninguna transformación. Es un cambio de superficie; la hoja de papel continúa siendo la misma. Pero quizás sea el comienzo del proceso construcción-destrucción de las formas.

Empecemos por las imágenes para captar lo que es en sí la transformación. Durante varios años hemos organizado una especie de universidad de verano en Saboya, con diversos seminarios de formación y de desarrollo personal. Y yo acostumbraba llevar a los terapeutas en formación bajo el "árbol de palabras", bosquecillo de coníferas en el parque. Les sugería sentarse, permanecer en silencio, observar esos árboles. Después empezaba a hablar: "Imaginen una semilla que plantan en tierra y un tiempo después ven aparecer un pequeño pino. ¿Dónde está la semilla? El pino crece y un día lo talan y termina en una fábrica de celulosa. Después les llega una hoja en blanco. ¿Dónde está el pino? En esta hoja en blanco escriben una magnífica carta de amor a su amante. ¿En qué se ha convertido la hoja de papel?". Hasta que un día alguien completa: "Y esta carta de amor se ha convertido en un magnífico bebé".

Así ocurre con el hombre en camino hacia el espíritu. Se entrega a este proceso de transformación en el cual la semilla, el árbol, la hoja de papel y el amor están siempre allí, incluidos en una cadena transformadora cuyos eslabones provienen unos de otros, aunque en su forma exterior no tengan ningún lazo aparente los unos con los otros. Todo está en la esencia.

Todo proceso transformador interpela la globalidad del ser e implica puestas en cuestión, trastrocamientos profundos y a veces dolorosos. Es un proceso psicológico y psíquico que interpela lo no-creado.

• Lo no-creado en nosotros

¿Sospecha la semilla que un día se tornará árbol gigantesco, que lleva en sí lo no-creado? ¿Sospecha el árbol que un día se tornará llama, mueble, carta de amor, bebé? ¿Y que volverá a la tierra, a la muerte?

Somos seres de lo no-creado.

Seres en busca de creación:

√ de creador,
√ de criatura.

Lo no-creado está contenido en la sombra, en el misterio, en el olvido, en la represión. Sin duda no sólo hay las pulsiones que nos molestan y que son objeto de represión e inaceptables para esa instancia interiorizada que es el superyó (reglas, prohibiciones, juez interior) según la teoría psicoanalítica. ¿Por qué no hablar también de una pulsión a la trascendencia, a lo divino, contenida en nosotros y no "reprimida", sino que en la sombra, sepultada bajo los estratos de la neurosis? O reprimida al mismo tiempo que las otras pulsiones, como consecuencia. Reprimida también porque el yo neurótico se negaría a entregarse a tal transformación y a perder los beneficios secundarios que le procuran su neurosis y los disgustos de su neurosis. El ser humano es tan paradójico que prefiere sufrir su neurosis –y mantenerse así en lo conocido– que entregarse a la transformación.

Lo no-creado se puede abordar por distintos caminos. Aquí podemos considerar que las dos dimensiones, la psicológica y la espiritual, forman parte de estos modos de ingreso. Es lo que aún no se conoce, lo que aún no se ha revelado de uno mismo. Es lo que ha permanecido en lo invisible, y se trata de un invisible en busca de respiración, de revelación, de reconocimiento.

Desde un punto de vista psicológico, lo no-creado es lo invisible, lo no realizado, la forma interrumpida en su proceso de crecimiento por la ley de la repetición, por lo que Freud llamaba la compulsión a la repetición. Y la terapia gestáltica, especialmente, que en parte se elabora sobre la noción de formas inacabadas y repeticiones, es un recuerdo continuo de que lo inacabado contiene y mantiene lo no-creado. Por la búsqueda constante de homeostasis del organismo, lo inacabado, ahora lo no-creado, está en busca de revelación, y la neurosis se podría percibir como el fenómeno que consiste en deslizarse en los mismos mecanismos, en detenerse siempre en la misma etapa de los sistemas de relación y de comunicación y en construir la vida sobre lo inacabado y por lo tanto sobre lo no-creado.

Recurro a un ejemplo clásico: algunos hombres y algunas mujeres que tienen mucho miedo a la intimidad propenden a detener una relación afectiva y amorosa en el momento del compromiso y se encuentran ante la imposibilidad de establecer una continuidad. De este modo se hallan solos y sufren por una sensación de fracaso y a veces por una tendencia al repliegue. Están en lo inacabado. ¿Cómo podrían tornarse creadores de este "por-crear", ahogados como están en los pliegues y repliegues de un sí mismo interrumpido en sus movimientos de expansión?

El proceso terapéutico consiste en sacar a luz esbozos de creación o creaciones que han quedado en suspenso, y después en desenmascarar la arquitectura existencial y de relaciones elaborada sobre eso inacabado, sin cesar repetido y vuelto a repetir. Pues lo no-creado empuja, insiste en ser reconocido y en hallar su plenitud. Se tratará, entonces, de destruir las formas parásitas que se han desarrollado como reacción a la interrupción en el proceso de la tentativa de creación.

Las formas parásitas pueden adquirir diferentes configuraciones: si volvemos a la situación anterior, es el hombre o la mujer que se dispersará en relaciones episódicas o que después de idealizar al compañero le hallará todos los defectos del mundo y así tendrá una buena razón para marcharse o que se enfermará cuando el otro expresa su deseo de compromiso...

Destruir las formas, las conductas parásitas, los residuos de la historia pasada que bloquean el aliento, el proceso evolutivo del Ser y la doble capacidad de interiorización y de expansión en el sentido de ser uno en el universo.

La terapia gestáltica nos invita a tomar conciencia de todo esto, y a ser activos en la búsqueda de una nueva forma de ajuste: un ajuste creativo que necesita de una negociación con nosotros mismos y con el entorno, mucha conciencia, humildad y motivación para la transformación. Un ajuste consensual.

Cada vez que el ser humano vuelve a poner en marcha el proceso de ajuste creativo, avanza hacia la plenitud, lo inacabado reemprende el vuelo, y así deshace un pequeño aspecto de su neurosis para instalar otras maneras de ser y de hacer, nuevas y exactas en el sentido de la evolución del ser.

Cada vez que se instala este proceso, el pequeño yo acepta despegarse un poco de los hábitos, creencias y temores que lo retienen en la pesadez de lo afectivo y cada vez el individuo se acerca a él mismo. F. Perls hablaba de ese estado interior tan particular, experimentado en el momento intenso del ajuste creativo y que comparaba con un "mini satori".

La terapia gestáltica: espacio intermediario entre la psicoterapia y la espiritualidad

• Respiración, *awareness*, *continuum* de la experiencia

La referencia al cuerpo vivido, que respira, experimenta, habitado por el aliento, al cuerpo concienciado por el doble movimiento inspiración-expiración y por todas las sensaciones, sean ellas del registro del dolor o del placer, es un punto común importante entre el proceso de conocimiento de uno mismo por las psicoterapias transpersonales y el proceso de conocimiento de uno mismo por el yoga o la meditación de las tradiciones espirituales.

La teoría del sí mismo contiene explícitamente la referencia a la respiración, a su importancia en el proceso terapéutico y en el despliegue del sí mismo hasta que adviene el ajuste creativo. Quiero rehabilitarla y darle su justo lugar. Volvamos a ese pasaje de Perls y Goodman:

"De este modo se puede apreciar por qué la respiración desempeña un papel tan interesante en la psicología y la terapia. (La 'psyqué' o el 'ánima' es la respiración). La respiración es una función fisiológica: su exigencia periódica al entorno es tan frecuente y en verdad tan continua que siempre está a punto de tornarse consciente, de tornarse una especie de contacto. En la respiración se aprecia por excelencia que el animal es un campo: el entorno está 'en el interior' o esencialmente penetrando en todo momento. De este modo la angustia y la perturbación respiratoria acompañan toda perturbación de la función del sí mismo y lo primero, en terapia, es contactar la respiración".

Detengámonos un momento en estas dos frases:

"De este modo la angustia y la perturbación respiratoria acompañan toda perturbación de la función del sí mismo y lo primero, en terapia, es contactar la respiración".

"La 'psyqué' o el 'ánima' es la respiración".

La metodología derivada de la teoría del sí mismo nos muestra la importancia del *awareness.* Es el planteamiento que consiste en apuntar la atención a la experiencia que estamos viviendo y en entrar en la conciencia de cómo respiramos en ese momento. Respiramos como vivimos y vivimos como respiramos. ¿Cómo respiramos ante otro? Las características del sí mismo y de nuestra manera de estar en el mundo están contenidas en nuestra respiración. *Awareness* y respiración son indisociables; se podría decir que el *awareness* es la respiración experimentada y vivida. Es la conciencia respirante o la respiración consciente puesta al servicio de la presencia y de la vigilia. Bernard Vincent la define de este modo en *Para un uso mejor del mundo*, que dedica a la obra de Goodman, y donde muestra que está muy influido por el taoísmo: es "la presencia de todo el ser en la actividad a la cual se entrega". Y más: "Es una actitud despierta de todo el ser en simbiosis con el mundo: una apertura total –psíquica, sensorial, motriz– del organismo al entorno; la conciencia es una distancia, un retroceso, un retraso del individuo separado del mundo: una clausura selectiva, un obstáculo a la gracia".

Respiración, *awareness, continuum* de la experiencia... hasta la emergencia de formas significativas que contienen nuestros mecanismos repetitivos y los ponen en primer plano. Todo el trabajo sobre la emergencia de la forma está contenido en la respiración, en su construcción, su des-estructuración, y la búsqueda de una forma nueva y mejor adaptada para favorecer el crecimiento en la vida presente. Y nuestro crecimiento también contiene ese movimiento hacia nuestro centro y hacia esa misteriosa parte trascendente de nosotros mismos.

La respiración, con su doble movimiento de llenado y vacío, la inspiración y expiración. Observemos un instante ese momento de vacío al término de la expiración. Vacío-angustia cuando hay conciencia de que una forma neurótica se desequilibra y des-estructura; vacío-carencia/vacío-pérdida cuando esta forma desaparece y después vacío-aceptación cuando se hace el duelo de esa forma des-estructurada y quizá perdida; finalmente vacío fértil cuando el espacio esta disponible para una nueva emergencia. Este famoso "vacío fértil" que los creadores de la gestalt han "pedido prestado" a las tradiciones orientales, especialmente al taoísmo, sólo puede ser fértil al término de todo un camino al cual solemos cerrar el paso, y pienso que sobre este punto las tradiciones espirituales orientales tienen mucho que aprender de los terapeutas occidentales que somos nosotros.

Este vacío fértil es un espacio por vivir, una suspensión en el movimiento respiratorio que permite acoger mejor y recibir el aliento en su forma de "inspiración". Es una página en blanco por escribir, pero para una reescritura de la historia; una página en blanco que se escribirá ella misma por la energía y la fuerza actuante de una función ello liberada para expresarse a través de lo que conlleva del nacimiento del hombre nuevo, por oposición al hombre que repite. Un vacío que da acceso a algunos elementos no sólo de lo inacabado sino de lo no-creado.

Bernard Vincent explica muy bien lo que es ese vacío fértil. Hay momentos, dice, en que en nuestra vida estamos en un callejón sin salida y...

> "el todo en un callejón sin salida es de no moverse, de hacer el vacío en uno mismo, de suspender toda acción como el animal apresado, de permanecer inmóvil en medio del torbellino y de esperar, si consiente en producirse, que sobrevenga el milagro, o, por usar una fórmula de Goodman, la visita del 'Espíritu Creador'... Esta interrupción de la acción, de la cual depende el milagro, este no actuar (hacer sin hacer) del taoísmo no es sinónimo de inacción ni de pasividad. Por el contrario, es el acto último por el cual el hombre que ha tocado los confines de su finitud hace el silencio y el vacío y se dispone para acoger los monstruos de las profundidades".

Me parece que la terapia gestáltica muestra de modo muy particular un tronco común esencial con una buena cantidad de prácticas espirituales, en especial a través de sus nociones de respiración y de *awareness*: es el proceso que consiste en ponernos en estado de alerta y apuntar la atención a la experiencia interior que estamos viviendo aquí y ahora, experiencia que nos ha sido dada en primer lugar por la conciencia que tenemos de las manifestaciones corporales y emocionales. Se trata de una conciencia vivida, experimentada y no mentalizada. El *awareness* es también una invitación a estar en el *continuum* de la experiencia y de las interrupciones en este *continuum*, interrupciones (pensamientos, explicaciones, mentalización, retirada, somnolencia, aburrimiento...) que forman parte integral de la experiencia en curso. Ésta no se detiene jamás, es más o menos intensa según los momentos y los contextos. La conciencia que de ella tenemos, en cambio, algunas veces se detiene. En esto hallamos los principios de toda meditación, especialmente del zen, o del sentarse en silencio.

• La conciencia en la relación con el otro al servicio del crecimiento

Sin embargo, existe una diferencia importante entre los dos enfoques. el psicológico y el espiritual. (¿Pero se los puede disociar si se está en un planteamiento global?).

Cuando practicamos la meditación zen, estamos solos sobre un cojín, de cara a la pared. Cuando estamos en psicoterapia gestáltica, a veces estamos solos, pero el sentido de nuestro enfoque es observar cómo "contactamos" con el otro y cómo reaccionamos cuando el otro nos contacta. La especificidad de la terapia gestáltica es crear un contexto en que se nos conduce a mirar a la cara y a concienciar cómo nuestro ser es movilizado por el entorno, como vamos hacia él, como interactuamos y cómo podemos iniciar un ajuste creativo con él. Y agregaría mi punto de vista actual: es un proceso que puede permitir que uno y otro se despeguen del yo pequeño y se acerquen al uno mismo.

Estar en la conciencia de uno mismo ante el otro, en la conciencia de cómo la función ello respira ante el otro, y seguirse en el *continuum* de esta experiencia ante el otro, es una experiencia muy fuerte, sorprendente y a menudo perturbadora. Es un planteamiento en el cual reemplazamos la pared por el otro y es también una experiencia psicológica, porque el otro nos hace existir –aunque a veces sea en la incomodidad– y porque recíprocamente le hacemos existir. Es una experiencia fundamental, es decir que hace emerger a la superficie algo del fondo del cuerpo, del fondo del ser, elementos de nuestra historia que han permanecido en el no consciente. Recordemos que consideramos que el cuerpo es "fondo dado" y que los elementos que surgirán a partir de la toma de conciencia de cómo reacciona la función ello en nosotros ante el otro suelen ser elementos residuales o de reacción, aquellos que debemos depurar para renovarnos. Y la depuración de la historia forma parte del proceso de espiritualización.

La presencia del otro y la atención que prestamos a un tiempo a nosotros y a él ante nosotros, la conciencia de nuestra manera de ser y de respirar en su presencia, son un maravilloso revelador de lo que somos profundamente. ¡Por esta razón solemos odiarlo! El otro está demasiado lejos, demasiado cerca, su presencia nos molesta, nos agrede, nos alegra, nos hace vivir un desborde pulsional, nos deja indiferentes, su mirada nos atraviesa, nos juzga, es intrusiva... ¿Y qué somos ante él? Estamos habitados por una multitud de impulsos: rechazarlo, reprocharle, huir, arrojarnos en sus brazos, seducirlo, despreciarlo, matarlo... ¡Y nuestra fisiología puede empezar a reaccionar con fuerza, con el aumento de adrenalina! El corazón bate a pleno, se humedecen las manos, el sudor corre, aparecen tensiones en algunas partes del cuerpo, se manifiestan gestos o posturas espontáneas. Nuestros viejos demonios, los de la neurosis, se agitan y nos ponen patas arriba. La fisiología y la psicología se manifiestan entonces al mismo tiempo y a veces lo emocional se ve muy solicitado... El sí mismo está extremadamente presente, movilizado a través de la función ello.

En un primer instante se unen el planteamiento gestáltico y el meditativo: la orden es observar lo que ocurre en nosotros, hacer la travesía de las manifestaciones físicas y emocionales, no impedir ni provocar nada, seguir lo que ocurre en nosotros; confiar. Luego vendrá otra cosa.

Pero llega un momento en que los planteamientos difieren. En la meditación clásica se observa la emoción y se la deja pasar; en psicoterapia cabe sumergirse en lo emocional. A veces es necesario mirar cara a cara esa forma emocional que surge, revivir o, más exactamente, autorizarse a vivir la emoción que estaba bloqueada por reglas y creencias de la familia y la cultura. Pues la energía que contiene la emoción, contenida y a veces no reconocida, trabaja contra nosotros y frena o hace fracasar nuestra evolución afectiva, psicológica y también espiritual.

Las psicoterapias humanistas y transpersonales a veces nos comprometen claramente en este proceso de hallazgos con las emociones. No se trata de estimular las emociones por estimularlas. El trabajo emocional no es un fin en sí mismo. Es apertura y pasaje. Se trata de comprometerse en un proceso de depuración. Y, desde mi punto de vista, este proceso de depuración es la base del proceso de espiritualización.

La fisura entre psicoterapia y espiritualidad no tiene razón de ser si el psicoterapeuta encara la psicoterapia como un punto de partida posible para ingresar a un camino espiritual.

• ¿Será la psicoterapia un paso previo que abre al compromiso en un camino espiritual?

En esta perspectiva, el camino de conocimiento de uno mismo por la psicoterapia puede parecer a algunos un primer paso para un compromiso en una vía espiritual; otros creen que es el comienzo del compromiso hacia una apertura a lo espiritual. En ambos casos, hay por lo menos cuatro postulados que conviene considerar:

√ Toda nuestra historia está inscrita en nuestro cuerpo; la concentración en el cuerpo, por la respiración y algunas prácticas corporales, hará que emerjan en el campo de la conciencia formas significativas como los nudos emocionales.

√ Estemos donde estemos, estamos allí con toda nuestra historia. La presencia del otro pone de manifiesto los mecanismos de relación y existenciales neuróticos que operan en nosotros, contra nosotros y contra el otro.

√ El ser humano es un todo cuerpo-afectivo-mental en interacción con el entorno, y la verdadera totalidad es el campo creado por el encuentro entre él y su entorno.
√ Finalmente el psicoterapeuta no es ni un maestro ni un gurú. Es sencillamente un hombre o una mujer que ejerce una profesión desde una teoría y de una metodología coherente con esa teoría. Está habitado también por una antropología la mayor parte del tiempo implícita, es decir, por una concepción personal del ser humano y del universo ligada a su propia historia. Le corresponde explicitar su relación con lo que se llama espiritualidad y concienciar cómo se infiltra esto sin que lo sepa en el proceso terapéutico o cómo, consciente o inconscientemente, la aprovecha para influir el campo en función de sus creencias.

El planteo terapéutico consiste en poner a trabajar las formas corporales, emocionales, de relaciones, pulsionales y mentales que emergen del fondo de nuestro cuerpo, de nuestra historia familiar y cultural, del fondo de nuestra genealogía y del fondo de nuestro inconsciente. El proceso de conocimiento de uno mismo, en profundidad, es un proceso de depuración emocional, de aceptación de elementos de nuestra historia, de arraigo en el cuerpo, en la respiración, la genealogía, el aquí y ahora, de búsqueda del significado de lo que nos ocurre, de perdón y de apertura del corazón. A esto nos conduce el *awareness* en el contacto con el otro. Se trata de una suerte de meditación a dos o varias voces, en un cara a cara reconocido y compartido.

De este proceso nacerá un nuevo aliento: la transformación.

Así creamos los fundamentos para el compromiso en el camino espiritual. Y nos convertimos en los creadores de nuestra propia creación.

Anotemos, para terminar, que las exigencias anteriormente nombradas para exponer lo que es verdaderamente el camino espiritual son las mismas que para el camino psicoterapéutico:

√ La referencia a una tradición y a textos fundadores dan una estructura y una vertebración a una práctica; por ejemplo, los textos fundadores que conciernen al psicoanálisis, a la terapia gestáltica, a las psicoterapias humanistas y transpersonales.

√ La práctica regular de la psicoterapia: una, dos, tres veces por semana, durante varios meses, casi siempre varios años. Esto representa una verdadera ascesis: hay que enfrentarse a uno mismo de manera regular, continuada y fija en la semana durante varios años...

√ La aplicación en lo cotidiano de los descubrimientos hechos durante el proceso terapéutico.

√ La referencia a un personaje exterior: el psicoterapeuta, cuya presencia regular y continua jalonará nuestro camino.

√ Por último, y sobre todo, la motivación y el deseo de transformación.

Resulta curioso comprobar hasta qué punto los dos planteamientos pasan por unas exigencias muy semejantes y tienen la misma finalidad: conducir a que el ser humano se aproxime a sí mismo, a su centro, a lo que es central en la existencia. Es un mensaje muy antiguo, que encontramos en la Biblia en palabras de Abraham: "Ve hacia ti mismo".

De este modo, el conocimiento de uno mismo y la espiritualidad no sólo parecen dos planteamientos en continuidad uno del otro, sino un camino evolutivo único que adoptará diferentes formas durante su desarrollo. En este camino, el terapeuta es quien se preocupará de la respiración de su paciente y por ello cuidará del aliento y lo honrará. Acompañará al aliento hasta que revele una parte de eso inacabado y de eso no-creado que llevamos en nosotros. Y no lo hará para llenarnos de la ilusión de que podríamos acabar eso inacabado, como creíamos al comienzo de la historia de la terapia gestáltica, sino para intentar que aceptemos vivir con nosotros mismos como seres de carencia y portadores de lo no-creado.

EPÍLOGO

La tercera historia: una estética de la relación

Notas

A LO LARGO de este libro hemos conocido a algunos hombres y mujeres durante un momento de la historia terapéutica que se ha construido entre ellos y yo, entre nosotros. Les agradezco calurosamente que hayan llegado un día a mi despacho y permitido que se tejiera esa relación particular de la cual algunos momentos y elementos sirven de apoyo a la puesta en palabras escritas de mi comprensión de la terapia gestáltica. En el curso de este libro les he revelado así algunos momentos de nuestra historia común, de nuestra "vida común", por usar la expresión de S. Todorov, con el deseo de transmitirles lo que hace la fuerza y la belleza, incluso la elegancia, del proceso psicoterapéutico. A través de esto, gracias a esto, es posible que algo también se haya tejido entre ustedes, lectores, y esos hombres, esas mujeres y yo mismo que hago de escritor de un cierto tipo de relación y de sus basamentos antropológicos y teóricos.

Con cierta frecuencia me sucede que cuando termino la lectura de un libro que me ha gustado experimento una cierta tristeza y por un instante una sensación de carencia. Me conmueve haber acompañado a los personajes en su historia, haber seguido al autor en el desarrollo de un pensamiento que implícitamente habla de él mismo, y finalmente llegar al término de la lectura. Es como un fragmento de vida que termina. Hay un duelo por hacer. Necesitaré de un tiempo antes de pasar a otra obra.

Siento lo mismo con el otro, con aquel con quien se ha tejido algo durante meses o años en el curso de las sesiones: una mezcla de satisfacción, de placer ante la obra hermosa que se ha cumplido y que hemos cumplido juntos. Pero también hay tristeza y una lágrima discreta en la punta del ojo. Como si fuera una historia de amor que se detiene en la realidad. Al escribir estas palabras, soy consciente de que llegamos al final de este libro. Como si llegáramos a la última fase de la terapia, a la última sesión, aquella en que se habla de tú a tú y se agradece por lo que nos hemos aportado mutuamente.

¿Qué ocurre entonces cuando dos personas se conocen en un contexto de psicoterapia, en un contexto en que co-construyen una relación que no se parece a ninguna otra pero contiene los basamentos de todas las otras, los pasados, el que se despliega en este momento y los que vendrán?

La tercera historia: hacer la experiencia de una relación atípica

Hace mucho que este tema de la "tercera historia" me interpela, me fascina y sirve de objeto de diversas reflexiones e intercambios durante mis seminarios de supervisión. La tercera historia... la que se crea, se desarrolla, se elabora y se murmura en el espacio cerrado, íntimo y secreto del consultorio del psicoterapeuta. Al interior de este espacio hay la historia del paciente, la del terapeuta y su historia común, la que se desarrolla momento a momento en el curso de las sesiones y del entredos de las sesiones, sobre fondo de dos otros. Somos tres, el paciente, el terapeuta y la relación. Y aquí no hablaré de las historias transgeneracionales que acechan el espacio terapéutico.

Estos cuatro protagonistas tienen cada uno una historia, y la historia de la relación, la que llamo la tercera historia, se construye sobre el fondo de las otras dos. Sólo pertenece a los dos y es su co-creación momento a momento durante las sesiones y en la continuidad; la *función ello* ocurre también entre sesiones. Está ligada directamente con la historia anterior de uno y el otro. Servirá para la comprensión y quizás permitirá suavizar o deshacer algunos nudos del paciente, pero también sucede que conmueva al terapeuta y también lo transforme a él. Es una forma que no cesa de elaborarse y reelaborarse sobre el fondo que constituye la historia del terapeuta y del paciente, su encuentro, a veces su entretejimiento que habrá que desenredar para que se pueda continuar con el tejido. La conciencia apuntada a esta historia y a su proceso de organización y de desarrollo es una experiencia que permite habitarla, verificar que es una co-creación, captar su valor y tornarla un trampolín para una futura historia renovada. Había comenzado en realidad mucho antes del primer encuentro, por lo menos para el paciente, y continuará para uno y el otro mucho más allá del primer encuentro. Hasta la muerte.

- La intersubjetividad

Esta tercera historia es la de la relación, de esta relación muy particular que se desarrolla a través de "una experiencia atípica", por retomar la expresión de F. Brissaud, autor del ya citado artículo "Construir una experiencia atípica" (2005).

Se desarrolla contra el fondo de la antropología presentada a comienzos de este libro. ¿Qué ocurre cuando dos personas, un psicoterapeuta y un paciente, se encuentran cada semana, regularmente, una o dos veces, por 30, 40 ó 50 minutos, en el espacio cerrado del consultorio del psicoterapeuta, en la confidencialidad de lo que dicen durante los encuentros, en lo íntimo, en cierta proximidad física y durante meses y años?

Según los presupuestos antropológicos de la teoría del sí mismo y según su corpus teórico, estamos en la intersubjetividad o, más exactamente, en busca del yo y el tú, somos dos personas tratando de existir como sujetos ante otro que tratarán de percibir como sujeto. Dos sujetos que tratan de advenir uno por el otro, de "aparecerse a propósito de otro", por usar el título de la obra de J.M. Robine. Estamos en el ínter, pero también en el alrededor; en una globalidad que abarca a uno y al otro, que son indisociables. En la conciencia, en el reconocimiento y la comprensión de lo que ocurre en el entre-dos y de cómo ocurre esto. Y en el alrededor, porque la teoría del campo nos lleva a considerar que lo que ocurre en el ínter desata algo más, algo diferente, que a veces es difícil identificar y describir y forma parte de la globalidad del fenómeno relacional. Y el alrededor, el contexto, influye al ínter.

Me gusta advertir que las ideas que se emiten en un dominio del pensamiento se unen a las emitidas en otros dominios y quiero citar aquí a un científico, Axel Kahn, autor de varias obras, entre ellas de *¿Y el hombre en todo aquello?* (2000):

> "El valor del hombre es un denominador común de casi todos los pensamientos filosóficos y religiosos. Hoy creo conocer la causa: la relación intersubjetiva es la condición *sine qua non* de la humanización de un primate que tiene un genoma de Homo".

Según nuestra antropología, sabemos que nuestra misión como vivientes consiste en hacernos advenir mutuamente a más humanización y humanidad, en transformar lo no humano en nosotros e incluso en apoyarnos a veces en "el entorno no humano", como sugiere H. Searles, para ser actores en el proceso de co-creación de lo humano, del sujeto y, con él, de un vínculo que trasciende el sí mismo.

Esto es fundamental en la postura del terapeuta gestáltico que deja la posición del que sabe y considera que el otro es un objeto para observar, estudiar y escuchar para que cambie. Estamos en el paradigma de la subjetividad, de la intersubjetividad, de la búsqueda en conjunto, del co-pensamiento, de la co-creación; esto nos hace comprometernos en la relación y estar dispuestos a acoger lo que viene sin que se lo haya premeditado o previsto, para dejarse sorprender, despistar, aceptar perderse algunas veces, y a no comprender nada, estar en la divagación, para ir mejor hacia, mejor al encuentro de.

F. Staemmler escribe al respecto en *El cultivo de la incertidumbre*:

> "Estar abierto a nuevos encuentros es abandonar la posición de observador aparentemente objetivo que desde la distancia de su perspectiva de diagnóstico convencional clasifica y evalúa a la otra persona. Esto significa descender al nivel de contacto personal directo, en el cual la subjetividad del cliente y la del terapeuta son una dimensión esencial. Esto significa evitar la seguridad de una relación sujeto-objeto. Todo intento de negar la subjetividad significaría, en efecto, negar la propia humanidad subjetiva y, por ello, aquello que se necesita insistentemente para el desarrollo personal. Si se encaran así las cosas, la subjetividad, que va a la par con la incertidumbre, puede terminar por convertirse en ganancia de humanidad".

Esto significa también que esta intersubjetividad está hecha de influencia mutua, de co-influencia. Y la influencia puede ser un factor terapéutico, como atestigua el mismo F. Staemmler: "Si no hay posibilidad de influir al otro de una manera o de otra, no se podría concebir eficacia terapéutica alguna..."; lo mismo señala T. Nathan en *La influencia que cura*.

- **El vínculo en la temporalidad**

Uno de los sucesos esenciales que ocurre en el ínter y en esa co-creación que son la intersubjetividad y la interdependencia, es la creación de un vínculo. Se consigue por la transformación de las formas neuróticas en ajuste creativo. Gracias a este proceso, y más allá de él, se teje la creación del vínculo, la instalación de ese algo particular que conmueve a uno y otro hasta en el cuerpo y en el alma, pasando por el afecto y creando de este modo una emocionalidad de fondo, a veces común. Hay una suma de uno y otro, algo que vincula y eso ya es toda una historia... Hasta la co-creación de un vínculo mutuo que conmueve profundamente y transforma –por lo menos así esperamos–, aunque haya que pasar por el conflicto y a veces gracias a él. Esta co-creación genera la transformación silenciosa.

Los presupuestos antropológicos de la teoría del sí mismo, propuestos por PHG, contienen la relación y hacen de ella el elemento esencial de la cura terapéutica.

Toda relación tiene una historia. Toda relación es una historia.

Toda relación es una historia en curso de elaboración, una temporalidad histórica en proceso. El terapeuta gestáltico, debido a sus raíces fenomenológicas, trabaja sobre esta historia en curso de elaboración, sobre la experiencia que el paciente hace de ella, sobre su propia experiencia y sobre su experiencia común del despliegue del sí mismo. La experiencia se desarrolla en el tiempo, en la cronología, en el tiempo que transcurre puntuado por las sesiones. Se podría escribir la cronología de un proceso terapéutico. Sugiero a los terapeutas que superviso que den un título general a cada sesión, que destaquen su tema principal y que se dejen impregnar por la sucesión de títulos y de temas; y después, que observen cómo el título habla del paciente, del terapeuta y de la relación terapeuta-paciente.

La relación se inscribe y se despliega en un proceso temporal. Uno habla y el otro escucha. A veces interactúan. A veces están en silencio. A veces están "muy afectados", uno por lo que relata de su vida, por sus tomas de conciencia, por lo que el otro le devuelve; y el otro también lo está, como un eco. Y entre los momentos oficiales de encuentro hay los momentos no oficiales, durante los cuales piensan en el otro y en la sesión, los momentos exteriores en que están afectados por lo que ha ocurrido en lo interior de la sesión. A veces uno sueña también con el otro y viceversa. Incluso sucede que se relaten esto. ¿El tiempo entre dos sesiones no será acaso también una de las secuencias temporales muy importantes de ese tiempo terapéutico y de esa relación particular?

Así se crea una historia común, singular, extraña, atípica, que no se parece a ninguna y que sin embargo contiene a todas las otras, a las del pasado pero también a las historias por venir que aún están en lo no conocido aunque ya estén en gestación. Una historia de amor, de odio, de miedo, de indiferencia, de momentos compartidos, de excitación, de aburrimiento, de deseo, de contenciones, de violencia, de risas. Una historia como todas las otras historias, como en la vida verdadera o casi, en el respeto a la persona, a la relación y a un código de deontología.

• Una temporalidad terapéutica que sana

Esta tercera historia es una experiencia atípica, una historia que sana, una temporalidad curativa y terapéutica. Y lo que sana es esa co-construcción con sus características que habrá que poner de manifiesto, hablar, analizar para que esta nueva historia transforme los contenidos, los relatos de momentos de vida. Relatar la función ello a otro, hacerlo vibrar de un modo o de otro a partir de la función ello. Entrar juntos en esa confluencia vibratoria que es como un envoltorio cálido que rodea a los dos participantes y gesta la preparación de nuevas formas históricas. Es cálido porque en ciertos momentos se lo puede vivir como un envoltorio protector, como una cálida matriz. Pero también porque a veces *la función ello calienta* en el entre-dos relacional.

En este proceso hay algo del orden de la regresión. Por el afecto de uno, que despierta el del otro, uno se hunde a veces como en una especie de regresión común o de universo común y paradójico porque inscrito en la temporalidad inmediata y al mismo tiempo fuera de la temporalidad; como si el terapeuta se tornara momentáneamente el paciente que sufre a partir de su dolor propio y prestara así compañía allí donde duele la función ello, en lo más íntimo de ese dolor y en un contexto vivido como seguro, como en un capullo tranquilizador que es la condición, el paso por una reconstrucción de la historia. Esto evoca al personaje *ego auxiliar* del psicodrama: el terapeuta que se convierte en paciente desempeñando su papel, que habla como él y para él y experimenta como él y para él.

• La co-creación del vínculo en y por la conciencia ampliada

Creo que entonces los dos pasan suavemente, sin advertirlo, a un estado de conciencia ampliada, a un ligero estado de trance. Hay superposición de tiempo: el tiempo presente está marcado por el afecto proveniente del tiempo pasado. Gracias a la atención apuntada a la experiencia en curso, viven una ampliación del campo de la conciencia y me parece que sobre todo en esas condiciones es posible una remodelación del despliegue del sí mismo. Hoy formulo la hipótesis que lo que sana no es solamente la relación cuando es "suficientemente buena", sino cuando el paciente y el terapeuta están uno y otro en un estado de conciencia ligeramente ampliada; en este estado se puede desprogramar, desactivar, lo emocional-pantalla y los mecanismos neuróticos de relación que se apoyan en gestalts inacabadas. La desactivación se efectuaría en este estado de trance que marca la historia presente que se está desplegando gracias a la complicidad que reúne terapeuta y paciente en un afecto común. Me lo han enseñado los chamanes haciéndome vivirlo. Y me parece que en este proceso volvemos a encontrar algo que se asemeja a la hipnosis ericksoniana. F. Roustand lo describe muy bien en *Influencia.*

Esto me lo había enseñado hace mucho tiempo un paciente a comienzos de mi carrera, cuando trabajaba en el Instituto Philippe Pinel de Montreal. Había de una y otra parte un afecto que me parecía muy positivo. Ese día me dijo, al comienzo de la sesión: "Me gustaría mucho comunicarme contigo, pero no sé cómo hacerlo". Le respondí: "A mi también me gustaría comunicarme contigo. ¿Qué hacemos?". E inmediatamente me ocurrió algo muy curioso: todo me empezó a girar, el ambiente se me tornó difuso y amarillento; el vértigo aumentaba y me entró un pánico al punto que no se me ocurrió otra cosa que decirle lo que me sucedía, pues creía que necesitaba ayuda. Empezó a reír y me dijo: "Pero si eso mismo me pasa a menudo". Volví entonces a la normalidad.

El aquí y ahora es al mismo tiempo un más acá y un más allá. Deshace el tiempo "cronos", que se torna "kairós", el tiempo oportuno que cambia el rostro de la Historia, el tiempo-intuición, el tiempoacontecimiento, el tiempo-sorpresa a partir del cual se puede decir que hay un antes y un después.

Lo que interesa al terapeuta gestáltico es la globalidad de lo que ocurre: el ínter y el alrededor puestos en movimiento y en forma por el encuentro de dos personas, cada una con su historia y su antropología; y la estructuración de esta globalidad.

Podemos ver esta globalidad como un conjunto que abarca la historia común terapeuta-paciente que se desarrolla en la sucesión de instantes presentes contra el fondo de dos otros y generada por lo menos en parte por los dos otros. La globalidad comprende el conjunto de las tres historias, y el arte consiste en desprender progresivamente la historia actual de los residuos que vienen de las otras dos, de suerte que sea una historia nueva, una forma nueva, estética, que sirva para apuntalar la historia por venir. La teoría de la Gestalt nos ha enseñado a decodificar lo que nos es dado encontrar y conocer por los significados y la percepción en términos de dinámica y de dialéctica fondo-figura. A veces sucede que elementos de esa historia presente se destacan en una figura clara sobre ese fondo constituido por el encuentro de esas dos historias, por su entrelazamiento, por el impacto que eso provoca, por la confusión de una en la otra hasta el punto que uno queda en la bruma y todo está borroso. Esto provoca afecto de una y otra parte, y esta historia presente, actual, es también y quizá sobre todo una historia de afecto y de afectación mutua. Y se desprende una atmósfera, un ambiente, una "flotación". Hay ese alrededor al que me refería antes, que a veces llamo "objetos flotantes no identificados" que se pueden manifestar por la intuición, el sueño, la palabra o el gesto inesperados, los fenómenos de sincronía, la sensación de que en el espacio terapéutico hay una persona invisible.

La concienciación de esas afectaciones mutuas, la revelación en palabras de ciertos elementos de esta "flotación", su puesta a trabajar, son parte de esta tercera historia y esto puede hacer una historia apaciguadora, sanadora y renovadora para uno y otro.

La tercera historia: una historia de afectos mutuos

- La afectación mutua

La tercera historia sería entonces una co-creación al servicio de uno y otro, la creación, momento a momento, de un rito de curación. Cada elemento, sea cual sea su naturaleza y forma a condición de que respete la ética y el código de deontología de los psicoterapeutas, se debe considerar uno de los elementos del proceso de cura. Aquí debemos entender el término cura en el sentido de transformación. Hemos visto que se trata de concienciar lo que hemos llamado formas fijas neuróticas para intentar transformarlas, darles una forma más allá de su forma inicial. Esta tercera historia parece entonces el atanor que permite la alquimia. Transformar nuestras formas neuróticas en ajuste creativo se realiza en relación, en la relación, por la relación. A condición que se la vea, se la experimente, reconozca y se la hable. Las formas neuróticas se manifestarán porque hay afecto en el campo terapéutico, afectación mutua, porque el afecto que emerge en el instante presente y que a veces se torna figura clara, precisa y dominadora, proviene de las huellas que han dejado elementos de la historia pasada en el organismo. El terapeuta es para el paciente la ocasión del resurgimiento de elementos de su historia pasada, y este resurgimiento afectará al terapeuta, en el cual la función ello reaccionará en el nivel de su afecto y a veces hasta en elementos de su propia historia; elementos que se supone que conoce, pues ya los ha puesto a trabajar en su propia terapia, pero a veces también elementos de los cuales aún no es consciente y que deberá observar en supervisión o en un nuevo período de terapia personal. Esto siempre plantea la cuestión del campo de la transferencia, es decir, del movimiento de afectos de uno hacia el otro y viceversa a lo largo del proceso terapéutico, lo cual da una coloración muy particular a la relación terapéutica. Como dice G. Marquelier en *Querer la vida propia*:

> "La dificultad de la postura del gestáltico es estar implicado en la relación y al mismo tiempo mantener la distancia terapéutica necesaria, es decir, estar plenamente allí, en el con-

tacto con el cliente sin perder el distanciamiento suficiente para preguntarse 'qué sucede entre nosotros'. Lo que se intercambia en la frontera-contacto es a un tiempo una relación actual y la reproducción de una situación antigua del cliente (transferencia) y del terapeuta (contratransferencia)".

• El afecto es sencillamente humano

Cuando dos personas se encuentran regularmente, la función ello provoca afecto de una y otra parte. Y esto es así sencillamente porque es humano y una historia en la continuidad y en el espacio cerrado del encuentro –en la cual se dice lo que quizás nunca se había dicho, se muestra la emoción, se revela el secreto, se expresa el dolor, se descubren posibilidades y esperanzas– influye el estado interior de uno y otro. Es una historia de intimidad, con su *continuum* de sucesos y emoción.

Está el afecto del paciente vinculado con su historia y el relato que de ella hace ante ese otro que es la persona del terapeuta; él, el paciente, es influido por la relación que se teje entre ellos dos. Y está el terapeuta vinculado con la persona que tiene enfrente, conmovido por la historia del paciente y por el relato que se hace a él. Él también está afectado por esa persona, por su relato, por su emoción, conmovido a veces hasta en su propia historia, en sus propios afectos personales, que entonces despiertan gracias a ese paciente con su historia, que le relata, en ese momento de su historia común, tal o cual aspecto de su vida. H. Searles lo describe muy bien en *El esfuerzo por enloquecer al otro.*

André me habla de su vida cotidiana. Es la cuarta vez que nos encontramos, aún no nos conocemos bien y me pregunto qué le ha hecho volver, sobre todo porque sigue siendo un enigma y todavía no capto bien su deseo aunque quiero hacerme cargo del enigma. Me responde como si hubiera escuchado mi interrogatorio interior. Me sorprende y me contengo; no le pregunto cómo ha adivinado exactamente la pregunta que me rondaba en la cabeza. "Lo que me hace venir es que me agrada hablarle de mi vida y de mi historia y me doy cuenta de que esto me hace cambiar...". Le agrada venir, me lo dice y eso me agrada. Ha comenzado nuestra historia común y va más rápido que yo.

Nos encontramos a partir de dos afectos: su placer al contarme su historia y mi interés, que estimula mi curiosidad hacia él. Y esto es un elemento de los inicios de nuestra historia común, que forma parte de nuestra historia relacional. Aún no le he nombrado mi afecto, pero podría hacerlo. Lo haré poco después. Soy muy consciente de él y de momento cada uno aporta al campo el afecto que concierne al otro. Esto hace de pegamento y contribuye al tejido de la relación.

El psicoanálisis nos ha aportado los conceptos de transferencia y de contratransferencia. Esto implica que hay dos personas que están en cierto tipo de interacción caracterizada porque el paciente transfiere al terapeuta un afecto que concierne a otra persona de su vida pasada y la función ello reacciona en el terapeuta, en su propio afecto, que por su parte puede transferir algo al paciente. Emitirá una respuesta consciente o no consciente al mensaje que ha recibido. En el pasado, a veces se ha presentado la transferencia en terapia gestáltica como una resistencia al proceso de contacto tal como lo hemos presentado en este libro. Puede serlo, por cierto. F. Roustang, en la obra citada, nos la muestra como un medio de comunicación. Yo también la veo hoy como un medio de comunicación y como un fenómeno de campo, lo que concede otra coloración a la noción de resistencia.

A veces la utilización de este concepto ha sido cuestionada y criticada por algunos terapeutas gestálticos, ya que proviene de otro corpus teórico. Dicho esto, el espacio terapéutico, sea cual sea la escuela de pensamiento a que se hace referencia, está poblado por afectos, por experiencias corporales y emocionales vinculadas al otro que tenemos enfrente, por proyecciones y desplazamientos (tomar a alguien por otro), y todo eso desatado por su presencia. Y, a la inversa, desatamos en él afectos y todo un conjunto de reacciones. Esto es sencillamente humano antes de ser recuperado por los sistemas teóricos. Ahora bien, la relación se construye en gran parte y quizás esencialmente en torno de los afectos mutuos que a un tiempo crean el campo y son creados por él. Son un constituyente de la relación. Y lo que la terapia gestáltica aporta o precisa en la historia del pensamiento psicoterapéutico es que la relación es un fenómeno de campo, una co-creación de uno y otro, de uno con el otro, de uno por el otro, de uno para el otro, como recordaba A. Lamy, citado a comienzos de este libro.

Estamos en un sistema y en una continuidad de interacciones a través de las cuales nos afectamos mutua y constantemente. Co-creamos un sistema de afectaciones mutuas, de co-afectaciones. Y Ferenczi proponía, sin duda en esta lógica, hace ya mucho, el análisis mutuo. T. Nathan, en vista de los sistemas complejos de afectos que circulan en el campo terapéutico y que influyen a un tiempo en el campo y en los individuos que lo componen, desarrolla la idea de que el terapeuta y el paciente están siempre apresados por un sistema de influencias mutuas y sugiere que desarrollemos una investigación sobre "la influenciología", de suerte que estemos atentos para captar estos fenómenos y suscitar un sistema de influencias que curen. Por mi parte, he propuesto hace varios años, en *Terapia gestáltica, cultura africana, cambio,* el término "campo transferencial" para designar el conjunto del fenómeno y para indicar que se trata de un fenómeno que engloba a uno y otro y que pertenece al campo, que es generado por él y se alimenta de lo que cada uno pone allí, sea esto consciente o no, y sobre todo si esto permanece en lo no-consciente. Más tarde propuse otra expresión, "movimientos de afectos en el campo terapéutico", para no reducir la relación terapéutica a las meras dimensiones transferenciales y contratransferenciales.

• La tercera historia: un conjunto de movimientos de afectos

Me parece que el afecto es uno de los elementos importantes que caracterizan la relación en la duración y la continuidad. Esta tercera historia también se elabora, quizás incluso esencialmente, sobre estos movimientos de afectos que circulan de uno al otro a través de la re-actualización en el aquí y ahora de los mecanismos del paciente y de las respuestas del terapeuta. El instante presente y la sucesión de instantes presentes están marcados por estos movimientos que influyen a uno y otro y que se imbrican en la relación al tiempo que la crean y la desarrollan. Ahora, sabemos que estos movimientos de afectos constituyen uno de los acontecimientos importantes de frontera-contacto. Son acontecimientos que no siempre se perciben de manera inmediata, que suceden al margen de nuestra voluntad, y que tendremos que descifrar durante el proceso. Estos movimientos de afectos y lo que generan como reacciones verbales, corporales, tomas de posición, sueños, olvidos, lapsus, bloqueos, emergencia de recuerdos, intuiciones... forman parte de la relación: ella está hecha de todo esto. Ocurren aquí y ahora en la inmediatez del instante, pero también en ese tiempo entre. Y postulamos que esa inmediatez está marcada por la memoria de lo que el organismo ha retenido e inscrito como huella por la constitución de gestalts inacabadas y de aquello que las ha provocado. Esta inmediatez concienciada, en la relación, restituye en el entre-dos terapeuta-paciente ciertas huellas dejadas por lo inacabado y su repetición; lo hace a través de las maneras de ser o de hacer que se revelan gracias a esta restitución. Pensemos en estas frases sencillas: "¿Qué le ocurre (ante mí)?... Permítase experimentar eso, deje que entre en su campo de conciencia".

Escuchemos expresarse a algunos terapeutas gestálticos durante un seminario de supervisión.

Paul informa que se siente impotente ante esa mujer que siempre le relata lo mismo y que, según él, no se moviliza activamente para salir de una relación conyugal que ella misma considera destructiva para ella misma. Clara habla igualmente de su impotencia ante un nuevo paciente, enviado a terapia por su mujer, que se expresa muy poco –"hay que arrancarle todo"– y que padece impotencia sexual. Marie nombra su cólera ante ese paciente que la agrede porque ella no cambia y que no deja de sentirse incómodo porque "un terapeuta no debiera sentir cólera contra su paciente". Catherine vuelve sobre un tema que ha abordado en un seminario anterior: el tedio; recuerda que le molesta si un paciente habla de interrumpir la terapia cuando hay aburrimiento. Laura, que también es profesora de Tai Chi, explica que se siente viva después de interiorizar un vínculo muy fuerte con su alumna, y explica que a veces se siente en un estado interior muy particular y en una forma de relación que va más allá de la relación habitual, como si estuviera ante su paciente completamente consigo misma, en empatía con su paciente, y al mismo tiempo vinculada con algo más vasto. Paul, finalmente, retoma la palabra para expresar la perturbación, la fascinación y el malestar ante ese homosexual del cual no sabe a primera vista si es hombre o si es mujer y sobre cuya identidad se interroga; en esta ocasión nos participa también su propia sensación de humillación y su miedo a la exclusión cuando era niño.

El aquí y ahora de la situación terapéutica está hecho de afectos mutuos experimentados o no, reconocidos o no, compartidos o no, y el campo se estructura a partir de ellos. Estos afectos mutuos forman parte del campo y colorean la naturaleza de lo que religa a uno y otro y constituye la relación. La relación, igualmente, es una creación del campo, tal como la historia, que sólo es la sucesión de esos momentos presentes con los sucesos que la constituyen. Paul habla del impacto que experimentó la primera vez que ese homosexual entró a su consultorio y de la incomodidad que siente en cada sesión. ¿Será reflejo del impacto y de la incomodidad que este paciente experimenta ante los otros sabiendo que eso es lo que provoca?

Reconocer el afecto que nos habita, dejarse "penetrar" por ese afecto para que impregne el campo. ¿Es concebible decir al otro: "Me siento perturbado por usted"? El afecto es una energía. De suyo no es ni bueno, ni malo, ni positivo ni negativo. Es. Después puede adoptar tonalidades y expresiones diferentes según nuestras neurosis y el campo. El asunto es saber lo que diremos, cuándo y cómo. Es la cuestión de la revelación del terapeuta.

• Las analogías históricas

Volvamos a Paul. Habla de la humillación que a menudo su paciente ha experimentado durante su historia al escuchar algunas reflexiones que le parecen hirientes. Y al evocar esa humillación ante el grupo durante el seminario de supervisión, hace contacto con la que él también vivió en la escuela y en el colegio, ligada a su apellido. Toma conciencia de que ambos son portadores de una herida en la identidad. También sabe de humillaciones. Por distintas razones, los dos han sido afectados durante su historia en un constituyente de su identidad: uno por el nombre de su padre, el otro en la identidad sexuada y sexual. A esto lo llamo analogía histórica. Y de su toma de conciencia puede provenir la diferencia de tonalidad en la intervención del terapeuta. Se puede imaginar que un terapeuta diga algo como: "Hábleme de esa sensación de humillación", sintiéndose neutral y distante, sin un afecto en particular, dispuesto a aceptar lo que venga. Otro puede hacerlo porque ha aprendido que el terapeuta está allí para acompañar al paciente en la expresión de su experiencia y de su dolor, y puede mantenerse en una dimensión más "técnica". Otro puede sentirse turbado sin comprender por qué y sin saber qué decir ni cómo reaccionar. Otro puede acompañar también a partir de su propio afecto, que ha despertado por la problemática del paciente y por sus conocimientos teóricos y metodológicos. Y otro puede sentirse muy concernido por lo que hay de semejante en su propia historia; si ha superado el asunto, si ahora está en paz con eso, podrá entonces mantener verdadera empatía, comprender y guardar la distancia adecuada.

La tonalidad relacional no será la misma según la postura interior del paciente. De aquella surgirá la empatía, que es el proceso que consiste en ser conmovido, afectado por el dolor del otro y en hacer que ese afecto pase a otro nivel, el de la aceptación de ese otro tal cual es.

En este caso, están allí cada uno con su propia historia. Y hoy su historia común se estructura sobre un fondo de sensación de humillación, y de este fondo común puede nacer una historia nueva, una forma nueva, a través de los contenidos de la sesión y de las interacciones: uno y otro están ligados por un mismo afecto y en un estar-allí en que uno ofrece al otro una escucha particular a su drama, y el otro, movido y emocionado interiormente, está trascendiendo el dolor ligado a su herida y transformándola en escucha, en empatía, quizás en compasión. Están co-creando su historia común y presente y, al hacerlo, están entregándose a un proceso de cura mutua. Se encuentran en este afecto común. Si el terapeuta ya ha superado su vínculo con la humillación y está en paz con aquellos momentos de su historia, puede ofrecer al paciente una escucha y una presencia particulares, hechas a un tiempo de empatía y distancia adecuada. Y el paciente, sintiéndolas, puede recibir la empatía que le permitirá hablar de su dolor.

• El afecto alerta, comprometido y discreto

El afecto alerta es el experimentado, concienciado, acogido, aceptado y reconocido como parte de la relación y como suscitado por ella. El afecto puede considerarse una consecuencia de la relación (estoy triste o airado porque estás allí o porque has dicho tal o cual cosa) o se lo puede reconocer como una creación común que forma parte de nuestra búsqueda común, de la co-construcción. Esto le da otra dimensión, remite a cada uno a su lugar adecuado en un proceso de responsabilidad común en que el elemento afectivo que pasa por uno es reconocido como la resultante de una creación común que tiene un significado en la historia, en la historia de la relación común y, a través de ella, en la historia personal del paciente y quizá también en la historia personal del terapeuta.

Volvamos a André y a una de las secuencias que nos conciernen a los dos:

P: ...Me alegra estar aquí...
T: Me había dicho que le agradaba relatarme su historia...
P: Es verdad.

T: Relatármela a mí...
P: Usted, usted escucha, tengo la impresión de que yo le intereso...
T: Es verdad, le escucho y me intereso por usted.
P: Nadie me escuchaba en mi familia...
T: Entonces es diferente aquí, conmigo.
P: Sí, por eso vuelvo, y usted me habla, me hace preguntas, hablamos juntos...
T: Y le agrada todo esto... Nuestra relación le permite sentir placer y me permite sentir interés, usted lo ha notado, y también curiosidad...
P: Me agrada saber que le intereso... Mi madre sólo se interesa en ella misma... ¿por qué la curiosidad?
T: Porque no sé quién es usted, me resulta una especie de enigma.
P: (ríe) Me suelen decir eso...
T: Entonces podríamos tratar de descifrar juntos este enigma... Por eso viene a terapia, ¿verdad?

El afecto se experimenta, presente y discreto, se lo nombra, se lo comparte. Está al servicio de la relación, hace de vínculo, el afecto de uno repercute en el otro y a la inversa aporta un apuntalamiento que servirá de apoyo cuando más tarde toquemos la rabia narcisista del niño herido precozmente.

El cara a cara es muy importante, porque permite que uno y otro sigan las mímicas, las expresiones del rostro y del cuerpo, los movimientos hacia delante del cuerpo; permite que uno y otro seamos testigos visuales de una relación que se está tejiendo a través de juegos corporales. Los cuerpos a un tiempo encuadran el intercambio, crean el espacio del tejido, significan los movimientos de este tejido y se unen, afectiva y psíquicamente, en el entre-dos terapeuta-paciente, en una coreografía unificadora.

Creo que esto es el afecto alerta. Contiene lo que en un capítulo anterior he llamado el cuerpo a cuerpo psíquico y le da sentido impulsándolo en la relación que en su desarrollo contendrá la reactualización de algunas formas fijas neuróticas. ¿Pero este despertar del afecto no trascenderá también el sí mismo?

Trascender el sí mismo: hacia una estética de la relación

Helen Kepner, del Instituto de Gestalt de Cleveland, al final de su artículo sobre la psicoterapia de grupo gestáltica, ya en 1980 nos invitaba a "trascender el sí mismo".

¿Trascender el sí mismo? Esta frase, como algunas otras, resuena en mí como un kôan. Conlleva algo que no se deja descubrir fácilmente y que despierta mi curiosidad y el deseo de descubrir y habitar ese algo por superar.

El prefijo trans es una invitación a ir más allá de, "a subir pasando por encima de, a franquear, pasar a otra cosa, a infringir", según el *Dictionnaire historique de la langue française*, e incluso a transgredir.

• Ir más allá del sí mismo

En 1991 terminé mi libro *Esos dioses que lloran*, que trata de terapia gestáltica con psicóticos, con la pregunta siguiente: ¿será el sí mismo el camino que conduce a uno mismo? Entonces tenía del uno mismo la representación que nos han dado algunos "maestros" orientales o influidos por el Oriente y que, en sus enseñanzas, nos lo presentan como la parte trascendente del ser humano hacia la cual podríamos encaminarnos. Así nos presentan el crecimiento personal. Nos invitan a ingresar en un camino de conciencia, de apertura de la conciencia y de gestión de la emoción, por diferentes formas de prácticas que nos ponen en ese camino. Algunos, como Arnaud Desjardins, hablan, como nosotros, de *awareness*. Y me preguntaba, y todavía me pregunto, cuál es la finalidad del sí mismo, cuál es su significado profundo más allá del ajuste creativo y del crecimiento.

Crecimiento, sí. ¿Para ir dónde? El crecimiento, por supuesto, transforma nuestras formas fijas neuróticas en otra cosa, en formas nuevas que se supone que son bellas y buenas para nosotros y para nuestro entorno. ¿Se trata de un fin en sí o de un pasaje? ¿Y un pasaje para ir dónde, hacia qué?

La expresión sí mismo (*self*) es ambigua. Es un concepto de origen anglosajón que no pertenece a la cultura de lengua francesa. En psicología se podría traducir por uno mismo. Encontramos esta ambigüedad en algunos títulos de libros de terapia gestáltica, por ejemplo en la obra de A. Jacques titulada *El uno mismo, fondo y figura de la terapia gestáltica* y en el de J.M. Robine, *Terapia gestáltica, la construcción de uno mismo.* A. Desjardins, que fue iniciado en India por maestros como Ma Anandamayi y Swami Prajnanpad y que ha creado un ashram en Francia, escribió en 1981 *En busca del sí mismo.* ¿Se trata del mismo sí mismo? En su enseñanza se encuentran los grandes temas de la terapia gestáltica; permite vincular lo psicoterapéutico y lo espiritual y creo que ofrece ese ir hacia que es un ir más allá que no ofrece la psicoterapia a partir de cierto momento de la evolución del paciente.

Mantengo más que nunca mis dudas. ¿Podríamos ver el proceso de despliegue del sí mismo como el camino que conduce al uno mismo? Sigo pensándolo. Toda mi carrera de terapeuta gestáltico y toda mi investigación se han desarrollado en torno de la comprensión de lo que es, profundamente, la terapia gestáltica, de cómo puede ser un planteo psicoterapéutico, pero también en torno de esa investigación sobre los prefijos ínter y trans, sobre lo que ocurre entre, vincula y permite estar en una experiencia relacional y en una experiencia de la vida que permite ir hacia y, al hacerlo, ir más allá de. He investigado mucho por el lado de lo transpersonal y de lo transcultural y continúo haciéndolo.

• El sí mismo: el artista de la vida

El sí mismo se define en el texto fundador de PHG como el agente integrador y el artista de la vida:

> "El sí mismo es la frontera-contacto en acción. Su actividad consiste en formar las figuras y los fondos. El sí mismo es precisamente el integrador, el artista de la vida".

Con frecuencia se dice que la psicoterapia es un arte. El psicoterapeuta sería entonces alguien que fabrica arte, un creador de formas, de formas estéticas, un renovador en su vida personal y en su práctica. ¿El artista no es acaso el que transforma buscando y creando belleza? Transformación y belleza están íntimamente ligadas.

Pero en una teoría como la del sí mismo ni el terapeuta solo es el artista ni tampoco lo es el paciente solo. *Es la experiencia que viven juntos en la frontera-contacto y la conciencia que tienen de ella.* El artista es su encuentro, sus interacciones, su vida e historia comunes en la frontera-contacto y es lo que de allí se desprende en la búsqueda de nuevos ajustes y que los transforma al tener un impacto transformador en el entorno.

El artista es la relación: la relación que produce belleza, arte. Es el sí mismo en su proceso de despliegue, como "fuerza actuante", como lo llamaba en el Capítulo X.

Ingresamos entonces en el dominio de la estética. El terapeuta gestáltico y el paciente en interacción y en conciencia en la interacción se tornan el artista cuyo arte consiste en crear relación en la frontera-contacto, es decir, entre ellos.

Uno y el otro son co-creadores del sí mismo, tal como el sí mismo, "el artista de la vida", les hace advenir a su sentimiento de existir, al reconocimiento del otro, a más humanidad, a otras dimensiones como la dimensión espiritual. En *La poética de la terapia gestáltica*, M.V. Miller nos propone ir más allá del sí mismo y nos sugiere la estética como camino posible de trascendencia.

• La estética de la relación

Trascender el sí mismo no es solamente hacer de él un proceso relacional, sino que hacer que transforme, desbloqueándola, la energía contenida e inmovilizada en las gestalts fijas, y cultivando las posibilidades creativas que produce esta relación atípica que por su propia historia renueva la historia haciendo que la del futuro sea diferente de la del pasado. Estamos lejos de la idea que el proceso terapéutico es un proceso de reducciones de las neurosis. Muy por el contrario. Gracias a la magia de la tercera historia, recupera la energía contenida en la neurosis para hacer un nuevo cuadro, una nueva sinfonía, una polifonía que a veces proviene de una cacofonía, una escultura viviente y móvil.

Los terapeutas gestálticos siempre han prestado atención a las obras de O. Rank, especialmente a *El arte y el artista*, en la cual se nos presenta la neurosis como una creación al revés y el proceso terapéutico como un proceso de transformación de la obra creada. M.V. Miller se inspira en estas ideas en su obra ya citada: "El neurótico es como un consumidor que hace compras en un mercado de saldos de la vida y compra algo que verdaderamente no quiere simplemente porque es un saldo. El artista de la neurosis necesita sin duda tanta pasión y disciplina, originalidad y finura para hacer un síntoma como para hacer una pintura o un poema". Y agrega más adelante: "El cliente perturbado es tan artista como la persona sana. Ocurre que simplemente está ocupado en producir la enfermedad más que la salud".

• La relación elegante

Hay una suerte de estética que se desprende del proceso relacional y de lo que de ello emana cuando se lo concibe como una búsqueda de ajuste creativo. Hay una estética de la relación y es la que trasciende al sí mismo; al mismo tiempo es una estética del campo. La tercera historia es la historia de una relación particular cuyo objetivo es volver a movilizar las capacidades de ajuste creativo del organismo en su relación con el mundo. El ajuste creativo es una creación al mismo título que la obra de arte. Se podría decir que esta relación particular y atípica logra su objetivo cuando de ella se desprende algo particular que la trasciende y le concede una cierta belleza, una cierta elegancia. Etimológicamente, la palabra elegancia viene del latín *elegans*, que significa "que sabe escoger" y "distinguido, de buen gusto", de *legere*: "recoger, escoger, reunir", de donde "leer".

La relación elegante sería entonces la que engendra la capacidad de hacer opciones, la opción justa, distinguida, la que se distingue de nuestras opciones sin brillo, repetitivas y sin vida engendradas por las huellas de las gestalts inacabadas. Concede distinción. La elegancia aparece cuando el sí mismo moviliza sus tres funciones de suerte que adviene la opción justa, la que trasciende, es decir que va más allá de las formas fijas y entrega otra lectura del mundo, de la realidad, de uno mismo en relación con el mundo y del otro en su relación con nosotros.

Esta noción de elegancia nos es dada, por lo demás, por el concepto de forma. Los terapeutas gestálticos buscan la forma, la forma buena, la forma bella, la que se define desde "criterios como gracia, vivacidad, interés propio, envergadura y fluidez, satisfacción y economía de forma", por citar a PGH; además estos autores definen de este modo la salud. La forma bella es la que se destaca con claridad, precisión y vivacidad sobre un fondo dado, como un cuadro de Van Gogh o una escultura de Brancusi en la pared de un museo, que ofrecen a los espectadores una visión que podrá llenarlos de emoción, dejarlos en un estado interior de contemplación y de silencio.

• Una estética de la relación

El *Diccionario de la lengua filosófica* de P. Foulquié y R. Saint-Jean nos recuerda que la palabra "estética" remite a sentir, a sensaciones, después al concepto de bello y al estudio de lo bello. Y este mismo diccionario cita la definición de placer estético que da el psicólogo H. Delacroix y que me parece de sumo interés para nosotros, terapeutas gestálticos:

> "Todo placer estético completo es la síntesis de un placer sensorial, de un placer formal y de un placer propiamente afectivo. La sensación es el comienzo del arte. Esta verdad concede fuerza al sensualismo estético" (H. Delacroix, *Psicología del arte*).

Una vuelta por el griego antiguo nos enseña que el verbo *aistanestai* significa "sentir", que el nombre *aestetica* significa "sentido de lo bello" y que el adjetivo *aisteticós* remite a la facultad de sentir y puede traducirse por "perceptible" y "sensible". Estamos completamente en el dominio de la percepción y de la experiencia, y el proceso de percibir y sentir con intensidad sería la base misma de lo estético y de la conmoción que provoca. Por lo demás, lo contrario de estético es anestésico. El hecho de no sentir intensamente sería lo contrario de la estética e implicaría la pérdida de la distinción y de la elegancia.

Durante todo este libro hemos visto hasta qué punto la tercera historia se levanta sobre el *awareness*, la experiencia, sobre el despertar de esa experiencia y sobre esta experiencia compartida e intercambiada como medio de comunicación, de relación y de trans-formación. Permite que muchos de nuestros pacientes salgan de una cierta anestesia física y psíquica, de un estado de muerte interior. La postura interior del terapeuta lo lleva a estar atento a estas experiencias en la relación con el paciente. El terapeuta invita al paciente a cultivar esa disposición a ampliar su campo de conciencia a partir de esas experiencias. Juntos hacen el camino de la apertura a lo sensible, a lo emocional, al despertar de algunos elementos sepultados. De esas experiencias intensas y de algunos elementos compartidos a partir de esas experiencias puede brotar la forma, aquella que desde su surgimiento podrá ser mirada, apreciada y transformar. La experiencia en la relación crea la forma, permite que emerjan formas fijas neuróticas, y la gran obra terapéutica consiste en poner a trabajar esta materia neurótica para transformarla en una forma nueva, la forma bella que trascenderá la realidad y la relación.

La conciencia apuntada a la experiencia vivida en la relación con el otro, a las intensas sensaciones ante, bajo la mirada de, a todo lo que sencillamente está allí, a lo evidente, es una etapa hacia la trascendencia. ¿Acaso no es lo propio del arte partir de lo que es, de la materia, y transformarla desde la dinámica que se establecerá entre esa materia y el que la toca? Este último lo hace con su historia propia, que le da cierta forma de sensibilidad, su espíritu, su alma. Se revelarán algunos aspectos de lo aún no revelado que lleva en sí, sin que haya hecho nada para eso, por intermedio de lo que este encuentro genera, aspectos que al empezar no eran previsibles y que advienen como por magia. ¿No es eso lo que ocurre durante todo el proceso terapéutico a través de esa coreografía de movimientos físicos, verbales y afectivos que se desencadena en las sesiones?

Lo que está allí y que surge súbitamente en la relación como un impromptu.

La historia de toda terapia está llena de imprevistos, de impromptus, de gestos, de palabras, de acontecimientos y de sueños que llegan inopinadamente, como la función ello sin avisar, como un ángel que cayera del cielo y cambiara el curso de las cosas. La estética de la relación me parece más fuerte cuando el ángel aparece y cambia el curso de la historia, se trate del ángel exterminador para de-construir las formas neuróticas o del ángel reconciliador para re-estructurar y reunificar la unidad psicosomática en su relación con el mundo. La Biblia nos cuenta la historia de Abraham y Sara. No tenían hijos y Sara era muy vieja para esperar uno. Y entonces aparecen dos personajes de paso, venidos de no se sabe dónde, como dos ángeles... que anuncian a Sara que el año próximo estará encinta cuando vuelvan, y Sara estaba embarazada cuando vuelven... El impromptu es una creación del campo que irrumpe en la relación para fecundar lo que parecía estéril y rellenar nuestra vieja armazón dándole la posibilidad de entregar al mundo algo nuevo y tener acceso al otro.

Mi impromptu del momento, en el momento en que trabajo en este texto, es ese colega que me llama cuando me esfuerzo en esta parte del capítulo, al que hablo de ello y que me relata ese pasaje de la Biblia y que al hacerlo realimenta mi imaginario, mi pensamiento y mi escritura. Es el alrededor del campo, que penetra en el entre y le da así una configuración y una dimensión distintas.

Durante este libro he escrito sobre el maravillarse y sobre la contemplación, que consideramos fenómenos de campo. El maravillarse surge cuando ocurre esa "cosa maravillosa" en el curso de la relación, que transporta, que transforma y que pone a uno y otro en un estado de bienestar trascendente. Nuestro vocabulario es demasiado pobre para traducir el estado en que estamos entonces y para dar cuenta de su intensidad. Estamos en una intimidad profunda, feliz, donde sólo existe una especie de gran todo del cual formamos parte y esto es profundamente bienhechor, bienaventurado en el sentido de las bienaventuranzas, despojado de lo superfluo para poder gozar de esa trascendencia. También lo he evocado a propósito del silencio y de la contemplación.

La emoción estética nos pone en un estado de contemplación y de silencio meditativo ante lo que adviene, ante el otro y a veces con él en una especie de envoltorio común.

Una relación estética responde a varias características:

√ Es parte de los sentidos, de lo sensorial, es "sensual".
√ Implica una participación profunda entre dos: una persona y otra persona, una persona y su entorno humano y no humano.
√ Provoca una conmoción que abre a un estado emocional profundo.
√ Depura para buscar lo que hay de exacto y recto.
√ Es intercambio que cambia y transforma.
√ Transforma.
√ De ella se desprende fuerza, elegancia, belleza, distinción.
√ Es una relación que cura.
√ Pone religación donde había división y fisura.
√ Es una relación que conduce al cumplimiento a través del afecto mutuo y la orientación de la energía que contiene.
√ Provoca una sensación de placer compartido.
√ Sacraliza la relación.
√ Crea un estado de confianza que da fe.
√ Es apertura a lo trascendente.

La tercera historia es una forma completamente original que se desprende del encuentro de otras dos historias. Es la historia de una relación singular. Su belleza y su fuerza residen en que cuida el tiempo y a la vez al individuo que se inscribe en esa temporalidad. La relación terapeuta-paciente cuida haciendo advenir al yo y al tú y después al ser. El Ser, lo ontológico. Citemos a Bachelard, que escribe en el prefacio de *Yo y tú* de Buber: "No se debe buscar una ciencia ontológica del ser humano del lado de los centros yo y tú, sino que, porque el ser humano es relativo a lo humano, los verdaderos caracteres del hombre se descubren en el vínculo yo-tú, en el eje del yo-tú... Soy una persona si me vinculo con una persona". Lo que vincula y que alimenta la relación nos encamina hacia aquel otro nivel, el del Ser.

• La Tercera Historia: un proceso de religación

La experiencia vivida a través de la elaboración de la relación terapéutica en y por esa historia que se teje en el curso del tiempo, es una experiencia de religación. Hacer vínculo o rehacerlo con nosotros mismos, con nuestro mundo interior, con nuestras experiencias más intensas, y hacer vínculo con el otro.

(Re)poner vínculo allí donde ha habido ruptura, interrupción. Reponer vínculo es también suscitar un movimiento allí donde había inmovilidad, algo fijo y fijado. Hay algo de "religioso" en esta iniciativa. La palabra relación viene del latín *religare*, "religar", lo que ha dado la palabra religión. J. Maitre, psicoanalista y psicólogo social, explica que lo religioso implica una transacción con un ser sobrenatural (*Le monde des Religions*, N° 12, julio-agosto 2005). Ahora bien, en psicoterapia estamos de lleno en un fenómeno religioso en el sentido etimológico del término, es decir, en uno que trata de religar. Pero estamos en un fenómeno paradójico, a un tiempo religioso y laico, en el cual se trata de pasar del ínter al trans. Hacer una transacción entre uno mismo y uno mismo, uno mismo y el entorno, uno mismo y el terapeuta. La transacción no se hará con un ser sobrenatural, sino con personas reales inscritas como nosotros en la naturaleza animal-humana. Y precisamente porque hay este arraigo por la religación en el nivel de la naturaleza animal-humana en contacto con otras naturalezas animales-humanas –en el nivel del "humus", esta tierra que constituye el ser humano–, finalmente se puede pasar a otro nivel llamado sobrenatural por algunos, sagrado por otros, o incluso místico, estético, trascendente, divino.

Quiero informar ahora un momento particular de mi búsqueda interior por el chamanismo en la Amazonía. Siempre he mantenido mucha discreción sobre este momento, porque es muy íntimo. Durante un ritual de cura en el cual las personas presentes están en estado de conciencia ampliada, uno de los chamanes se me acerca para cantar un "izaros", canto de sanación cuyas vibraciones sonoras cree que serán buenas para mí en ese momento. Estamos sentados uno frente al otro, en tierra, en la penumbra. Dejo que la melodía me conmueva, penetre mi piel, entre en mi cuerpo. Me invade completamente y experimento un intenso bienestar físico y psíquico. Adivino su cuerpo cantando ante mí. Y tengo la sensación de que mi cuerpo se difumina, desaparece, y me siento muy bien así. Después se difumina y desaparece el cuerpo de él. Y sólo subsiste la relación entre él y yo; "veo", sólo veo esta relación y es como un momento de gracia. Y me acontece una especie de mantra en la cabeza. *La relación es Dios.*

Dios, el Creador, como dicen los amerindios, el Uno mismo como dicen los orientales, lo Numinoso, por retomar la expresión de K.G. Durkheim, la Inteligencia de la Naturaleza como dicen otros. Poco importa el nombre que se le dé según las culturas y las épocas. *En todos los casos se trata de algo que no se puede nombrar y que remite a esa energía primordial que nos supera y de la cual sólo se puede hacer la experiencia una que otra vez en la vida.*

He "visto" la desaparición de nuestros dos cuerpos como la disolución del ego en el sentido budista del término. Cuando el ego desaparece, se muestra lo esencial: la relación. Sólo subsiste la relación, más allá de los cuerpos físicos, de las apariencias y de las representaciones. La relación en estado puro, la que no se puede nombrar, y que en la tradición judía remite a aquel que no se puede nombrar, a eso que no tiene nombre y que está más allá de la relación de materia a materia y de afecto a afecto.

La relación es Dios. He recibido esta enseñanza. Corresponde que ahora haga algo.

M. Balmary relata una hermosa historia en su última obra, *El monje y el psicoanalista*. Allí evoca sus dos encuentros con los hermanos Lacan, con Jacques el psicoanalista y con Marc-François el monje, y los compara. Esto es lo que cuenta de su encuentro con el monje un viernes santo en su monasterio. Para gran sorpresa de su parte, el monje le propone un café, aunque es día de ayuno.

> "Comenzamos a hablar. Acerca de cualquier cosa. Y recuerdo que desde los primeros minutos acerca de lo que entendíamos uno y otro por la expresión 'imagen de Dios'. Estuvimos de acuerdo en esto: la imagen de Dios, en el Génesis, es el hombre y la mujer en relación. No el hombre. Y ya estábamos embarcados en el tema de la relación y de todo cuanto se apoya en ella, incluyendo la humanidad de los humanos y el psicoanálisis".

Llega a su fin el encuentro. Ella comprueba que él no ha bebido su taza de café.

> "Su ayuno se había cumplido sin que yo lo advirtiera, no hubo ni una lección ni una señal que hubiera debido leer. El ayuno era asunto suyo, no mío... En ese encuentro hablar de 'Dios que es relación', de la imagen que de ello nos da la relación humana, no era una superchería... El religioso me había acogido como un investigador acoge a otro investigador, para que se digan sencillamente uno al otro sus tanteos, sus hallazgos. Me había abierto la puerta como un viajero instalado por un tiempo acoge a otro viajero, cuidando su bienestar, sin imponerle la disciplina de su camino ni las visiones de su propio viaje".

"La imagen de Dios, en el Génesis, es el hombre y la mujer en relación".

Inspirándonos en esta frase, quizás podríamos reflexionar sobre la siguiente proposición: la imagen de Dios en el proceso psicoterapéutico es el paciente y el terapeuta en relación. Es el encuentro de un investigador que acoge a otro investigador en el despojo y el silencio de un espacio particular.

¿Y será eso lo que trasciende el sí mismo?

Bibliografía

Obras y artículos citados

Notas

A Arnould J.: *La théologie après Darwin,* Éd. du Cerf, París, 1998.

Avron O.: "La psychanalyse et le groupe: énergie libidinale et emotionnalité", en Le psychanalyste de groupe, *Revue de psychothérapie psychanalytique de groupe*, N° 1-2, 1985.

B Balmary M.: *Le moine et la psychanalyste*, Albin Michel, París, 2005.

Beisser A.: *La teoría paradójica del cambio*, Edit. Amorrortu, Argentina, 1989.

Bergeret J.: *La violencia fundamental*, FCE, Madrid, 1990.

Blaize J.: *Ne plus savoir, phénoménologie et éthique de la psychothérapie*, L'Exprimerie, Burdeos, 2001.

Brissaud F.: "Construire une expérience atypique", en *Le cahiers de Gestalt* N° 18, l'Exprimerie, Burdeos, 2005.

Buber M.: *Yo y tú*, Caparrós, Madrid, 1998.

C Chôgyam Trungpa: *Shambala*, Kairós, Madrid, 2007.

Ciornai S.: "L'importance de l'arrière-plan en Gestalt-thérapie", en *Revue du collège de Gestalt-thérapie* N°4, L'Exprimerie, Burdeos, 1998.

Coppens Y.: *La odisea de la especie*, 2003.

Collot E.: "Les états non ordinairies de conscience et l'hypnose", en *La transe et l'hypnose*, varios autores bajo la dirección de D. Michaux, Imago, París, 1995.

D

Darwin: *El origen de las especies,* Grupo Editorial Tomo, México, 2005.

Delacroix J.M.: "Gestalt, introjection et psychose", en *Le projet en psychothérapie par le corps et l'image*, ESF, París, 1983.

—— *Ces dieux qui pleurent*, documento del IGG GREFOR, Grenoble, 1985.

—— *Gestalt-thérapie, culture africaine, changement – Du père ancêtre au fils créateur*, L'Harmattan, París, 1994.

—— *Ainsi parle l'esprit de la plante. Un psychothérapeute français à l'épreuve des thérapies ancestrales d'Amazonie*, Jouvence, 2ª edición, Ginebra, 2000.

—— "L'approche holistique de la Gestalt-thérapie", en *Psychosomati que et guérison*, bajo la dirección de S. Idelman, Éd. Dangles, St.Jean-de-Braye, 2004.

Delourme A.: *Pour une psychothérapie plurielle*, Retz, París, 2001.

Desjardins A.: *À la recherche du soi*, la Table Ronde, París, 1984.

Dransart P. *La enfermedad busca sanarme*, Luciérnaga, Barcelona, 2004

Dumas D.: *Sans père et sans parole*, Hachette, París, 2001.

E

Ellenberger H.: *El descubrimiento del inconsciente*, Gredos, Madrid, 1976.

F

Foulqué P. y Saint-Jean E.: *Dictionnaire de la langue philosophique*, PUF, París, 1978.

Frank R.: *La conciencia inmediata del cuerpo,* Los Libros del CTP, Madrid, 2004.

Freud S.: *La interpretación de los sueños*, Alianza, Madrid, 1979.

From I.: *Los sueños: contacto y frontera de contacto*, Los libros del CTP, Madrid, 1996.

G

Goulinet L.: *La retroflexión*, tesis de 3er. Ciclo, IFGT, Burdeos, 2000.

H

Hourantié M.J.: *Le psychodrame rituel*, L'Harmattan, París, 1990.

I

Idelman S.: *Psychosomatique et guérison*, Éd. Dangles, St. Jean-de-Braye, 2004.

J

Jacques A.: "La théorie du soi comme instrument clinique", en *La Gestalt en tant que psychothérapie*, Actas de las jornadas de estudio de la SFG (Sociedad Francesa de Gestalt), 1984.

—— *El sí mismo en terapia Gestalt*, Los libros del CTP, Madrid, 2000.

K

Kahn A.: *Et l'homme dans tout ça?*, NIL, París, 2000.

Kepner H.: "Le processus gestaltiste de groupe", en *Cahiers de Gestalt-thérapie* N° 4, 1998.

Kepner J.: *Proceso corporal: un enfoque Gestalt para trabajar con el cuerpo en psicoterapia*, Manual Moderno, México, 1992.

Kübler-Ross E.: *Les derniers instants de la vie*, Labor et Fides, Ginebra, 1989.

L

Lamb F.B.: *Un sorcier dans la forêt du Pérou*, Éd. du Rocher, 1996.

Lamy A.: *L'un et l'autre*, documento del Instituto Belga de Gestalt, Bruselas, 2000.

Latner J.: *Fundamentos de la Gestalt*, Cuatro Vientos, Santiago de Chile, 1994.

M

Maalouf A.: *Las identidades asesinas*, Alianza, Madrid, 2004.

Masquelier G.: *Vouloir sa vie. La gestalt-Thérapie aujourd'hui*, Retz, París, 1999.

Melnick J.: *L'utilisation de la structure imposée par le thérapeute en thérapie gestaltiste*, documento del IFGT, 1983.

Miller M.V.: *Une poétique de la Gestalt-thérapie*, l'Exprimerie, Burdeos, 2002.

N Narby J.: *La serpiente cósmica*, Takiwasi y Racimos de Ungurahui, Lima, 1997.

Nathan T.: *L'a influencia que cura.* FCE, Argentina, 1999.

O Ouaknin M.A.: *Tsimtsoum, introduction à la méditation hébraïque*, Albin Michel, París, 2000.

P Parlet M.: "Réflexions sur la théorie du champ", en *Cahiers du collège de Gestalt-Thérapie*, N° 5, 1999.

Pelt J.M.: *De l'univers à l'être*, Fayard, París, 1996.

Perls F.: *Sueños y existencia*, Cuatro Vientos, Santiago de Chile, 1974.

—— *Yo, hambre y agresión*, Tchou, París, 1978.

Perls F., Hefferline R., Goodman P.: *Terapia Gestalt*, Los Libros del CTP, Madrid, 2002.

Perls L.: *Viviendo en los límites*, Promolibro, Valencia, 1994.

Pontalis J.B.: *Entre le rêve et la douleur*, Gallimard, París, 1983.

R Rank O.: *L'art et l'artiste*, Payot, París, 1984.

Reeves H., J. de Rosnay, Y. Coppens, D. Simonet: *La más bella historia del mundo*, Andrés Bello, Santiago de Chile, 1997.

Reich W.: *Análisis del carácter*, Paidós Ibérica, Barcelona, 1995.

Rey A.: *Diccionaire historique de la langue française*, Dictionnaire Le Robert, París, 1993.

Ricard M., Trinh Xuan Thuan: *El infinito en la palma de la mano*, Seix Barral, Barcelona, 2008.

Robine J.M.: "La Gestalt-thérapie, une théorie et une clinique phénoménologique", en *Formes pour la Gestalt-thérapie*, IFGT, Burdeos, 1983.

—— *La Gestalt-thérapie, la construction du soi Gestalt-thérapie*, L'Harmattan, París, 1998.

—— *S'apparaître à l'occasion d'un autre*, L'Exprimerie, Burdeos 2004.

Roustang F.: *Influence*, Éd. du Minuit, París, 2000.

S Searles H.: *L'Effort pour rendre l'autre fou*, Gallimard, París, 1982.

—— *L'environnement non humain*, Gallimard, París, 1986.

Seys B.: "Quand ça résonne entre Gestalt-thérapie et thérapie des systèmes", en *Cahiers de Gestalt-thérapie*, N° 4, L'Exprimerie, Burdeos, 1999.

Schnake A.: *Los diálogos del cuerpo*, Cuatro Vientos, Santiago de Chile, 1995.

—— *La voz del síntoma*, Cuatro Vientos, Santiago de Chile, 2001.

Schoch de Neuforn S.: *La diagonal en terapia Gestalt*, Sociedad de Cultura Valle-Inclán, Ferroll, España, 2000.

Sheldrake R.: *La mémoire de l'univers*, Du Rocher, Mónaco, 1989.

Shepard M.: *Fritz Perls: la terapia gestáltica*, Paidós, Buenos Aires, 1977.

Sibony D.: *L'entre-deux*, Le Seuil, París, 1998.

Stern D.N.: *Le moment présent en psychothérapie*, O. Jacob, París, 2003.

Slemenson M.. "Fritz Perls y el judaísmo: odisea espiritual de un transgresor", en *Con el prisma de la Gestalt*, del Coleccionable N° 1 de AGBA (Asociación Gestáltica de Buenos Aires), 1996.

Staemmler F.: *Cultiver l'incertitude*, L'Exprimerie, Burdeos, 2003.

T Todorov S.: *La vida en común*, Taurus, Madrid, 2008.

W Winnicott W.: *Escritos de pedriatría y psicoanálisis*, Paidós, Barcelona, 1999.

Z Zinker J.: *Proceso creativo en la terapia gestáltica*, Paidós, México, 1996.

Impreso y encuadernado
en Santiago de Chile por
Dimacofi Negocios Avanzados S.A.
en octubre de 2015.

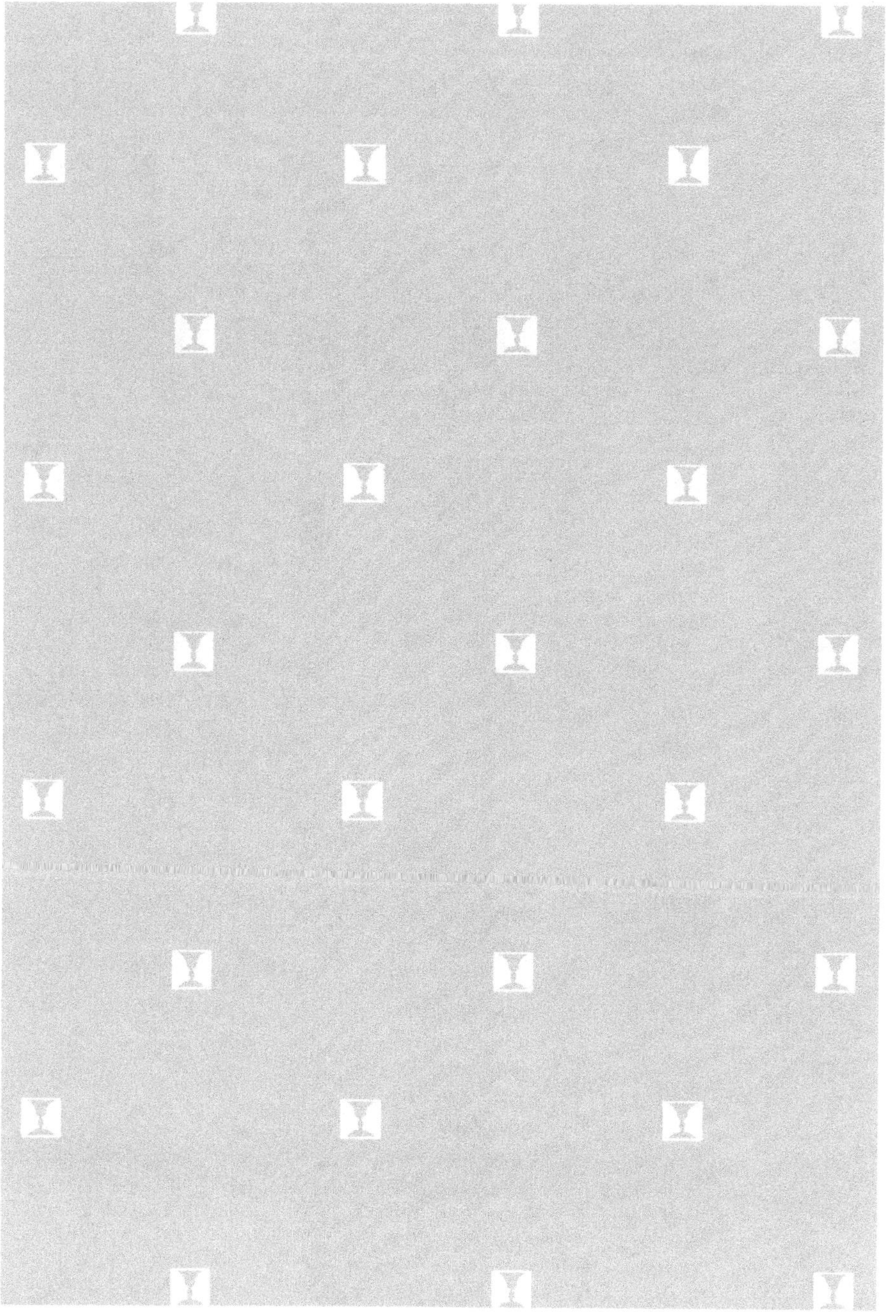

Made in the USA
Coppell, TX
05 November 2026

11292663R00270